Antoine de Saint-Exupéry

PAUL WEBSTER

Antoine de Saint-Exupéry

Leben und Tod
des Kleinen Prinzen

METAMORPHOSIS VERLAG

Aus dem Englischen und Französischen
übersetzt von Theresia Übelhör.

1994

ISBN 3-928692-11-9

Titel der französischen Originalausgabe:
SAINT-EXUPÉRY
Vie et mort du petit prince

Gesamtherstellung: Freiburger Graphische Betriebe, Freiburg.

Danksagungen

Diese Biographie hätte ohne die Hilfe und den Rat von Verwandten und Freunden von Antoine de Saint-Exupéry und seiner Frau Consuelo nicht geschrieben werden können. Frédéric d'Agay, der Nachlaßverwalter, erteilte mir freundlicherweise die Genehmigung, Briefe und anderes Material, darunter auch Simone de Saint-Exupérys unveröffentlichte Geschichte *»Fünf Kinder in einem Garten«* und Marie de Saint-Exupérys *»Ich höre meinen Baum singen«*, zu verwenden. Er war auch bereit, den Familienstammbaum aufzuzeichnen, und stellte unbezahlbare Fotografien aus dem Familienalbum zur Verfügung. Jean d'Agay, der Neffe von Antoine, war mir ein wertvoller Ratgeber, und André de Fonscolombe, Antoines Cousin, steuerte sowohl zahlreiche Anekdoten als auch Fotografien bei.

Meine Frau Marcelle, die in der Gegend von Bugey, ganz in der Nähe von Saint-Maurice-de-Rémens aufwuchs, hat viele geschichtliche Fakten über Ambérieu und Saint-Maurice-de-Rémens herausgefunden, wie auch bis dahin unentdecktes Material über die Anfänge der Fliegerei in Ambérieu ausfindig gemacht. Die Informationsquellen werden normalerweise im Text erwähnt, aber ich möchte hier meinen besonderen Dank ausdrücken: Herrn und Frau Claude Werth, Herrn und Frau Henri Claudel, Herrn und Frau Edmond Petit, Jean Israël, Andrée de Vilmorin, Bernard Dupérieur, Daniel Decot, Manuel Sorto, Herrn Wroblewski, dem Bürgermeister und Gemeinderat von Saint-Maurice-de-Rémens, den Lehrkräften und Schülern des Kollegs von Notre-Dame-de-Sainte-Croix in Le Mans und der Bossuet-Schule in Paris, wie auch den Kuratoren des Musée d'Air France und des Musée de l'Armée de l'Air. Das Verlagshaus Gallimard gestattete, Pierre Chevriers Biographie von 1949 zu verwenden, und das französische

Pilotenmagazin »*Icare*«, herausgegeben von Jean Lasserre, erlaubte mir, aus Jean Dutertres Bericht über den Flug nach Arras zu zitieren. Die achtteilige Serie des »*Icare*« über Antoine de Saint-Exupéry, mit ihren einmaligen Fotografien und Berichten aus erster Hand über die Pionierfliegerei und die Kriegseinsätze von Flugzeugen, war ein unverzichtbarer Wegweiser, um Originalquellen aufzuspüren.

Dieses Buch verdankt seine Entstehung zum großen Teil den Nachforschungen, Befragungen und Auswertungen von Patricia Dawson-Boccadoro, für deren Hilfe und Ermunterung, ebenso wie für ihre Bewunderung für Saint-Exupérys Werk, sich der Autor herzlich bedankt.

PROLOG

Der letzte Flug

Am letzten Tag des Juli 1944, um die Mittagszeit, hatte an der Riviera der Hochsommer Einzug gehalten, und ein wolkenloser Himmel erstreckte sich über ein ruhiges, azurblaues Meer nach Süden zur Insel Korsika. Das waren die letzten Tage trügerischen Friedens, als die alliierten Truppen darauf warteten, über das Mittelmeer transportiert zu werden, um die Provence von der deutschen Besatzung zu befreien. Das herrliche Wetter war wie ein letzter Gnadenbeweis vor Beginn des Kampfes, ein Segen für jedermann, außer einem einsamen Flieger, der von einem weiten Aufklärungsflug entlang des Rhônetals nach Korsika zurückkehrte. Die Meteorologen der Luftwaffe hatten über der Küste Wolken vorhergesagt, die ihn vor deutschen Angriffen schützen würden. Statt dessen bot der wolkenlose Himmel ideale Bedingungen für einen Luftangriff.

Der einsame Pilot war Antoine de Saint-Exupéry, der in seiner mehr als zwanzigjährigen Fliegerpraxis mehrere Abstürze überlebt hatte, deren Folgen einem möglichen Angreifer einen unerwarteten Vorteil boten. Er war ein großer, schwerer Mann, in einen hinderlichen Fliegeranzug gezwängt, und fand in dem engen Cockpit kaum Platz. Wenn er sich umdrehte und den Himmel nach Gefahren absuchte, schmerzten frühere Verletzungen, und diese machten es ihm auch unmöglich, im Notfall einen Fallschirm zu benutzen. Bei einem Angriff mußte Saint-Exupéry entweder das Letzte aus seiner unbewaffneten P-38 Lightning herausholen, die außergewöhnliche Geschwindigkeiten und Höhen erreichen konnte, oder mit ihr abstürzen.

Wenige Minuten nach Mittag erschien die an ihrem Doppelrumpf leicht erkennbare Lightning röhrend in geringer Höhe westlich von Nizza, drehte in Richtung Meer ab und verschwand in der Baie des

Anges zwischen Nizza und Monaco. Hinter der Lightning tauchten deutsche Kampfflieger ab und kehrten zu ihrem Stützpunkt zurück, um dort den »Abschuß« zu melden.

Saint-Exupéry hätte dem Angriff vielleicht entkommen können, hätte er sich nicht einer unwiderstehlichen Nostalgie hingegeben, einem charakteristischen Thema seiner bekanntesten Bücher. Seine Foto-Aufklärungsmission entlang des Rhônetals, zu der er am 31. Juli um 8.45 in Bastia, im Norden Korsikas, aufbrach, führte ihn am Ostrand von Lyon vorbei und bis auf 60 Kilometer an das Familienschloß Saint-Maurice-de-Rémens heran, in dem er die schönste Zeit seiner Kindheit verbracht hatte. Nahezu die ganze südfranzösische Küstenlinie war für ihn wohlbekanntes Terrain, das er vor dem Krieg häufig mit dem Auto und Zug durchquert oder mit dem Flugzeug überflogen hatte. Nach einem ähnlichen Aufklärungsflug am 29. Juni war Saint-Exupéry gerügt worden, weil er seine Flugroute verlassen hatte, um das Schloß seiner Schwester in Agay, nahe Saint-Raphaël, zu überfliegen. Vielleicht war am 31. Juli die Versuchung, wieder einen Blick auf andere geliebte Orte zu werfen, unwiderstehlich gewesen.

Kurz bevor er ins Meer stürzte, war Saint-Exupéry ein wenig von seinem Kurs abgewichen, er flog weit unter seiner Sicherheitshöhe von 6000 Metern. Es gibt drei Orte, die ihn möglicherweise eine oder zwei Minuten weiter nach Westen von seinem geplanten Kurs abweichen ließen, als er die Provence, seine Lieblingsregion, erreicht hatte. Das Haus seiner Mutter, das er zuletzt im Dezember 1940 besucht hatte, bevor er für mehr als zwei Jahre nach Amerika ins Exil ging, stand in Cabris, oberhalb von Grasse. Weiter westlich, bei Saint-Tropez, lag das Schloß La Môle, wohin man seinen Vater in jener Nacht gebracht hatte, als er starb; Saint-Exupéry war damals gerade drei Jahre alt. Und zwischen diesen beiden Dörfern stand die Kirche von Agay, in der er 1931 seine aus Südamerika stammende Frau, Consuelo Suncin, geheiratet hatte.

Hinsichtlich der Flugzeit war der Umweg unbedeutend, und als Saint-Exupéry nach Osten, entlang der Küste Richtung Nizza abschwenkte, hat er möglicherweise die Villa erblickt, in der er vielleicht die schönste Zeit seines Lebens mit seiner Frau verbracht hatte, als er den Roman *»Nachtflug«* verfaßte, in dem er seine Zeit als Pionierflieger in Argentinien wieder lebendig werden ließ. Am 31. Juli 1944 wäre die von Weinlaub umrankte Terrasse dieser Villa mit Blick auf die Baie des Anges ein günstiger Aussichtspunkt gewesen, um die letzten Momente von Saint-Exupérys letztem Flug zu beobachten.

Antoine de Saint-Exupéry war vierundvierzig Jahre alt, als sein Flugzeug auf dem Meer aufschlug. Er war als Schriftsteller sehr bekannt, obwohl er nur fünf schmale Bücher veröffentlicht hatte, insgesamt kaum 1000 Seiten französischen Textes. Dennoch ist sein Ruhm zu Lebzeiten nicht mit seiner posthumen Popularität zu vergleichen. Er konnte nicht ahnen, daß seine bekannteste Geschichte *»Der Kleine Prinz«*, ein Jahr vor seinem Tod herausgegeben, eines Tages das am häufigsten übersetzte französische Werk sein würde, mit mehr als achtzig fremdsprachigen Ausgaben. Neben dieser Kindheitsfabel zählen zwei weitere Bücher von ihm, der Roman *»Vol de Nuit« (»Nachtflug«)* und der Bericht *»Terre des hommes« (»Wind, Sand und Sterne«)* zu den zehn meistverkauften französischen Büchern dieses Jahrhunderts. Alle seine zu Lebzeiten veröffentlichten Werke, einschließlich *»Courrier sud« (»Südkurier«)* und *»Pilote de guerre« (»Flug nach Arras«)* sind von seinen Fliegererfahrungen als ziviler Flugpionier oder als Flieger im Kampf für Frankreich inspiriert. Als sein Werk als Anthologie herausgegeben wurde, übertraf es alle vergleichbaren Werke anderer französischer Autoren, sowohl der zeitgenössischen wie der klassischen.

Die Anthologie belegt auch eine erstaunliche Vielseitigkeit. Nur die beiden ersten Bücher Saint-Exupérys, *»Courrier Sud« (»Südkurier«)* und *»Vol de Nuit« (»Nachtflug«)* sind Romane, die anderen drei jedoch lassen sich in keine Kategorie einordnen. Es wäre zu einfach, behaupten zu wollen, *»Wind, Sand und Sterne«* sei ein Reisebericht, *»Flug nach Arras«* sei eine Kriegserinnerung, oder *»Der Kleine Prinz«* sei für Kinder geschrieben worden. Jedes dieser Werke ist eine Entwicklung philosophischer und moralischer Gedanken, die er in seinem letzten Werk auszuarbeiten gedachte, einer Sammlung von Parabeln mit dem Titel *»Die Stadt in der Wüste« (»Citadelle«)* die nach seinem Tod auf der Grundlage seiner Notizen veröffentlicht wurde.

Weil Saint-Exupérys abenteuerliches Leben, seine ethischen Beobachtungen und sein Mystizismus in seinen Büchern so präsent sind, wird eine der wesentlichsten Qualitäten seines Werkes oft übersehen oder für selbstverständlich erachtet. Er ist ganz einfach ein außergewöhnlicher Schriftsteller mit einer professionellen und künstlerischen Begeisterung für den Gebrauch und den Reichtum der geschriebenen Sprache. Die Prägnanz seiner Bücher, mit Ausnahme des posthum erschienenen *»Die Stadt in der Wüste«*, bezeugen eine Präzision im Umgang mit der Sprache, die die Schönheit der Worte und ihre emotionale Kraft verstärken. Saint-Exupérys Suche nach Perfektion war ein mühsamer Prozeß von Schreiben und Korrigieren, bei dem die Originalfassung meist um mehr als zwei Drittel ihrer Länge gekürzt wurde.

Dieses geduldige handwerkliche Schreiben, das er selbst mit dem Herauslösen eines Edelsteins aus dem Ganggestein verglich, stellte ihn auf eine Stufe mit den größten Namen eines goldenen Zeitalters der französischen Literatur. Selbst Kritiker, denen Saint-Exupérys Beharren auf Pflichterfüllung und Opfer in *»Nachtflug«* und *»Flug nach Arras«* mißfiel, oder die ihm in *»Der Kleine Prinz«* süßlichen Idealismus vorwarfen, waren von dieser in der französischen Sprache einzigartig beziehungsreichen Prosa begeistert.

Saint-Exupéry bemühte sich oft, hervorzuheben, daß seine persönlichen Probleme seine eigene Angelegenheit seien, aber für Menschen, die ihn gut kannten, sind seine Bücher nur spärlich kaschierte Botschaften, die das Wesentliche seiner Enttäuschungen, Freuden und moralischen Verwirrungen offenlegen. Die meisten der rätselhaften Episoden seines Lebens sollen mit dieser Biographie geklärt werden, die auch versucht, die verschlüsselte Sprache in *»Der Kleine Prinz«* zu erklären, einer Geschichte, in der Saint-Exupéry sich selbst als Modell nahm, sowohl für das Kind als auch für den ausgesetzten Piloten, voller Bedauern darüber, daß das Alter ihn von den absoluten Wahrheiten seiner katholisch-aristokratischen Kindheit getrennt hatte.

Keines seiner Bücher sagt mehr über Saint-Exupérys tiefste Zweifel aus als *»Der Kleine Prinz«*, den er in einem Zustand tiefster Melancholie verfaßte, als er von Selbstzweifel geplagt war, weil es ihm nicht gelang, die größte Herausforderung seines Erwachsenenlebens zu meistern: seine Ehe. Diese mystische Fabel über den Verlust der Unschuld war im wesentlichen ein Liebesbrief an seine Frau Consuelo, nachdem ihre Ehe durch übersteigerte gegenseitige emotionale Erwartungen und Untreue fast gescheitert war.

Es ist kein Geheimnis, warum Saint-Exupéry eine Fabel für Kinder wählte, um über seine Beziehung zu seiner Frau (sie entspricht der Rose des Kleinen Prinzen) und seine Erkenntnis zu schreiben, daß ihre Geschicke durch die gemeinsam durchlebten Freuden und Leiden unwiderruflich miteinander verbunden waren. In all seinen Werken griff Saint-Exupéry vor allem auf seine Kindheitsempfindungen zurück, zum Schutz vor Verzweiflung oder unerklärlichen Ereignissen.

In *»Der Kleine Prinz«* ging er sogar noch weiter und ließ die Stimme der Unschuld für sich sprechen. Das Buch entstand in einer Phase der Entmutigung, im Jahre 1942, während seines Exils in den Vereinigten Staaten, zwischen seinen Einsätzen in der französischen Luftwaffe. Er war in dieser Zeit hin- und hergerissen zwischen dem Pflichtgefühl seiner Frau gegenüber, und seinem Wunsch, im Gefühl patriotischer Pflichterfüllung in den Krieg zurückzukehren. Die Briefe, die er in den folgenden Monaten schrieb, offenbaren seinen begeisterten Wunsch nach einem befreienden Tod und seine Sehnsucht nach spiritueller Wiedergeburt. Später schien das Verschwinden des Kleinen Prinzen und der Satz, daß es »aussehen wird, als wäre ich tot, und das wird nicht wahr sein«, wie eine erfüllte Prophezeiung, da Saint-Exupérys Leiche nie gefunden wurde.

Dieser geheimnisumwobene Tod war vielleicht das Ende, das er sich wünschte, nachdem er in *»Der Kleine Prinz«* eingeräumt hatte, daß die Verwirrung, die durch die Zerstörung der kindlichen Gewißheiten verursacht wird, der Preis für den Eintritt in die Welt der Erwachsenen sei, die »sehr, sehr seltsam ist«.

Diese verzweifelten und enttäuschten Gedanken kehren in *»Wind, Sand und Sterne«* wieder, mit seinem Eingeständnis, daß er niemals die Träume und romantischen Abenteuer jener Sommertage wiederfinden würde, die er in Saint-Maurice-de-Rémens bei Lyon verbracht hatte, ganz in der Nähe des Flugplatzes, von wo er im Alter von zwölf Jahren zu seinem ersten Rundflug mitgenommen wurde. Das Haus wurde verkauft, als Antoine zweiunddreißig Jahre alt war, und »die angenehmen Dinge des Lebens«, die ihn in seiner Kindheit umgeben hatten, für immer verloren waren.

Saint-Exupéry machte keinen Hehl aus seinem Kummer über diesen Verkauf und daß er diesen als Schändung seiner verlorenen Vergangenheit empfand. Kurz vor dem Krieg kehrte er nach Saint-Maurice zurück und ging um die graue Mauer herum, die das Schloß umgibt, »das voller Schatten der Kindheit« war. Er schrieb seine Trauer in wenigen Worten nieder, die mehr Einblicke in die Einsamkeit eines erwachsenen Mannes bieten als viele Bände philosophischer Schriften.

Von einer »Form der Verzweiflung« erfüllt, stellte er erstaunt fest, daß sich die unendliche Weite, die er als Junge empfunden hatte, verengt hatte. Sein Spielplatz-Paradies war dahin, unter den Augen eines Erwachsenen geschrumpft, und es schmerzte ihn, daß er »niemals wieder in diese Unendlichkeit eindringen« würde. Das Alter hatte ihn aus dem Märchengarten mit seinen Lindenalleen und Kiefernwäldchen vertrieben und ihn für alle Zeiten von unschuldigen Spielen ausgeschlossen.

»Ich bin nicht sicher, ob ich nach der Kindheit noch gelebt habe«, schrieb er an seine Mutter, lange nachdem er das Hochgefühl des Fliegens entdeckt hatte. Für Saint-Exupéry war das Erwachsenwerden die unverzeihlichste aller Sünden.

ERSTER TEIL

1900–1930

KAPITEL I

Fünf Kinder in einem Garten

Das Schlafzimmer in Saint-Maurice-de-Rémens, das Antoine de Saint-Exupéry mit seinem jüngeren Bruder François teilte, liegt nach Osten und bietet Ausblick über den weitläufigen Schloßgarten bis zu den dunkelgrünen Hängen der Monts du Bugey zu Füßen des Juramassivs. Diese Landschaft ist von natürlichem Zauber erfüllt, dichte Wälder verschwinden im Herbstnebel oder sommerlichen Hitzeflimmern und sind manchmal tief verschneit. In der kristallklaren Frühlingsluft scheint das von Granitfelsen bestimmte Tal des schmalen, reißenden Flusses Albarine in greifbare Nähe zu rücken.

In den Augen eines Kindes waren die schattigen Hügel ein fremdes Land mit seinen eigenen Mysterien und Geheimnissen. Von seinem Fenster blickte Antoine jenseits der schützenden Mauer des das Schloß seiner Familie umgebenden Gartens über sanfte Weinberge auf schroffe Felsabbrüche, wo seit 2000 Jahren Kämpfe ausgetragen wurden, Kämpfe gegen die Natur und gegen Menschen. Beinahe dem Schloß gegenüber konnte Antoine den imposanten Turm von Saint-Denis betrachten, der sich wie ein einsamer Wächter über dem Eingang der Kalksteinschluchten und der antiken Römerstraße von Lyon nach Genf erhob. Versteckter und doch eindrucksvoller war eine riesige quadratische Festung, Les Allymes genannt, deren Silhouette sich sandfarben von den umliegenden Wäldern abhob.

Von dieser mächtigen Festung kontrollierten einst im Mittelalter Ritter das Tal der Ain, des malerischsten Flusses in dieser südöstlichen Gegend Frankreichs. Sie hatten Gesetze verfügt, Zeremonien und religiöse Verhaltensweisen bestimmt, die lange bevor die Wehrtürme zu verfallen begannen, in Vergessenheit gerieten. Bilder dieser Welt der Ritter, deren Macht sich gleichermaßen auf Waffen wie auf

Weisheit stützte, begleiteten Saint-Exupéry sein Leben lang und inspirierten ihn zu seinem letzten, posthum erschienenen Buch *»Citadelle«* (*»Die Stadt in der Wüste«*).

In diesem biblischen Epos, in dem christliche und moslemische Ethik in einem mythischen Wüstenpalast nebeneinander leben, meditierte er über die Erkenntnisse, die er auf einer langen Reise in die verwirrende Welt jenseits des Gartens von Saint-Maurice gewonnen hatte.

Saint-Exupéry nannte das Schloß »das Land meiner Kindheit«. Im Alter von sechs Wochen wurde er zum ersten Mal durch die großen Eisentore getragen und die vierreihige Lindenallee entlang zur Taufe in die Familienkapelle gebracht. Geboren wurde er am 29. Juni 1900 in Lyon in der elterlichen Wohnung in der Rue Alphonse-Fochier Nr. 8, in der Nähe des zentralen Bellecour-Platzes.

Aufgrund ihrer strengen Gläubigkeit erhielt die Familie vom Erzbischof von Lyon die Erlaubnis, einen Tag nach seiner Geburt eine provisorische Taufe durchzuführen, das eigentliche Tauffest aber auf später zu verschieben. Das ließ genügend Zeit, um die Verwandtschaft zu einer feierlichen Zeremonie zu Ehren des Erben einzuladen, dem der auf das dreizehnte Jahrhundert zurückgehende Titel von Saint-Exupéry zustand. Die Familie seines Vaters mußte eine Tagesreise von Le Mans im Westen Frankreichs auf sich nehmen, und die Verwandtschaft der Mutter reiste aus der Provence an. Inzwischen wurde ein großes Gartenfest vorbereitet, an dem viele der 300 Dorfbewohner entweder als Gäste oder als Bedienstete teilnahmen. Am 15. August 1900, an Mariä Himmelfahrt, taufte der Gemeindepriester, François Montessuy, das Baby auf dessen fünf Vornamen, Antoine Jean-Babtiste Marie Roger Pierre. Die Taufurkunde war voller Unterschriften von Verwandten und Freunden, auch die seines Onkels und Taufpaten Roger de Saint-Exupéry, eines Hauptmanns bei der Infanterie, fehlte nicht.

Die Taufpatin, Alice Boyer de Fonscolombe, Antoines Großmutter mütterlicherseits konnte die Reise von ihrem Schloß in La Môle bei Saint-Tropez nicht auf sich nehmen und wurde von Antoines lediger Tante Madeleine vertreten, der jüngeren Schwester seiner Mutter. Die erste Unterschrift war die seines Vaters, Jean Vicomte de Saint-Exupéry, der knapp vier Jahre später starb und seine Frau

Marie mit fünf Kindern, alle unter acht Jahre alt, zurückließ. Die beiden ältesten, Marie-Madeleine und Simone, damals drei und zwei Jahre alt, waren bei der Taufe dabei. François wurde zwei Jahre später, und das letzte Kind, Gabrielle, wurde 1904 geboren. Zusammen mit Antoine waren sie die *»Fünf Kinder in einem Garten«*, das ist der Titel der unveröffentlichten Memoiren von Simone, die die verläßlichsten Einzelheiten über Saint-Exupérys frühe Kindheit liefern.

Die ersten Notizen zu diesem Buch wurden auf dem stabilen ovalen Tisch im Speisezimmer des Schlosses aus dem achtzehnten Jahrhundert geschrieben. Das Speisezimmer ist noch immer so wie zur Zeit von Antoines Taufe möbliert. Obwohl das Schloß 1932 an die Stadt Lyon verkauft und in ein Ferienzentrum für Kinder umgewandelt wurde, ist das Speisezimmer im Zeichen der selbstgefälligen aristokratischen Welt verblieben. Ein imposanter Geschirrschrank, mit geschnitzten Trauben und Weizenhalmen, steht noch immer mit den originalen roten Lederstühlen auf dem blanken schwarz-weißen Marmorboden. Ein schwerer Lüster spiegelt sich in einem riesigen Spiegel über dem kunstvoll verzierten Kamin.

Der Raum ist nicht anmutig, aber es herrscht ein Gefühl von Beständigkeit in diesem Tempel der Tradition, in dem die verwitwete Schloßherrin Gabrielle, Comtesse de Tricaud, geborene de Lestrange, der unausgesprochenen Hierarchie der Adelsfamilie, ihrer Gäste und Bediensteten vorstand.

Hier hielten sich die Kinder nicht auf, solange sie klein waren und noch unter der Obhut der Haushälterin oder Gouvernante standen und ihre Mahlzeiten in einem Raum bei der Küche einnahmen. Saint-Exupéry vermittelte den Eindruck, daß große Teile des Erdgeschosses des Schlosses verbotenes Terrain gewesen seien, welches von einer Rasse ernster Erwachsener bevölkert wurde, die über den Jungen standen, um sie zu ermahnen, zu beurteilen und zu strafen. In *»Flug nach Arras«* erzählte er Kindheitserinnerungen, die ihm 1940 bei einer Mission über dem Kampfgebiet in den Sinn kamen und ihn wieder mit der Angst vor Erwachsenen erfüllten. Als er sechs Jahre alt war, hatte er sich in Panik im Korridor vor dem Speisezimmer versteckt und Gesprächsfetzen seiner beiden Onkel gelauscht. Einer von ihnen, Hubert de Fonscolombe, »der Inbegriff der Strenge«, hatte angedroht, eine Maschine zum Auspeitschen aus den Vereinigten Staaten einzuführen.

In diesem holzverkleideten Korridor, wo in vier langen Holzkisten Spielsachen aufbewahrt wurden, lauschten die fünf Kinder manchmal dem Stimmengewirr der Unterhaltung der Erwachsenen um den Eßtisch, während sie miteinander flüsternd Pläne schmiedeten. In Antoines Erinnerung wurde die einschüchternde Atmosphäre nach Einbruch der Dunkelheit noch durch schmale Lichtkegel der Paraffinlampen verstärkt, die Schatten auf einen verborgenen Gang zur Kapelle und auf die Treppe, die zu den Schlafräumen führte, warfen.

Die Wurzeln für Saint-Exupérys Verzweiflung an der Unbegreiflichkeit der Gedanken der Erwachsenen sind hier in diesem gegenseitigen Unverständnis von Jung und Alt zu suchen. Die Kinder schufen sich ihre eigenen Freiräume, die sie mit phantasievollen Vorstellungen und einer Atmosphäre jugendlicher Verschwörung verschönerten. In seinem ersten Roman, *»Südkurier«*, erinnerte sich Saint-Exupéry daran, wie sie die Sterne durch die Ritzen der Ziegel im Dachstuhl des Schlosses beobachteten, während sie sich des Gemurmels der Erwachsenenkonversation weit unten bewußt waren. Der Dachboden war ein Spielplatz voller Träume und Alpträume. Die Kinder waren überzeugt, daß in den hier untergestellten Relikten der Familie ein großer Schatz versteckt sei, und der eigenartigste Hort war ein Schrank, in dem zivile Kleidung des Vaters und seine Uniformen aufbewahrt wurden. Vielleicht fand Saint-Exupéry, als er erst vier Jahre alt war, dort das erste Buch, das er von Anfang bis Ende durchlas. In einer alten Truhe entdeckte er unter einem Stapel alter Zeitschriften ein Buch, eine Anleitung zur Weinerzeugung. Vierzig Jahre später erinnerte er sich daran, wie er jedes Wort gelesen hatte, obwohl er so gut wie nichts davon verstand.

Die großen, mit schweren Möbeln vollgestellten Räume waren eigentlich der Bereich der Erwachsenen, der Garten jedoch war das Königreich der Kinder. Saint-Maurice wurde nur im Frühling, Sommer und Frühherbst bewohnt, so daß Antoines Kindheitserinnerungen in den immerwährenden Sonnenschein der Vorkriegsjahre getaucht zu sein scheinen. Die drei ältesten Kinder, Marie-Madeleine, Simone und Antoine, schrieben alle ausführlich über ihr Reich, die weitläufigen Rasenflächen, Gemüsegärten, Kiefernwäldchen und Verstecke, ein Reich, so groß, daß es nie vollständig erkundet werden konnte.

Für Antoine wurde dieses riesige Terrain die erste Werkstatt für seine mechanischen Experimente, in denen er versuchte, ein Flugzeug zu bauen, und ein motorisiertes Bewässerungssystem für den Gemüsegarten erprobte. Es war auch der Ort heroischer Abenteuer, zu denen Märchenbücher anregten. In *»Flug nach Arras«* verglich Saint-Exupéry das Ausweichen vor deutschen Flugabwehrraketen mit einem seiner frühen Spiele, als die Kinder bei Sommergewittern versuchten, den Regentropfen auszuweichen. Wer, ohne von einem Tropfen getroffen zu werden, davonkam, wurde bis zum nächsten plötzlichen Regenguß »Chevalier Aklin« genannt.

In diesem Gartenparadies lebten zahlreiche Haustiere, viele davon gehörten Antoines ältester Schwester Marie-Madeleine, die sie »Rehchen« nannten. Sie war so sanft, daß sie nicht einmal Blumen pflücken wollte, um ihnen nicht weh zu tun. Simone, viel robuster und durchsetzungsfreudiger, erinnerte sich an lange Stunden, in denen sie draußen, in einer von süßen Erbsen, blühendem Lorbeer und Geranien erfüllter Luft, stickten. Oft las ihnen ihre Mutter vor oder sah ihnen beim Spielen zu und malte Aquarelle. Die einzigen Feinde waren die Blüten der Linden, die inzwischen schon lange gefällt wurden. Sie lösten bei Antoine Heuschnupfen aus und zwangen ihn, ins Haus zurückzugehen und in der Bibliothek zu lesen.

Die Freude, in dieses riesige Märchenland zurückzukehren, wo man der Aufsicht der Erwachsenen entkommen konnte, begann mit der 50 Kilometer langen Reise in einem von einer Dampflokomotive gezogenem Zug von Lyon zur Haltestelle in Leyment, noch drei Kilometer vom Schloß entfernt. Ein Pferdewagen wartete, um die Familie den engen, ungepflasterten Weg entlang, vorbei an Weinbergen und Milchbauernhöfen zum großen Eisentor und der Auffahrt unter den Linden zu bringen. Da die Hauptauffahrt zum Schloß durch den Garten führte, umging man das Dorf Saint-Maurice. Die lange Auffahrt führte direkt auf die meisten der Räume im Erdgeschoß zu und verstärkte das Gefühl, daß man eine abgeschiedene Enklave erreichte.

Die Fenster des Speisezimmers blicken auf einen Hof, wo ein Brunnen daran erinnert, daß es bis weit in dieses Jahrhundert hinein weder fließendes Wasser noch ein Badezimmer gab. Heute ist dieser Hof der

Hauptzugang zum Schloß und seiner Kapelle aus dem neunzehnten Jahrhundert. Ein Tor steht direkt an der Straße nach Saint-Maurice, ein Dorf, das sich in den vergangenen hundert Jahren nur wenig verändert hat.

Eine auffallende Neuerung ist die Gedenktafel am Kriegerdenkmal mit Saint-Exupérys Namen. Das steinerne Kreuz erhebt sich über dem Hauptplatz, der 1991 in Place de Saint-Exupéry umbenannt wurde, über dem Platanen einer Caféterrasse Schatten spenden. Die engen, staubigen Straßen um den Platz sind seit langem geteert, aber die meisten Häuser sind noch die für den Jura typischen dunkelgrauen Behausungen mit sehr steilen Dächern, da oft viel und lange Schnee liegt.

Die wirklichen Veränderungen in diesem Dorf sind jedoch unsichtbar. Saint-Maurice lebt nicht mehr unter der Herrschaft der Schloßherren, und der Gemeinschaftssinn, den Saint-Exupéry kannte, ist mit der Landflucht und der Ankunft der Städter, die Landhäuser kaufen wollen, verloren gegangen.

In Antoines Kindheit war ein Besuch des nahegelegenen Marktflekkens Ambérieu-en-Bugey wegen der unzuverlässigen Transportmittel schon beinahe eine Expedition. Die Dorfbewohner lebten wie schon seit Jahrhunderten mit sich selbst beschäftigt. Die Adligen im Schloß und die Tagelöhner aus dem Dorf teilten Erinnerungen, die Generationen zurückreichten, und jeder nahm, ohne zu fragen, die soziale Stellung ein, die ihm Gott zugewiesen hatte. Das Schmerzliche an Antoines Hinweisen auf seine Kindheit wird durch das Wissen verstärkt, daß diese scheinbar unveränderliche Welt dem Untergang geweiht war und daß die aristokratische Selbstherrlichkeit und ihre Privilegien mit dem Weltkrieg bald dahin sein würden.

Seine ältere Schwester Simone führte über diese Zeit Tagebuch, aus dem sie manche wichtigen Erlebnisse für ihre *»Fünf Kinder in einem Garten«* übernahm. Ihre Erzählung wird von einer der außergewöhnlichsten Persönlichkeiten in Antoines Leben, der Schloßherrin Comtesse de Tricaud, beherrscht, die meist »Tante« genannt wurde. Bei Antoines Taufe war sie sechsundsiebzig Jahre alt und schon seit fünfzehn Jahren Witwe. Ihre Ehe war von dem Tod ihrer einzigen Tochter, die im Alter von drei Jahren an Diphtherie starb, geprägt gewesen, was ihr als einzige Aufgabe die Herrschaft über eine weitverzweigte

Verwandtschaft in ihrem Schloß und eine Wohnung in Lyon überließ, die sie von ihrem Gatten, einem Diplomaten, geerbt hatte.

Die Hauptperson in ihrer adoptierten Familie war Antoines Mutter Marie, ihre Großnichte, und es war Tante Gabrielle de Tricaud, die die Heirat von Marie mit Antoines Vater 1896 arrangiert hatte.

Eine aristokratische Abstammung brachte mehr als nur soziale Vorteile. Es war ein freiwilliges Wohlfahrtssystem, das auf Zusammenhalt und Vermögen basierte, und die ganze Familie von Saint-Exupéry wurde nach dem Tod seines Vaters im Jahre 1904 von Tante Gabrielle aufgenommen. Sie lebten hauptsächlich von den Erträgen der Tricaud-Güter, insgesamt 250 Hektar, die das Schloß umgaben. Die Familie erkannte die Comtesse als Familienvorstand eines Haushalts an, der von Frauen und Bediensteten beherrscht wurde.

Gabrielle de Tricaud war wie geschaffen für eine Romanfigur. Sie stützte sich auf einen Stock, war stets schwarz gekleidet, und war zugleich eine großzügige Verwandte und tyrannische Großtante. Sie war in einer Zeit aufgewachsen, als die Mädchen nicht einmal ihr Haar selbst bürsteten, und hatte eine Zofe, die ebenfalls Witwe war. Man lud Gäste ein, die ihr bei regelmäßigen Domino- und Bridgeabenden im Licht der Paraffinlampen in Saint-Maurice Gesellschaft leisteten, oder, wenn die Familie im Winter in der Stadt lebte, an den Musikabenden jeden Mittwoch in der Wohnung in Lyon teilnahmen.

Pater Montessuy, der Gemeindepfarrer von Saint-Maurice, war ihr persönlicher Beichtvater, und es wurde von ihm erwartet, daß er ihre herrische Art lobte, nach Tisch in der privaten Schloßkapelle lateinische Gebete abzuhalten. Er mußte sich ihre Belehrungen anhören, wie er die Dorfbewohner zu behandeln habe, eine Gemeinde, die sie mit Gottesgnadentum beherrschte und deren Mitglieder sie alle mit Namen kannte.

Gabrielle de Tricaud vergötterte Antoines ältere Schwester Marie-Madeleine, für die Knaben aber hatte sie keine Zeit. Antoine und François durften sich zeigen, sollten aber nicht gehört werden, und die vielen Tiere der Kinder waren aus dem Haus verbannt, mit Ausnahme von Madeleines zahmen Vögeln.

In Simones Berichten über ihre herrische Tante kommt Zuneigung zu ihrer Eigentümlichkeit zum Ausdruck, die manchmal ihr warmes Herz verbarg. Diese Bewunderung entsprach zum Teil der Gabe der

Comtesse, Dienstboten einzustellen, die ebenso exzentrisch waren wie sie. Immerhin arbeiteten acht fest angestellte Dienstboten in Saint-Maurice. Das Personal, das selbst oft wie Kinder behandelt wurde, fungierte als Vermittler zwischen den Brüdern und Schwestern und den herablassenden Erwachsenen. Gelegentlich mußten die Kinder die Bediensteten trösten, vor allem die Köchin, die manchmal von Tante Gabrielle in aller Öffentlichkeit gerügt wurde, wenn das Essen ein paar Minuten zu spät fertig war, oder als nicht gut genug für die ständig wechselnden Hausgäste erachtet wurde.

Von den eigenartigen Figuren, die im Schloß arbeiteten, war sicher der Butler Cyprien der außergewöhnlichste, ein schwermütiger Schweizer, stets mit einer schwarzen Livrée bekleidet. Er war Junggeselle und hatte sich, da sein Heiratsantrag von dem Dienstmädchen der Tante, Noémi, abgelehnt worden war, zum Trost dem Alkohol zugewandt. Er war so gefühlsbetont, daß er die Speisen manchmal tränenüberströmt servierte, was mit seinem gebrochenen Herzen zu erklären war.

Sowohl Simone als auch Antoine schrieben ausführlich über Marguerite Chapays, als Abkürzung für Mademoiselle einfach Moisy genannt, die in Saint-Exupérys Erinnerung in *»Wind, Sand und Sterne«* erscheint: »sie trabte wie eine Maus«. »Mein Gott, wie schrecklich!« rief sie jedesmal verzweifelt aus, wenn sie das abgenützte Familienleinen begutachtete. Der Inhalt ihrer vier Wäscheschränke kehrt in Saint-Exupérys Werken regelmäßig wieder. Seit *»Südkurier«* gibt es zahllose Hinweise auf die Annehmlichkeit weißer Leintücher und metaphorische Hinweise auf Tischwäsche.

Moisy war eine Verbündete der Knaben in ihrem Kampf gegen die verständnislosen Erwachsenen, sie versteckte Antoine unter dem Bett, um ihn vor einer Tracht Prügel zu schützen. Sie war eher eine Amme als eine Haushälterin, und abends schlich sich Antoine gewöhnlich in ihr Zimmer, um sich ein *canard* – ein mit Wein vollgesogenes Stückchen Zucker – zu holen. Als die anderen Kinder dies herausbekamen, legte sie sich einen großen Zuckervorrat an, um sie alle zufriedenzustellen, und ihr kleiner Weinvorrat wurde manchmal vom Pfarrer mit Meßwein aufgefüllt.

Sie war ein rotwangiges Bauernmädchen, das ohne Alter schien. Nachdem sie eine Zeitlang zehn Stunden pro Tag in einer Textilfabrik in Lyon gearbeitet hatte, war sie als Dienstmädchen nach Saint-Maurice gekommen.

Während die Onkel und Tanten der Kinder über Finanzen, Vermögen und Religion sprachen, brachte sie ihnen die Namen wilder Blumen bei und nahm sie mit, um Früchte zum Einmachen zu pflücken.

Im Laufe der Jahre war sie vom Dienstmädchen zur Haushälterin aufgestiegen. Die Wäscheschränke, über die sie besitzergreifend wachte und deren Inhalt sie ständig neu ordnete, damit die Wäsche gleichmäßig abgenützt würde, waren ihr heimliches Reich, so wie der Garten und der Dachboden das der Kinder war. Sie war zierlich und klein, Antoine überragte sie bald und konnte sie leicht hochheben und so lange herumwirbeln, bis sie einwilligte, ihm sein Lieblingsgericht zu kochen. Ein anderer übernahm die Rolle des Schutzengels, als Antoine heranwuchs, und sie endlich ihren Lebenstraum verwirklichen konnte, nämlich ein eigenes kleines Haus in ihrem Heimatdorf im südlichen Departement der Drôme zu kaufen. Saint-Exupéry schickte ihr Geld für den Unterhalt des Hauses und besuchte sie so oft er konnte, bis er 1939 eingezogen wurde. Jedesmal besahen sie sich gemeinsam voll Wehmut die Fotos von Saint-Maurice, die sie in einer kleinen Schachtel in ihrem Schlafzimmer aufbewahrte.

Die ungezwungene Beziehung, die Tante Gabrielle zwischen Arbeitgeber und Bediensteten unterhielt, verriet die unerschütterliche Selbstsicherheit einer Aristokratin, aber darüber hinaus war Gabrielle de Tricaud eine Karikatur der überholten Vergangenheit. Obwohl die Revolution schon vor mehr als einem Jahrhundert stattgefunden hatte, sah sie in der republikanischen Staatsform eher eine vorübergehende Laune als einen wirklichen Wandel.

Arrangierte Hochzeiten, mit der damit verbundenen Wahrung von Vermögen und Titel, hatten seit jeher die Adelslinie erhalten, die vom Terror der Revolution beinahe vernichtet worden wäre. Die Vermögen wurden durch Verbindungen mit der neureichen Klasse der Industriellen aufgestockt, die es sich leisten konnte, in eine aristokratische Familie einzuheiraten. Seit der Revolution hatte Frankreich die Rückkehr der Bourbonen, des Königshauses von Orléans und ein napoleonisches Kaiserreich erlebt, die jeweils ihren Teil an neu geadelten Familien hinzufügten.

Als der Thronfolger, der Comte de Chambord, schließlich eine große Kluft zwischen den Lagern der Legitimisten und der Orléans-Anhänger geschlossen hatte, dachte der Landadel, es sei nur eine Frage der Zeit, bis die Monarchie zurückkehre. Als Antoine geboren wurde, zerfiel die Republik gerade, infolge einer offenkundig überflüssigen Kontroverse um einen jüdischen Hauptmann namens Alfred Dreyfus, in zwei Lager. Unterstützt von der katholischen Kirche sah die Aristokratie, deren ererbte Macht dahin war, in diesem Skandal Beweis genug, daß die nationale Volksversammlung selbstzerstörerisch und die Emanzipation der Juden im Jahre 1791 Teil des langsamen Giftes des Liberalismus sei. Es war genügend Zeit verstrichen, um die Auswüchse des *ancien régime* zu vergessen und sich nur an seine glorreichen Seiten zu erinnern.

Die Schloßherrin von Saint-Maurice war eine geborene Reaktionärin, stolz auf ihre Verbindung zum abgesetzten Königshaus, und sie suchte sich gleichgesinnte Freunde. Sie lehnte es ab, die Lokalzeitung, *»Progrès de Lyon«*, zu lesen, die sie für zu progressiv hielt, sie las statt dessen die königstreue *»Le Nouvelliste«*, und vermittelte damit ihren Nichten und Neffen Interesse an der royalistischen Politik, der Simone und Gabrielle ihr Leben lang treu blieben.

Nie stellte sie ihr ererbtes Herrschaftsrecht in Frage. Ihre Ansicht wurde von den meisten Dorfbewohnern geteilt, die vom Schloß abhängig waren und entweder als Tagelöhner, Dienstboten oder Gutspächter arbeiteten. Wenige lehnten es ab, den Hut zu ziehen oder sich zu verbeugen, wenn die Schloßherrin einen Rundgang durch ihr kleines Reich machte. Für Tante Gabrielle war auch die Unterstützung durch die katholische Kirche eine Selbstverständlichkeit, bestärkt durch Pater Montessuy, der ein Ehrengast im Schloß wurde. Die zwei Ideale, das der katholischen Kirche und das der Monarchie, vereinten sich in ihrer eigenen Kapelle, deren Marmorboden mit der königlichen Fleur-de-lis bedeckt war.

Daß Antoine bis in sein frühes Erwachsenenleben hinein wenig Anlaß hatte, sich gegen die Religion aufzulehnen, ist François Montessuy zu verdanken, dem ersten von mehreren Priestern, die die wichtigsten Entscheidungen seines Lebens beeinflußten. Man hätte meinen können, Pater Montessuy stünde im Dienst der Familie, weil er so viel Zeit im Schloß verbrachte. Seine eigentliche Aufgabe aber lag in der Dorfkirche von Saint-Maurice, wo die vorderste Kirchenbank für die Saint-Exupérys reserviert war und wo Antoines Mutter das Harmonium spielte und den Mädchenchor leitete.

Vielleicht hatte die Familie durch ihre enge Freundschaft mit dem Bischof von Belley Einfluß bei der Anstellung von Pater Montessuy genommen, der mit anderen Pfarrern in ländlichen Gemeinden wenig gemein hatte. Er stammte aus einer Familie der Mittelschicht, war früher Mathematiklehrer gewesen und wurde aus Gesundheitsgründen von der größten Stadt des Départements Ain, Bourg-en-Bresse, versetzt. Er besaß ein breites Wissen, das er sich während seiner Studienzeit in Paris – wo er die Belagerung im Jahre 1870 miterlebte – angeeignet hatte, und er gesellte sich gern zu den Kindern und spielte die Rolle eines gutmütigen Onkels. Wie Antoine und François hatte er oft unter dem Tadel der Tante zu leiden und war einmal tödlich beleidigt, als ihm die Schloßherrin sagte, daß er das Schloß nur wegen der aus den eigenen Ländereien stammenden reichlichen Speisen und Getränke – vor allem des Schnapses wegen – besuchen käme. Er weigerte sich wiederzukommen, bis die Tante einen Boten zum Pfarrhaus schickte.

Der Pfarrer machte sich durch seine Billardkünste bei den Kindern besonders beliebt, die er auf dem großen Tisch in der Bibliothek mit Bücherregalen mit Glastüren vorführte. Er begleitete sie auch, wenn sie Ausflüge zu Pferd oder mit dem Einspänner zu den Seen von Dombes oder anderen nahegelegenen schönen Ausflugszielen machten, und unterhielt sie gutgelaunt mit seinen Späßen. Einmal aß er – ungeachtet der hemmungslos kichernden Kinder – eine ganze gegrillte Krähe, die ihm Antoine als Hähnchen angepriesen hatte.

Während einer entsetzlichen Dürreperiode im Jahre 1911, im heißesten jener trockenen Sommer vor Ausbruch des ersten Weltkrieges, wurde der Pfarrer das erste Modell von Antoines blühender Phantasie. Unter Aufsicht von zwei Bediensteten wurden die Kinder an die schlammigen Ufer der Ain geschickt, um dort herumzutoben. Aus dem Lehm formten sie die Köpfe der vielen Gäste, die die dreimonatigen Sommerferien im Schloß verbrachten. Simone behauptete, daß die meisten Köpfe erkennbar seien, nur nicht Antoines Werk, der Kopf des Pfarrers, dessen Gesicht hinter einem – frei erfundenen – Bart verschwand.

Antoine sagte seiner Schwester, daß das nicht an mangelnder Beobachtungsgabe läge. Montessuys Mund sei einfach zu schwierig zu formen.

Ich höre meinen Baum singen

Die unendlich langen und in blumigem Stil gehaltenen Predigten des Pfarrers wurden von den Saint-Exupéry-Kindern meist als eine erträgliche wöchentliche Tortur empfunden, aber für ihre Mutter Marie, die im katholischen Glauben aufging, bis sie 1972 im Alter von 97 Jahren starb, waren sie eine Quelle des Trostes. Maries entschlossene Hingabe zu Gott ließ sie in den Augen des Priesters wie eine Laiennonne erscheinen, und beide verband eine enge spirituelle Verbindung und Unterwerfung unter das Zölibat; der Pfarrer aus freiem Willen, Marie jedoch umständehalber.

Tante Gabrielle glaubte, daß der *curé* größeren Einfluß auf ihre Großnichte hätte als sie selbst, und gestand ihm einmal ihre Sorge darüber, daß Marie ihre Gesundheit durch ihre unermüdliche Aufopferung gefährdete. Mindestens einmal pro Woche wurden die Kinder des Dorfes ins Schloß eingeladen, um Tee zu trinken und zu spielen, aber die Tante meinte, daß Marie zu weit ginge, als sie plante, ihre Chormädchen zu einem großen Picknickausflug mitzunehmen. Sie sagte, im Schloß fehlte einfach ein Mann.

Für einen Pfarrer, der in städtischer, gebildeter Umgebung aufgewachsen war, sich jetzt aber in einer abgeschiedenen, ländlichen Gemeinde mit Aberglauben, Vorurteilen und lächerlichen Rivalitäten konfrontiert sah, war Maries Interesse für moderne Musik und Malerei von zusätzlicher Anziehung. Einer tapferen Witwe geistigen Trost zu spenden und entschlossen dafür zu sorgen, daß ihre Kinder ihren christlichen Glauben übernahmen, gaben seiner priesterlichen Berufung Sinn, zumindest von April bis Oktober, wenn das Schloß bewohnt war.

Marie de Saint-Exupéry war nach nur achtjähriger Ehe Witwe geworden. Damals war sie mit dem fünften Kind schwanger, und der Tod ihres Mannes war die erste einer Reihe von Prüfungen, die ihren katholischen Glauben stärkten, mit dem sie die Aussagen des Neuen Testaments und die Gewißheit der Liebe Gottes fraglos akzeptierte. Sie hatte auf das Leben Antoines entscheidenden Einfluß, und seine Abkehr vom Glauben muß sie noch stärker beunruhigt haben als die Gefahren, denen er sich als Pilot aussetzte.

Saint-Exupérys oft falsche Entscheidungen und sein Zögern können nicht verstanden werden, ohne auf den Einfluß seiner Mutter hinzuweisen, den er oft zu umgehen versuchte, ohne sich ihm jemals ganz zu entziehen. Gewiß hatte er erkannt, daß sie menschliche Gaben besaß, die er nicht hatte, und einen verständnisvollen Gott an ihrer Seite wußte, den er selbst nicht zu finden vermochte.

Obwohl er ihre berechtigte Ablehnung seines gefährlichen Berufes mißachtete, ihre Bemühungen, eine Frau für ihn zu finden ablehnte, und selbst dann noch von ihr Geld forderte, als sie kaum mehr welches besaß, blieb die gegenseitige Zuneigung immer bestehen. Ihr einziger Fehler war, Maßstäbe zu setzen, Maßstäbe der weiblichen Perfektion, der Sympathie und der Hingabe, die Saint-Exupéry in keiner anderen Frau wiederfinden konnte.

Sogar ihr manchmal selbstherrliches Wesen und ihr gelegentlicher Sarkasmus wurden geliebt. Weder sie noch Antoine kümmerten sich um die sorgsame Vermögensverwaltung mancher Familien, die für ihre Nachkommen Vermögen anhäufen, statt sich selbst Wünsche zu erfüllen. Immer wenn sie ein wenig Geld übrig hatte, gab sie es für neue, modische Kleidung aus, und sie legte größeren Wert auf die Bewunderung ihrer Kinder als auf die Zustimmung der sparsamen Verwandtschaft.

Mütterliche Liebe wurde durch mütterlichen Stolz ersetzt. Antoine führte das unabhängige Leben, das ihr als Adlige, die im neunzehnten Jahrhundert geboren wurde, versagt geblieben war, als die Familieninteressen immer Vorrang hatten. Die Bestimmung der Frau lag zum Wohle von Vermögen, Prestige und Wohlstand in einer arrangierten Heirat.

Antoines veröffentlichte Briefe an seine Mutter sind der beste Beweis, wie sehr er bis zu seinem Tod ihre Liebe und Ermutigung brauchte, nicht zuletzt wegen der Erinnerungen an die langen Sommerferien in Saint-Maurice und die Besuche in ihrem Schloß La Môle zwischen den von Duft erfüllten Hügeln bei Saint-Tropez. Sein letzter

Brief, den er nur wenige Tage vor seinem Tod an sie schrieb und den sie erst ein Jahr nach seinem Absturz erhielt, schloß mit der Bitte: *»Maman, embrassez-moi comme je vous embrasse du fond de mon coeur«;* »Mama, küssen Sie mich, so wie ich Sie von ganzem Herzen küsse.«

Der Brief bezog sich auf eine vierzig Jahre zurückliegende, sehr harte Strafe für Antoines ständige Unfolgsamkeit, als er ohne einen Gute-Nacht-Kuß ins Bett geschickt wurde. Sein hartnäckiges und herzerweichendes Flehen um Versöhnung blieb nie unbeantwortet.

Die Tatsache, daß er sein Leben lang die Liebe seiner *petite maman* brauchte, lag an ihrer gemeinsamen Anhänglichkeit an die Freuden der Kindheit und die Gabe beider, über die heilige Vergangenheit in einfachen Worten zu sprechen. Marie de Saint-Exupéry veröffentlichte 1964 im Alter von achtzig Jahren Erinnerungen an ihre eigene frühe Jugend im Schloß der Familie Fonscolombe, La Môle, in einem Essay- und Gedichtband mit dem Titel *»J'écoute chanter mon arbre« (»Ich höre meinen Baum singen«).* Ihre Liebe zur Musik, zur Natur und Literatur, die aus ihren Berichten über ihre eigene idyllische Jugendzeit mit ihren drei Brüdern und der jüngeren Schwester spricht, hatte sie an ihren Sohn weitergegeben.

Die schönsten der vielen Fotos, die es von Antoines engstem Familienkreis gibt, sind auf den blühenden Wiesen von Saint-Maurice aufgenommen. Marie, groß, elegant und kokett, ist von ihren fünf Kindern umringt, die alle sehr unterschiedliche Charaktere hatten. Die Familiengruppe rückte immer ganz eng zusammen, wenn die Mutter Geschichten aus der Bibel oder anderen erbaulichen Büchern unter der Linde vorlas. Die meiste Zeit jedoch bildeten sie Grüppchen, entsprechend ihren Charakteren und Interessen. Die älteste, Marie-Madeleine, genannt *biche* (Rehchen), mied Gesellschaft, vor allem die der Erwachsenen, und zog sich auf den Dachboden in einen Bereich zurück, den sie ihr chinesisches Zimmer nannte, wo sie las, Puzzles machte oder ihre Sammlung von Blumen- und Tierpostkarten katalogisierte.

Simone, ihre jüngere Schwester, war eine anerkannte Geschichtenerzählerin. Diese Gabe war ihr ganzes Leben lang eine einzige Frustration für sie, weil fast alle ihre Romane und Geschichten, trotz der Berühmtheit ihres Bruders, von Verlegern abgelehnt wurden. Wie ihre ältere Schwester bekam sie zu Hause Privatunterricht, entweder in der Wohnung der Tricauds in Lyon, oder in Saint-Maurice. Sie hatte ein fröhliches Gemüt, war jedoch anmaßend und war Antoines Verbündete bei den Ausflügen aufs Land um Saint-Maurice, stets erfreut, ihrer langmütigen deutschen Lehrerin zu entkommen, an die man sich nur als das »Fräulein« erinnerte.

Der zweite Sohn, François, hatte viel vom angenehmen Wesen seiner Schwester Marie-Madeleine und lebte im Schatten von Antoine, dessen dominierende und fordernde Führerschaft er meist akzeptierte, bis irgendeine Meinungsverschiedenheit zu einer heftigen Prügelei führte. Und schließlich gab es Gabrielle, ein hübsches Kind, das bei den romantischen Spielen der Kinder entweder das arme, gequälte Opfer oder die Heldin war. Nur Gabrielle sollte später selbst Kinder bekommen, die sie in ihrem Familiensitz in Agay am Mittelmeer, dem Zufluchtsort, an den sich Antoine als Erwachsener am liebsten zurückzog, mit der sanften Atmosphäre von Saint-Maurice umgab.

Die Kinder von Gabrielle waren die letzten, die Maries Empfänglichkeit für unschuldige Spielereien genießen konnten. Sie freuten sich immer so auf die Besuche der Großmutter, daß sie sich darum stritten, wer ihre Koffer tragen durfte, bis sie leere Taschen mitbrachte, um alle zufriedenzustellen.

Das bei weitestem bemerkenswerteste Porträt von allen Familienfotos ist jenes von Antoine selbst. Sein frecher Blick und seine charakteristischen Gesichtszüge zeigten sich schon früh und waren von dichtem goldenen Haar umkränzt, was ihm den Spitznamen »der Sonnenkönig« einbrachte. Vierzig Jahre später erschien die blonde Krone in den naiven Zeichnungen des kleinen Prinzen in romantisierter Form wieder, zu einer Zeit, als er über die Ironie des Schicksals nachsinnen konnte, die ihn all dieser Schönheit als Strafe für das Älterwerden beraubte.

All diese Züge, die später Antoine zu einem verführerischen und bezaubernden Burschen machten, zeichneten sich schon in seiner Kindheit ab. Er erwartete, im Mittelpunkt zu stehen, als ob er davon ausginge, das Lieblingskind zu sein. Er ließ seiner Mutter wenig Ruhe, folgte ihr auf Schritt und Tritt mit einem kleinen Sessel, so daß er sich neben sie setzen konnte, wenn sie malte oder stickte, und forderte hartnäckig, immer wieder die gleichen Geschichten aus der Bibel vorgelesen zu bekommen.

Später, als er erwachsen war, mußten sich seine Freunde damit abfinden, jederzeit, bei Tag und Nacht, Telefonanrufe entgegenzunehmen, wenn er ihre Meinung zu seinen Texten hören oder ein Abenteuer erzählen wollte. Diese Angewohnheit hatte er sich schon in seiner Kindheit zugelegt, als er seinen Bruder und die Schwestern in aller Frühe weckte und sie ins Schlafzimmer der Mutter kommen ließ, um ein neues Gedicht oder eine Geschichte zu hören. Es war unmöglich, sich seinen Aufforderungen zu widersetzen. Eigensinn war ein weiterer Charakterzug, den Antoine sein Leben lang behielt.

Aber sein freundliches, sanftes Wesen glich diese fordernde Seite aus. Seine Mutter erinnerte sich, daß er als kleiner Junge meist den Weg verließ, um keine Raupen zu zertreten, und auf die Tannen kletterte, um sich mit den Turteltauben anzufreunden.

Als er ein Alter erreicht hatte, in dem er solche Dinge verstehen konnte, wurde Antoine darauf hingewiesen, daß er mit dem Erbe des Familientitels zugleich *chef de famille* war, eine Rolle, die sein ausgeprägtes Verantwortungsgefühl noch weiter verstärkte. Simone erzählte, daß sie im Hochsommer 1912 bei einem ausgedehnten Spaziergang mit Antoine über die benachbarten Hügel ihre Kommunionsuhr verloren hatte. Mit der eigensinnigen Entschlossenheit, die er auch später als Erwachsener zeigen würde, machte sich ihr jüngerer Bruder auf den Weg, und legte bei seiner vergeblichen Suche viele Kilometer zurück. Er kam erst spät abends erschöpft und schmutzig zurück, wütend und beschämt, weil er seine Schwester enttäuschen mußte.

Die sehr frühe Faszination Saint-Exupérys für die Mechanik und das Fliegen, vom Alter von neun Jahren an, wird Thema eines späteren Kapitels sein, aber seine Begeisterung für das Schreiben hatte ihren Ursprung noch früher. Solange sich seine Familie zurückerinnerte, schrieb er bei jeder Gelegenheit und verstaute Notizen in einer kleinen Schachtel, eine Angewohnheit, die sein späteres Bedürfnis, seine Gedanken in ledergebundene Bücher niederzuschreiben, ankündigte.

Das ständige Notizenmachen trug zu einem weiteren Charakterzug bei: seiner Neigung zu Unordnung. Schon in jungen Jahren – so erinnerte man sich – war sein Tisch immer unordentlich. In Saint-Maurice durfte nur Gabrielle in seinem Heiligtum für etwas Ordnung sorgen, wenn allzu großes Durcheinander herrschte.

Seine frühen Gedichte und Geschichten, von Heldenepen oder einfacher Unterhaltungsliteratur inspiriert, führten zu ehrgeizigen Projekten, bis er in seiner frühen Jugend eine Operette verfaßte. Hinter seiner Kreativität verbarg sich ein starkes Bedürfnis nach sofortigem Lob durch seine Familie, das später von guten Bekannten befriedigt wurde, die lernen mußten, mit Kritik äußerst sparsam umzugehen, wenn sie in Saint-Exupérys Gunst bleiben wollten.

Das Verlangen nach sofortiger Anerkennung wurde durch die Treue eines anonymen Publikums nie zufriedenstellend ersetzt, selbst als seine Bücher mit Literaturpreisen ausgezeichnet wurden. Sein veröffentlichtes Werk war nur ein geringer Teil im Vergleich mit der Korrespondenz, die Hunderte von Briefen an Freunde und Familienangehörige umfaßt, häufig mit humorvollen oder sentimentalen Zeichnungen versehen. Sicher kam nichts dem reinen Vergnügen gleich, das mit der Vorführung eines Werkes vor der Familie und den Gästen verbunden war, wenn sich die Nacht über das Schloß senkte. An ein Stück erinnert man sich noch, ein wildes Melodram, mit dem Titel *»Le Téléphone«*, in dem ein Mann von auswärts zu Hause anruft und mithört, wie seine ganze Familie von Dieben ermordet wird.

Es gab auch spontane Aufführungen in Form von Scharaden. Diese Stücke waren neutrales Terrain, wo sich die Kinder über Erwachsene lustig machen konnten, ohne als frech gescholten zu werden. Am besten erinnert man sich an ein Stück, als Antoine schnarchend in einem Sessel saß, den Schlafrock mit der Innenseite nach außen, damit man das rote Futter sehen konnte. Die Anspielung auf den Bischof von Belley und seine langweiligen Predigten war von allen leicht zu erkennen.

Eine andere Scharade belegte, daß die älteren Kinder über die aktuellen nationalen und internationalen Nachrichten informiert waren. Zu den erfolgreichsten Stücken gehörte eine Darstellung des türkisch-bulgarischen Konflikts von 1912, des ersten Kampfes, bei dem Flugzeuge als Kriegswaffen eingesetzt wurden.

Antoines erste und treueste Bewunderin auf seiner Suche nach persönlicher Ausdrucksweise und Individualität war seine Mutter. Marie de Saint-Exupéry verwarf den Druck der Familie auf ihre Kinder, dem Leben mit weniger Phantasie zu begegnen, und ermunterte sie, mit einigen der besonders einengenden Regeln der strengen Aristokratie zu brechen, von denen sich Antoine später in seinem Bemühen um Nonkonformismus ganz frei machen würde.

In Marie de Saint-Exupérys Schriften gibt es keine Hinweise auf Bitterkeit über die vielen Tragödien, die das Leben für sie bereit hielt. Der größte Schock war der Tod ihres Mannes in einem Bahnhof in der Provence, bei einem Besuch in La Môle, dem Sitz ihrer Eltern, im März 1904. Die Tragödie nahm ihr den Ehemann und Ernährer, und ließ Antoine, damals gerade erst drei Jahre alt, ohne männliches Vorbild zurück.

KAPITEL II

Im Angesicht des Todes

Artikel des »*La Croix du Littoral*« vom 20. März 1904

Unfall im Bahnhof von La Foux

Am Montagabend erlitt der Schwiegersohn von Monsieur de Fonscolombe, der sich zusammen mit seiner jungen Frau auf Reisen befand, im Bahnhof von La Foux einen plötzlichen Gehirnschlag. Im Wartesaal wurde ihm sofort erste Hilfe geleistet, und der Arzt, der eiligst herbeigerufen wurde, war sofort zur Stelle, aber leider war alles vergeblich, der Kranke verstarb in den Armen seiner untröstlichen Gattin, nachdem er den Segen und die Sterbesakramente von einem Priester empfangen hatte. Die Leiche wurde daraufhin nach La Môle überführt, wo die Beerdigung stattfand.

Dieser Unfall hat die Reisenden, die zu dieser Zeit den Bahnhof von La Foux aus verschiedenen Richtungen, von Saint-Tropez, Hyères, Saint-Raphaël und Cogolin erreichten, sehr betroffen gemacht. Grausame Überraschung des Todes. Wir sprechen den Familien, die dieser tödliche Unfall in Trauer gestürzt hat, unser aufrichtiges Beileid aus.

»*La Croix*«, eine pro-royalistische katholische Zeitung mit Lokalausgaben für die Mittelmeerregion, war die einzige Zeitung, die über den Tod von Antoines Vater am 14. März 1904 berichtete. Es ist eine bemerkenswerte Ironie, daß der Name des Vaters nicht einmal erwähnt wurde, obwohl der Reporter davon ausging, daß die Leser den Schwiegervater, Charles de Fonscolombe, kannten, einen der einflußreichsten Grundbesitzer der unfruchtbaren Maure-Hügel der Provence. Auch wenn der anonyme Reporter zusätzlich Verwirrung stiftete, indem er die Tragödie von La Foux einen »Unfall« nannte, war der Zweck des Artikels natürlich klar. Mit der Feststellung, daß Jean de Saint-Exupéry die Sterbesakramente erhielt und im Beisein seiner Frau starb, wurde allen Gerüchten ein Ende gemacht. Der plötzliche Tod eines Mannes von nur einundvierzig Jahren unter solch würdelosen Umständen, dessen Frau mit dem fünften Kind schwanger war, mußte notgedrungen zu Spekulationen führen.

Der Artikel sagte nicht, ob eines der Kinder dabei war, als Jean de Saint-Exupéry um sieben Uhr abends zusammenbrach, was durchaus möglich war. Sie besuchten La Môle häufig zusammen mit ihren Eltern, und Antoines erste bewußte Kindheitserinnerungen, die er in *»Flug nach Arras«* beschrieb, waren die beängstigenden Schatten in diesem Schloß und das unangenehme Pfeifen des Mistral. Ob er nun im Bahnhof von La Foux oder bei der Beisetzung, die vier Tage später von Pater Montessuy in Saint-Maurice vorgenommen wurde, dabei war oder nicht, mußte Antoine von den plötzlichen Trauerfeierlichkeiten und dem Verschwinden der männlichen Hauptfigur in seiner Familie beunruhigt gewesen sein.

Saint-Exupérys Zurückhaltung, über manche Aspekte seines Privatlebens zu sprechen, verhinderte jeden direkten Hinweis auf seinen Vater, und dies wurde in seinem philosophischen Werk *»Die Stadt in der Wüste«* nur zum Teil ausgeglichen, wo es verschlüsselte Hinweise auf den Tod des Berberfürsten gibt: »Er lehrte mich den Tod kennen, und als ich jung war, nötigte er mich, dem Tode voll ins Antlitz zu blicken, denn er selbst senkte niemals die Augen.«

Der Journalist des *»La Croix«* hatte dadurch, daß er den Namen Jean de Saint-Exupérys nicht nannte, unbeabsichtigt die Meinung der Familie unterstrichen, daß er keine bemerkenswerte Persönlichkeit gewesen sei. Von seinem Junggesellenleben gab es nichts Nennenswertes zu berichten, bis er im Alter von dreiunddreißig Jahren heiratete, wahrscheinlich unter Druck seiner Familie, um seinem ziellosen Leben einen Sinn zu geben.

Jean de Saint-Exupéry war wie sein jüngerer Bruder Roger Offizier bei den Dragonern gewesen, bevor er in der Firma seines Vaters eine Stellung als Versicherungsagent annahm. In seine Heiratsurkunde ließ er *sans profession* eintragen, das Äquivalent für wohlhabender »Privatier«. Vor seiner Hochzeit hatte Jean das angenehme Leben eines adligen, unverheirateten Offiziers in den verschiedenen Provinzgarnisonen genossen, und es hätte eines starken Charakters bedurft, um damit fertig zu werden, aus diesem gemütlichen Dasein herausgerissen zu werden und in einen ländlichen, von Frauen beherrschten Haushalt zu kommen, der sich bald zu einem ständig größer werdenden Kinderzimmer entwickelte. Er kümmerte sich wenig oder gar nicht um das Tricaud-Gut und scheint keinen großen Einfluß gehabt zu haben. Das einzige wirkliche Erbe, das er hinterließ, war der aristokratische Familienname und sein Titel. »*J'ai un beau nom*«, sagte Antoine seinem Freund Jean Escot, während er 1921 bei der Luftwaffe diente. Zu dieser Zeit war er sich noch nicht recht schlüssig, ob er seinen Kameraden mit seinem Titel imponieren oder seine privilegierte Herkunft herunterspielen sollte.

Eine der unbewußten Folgen des frühen Todes seines Vaters zeigte sich später, denn Saint-Exupéry wurde, als er sich dem Alter näherte, in dem sein Vater gestorben war, zunehmend zum Hypochonder. In jungen Jahren vaterlos zu werden, war für die Zeitgenossen Antoines kein außergewöhnliches Schicksal. Saint-Exupérys Name wird oft zusammen mit denen der anderen drei Autoren des zwanzigsten Jahrhunderts genannt, deren Schriften ethische Fragestellungen der modernen Gesellschaft analysierten. Zwei dieser Existenzialisten, Jean-Paul Sartre und Albert Camus, verloren ebenfalls ihre Väter in jungen Jahren. Sartre war erst ein und Camus drei Jahre alt. André Malraux war ebenfalls drei, als er von seinem Vater verlassen wurde. Obwohl Saint-Exupéry, Camus, Malraux und Sartre in reinen Frauenhaushalten aufwuchsen, entwickelte jeder sehr persönliche Ansichten über moralische, soziale und emotionale Fragen.

Saint-Exupéry übertrieb nicht, wenn er behauptete, einen *beau nom* zu besitzen. 1991 erstellte sein Großneffe Frédéric d'Agay die Stammbäume von Antoines vier Großeltern, die alle eine beeindruckende Ahnenreihe aufweisen konnten. Die widersprüchlichen Seiten von Saint-Exupérys Charakter, sowohl als Flieger wie als Autor, spiegeln die verschiedenen kulturellen und militärischen Einflüsse der Vergangenheit wider.

Die Tradition, die aristokratische Linie durch sorgsam arrangierte katholische Hochzeiten, sowohl zum Erhalt des sozialen Ranges als auch zur Bereicherung fortzuführen, zeigte sich in allen vier genealogischen Linien. Von manchen Familienmitgliedern wurde Antoines Hochzeit mit Consuelo Suncin, die in einer unbekannten lateinamerikanischen Familie aufwuchs, als ebenso ketzerisch empfunden wie ein Kirchenaustritt. Auf die Vorzüge eines *beau nom* mit den damit verbundenen Privilegien und der Unterstützung durch die Familie zu verzichten, verlangte ein besonders hohes Maß an Mut. Erst nach seinem Tod wurde der finanzielle Wert seines Werkes offenkundig, und bis dahin betrachteten ihn die meisten Verwandten als verschleudertes Kapital, als Versager und jämmerliches Beispiel.

Eines der Dokumente, die Frédéric d'Agay ans Licht brachte, war Fernand de Saint-Exupérys *»Notice sur la famille Saint-Exupéry«*, in denen Antoines Großvater die Ursprünge bis zu den Kreuzzügen zurückverfolgte. Als Antoine die Schule in Le Mans besuchte, muß das Buch seines Großvaters seine Phantasie angeregt haben, obwohl er zu jung war, um verstehen zu können, warum ein Nachkomme einer solch noblen Linie in einem bescheidenen Haus in der Stadt lebte anstatt in einem imposanten Schloß. Sein Großvater hatte trotz seiner Position als Direktor der Compagnie du Soleil, einer Versicherungsgesellschaft, keinen großen Geschäftssinn gezeigt, und man warf ihm vor, durch schlechte Geldanlagen das Familienvermögen verschleudert zu haben.

Der eigentliche Reichtum war der Stammbaum, der bis zum ersten urkundlich erwähnten Saint-Exupéry, Raymond, zurückverfolgt werden konnte, der im Jahre 1235 über sein Lehnsgut im Gebiet Limousin in Zentralfrankreich herrschte. Der Name stammte von einem Dorf, Saint-Exupéry-des-Roches, in der Nähe von Ussel, im Département Corrèze. Königliches Blut kam im sechzehnten Jahrhundert hinzu, als eine Madeleine de Saint-Exupéry einen unehelich geborenen Bourbonen heiratete, der zum Kammerherrn des Königs ernannt wurde. Im siebzehnten Jahrhundert wurde Jean-Antoine de Saint-Exupéry, ein Hauptmann der Armee, für seine Loyalität zum Königshaus von Ludwig XIV. persönlich ausgezeichnet, und jede der folgenden Generationen brachte ihren militärischen Helden hervor. Die meisten waren Soldaten, manche von ihnen dienten während des amerikanischen Unabhängigkeitskrieges oder kämpften nach der Revolution als »emigrierte« Monarchisten gegen Napoleon.

Die militärischen Verbindungen zum Königshaus wurden im Laufe der Restauration und des zweiten Kaiserreiches verstärkt, dessen Zusammenbruch 1870 der Karriere von Fernand de Saint-Exupéry in der Verwaltung als *sous-préfet* ein Ende setzte, ein Amt, in dem er die nationale Regierung in der Provinz repräsentiert hatte. Seine Loyalität zu den Bourbonen machte es ihm unmöglich, einer Republik zu dienen.

Antoines Großvater wurde 1833 bei Bordeaux im Schloß Malescot, im Weinanbaugebiet Margaux, geboren. Fernands Mutter war die Tochter eines Weinhändlers, der jedoch aufgrund einiger Fehlinvestitionen im Weinanbau und einer Reblausplage im Jahre 1870 große Teile seines Vermögens verloren hatte. Durch Fernands Heirat mit Antoines Großmutter väterlicherseits, Alix Bouquier de Trélan, die aus der Königsstadt Tours stammte, erholte sich die Vermögenslage der Familie zum Teil wieder.

Auch hier waren die Vorfahren mit der royalistischen und militärischen Sache eng verbunden, die dazu führte, daß die Trélans Napoleons Revolutionsarmee in der Vendée feindlich gegenüberstanden. Es verwundert nicht, daß die beiden Familien von Antoines Großeltern väterlicherseits heftige Verfechter der legitimistischen Monarchie der Bourbonen waren und sich unter den Republikanern Feinde machten, indem sie sich für eine zweite Restauration einsetzten. Ihre Verstrikkung in die royalistische Bewegung beeinflußte Saint-Exupérys Jugendzeit sehr stark.

Die Geliebte des Königs François und andere Geschichten

Während Saint-Exupéry einen Großteil seiner Vorfahren väterlicherseits dank der Nachforschungen seines Großvaters kennenlernte, war der Kontakt mit der Familie seiner Mutter weitaus persönlicher und wurde durch Maries Talent zum Geschichtenerzählen noch verschönert. Den vorwiegend militärischen Wesenszügen der väterlichen Seite stand eine künstlerische Ader der Vorfahren seiner Mutter gegenüber, deren vollständiger Name Boyer de Fonscolombe lautete.

Die im achtzehnten Jahrhundert in den Adelsstand erhobene Familie hinterließ in Aix-en-Provence ein dauerhaftes kulturelles und künstlerisches Erbe. Zu den Mitgliedern der Familie gehörten Maler, Musiker, Schriftsteller, Kunstsammler und Wissenschaftler. Marie wurde von früher Jugend an ermuntert zu malen und zu schreiben, und ihre Kinder wuchsen in einem Umfeld auf, von dem sie vor allem im Gedächtnis behielten, wie ihnen die Mutter Geschichten erzählte und gleichzeitig ihre Porträts malte.

Die Beziehungen, die Saint-Exupéry mit Le Mans im Département Sarthe in Westfrankreich unterhielt, hatten nie die Anziehungskraft der großzügigen, sonnigen Atmosphäre des Südens. Nachdem sie Witwe geworden war, suchte Marie mit ihren Kindern zunächst im Schloß einer Verwandten in Aix Zuflucht. Vierzig Jahre später würde Antoines letzter Blick auf die Provence fallen, bevor sein Flugzeug im Mittelmeer verschwand.

Das provenzalische Schloß La Môle bei Saint-Tropez, in dem Marie aufgewachsen war, wurde 1770 gekauft. Beinahe 100 Jahre später ernannte Napoleon III. Maries Großvater, Emmanuel de Fonscolombe, zum Baron de la Môle. Dieser heiratete die Tochter eines Schiffseigners aus Marseille und wurde Bürgermeister des Dorfes, verbrachte aber einen Großteil seiner Zeit damit, Musikstücke zu komponieren.

Die royalistische Gesinnung der Familie Fonscolombe war noch viel ausgeprägter als die der Saint-Exupérys. Maries Onkel, Baron Fernand, der die Erbin eines Bankhauses in Marseille geheiratet hatte, war der Adjutant des Comte de Paris, des Anwärters auf den französischen Königsthron, gewesen. Das Schloß von Onkel Fernand in Aix war einer jener aristokratischen Sitze, in denen Antoine seine Schulferien verbrachte.

Maries Mutter war eine geborene Romanet de Lestrange, ein weitverzweigtes, feudalistisches Geschlecht. Eine ihrer Vorfahren war im sechzehnten Jahrhundert angeblich eine Geliebte von König François I. gewesen, ein anderer hingegen war während des ersten Kaiserreichs Superior des Trappistenordens und veranlaßte Napoleon, eine gemäßigtere Haltung gegenüber den religiösen Orden einzunehmen.

Der Umzug der zukünftigen Marie de Saint-Exupéry nach Saint-Maurice-de-Rémens war der Gabe von Gabrielle de Tricaud, Ehen anzubahnen, zu verdanken, die selbst in eine reiche Familie mit mehreren Schlössern in der Gegend eingeheiratet hatte. Marie besaß nur eine relativ bescheidene Mitgift, was bedeutete, daß Tante Gabrielle in ihrer Verwandtschaft ziemlich lange und hartnäckig nach einem möglichen Anwärter Ausschau halten mußte. Einer ihrer Ahnen war ein Marquis, Joseph de Lestrange, der 1814 von Napeleon zum Baron ernannt wurde. Der Marquis heiratete eine Adlige, Adelaïde Green de Saint-Marsault. 1790 heiratete Adelaïdes Cousine, Victoire Green de Saint-Marsault, ein Mitglied des Landadels, Georges de Saint-Exupéry, Comte de Saint-Amans. Diese entfernte Verwandtschaft reichte aus, um mit der Familie de Saint-Exupéry in Verhandlung über eine Heirat zu treten. Der ins Auge gefaßte Ehemann, Jean de Saint-Exupéry, wurde nach Lyon geschickt, um dort die Compagnie du Soleil als Versicherungsagent zu repräsentieren. Marie, damals siebzehn Jahre alt, wurde ihm bei den regelmäßigen Diners jeden Mittwoch und bei den musikalischen Abenden in der Wohnung am Place Bellecour in Lyon vorgestellt.

Ein Jahrhundert nach ihrer Hochzeit war man trotz ihrer frühen Witwenschaft und Jean de Saint-Exupérys geringem Vermögen noch immer der Meinung, Marie habe großes Glück gehabt, solch einen *»beau nom«* geheiratet zu haben. Dennoch reichte Tante Gabrielles Talent nicht aus, auch für Maries Schwester, Madeleine de Fonscolombe, einen Mann zu finden, die schließlich all ihre Chancen opferte, um ihre verwitwete Mutter zu betreuen.

Madeleine gehörte später zum weiblichen Haushalt in Saint-Maurice. Eine Fotografie zeigt sie im Profil, wie sie auf den kleinen Antoine hinabblickt, und zeigt die charakteristischen Gesichtszüge der Fonscolombes. Antoines Stupsnase, die während seiner Schulzeit und auch später zu vielen ärgerlichen Spötteleien Anlaß bot, hatte er von der Fonscolombe-Seite geerbt.

Auch obskure politische Kräfte spielten in Saint-Exupérys früher Jugend eine Rolle. Von innen her betrachtet bot die Aristokratie kein so geschlossenes Bild, wie man hätte annehmen können. Fernand de Saint-Exupérys legitimistisch royalistischer Clan betrachtete die orléanistischen Fonscolombes mit Argwohn. Nach Aussage von André de Fonscolombes, einem pensionierten Diplomaten, dem Lieblingscousin von Antoine, stand seine Familie im Verdacht, gefährliche sozialistische Gedanken zu hegen, die auf den Komponisten Emmanuel de Fonscolombes im achtzehnten Jahrhundert zurückgingen.

Damals wurden die aufgeklärten Aristokraten von Comte Claude de Saint-Simon beeinflußt, einem frühen Befürworter der demokratischen Kampagnen für die Gleichheit der Menschen und die gerechte Verteilung des Eigentums. Als im Jahre 1896 die Familien der Saint-Exupérys und Fonscolombes durch die Heirat von Jean und Marie zusammengeführt wurden, galt das Gedankengut von Claude de Saint-Simon bei vielen Royalisten noch immer als verräterisch.

In den Augen der militaristischen Linie der Saint-Exupérys galt der Komponist Emmanuel de Fonscolombe als eine wenig achtenswerte Persönlichkeit. Er war Mitglied der Akademie von Saint Cecilia in Rom und Kapellmeister in Aix-en-Provence, wo er Messen und Motetten komponierte und eine Arbeit über den venezianischen Musiker Carassimi schrieb. Maries Vater, Charles de Fonscolombe, war ebenfalls Komponist und legte großen Wert darauf, daß seine beiden Töchter Klavierspielen lernten, und sie nahmen auch in Saint-Maurice noch Unterricht. Alle Kinder von Marie lernten, ein Instrument zu spielen, und ihre Mutter fügte zu all ihren Talenten später noch die Komposition sakraler Musik zu provenzalischen Texten hinzu.

André de Fonscolombe kam häufig nach Saint-Maurice und erinnerte sich daran, dort Musik von Hahn, Fauré, Schumann, Schubert und Massenet gehört zu haben, die unter der Leitung von Musiklehrern im Schloß gespielt wurde. Antoine lernte Geige spielen, aber sein herausragendes Talent zeigte sich in seinem Repertoire an Volksliedern, mit welchen er als Schuljunge und als Pilot seine Freunde unterhielt. Nicht immer zeigte er Respekt vor der Vorliebe seiner Mutter für moderne Klaviermusik, vor allem für Debussy. Sein ganzes Leben lang wiederholte er immer wieder seinen Lieblingswitz über die Musik; er rollte Orangen auf der Klaviertastatur hin und her und forderte seine Freunde zu der Feststellung auf, daß das Ergebnis nicht weniger unterhaltsam sei als eine Partitur von Debussy.

Marie de Saint-Exupérys Offenheit für die moderne Kunst zeigte sich ebenso in der Malerei, was ihre exzellenten Aquarelle unter Beweis stellen. Ein Vorfahr, Jean-Baptiste de Fonscolombe, war Mitglied der Akademie der schönen Künste von Marseille und der Akademie Del Disegno in Italien. Doch ihr Stil war moderner, und ihre späteren Porträts glichen dem Werk von Marie Laurencin.

Angesichts des philosophischen Einflusses von Saint-Simon, der im Hintergrund eine Bedrohung darstellte, ist es wahrscheinlich, daß Fernand de Saint-Exupéry weder die Ermutigung seiner Schwiegertochter zu mehr Individualismus und Toleranz begrüßte, noch ihren Wunsch, die Kultur auf dieselbe Stufe wie die Religion zu heben, gutheißen konnte.

Insgesamt hatte sie jedoch nur recht beschränkten Einfluß auf die Erziehung ihrer Kinder.

Das französische Gesetz vertrat die Meinung, daß Frauen unfähig seien, eigene Entscheidungen zu treffen, und daher den Männern untergeordnet waren. Emotionalen Bedürfnissen wurde nicht Rechnung getragen. Antoine und sein jüngerer Bruder François lebten unter der *de facto* Vormundschaft des Familienrats, der vom Großvater väterlicherseits, Fernand de Saint-Exupéry, geleitet wurde. Auf geistigem Gebiet war Antoine der Führung seines Onkels und Paten, Roger de Saint-Exupéry, unterstellt, der, weil der Vater fehlte, moralisch dazu verpflichtet war, ihn zum Glauben zu führen.

Als Antoine neun Jahre alt war, hielt man es für angebracht, ihn auf seine zukünftige Rolle als *chef de famille* und eine militärische Laufbahn vorzubereiten. Von einem Tag zum anderen wurde er aus der sanften, von Frauen beherrschten Atmosphäre von Saint-Maurice herausgerissen und in die starre Männerwelt eines Jesuitenkollegs in Le Mans gebracht, das einst auch sein Vater und sein Onkel besucht hatten.

Das Indoktrinationszentrum

Das Kolleg von Notre-Dame-de-Sainte-Croix steht heute in der Rue Antoine-de-Saint-Exupéry, einer engen Straße im Zentrum von Le Mans, die früher Rue des Vignes hieß. Der tatsächliche Bezug zu diesem Autor, der am 7. Oktober 1909 in die Jesuitenschule eintrat, ist dürftig. Die Schule zog zweimal um, bevor er sie im Juni 1915 verließ, und das ursprüngliche gotische Gebäude wurde vom Staat 1911 konfisziert und in eine Kaserne umgewandelt. Der einzig wirkliche Bezug zu Saint-Exupéry liegt in dem heutigen Zentralgebäude, in dem früher Klassenräume untergebracht waren, wo Antoine unterrichtet wurde.

Die Priester, die ihn umgaben, waren einem fundamentalistischen

Katholizismus ergebene Missionare, die eine Ordnung im Geiste des religiösen Opfers und militärischer Disziplin vorschrieben. Heute gibt es diese Reglementierung nicht mehr. Notre-Dame-de-Sainte-Croix ist noch immer ein privates katholisches Gymnasium, das der Gesellschaft Jesu angehört, aber der Direktor ist ein Laie und die Klassen sind gemischt. Jungen und Mädchen haben einen normalen Lehrplan, in dem Religion eines von vielen Fächern ist.

Die dunkelblaue Uniform im Kadettenstil, die Saint-Exupéry damals trug, ist schon lange verschwunden. Die Schüler kleiden sich ebenso ungezwungen wie der normale französische Jugendliche und haben ebensowenig Respekt vor einer bigotten Autorität. Im Inneren des Zentralgebäudes ist zu viel verändert worden, als daß man auch nur ein schwaches Bild von der strengen Ordnung der Vorkriegsjahre gewinnen könnte, aber das Kriegerdenkmal draußen vermittelt immerhin einen Eindruck. Viele Jungen kamen in das Kolleg, um sich auf eine Militärakademie vorzubereiten. Mehr als fünfzig Berufsoffizieren, die in den kurzen Kämpfen von 1940 und den wenigen Monaten nach der Befreiung fielen, wird auf dem Denkmal gedacht; das ist eine der höchsten Prozentzahlen aller französischen Schulen.

Obwohl die Jesuiten von Notre-Dame-de-Sainte-Croix noch immer in vorderster Reihe bei der Verteidigung der konfessionellen Erziehung gegen die Gleichgültigkeit einer Republik von Laien stehen, kann ihre heutige Haltung nicht mit dem Kampf gegen den republikanischen Staat verglichen werden, der ab 1871 nach dem Sieg von Bismarcks Preußen über Frankreich, ausgetragen wurde. Das Kolleg hatte damals die nationale Aufgabe zu erfüllen, Freiwillige für einen regelrechten Kreuzzug zur Verteidigung des alten Glaubens zu rekrutieren, der durch das Verbot des Religionsunterrichts durch die Regierung gefährdet war. Die Jesuitenschulen bildeten gezielt junge Männer für die Verwaltung und die Militärakademien, *grandes écoles* genannt, aus, die nach der Revolution jedoch zu Bastionen der Kirchenfeindlichkeit wurden. Bürgerliche und adlige Familien unterstützten diesen Kampf nach Kräften, und im Jahre 1939 waren die meisten Studenten der *grandes écoles* wieder Nachkommen konservativer, streng katholischer Familien.

Als Antoine in Le Mans ankam, war sein Onkel Roger de Saint-Exupéry eine wertvolle Informationsquelle über das, was sich zu einem regelrechten heiligen Krieg gegen einen gottlosen Staat entwickelt hatte. Roger war 1876 in die Schule eingetreten, vier Jahre nach Antoines Vater Jean. Die Saint-Exupérys gehörten zu einer Reihe von adligen Familien, die das Kolleg, das bei der Invasion der Deutschen im Jahre 1870 ein Zentrum des Widerstandes war, unterstützten. Damals war die Schule in einem großen Gebäude, ähnlich einer Abtei, untergebracht, das in eine Kaserne für französische Soldaten umgebaut wurde, von denen später viele in demselben Gebäude gepflegt wurden, als es zu einem Militärhospital umgewandelt worden war. Bevor das Kolleg wieder als Schule genutzt wurde, hatten sich Bismarcks Truppen darin einquartiert und die Klassenräume als Ställe genutzt. Die Besetzung hinterließ bittere Erinnerungen, die Antoines Familie später dazu veranlaßten, ihn während des ersten Weltkriegs in die Schweiz in Sicherheit zu bringen.

Nach dem Krieg gegen Preußen übernahmen die Jesuiten die Leitung des Kollegs von einem anderen Orden. Von da an war es eher ein Indoktrinationszentrum als eine Erziehungsanstalt, da die Priester die Republik mit demselben Fanatismus bekämpften, mit dem sie sich später gegen den Kommunismus wandten. Böse Erinnerungen an die Kommune von 1871, als kirchliche Würdenträger von der aufständischen Volksregierung hingerichtet wurden, hielt man bewußt wach, wie sich ihrerseits die Kommunarden der Massaker erinnerten, die die Armee mit Unterstützung der Royalisten und der Kirche angerichtet hatte.

Bis zu seinem Eintritt in Le Mans beschränkte sich Antoines formale Erziehung auf einen zweijährigen Besuch einer katholischen Grundschule in Lyon. Das Kolleg zog ihn nicht nur ohne sein Wissen in ein religiös-sektiererisches Lager, sondern war zugleich eine grausame und verfrühte Einführung in die Erwachsenenwelt. 1909 befand sich die Schule noch in ihren ursprünglichen gotischen Gebäuden, aber der Kampf zwischen den Jesuiten und dem Staat war auf seinem Höhepunkt. Der Zwist über die private konfessionelle Erziehung führte nach der Affäre Dreyfus zu weiteren rachsüchtigen Gruppierungen, und die Schule wurde zum Rekrutierungsterrain für die antisemitische und royalistische Bewegung *Action Française* von Charles Maurras.

Die Atmosphäre in Notre-Dame-de-Sainte-Croix war spartanisch.

Die privaten Mittel flossen so spärlich, daß das Refektorium nicht geheizt wurde, und die 250 Knaben trugen ihre Mäntel während sie schweigend ihre lauwarme Suppe, begleitet von Bibelvorträgen, löffelten.

Die meisten von Antoines Schulkameraden stammten aus großen Familien mit starken royalistischen Traditionen. Nicht selten waren zehn oder zwölf Knaben aus der gleichen adligen oder bürgerlichen Familie auf die verschiedenen Klassen verteilt, wobei die Familien der Romanets und der de Maurys mit jeweils neunzehn Schülern den Rekord hielten. Die wohl einzige wichtige Änderung im Lehrplan seit der Schulzeit von Antoines Vater in Le Mans, war die, daß Latein nicht mehr die allgemeine Unterrichtssprache war. Ansonsten stellte der Stundenplan des Kollegs geradezu mittelalterliche Anforderungen, aber Antoine hatte als externer Schüler einen etwas weniger anstrengenden Tagesablauf als die Internatsschüler, die um 5 Uhr 30 aufstehen mußten. Seine Mutter hatte ihn in der Schule angemeldet und sie verbrachte einen Teil des Jahres zusammen mit Antoine und François, die bei ihrem Großvater Fernand in einem grauen Bürgerhaus in der Rue Pierre-Bellon Nr. 39 wohnten, eine halbe Stunde Fußweg vom Kolleg entfernt.

Fernands Anwesen war im Vergleich zu jenem Haus in der Rue Clos-Margot sehr geräumig, das Marie de Saint-Exupéry für sich und ihre Söhne immer mietete, wenn sie nach Le Mans kam. Sowohl im Haus als auch im Garten gab es zu wenig Platz. Wenn Marie nicht in Le Mans war, weilte sie bei ihren Töchtern in Lyon oder in Saint-Maurice, und Antoine und François wurden dann von einer Tante versorgt, Anaïs de Saint-Exupéry, Hofdame der Duchesse de Vendôme, einer Angehörigen des französischen Königshauses.

Die Belastung, die der erzwungene Wechsel von der fröhlichen Atmosphäre von Saint-Maurice für Antoine darstellte, zeigt sich in einem Bild der ersten Klasse, auf dem Antoine mit stoischer Miene zwischen seinen Klassenkameraden steht, die alle unter einer Art Schock zu stehen scheinen über die Opfer, die von neunjährigen Jungen erwartet wurden. Ein anderer externer Schüler, Paul Gaultier, Antoines Klassenkamerad, der später Journalist wurde, erinnerte im Jubiläumsmagazin zur Hundertjahrfeier der Schule 1971 an die damaligen Härten des Schullebens. Alle Schüler mußten an sechs Tagen in der Woche an der Messe um 7 Uhr 30 und sonntags am Hochamt um 8 Uhr 30 teilnehmen. Während der Woche endete der Unterricht um 19 Uhr und nur der Sonntagnachmittag durfte zu Hause verbracht werden. Der ständige Kampf mit der Kälte – das Wasser, das zum Mittagessen gereicht wurde, gefror oft in den Karaffen, und viele Knaben beklagten sich über Erfrierungen – wurde durch die Angst vor Strafe noch verschlimmert.

Die gefürchtetste Strafe war *la colle*, der Arrest, der üblicherweise während der Freizeit am Donnerstag oder am Sonntagnachmittag abgeleistet werden mußte. Der Vormittag des Tags des Herrn wurde schon durch eine Stunde Religionsunterricht nach dem Hochamt verlängert, und die Freizeit wurde oft durch zusätzlichen Unterricht verkürzt, zur Strafe für rüpelhaftes Benehmen, Unaufmerksamkeit während des Unterrichts oder mangelnde Begeisterung für die Religionsstunden.

Auch die Aktivitäten auf dem Schulhof wurden streng überwacht, und bei den geringsten Anlässen ordneten die Priester sofort Strafen an. Zum Beispiel mußten die Schüler fünf- oder sechsmal um den großen Sportplatz herumlaufen oder während der ganzen Pause wie angewurzelt neben einem Baum stehen bleiben. Bei wirklich schlimmem Betragen gab es Prügel, die ein Priester verabreichte.

Individualität wurde nicht gefördert. Ausflüge wurden in großen Gruppen gemacht, die meisten dieser Exkursionen waren Wallfahrten. Einer dieser ersten Sommerausflüge in übervollen, von Pferden gezogenen Bussen, zum Benediktinerkloster von Notre-Dame-du-Chêne in Solesmes beschrieb Antoine 1910 in einem Brief an seine Mutter. Der Tonfall ist humorvoll und ohne Klagen, und erst viele Jahre später sprach Antoine davon, wie sehr er in Le Mans gelitten hatte, wenn die Mutter in Lyon war und ihn nicht beschützen konnte.

»Ich erinnere mich daran, wie Sie zum Präfekten gegangen sind und darum gebeten haben, daß man mir die *colles* erlassen möge«, schrieb er. »Ich kam immer mit meinem großen Ranzen auf dem Rücken nach Hause und schluchzte, weil ich bestraft worden war – Sie erinnern sich an Le Mans –, und nur durch Ihre Küsse ließen Sie mich alles vergessen. Sie waren ein allmächtiger Schutz gegen die Aufseher und die Präfekten. In Ihrem Haus fühlte man sich sicher, wir gehörten nur Ihnen. Das war gut.«

Die Disziplin wurde nur in den Tagen vor den Sommerferien gelokkert, und den Schülern wurde erlaubt, im nahegelegenen Fluß zu baden. Ansonsten war der Sportunterricht eine lebhafte und gewaltige Kraftanstrengung aller. André Dunant, ein früherer Schüler, erinnerte sich, daß die Spiele normalerweise »sehr männlich« waren. Fußball wurde mit fünfzig Spielern pro Mannschaft, zwei Bällen und so gut wie keiner Regel gespielt.

Den meisten Spielen lag militärische Taktik zugrunde, vor allem dem *jeu des boucliers,* einem taktischen Ballspiel. Die Klassen wurden in zwei Gruppen eingeteilt, die mit Bällen kämpften und versuchten, die Flagge der gegnerischen Partei zu erobern.

»Man hatte nichts gegen die Disziplin, weil die meisten Schüler später die *grandes écoles,* wie die Polytechnique und die Centrale besuchen sollten, die auf eine militärische oder zivile Laufbahn in der Verwaltung vorbereiteten«, erinnerte sich André Dunant. »Nachdem ich das Kolleg beendet hatte, besuchte ich die Militärakademie Saint-Cyr und konnte keinen Unterschied zwischen der militärischen Disziplin und der Erziehung in Notre-Dame-de-Sainte-Croix erkennen.«

Die strenge Ordnung und der intensive Religionsunterricht bereitete auch viele Schüler auf ein aufopferungsvolles Leben als Priester vor. Einer von Saint-Exupérys etwas älteren Schulkameraden wurde später Bischof von Le Mans.

Außer in den Briefen an seine Mutter gab Saint-Exupéry in seinen Werken kaum Hinweise auf Le Mans, obwohl er später zu Freunden sagte, daß er dort selten glücklich gewesen sei. Für einen so sensiblen Jungen war die intolerante Atmosphäre, vor allem in Verbindung mit der Trennung von der Mutter, eine Qual, und er reagierte darauf mit störrischer Passivität.

Sein Sinn für gutes Betragen, Sauberkeit und Fleiß war wenig ausgeprägt. Die ersten Monate waren vielleicht die traurigsten, aber die schlimmsten Schuljahre waren die der Jahre 1913 und 1914. Bis dahin hatte er in wohlerzogenem Stillschweigen gelitten, und die ersten Zeugnisse belegen, daß sein Betragen zunächst tadellos war. Zwischen 1913 und 1914 jedoch wurde sein Verhalten auf einer alphabetischen Skala mit E bewertet und fiel auf EI ab, was als »sehr schlechte Note« betrachtet wurde. Seine Auflehnung war stärker als die übliche jugendliche Flegelhaftigkeit, Antoine wäre beinahe der Schule verwiesen worden.

Jedes E wurde mit zweistündigem Nachsitzen bestraft. Antoine handelte sich in den letzten drei Monaten vor den Sommerferien von 1914 sieben EI und sechs I ein, die noch viel schlimmere Strafen nach sich zogen, was bedeutete, daß er den größten Teil seiner Freizeit mit Nachsitzen zubrachte. Im Herbst 1914 kehrte er nicht zum Unterricht zurück und als er 1915 die ersten sechs Monate daran teilnahm, war sein Betragen kaum besser, aber zumindest wurde er nicht mehr wegen Frechheit gerügt.

Ursache des Problems waren Auseinandersetzungen mit seinem Großvater Fernand. Als kleiner Junge hatte Antoine die Autorität dieser patriarchalischen Person mit weißem Bart nicht in Frage gestellt. Sein jugendliches Staunen über den imposanten Patriarchen hinter seinem riesigen Schreibtisch wurde später in *»Der Kleine Prinz«* festgehalten, wo Fernand als Geograph karikiert wird. Das Haus des Großvaters in der Rue Pierre-Bellon war im Vergleich zu dem Schloß von Saint-Maurice vielleicht langweilig, aber es besaß eine außergewöhnliche Bibliothek mit einer von Fernands Vater begonnenen Sammlung seltener Bücher. Antoine wurden einige der wertvollen Werke gezeigt, vor allem ein ledergebundener Band über Astronomie beeindruckte ihn so sehr, daß dies die wichtigste Neuigkeit war, als er 1911 in die Sommerferien nach Saint-Maurice zurückkehrte.

Als Antoine älter wurde, verschlechterte sich das Verhältnis zu seinem Großvater. Fernands Autorität als Vorstand des Familienrats stand im Widerspruch zu Marie de Saint-Exupérys liberalen Ansichten. Sehr verschiedene Persönlichkeiten und Prioritäten stießen hier aufeinander, und Antoine stellte sich entschieden auf die Seite seiner Mutter. Charlotte Churchill, eine von Antoines Cousinen, erzählte der amerikanischen Universitätsangehörigen Helen Crane, daß Antoine und sein Großvater oft Streit hatten. Das schrieb sie ihrem ausgeprägten südländischen Temperament zu und merkte an, daß beide sehr gerne redeten. Antoine war ermuntert worden, seine Meinung zu äußern, während Fernand de Saint-Exupéry der Ansicht war, daß kleine Knaben in erster Linie zuhören sollten.

In Fernand de Saint-Exupérys strengen Augen war Antoine einfach überbehütet und mußte dringend durch strenge körperliche Disziplinierung gestählt werden. In einer Unterhaltung mit Simone im Jahr 1912 erzählte Antoine, daß ihn sogar seine Tante Anaïs schlug, wenn er frech gewesen war.

Die wichtigste Lektion, die Saint-Exupéry in Le Mans lernte, war der Trost der Kameradschaft im gemeinsamen Leid. Zugleich mußte er jedoch viele Hänseleien über sein Aussehen über sich ergehen lassen. Zu Hause nannte man ihn Tonio. In Le Mans mußte er sich an zwei Spitznamen gewöhnen, die ihn noch immer ärgerten, als er längst erwachsen war.

Der erste, *Tatane,* zielte auf seine großen Füße ab, über die man sich sein ganzes Leben lang amüsierte, so sehr, daß sie für ein sechzehn Jahre altes Mädchen, mit dem er am Vorabend seines Todes 1944 in einem Nachtclub tanzte, den nachhaltigsten Eindruck hinterließen. *Tatane* wurde durch einen noch ärgerlicheren Spitznamen ersetzt, *Pique-la-lune,* sowohl eine Anspielung auf seine Stupsnase als auch auf seine Zerstreutheit, die später sogar seine Fliegerkarriere gefährden würde.

Was die schulischen Leistungen betrifft, so hat Saint-Exupéry auf seine Lehrer wohl selten einen guten Eindruck gemacht, obwohl manche seiner schlechten Noten sicher seinem passiven Widerstand gegen die Autoritäten zuzuschreiben sind. Die größte Klasse, in der er war, hatte neunzehn, die kleinste gerade elf Schüler, und er war meistens unter den schlechtesten. Seine schlechtesten Noten erhielt er in Geschichte, Geographie, Deutsch, Latein und Rechtschreibung. Sein bestes Fach war Französisch, obwohl man seine Grammatikkenntnisse für mangelhaft hielt.

Sein Interesse für Fächer, in denen er in Le Mans versagt hatte, wie Mathematik und Geographie, erwachte erst, als er sie in der Praxis als Flieger und Erfinder brauchte. Die Langeweile des Mathematikunterrichts in Le Mans wurde später, als er erwachsen war, durch eine echte Begeisterung für Geometrie ersetzt. Das einzige Fach, für das er sich im Kolleg immer begeisterte, war das Schreiben, das zu seiner Selbstachtung beitrug und in kummervollen Zeiten Rückzugsmöglichkeiten bot. Die besten Noten für seine Aufsätze erhielt Antoine im Alter zwischen zwölf und vierzehn Jahren, in jener Zeit, die mit seiner Periode der Disziplinlosigkeit und Frechheit zusammenfiel.

Es war aber kein intellektueller Jesuit, der Antoines literarisches Talent förderte. Im Jahre 1900 war der Orden aus Frankreich vertrieben worden und hatte nicht länger die Erlaubnis, Unterricht zu erteilen. In Le Mans und vielen anderen Kollegien widersetzten sich die Jesuiten der Regierung, indem sie einige Pater zurückließen, die im Hintergrund wirkten, den Unterricht aber Priestern überließen, die nicht den etablierten religiösen Orden angehörten.

Diese Priester der Diözese, aus den Kleinstädten und Dörfern rund um Le Mans, versprachen, die Prinzipien der Jesuiten wortwörtlich einzuhalten, was sie so genau nahmen, daß Notre-Dame-de-Sainte-Croix bis zum Zweiten Weltkrieg ein Zentrum des reaktionären Konservatismus und Royalismus wurde. Ihr Mut, ihren Glauben gegen die Angriffe des Staates zu verteidigen, verdiente zwar Bewunderung, aber das traurige Ergebnis ihrer Bemühungen war, daß viele ihrer ehemaligen Schüler nach dem Fall Frankreichs die falsche Entscheidung trafen und sich dem extremistischen Regime von Philippe Pétain in Vichy anschlossen und die Ideologie der *Action Française* übernahmen.

Zum Glück waren die Priester sehr verschiedene Persönlichkeiten und nicht blind gegenüber natürlichen Talenten. Einem von ihnen, Abbé Auguste Launay, gebührt das Verdienst, Antoines einzigartige Begabung zum Geschichtenerzählen erkannt zu haben. Auf einem der außergewöhnlichsten Klassenfotos, das während der Schulzeit Antoines in Le Mans aufgenommen wurde, sieht man den Priester inmitten seiner Schüler sitzen. Es zeigt siebzehn Dreizehnjährige, die alle feierlich um einen grimmig dreinblickenden Mann mit breitem Gesicht und kurzgeschorenen Haaren herumstehen oder -sitzen. Der offensichtlich strenge Auguste Launay, dem die Schüler den Spitzenamen »Cäsar« gaben, war ein geborener Literaturkritiker. Als Antoine in die dritte Klasse kam, das entspricht bei uns etwa der neunten, hatten schon andere Lehrer seine Begabung zu schreiben bemerkt, aber nur der Abbé Launay sah über diese natürliche Kreativität hinaus und nutzte Saint-Exupérys Essays als Lehrstücke, lange bevor er ein bekannter und veröffentlichter Autor war.

Auguste Launay wurde in dem nahegelegenen kleinen Marktflekken Sillé-le-Guillaume, wo sein Vater als Tischler arbeitete, geboren und starb auch dort. In seiner Jugend gab es noch keine staatlichen Schulen, und seine Ausbildung wurde dank seiner religiösen Berufung sichergestellt, ein Privileg, das er während seiner vierunddreißigjährigen Tätigkeit als Lehrer in Le Mans tausendfach zurückzahlte.

Das strenge Aussehen auf dem Gruppenfoto wurde von seinen früheren Schülern bestätigt, die sich an einen sich sehr distanziert verhaltenden Mann, immer in tadelloser Soutane, erinnerten, der während des Unterrichts nur selten das Lehrerpult auf dem Podium verließ. Er weigerte sich, Kreide zu benutzen, und ließ an seiner Statt seine Schüler an die Tafel schreiben, während er sie mit schonungslosen Fragen zur lateinischen Grammatik quälte.

Er unterrichtete unter anderem Latein, Griechisch und Religion, alles Fächer, gegen die sich Antoine als Vierzehnjähriger heftig sträubte. Im Französischunterricht jedoch verstanden sich die beiden besser, trotz der schlechten Noten, die Saint-Exupéry in Grammatik erhielt. Der Priester war von Antoines Aufsätzen so beeindruckt, daß er zwei davon bis zu seinem Abschied von der Schule, zu Beginn des Zweiten Weltkriegs, als Unterrichtsgrundlage für seine Französischstunden nutzte.

Der bekanntere dieser beiden Aufsätze war *»Die Odyssee des Hutes«*, die den traurigen Abstieg eines Klappzylinders beschreibt, der zuletzt als übel zugerichtete Kopfbedeckung eines Häuptlings irgendwo in Afrika endet. Zu Anfang der Geschichte, die mehr als 1000 Wörter zählt, schildert der Hut seine Entstehung in einer Hutfabrik, in der »ich alle möglichen Qualen« erleiden mußte.

Nachdem der Hut zugeschnitten, gespannt und lackiert ist, wird er in ein Geschäft in Paris gebracht, wo er eines der schönsten Stücke in der Auslage im Schaufenster war. »Ich glänzte so, daß die vorbeikommenden Damen nicht widerstehen konnten, ihr Antlitz in meinem Glanz zu bewundern. Ich war so elegant, daß kein wirklicher Gentleman mich ohne begehrlichen Blick betrachten konnte.« Nachdem ein reicher Mann den Hut gekauft hat, wird er von dessen Freunden im Club bewundert, dann mehrere Monate lang mit großer Sorgfalt »in einem wunderbaren Dasein« gepflegt und abgestaubt.

»Ein treuer Diener, der speziell mit der Garderobe des Herrn betraut war, kümmerte sich mit schmeichelhafter Freundlichkeit um mich. Ich wurde jeden Abend poliert und am nächsten Morgen gleich wieder.«

Der Hut meint, das Glück habe ihn von dem Tag an verlassen, an dem er an einen Kutscher verschenkt wird, der beabsichtigt, bald zu heiraten. Am ersten Tag rollt er gleich dreimal durch Matsch und

Staub, ohne hinterher abgeputzt zu werden, und der Hut schrumpft zusammen, »erfüllt von einem gerechtfertigten Wunsch nach Rache«, und wird für zwanzig Centimes an einen Trödler verkauft.

»Dieser Mann war ein häßlicher Jude, dessen leicht gekrümmte Nase zu einem gerissenen, übellaunigen Gesichtsausdruck beitrug. Nachdem man mich gesäubert hatte, wurde ich wieder im Schaufenster plaziert, aber dieses Mal war ich dem allgemeinen Gespött preisgegeben, wie ich da an einem schmutzigen Stück Schnur baumelte.«

Eine kurze Zeit des Glücks folgt, als der Hut von einem jungen Paar gekauft wird. »Aber eines Tages, als Caroline und Matthias an der Seine entlangspazierten, verwandelte mich ein heftiger Windstoß in einen Vogel. Nach einigen Sekunden der Todesangst landete ich im Fluß und trieb friedlich dahin, in Gesellschaft der Fische, die diese neue Art von Boot angstvoll beäugten.«

Ein Lumpensammler fischt den Hut heraus und, nach neuerlichen Torturen bei der Reparatur, wird er verpackt und nach Afrika verschickt.

> »Dann, eines schönen Morgens, öffnete ich meine Augen und blinzelte dem Licht entgegen und war entsetzt, dunkelhäutige Menschen vor mir zu sehen, deren Gesichter nur aus Lippen zu bestehen schienen, und deren einzige Bekleidung altmodische Badehosen und Ringe in Nasen und Ohren waren. Abseits, auf einer Kekskiste, saß einer dieser seltsamen Männer mit einem Zepter in der Hand, in Form eines Staubwedels, der seine Federn verloren hatte, und er trug das Fell eines Löwen, den er mit dem seiner Größe entsprechenden Mut erlegt hatte.
>
> Zwei schwarze Hände griffen gierig nach mir. Ich schreckte angstvoll zurück und war erst beruhigt, als ich sah, daß sich die schwarzen Finger nicht abfärbten. Dann wurde ich auf den Kopf der schwarzen Masse, des Königs, gesetzt. Und da bin ich noch immer und verlebe glückliche Tage. Manchmal wäre mein Lack in der brennenden Sonne beinahe geschmolzen, und manchmal führte die praktische Veranlagung meines Herrn dazu, daß ich als Pfanne benutzt wurde ... Aber ich lebe recht friedlich und schmücke den Kopf des schrecklichen Bam-Boum, des mächtigsten Herrschers des Landes.

Ich schreibe diese Zeilen in meinen alten Tagen, in der Hoffnung, daß sie die Franzosen erreichen werden, damit sie wissen, daß ich in einem Land lebe, in dem Kopfschmuck immer modern sein wird, und ich hoffe wirklich, daß man mich, wenn ich endgültig völlig abgenützt bin, als Relikt verehren wird, weil ich einst das Haupt meines illustren Besitzers, Bam Boum II., König von Niger, zierte.«

Antoine de Saint-Exupéry, 13 Jahre alt.

Der ursprünglich natürlich handgeschriebene Text widersprach den Behauptungen mancher Mitschüler, daß Saint-Exupéry ein unordentlicher Schüler gewesen sei, der seine Hefte mit Tintenflecken beschmutzte. Das galt vielleicht für Fächer, die ihn nicht interessierten, aber *»Die Odyssee des Hutes«*, die Saint-Exupéry einen der seltenen Preise zum Schuljahresende einbrachte, war mit einer Sicherheit und Reife geschrieben, die sich in der sauberen, geradezu erwachsenen Handschrift zeigte.

Leider ist der andere Vorzeigeaufsatz von Abbé Launay, der die Beisetzung einer Ameise erzählt, verloren gegangen, aber einige Mitschüler können sich noch an den Inhalt erinnern. Wahrscheinlich wurde die Beisetzung der Ameise vom Schriftsteller Jean de Saint-Exupéry beobachtet, der sie einem Freund erzählte. Der Höhepunkt in Antoines Geschichte zeigte sein Interesse an mechanischen Erfindungen. Der Trauerzug wird nämlich von einem Rinnsal aufgehalten, und er beschrieb, wie die Arbeitsameisen ihre Kiefer als Werkzeuge einsetzten, um aus frischem Gras eine Brücke über das Hindernis zu bauen.

Es wäre erfreulich, wenn man anmerken könnte, daß Antoine nach Le Mans zurückkehrte, nachdem er seinen ersten Literaturpreis 1931 (für *»Nachtflug«*) gewonnen hatte, um seinem ehemaligen Lehrer für sein Verständnis und seine Ermunterung zu danken. Aber er verband mit dem Kolleg keine erfreulichen Erinnerungen und scheint, nachdem er es 1915 verlassen hatte, nie mehr dorthin zurückgekehrt zu sein. Auguste Launay lebte nicht lange genug, um seine Intuition bestätigt zu sehen, als Saint-Exupérys Bücher, vor allem *»Nachtflug«* und *»Wind, Sand und Sterne«* in allen Schulen Frankreichs Unterrichtslektüre wurden.

Abbé Launay benotete Saint-Exupérys Aufsatz über den Hut mit 12 von 20 möglichen Punkten. Einen Punkt hatte er wegen der Rechtschreibfehler abgezogen, aber er hatte keinen Kommentar zu Antoines rassistischer Beschreibung des einen Hutbesitzers angefügt, des Trödlers, des schrecklichen Juden mit dem falschen und hinterlistigen Gesichtsausdruck. Dieser Satz kann nicht einfach als die konfuse Ansicht eines Jungen von knapp vierzehn Jahren abgetan werden, der wahrscheinlich nie mit einem Juden zusammengetroffen war. Diese Bilder reflektierten vielmehr das Milieu, in dem er lebte, und die meisten seiner Verwandten fühlten sich in Gegenwart einer Bevölkerungsgruppe unwohl, die sie die Israeliten nannten.

Saint-Exupérys jugendliche Begeisterung für die royalistische, antisemitische *Action Française*, die viele seiner Schulkameraden teilten, hatte ihm Zugang zu jenen bösartigen Karikaturen und Verleumdungen verschafft, die später dem Vichy-Regime als Vorwand für die Verfolgung dieser ethnischen Minderheit dienten. In den Sommerferien bevor er die *»Odyssee«* schrieb, teilte Antoine seiner Schwester Simone mit, daß er mit dieser Bewegung sympathisierte und daß er plante, eine geheime royalistische Gesellschaft zu gründen, deren Vorsitz er übernehmen wollte, und die Propagandamaterial herstellen würde. Im folgenden Schuljahr brachten seine Klassenkameraden eine Schulzeitung heraus, *»L'Écho du troisième«* genannt, in der die politischen Zielsetzungen humorvoll kaschiert wurden. Als die Zeitung von Hand zu Hand ging, provozierten die Artikel ein solches Gelächter, daß einer der Priester aufmerksam wurde, der sie konfiszierte und zerriß. Deshalb ist es unmöglich, mit Sicherheit zu sagen, ob im *»L'Écho du troisième«* die Ansichten der *Action Française* tatsächlich vertreten wurden.

Die antisemitische Passage in seinem Schulaufsatz und sein Liebäugeln mit der *Action Française* sind als Hinweise auf jugendliche Verirrungen von geringem Interesse, aber können als bemerkenswertes Beispiel dafür betrachtet werden, wie sehr er sich später von den schädlichen Einflüssen von Le Mans distanziert hatte. Niemand kann Saint-Exupéry vorwerfen, er hätte als Erwachsener eine antisemitische Einstellung gehabt. Seine Toleranz reichte weit über oberflächliche Beziehungen zu Juden hinaus, und er schrieb in *»Die Stadt in der Wüste«* eine Parabel, die verfolgte Minderheiten sehr energisch verteidigte, in einer Zeit, als das Vichy-Regime zur Hexenjagd aufgerufen hatte.

Persönliche Erfahrungen beeinflußten Saint-Exupérys Ansichten und Werk weit mehr als die sozialen und religiösen Theorien, die viele seiner Mitschüler ihr Leben lang verfolgten. Nur wenige der Lektionen, die er in Le Mans gelernt hatte, waren für ihn langfristig von Bedeutung, wie zum Beispiel der Wert loyaler Freundschaft und die Fähigkeit, klaglos zu leiden. Andere, wie das rigide Bild Gottes und des Glaubens, wurden verändert und schließlich, als er mit den Realitäten des Lebens konfrontiert wurde, ganz abgelehnt. Die Intoleranz, sei sie religiös, sozial oder rassistisch bedingt, die die Pater im Kolleg vermittelten, wich seiner wachsenden Überzeugung, daß die Menschheit für eine gemeinsame Sache kämpfen muß, die über die angeblich absoluten Wahrheiten und Klassifizierungen der Priester von Le Mans weit hinausreichte.

Zur gleichen Zeit, als er 1912 seinen Geheimbund ankündigte, hat Antoine seinen Geschwistern bei seiner Rückkehr in die Sommerferien nach Saint-Maurice-de-Rémens erzählt, er würde vielleicht eines Tages Priester werden; aber keine seiner Ankündigungen verursachte eine solche Aufregung, wie sein neuer Gefährte, eine weiße Ratte.

Nach Aussagen seines Mitschülers Paul Gaultier hatte seine Tante, Anaïs de Saint-Exupéry, ihm zwei Ratten geschenkt. Da die Tiere angeblich früher der Duchesse de Vendôme, einem Mitglied des Königshauses, gehört hatten, haben sie vielleicht Antoines monarchistische Gefühle verstärkt, die dazu geführt hatten, daß er in die Autogrammhefte seiner Freunde schrieb: »Für meinen Gott, meinen König, und meine Dame«.

Das Nagetier wurde in einem Käfig neben den Hasen der Kinder untergebracht, und den ersten Abend verbrachten sie damit, einen Speiseplan für die Ratte aufzustellen. Am nächsten Morgen fand man den Käfig offen, und das Tier war verschwunden. Man glaubte, zu Recht oder nicht, daß Tante Gabrielle ein Dienstmädchen angewiesen hatte, es zu entfernen.

Einige Tage später trat das Geheimnis der verschwundenen Ratte und die vorübergehende priesterliche Berufung Antoines durch das wichtigste Ereignis seit dem Tod seines Vaters in den Hintergrund.

Auf seinem ersten Rundflug, von einem kleinen Flugplatz nahe des Schlosses aus, wurde seine Begeisterung für das Fliegen entfacht, der erste Schritt auf einem gefährlichen Weg, der schließlich zu seinem gewaltsamen und einsamen Tod führen sollte.

KAPITEL III

»À nous les airs«

Anfang des Sommes 1909, kurz bevor Saint-Exupéry nach Le Mans geschickt wurde, wurden von Pionierfliegern über der Bellièvre-Ebene bei Ambérieu-en-Bugey die ersten Probeflüge unternommen. Wenn man eine Abkürzung durch das Dörfchen Château-Gaillard nahm, lag die Landebahn kaum drei Kilometer vom Schloß Saint-Maurice-de-Rémens entfernt. Diese Neuigkeit führte allgemein zu großer Aufregung. Damals sprach das ganze Land von Louis Blériots Atlantiküberquerung im Juli 1909, ein Ereignis, das auf die Franzosen einen weit größeren Eindruck machte als Orville Wrights erster Flug in den Vereinigten Staaten sechs Jahre zuvor.

Einer von Saint-Exupérys Schulkameraden der ersten Klasse in Notre-Dame-de-Sainte-Croix, Jean-Marie Lelièvre, lebte in der Nähe des Landeplatzes Auvours in Le Mans und hatte im Jahre 1908 miterlebt, wie Wilbur Wright und andere Pionierflieger Schauflüge vorführten, die Tausende von Zuschauern anlockten. Obwohl Antoine erst viel später regelmäßig mit dem Fahrrad zum Flugplatz fuhr, haben die Schilderungen seines Mitschülers gewiß dazu beigetragen, daß Saint-Exupérys Begeisterung für das Fliegen schon lange geweckt war, bevor er 1910 in den Osterferien nach Saint-Maurice zurückkehrte.

Antoine war nicht der einzige junge Flugfanatiker. Anfang des Jahrhunderts gab es nur wenige Sportidole, aber dieser Mangel wurde durch Piloten und Rennfahrer mehr als wettgemacht. Jede noch so unbedeutende fliegerische Leistung füllte die Titelseiten der Zeitungen, und die nationalen und regionalen Blätter berichteten sogar über den Fortgang der Fliegerausbildung. Ein französisches Fliegermagazin, *»L'Aérophile«*, erschien bereits 1893 zum ersten Mal und berichtete über zahlreiche Flugexperimente, die 1890 mit einem dampfgetriebenen, Fledermaus-ähnlichen Apparat durchgeführt wurden, den der Franzose Clément Ader entwickelt hatte.

Die Tageszeitungen *»Progrès de Lyon«* und *»Journal de l'Ain«*, die Saint-Exupérys Mutter las, hatten Anfang 1910 einige sensationelle Neuigkeiten zu berichten. Ein Fahrrad-Champion aus der Gegend, Louis Mouthier, hatte für 10 000 Francs das gleiche Flugzeugmodell gekauft, mit dem Blériot den Atlantik überquert hatte, und hatte beschlossen, in Ambérieu eine Flugschule zu gründen. Aus diesen bescheidenen Anfängen entwickelte sich die Fliegerbasis 278 zu einer der wichtigsten zivilen und militärischen Flugübungsplätzen des Landes. Zwischen den Kriegen landete Saint-Exupéry häufig mit seiner Privatmaschine auf diesem Flugplatz, wenn er entweder seine Familie oder seinen Schriftstellerkollegen Léon Werth besuchen wollte, der ein Landhaus im Jura besaß. Das Café de l'Aviation in Ambérieu, wo seine Gastgeber damals immer mit einem Wagen auf ihn warteten, war 1993 noch immer im Besitz der gleichen Familie, wenn auch das ursprüngliche Gebäude von deutschen Bomben zerstört worden war.

Zu den zukünftigen Schülern von Ambérieu gehörte das Fliegeras des Ersten Weltkriegs, Georges Guynemer, wie auch viele jener Piloten, die im Zweiten Weltkrieg zusammen mit Saint-Exupéry dienten. Erst vor kurzem ist die Basis zu einem Reparaturzentrum der französischen Luftwaffe umgewandelt worden und erstreckt sich bis zu einem Industriegebiet, das die Haupteisenbahnlinie säumt.

1910 gab es weder Wachposten noch Zäune, die den Zutritt der Öffentlichkeit zu diesem einfachen Flugplatz behindert hätten. Eine frühe Fotografie zeigt Louis Mouthier, ein kleiner Mann mit prächtigem Schnurrbart, wie er neben seiner urtümlichen Blériot-Maschine steht und von einer Menschenmenge – zum größten Teil Schuljungen – umringt ist. Mouthier war einer der letzten einer aussterbenden Rasse von Pionierfliegern. Er hatte keinerlei Ausbildung erhalten, nachdem er mit dreizehn Jahren die Schule verlassen und sich mit Hilfe von Blériots Handbuch das Fliegen selbst beigebracht hatte. Am 9. August 1910 erhielt er nach intensivem Training unter den neugierigen Blicken hunderter Ortsansässiger, als 157. Pilot in diesem Jahr seine Flugerlaubnis. Am 5. Februar 1911 gründete er seine eigene Schule.

In keinem der vielen veröffentlichten kurzen Einblicke, die Saint-Exupéry in seine Kindheit gewährte, gibt es Hinweise auf seine frühe Begeisterung für das Fliegen. Seine Schwester Simone erinnert sich in ihren unveröffentlichten Werken jedoch, daß er von seinem Projekt erzählte, ein Flugzeug zu bauen, mit dem er und seine Schwester über Saint-Maurice hinwegfliegen würden, während die Menge unten »*Vive Antoine de Saint-Exupéry*« rufen sollte.

Antoines Träumerei vom Fliegen war von einer Begeisterung für Maschinen begleitet, und Simone erinnerte sich daran, wie er und François einen kleinen Motor erhielten, der eigentlich zur Bewässerung während der Dürrezeit von 1911 geplant war. Als François daran herumspielte, explodierte der Motor. Antoine glaubte, sein Bruder wäre tot, als er ihn fand und er aus einer Kopfwunde stark blutete. Vielleicht war die Explosion des Motors einer der Gründe, warum sich Pater Montessuy bemühte, Antoine von seinem Plan abzubringen, einen Motor nach eigenen Entwürfen zu bauen, um damit ein aus Teilen seines Fahrrads selbstgebasteltes Flugzeug anzutreiben. Statt dessen bat der Priester den Zimmermann des Dorfes, der auch im Schloß so manches in Ordnung brachte, Flügel für ein segelbetriebenes Flugzeug anzufertigen – die Segel stammten aus Moisys Wäscheschrank – das niemals auch nur die geringste Chance hatte, vom Boden abzuheben, so stark Antoine auch in die Pedale trat.

Sein Fahrrad spielte auch bei Antoines Einführung in die Fliegerei eine Rolle, brachte es ihn doch fast täglich zum Flugplatz von Ambérieu, der von Gemüsefeldern und Weiden umgeben war. Mouthiers Flugschule lockte auch andere Pioniere an, und in Ambérieu wurden immer mehr Hangars gebaut, in denen nicht nur Flugzeuge untergestellt, sondern auch gebaut wurden. Die Piloten, die in Ambérieu starteten und landeten, waren zumeist jung, manche noch kaum richtig erwachsen, und sie waren zu ihren jungen Bewunderern sehr freundlich. Antoine eignete sich die meisten seiner frühen technischen Kenntnisse an, indem er beobachtete, wie sie Maschinen entwarfen oder zusammensetzten, wobei er sie mit einer Menge Fragen behelligte, die er dann in eine Art Technikunterricht für seinen Bruder und die Schwestern umwandelte.

Die Besuche auf dem neuen Flugplatz, der bald in Geschäftsverbindung mit der weit bedeutenderen zivilen Basis in Lyon-Bron trat, veränderten auch Antoines soziale Einstellung. Die aristokratischen Vorfahren, die bis dahin Antoines Helden gewesen waren, wurden durch Männer unterschiedlicher, oft bescheidener Herkunft ersetzt, für die Erfolg am Erfindergeist, an harter Arbeit und Wagemut meßbar war. Der Geist klassenloser Kameradschaft, den Saint-Exupéry als Erwachsener so sehr schätzte, war im Hôtel du Lion d'Or in Ambérieu schon Wirklichkeit geworden, wo erfahrene Piloten und Anfänger in lockerer Atmosphäre, die an einen Club denken ließ, untergebracht waren. Auf die Dorfbewohner übten sie eine ebenso große Faszination aus wie Bühnen- oder Sportstars. Wenn Flugzeuge über den Ort flogen, kamen die Leute scharenweise auf die Straße gelaufen und applaudierten.

Die fanatische Begeisterung für die Fliegerei, die die ganze Nation erfaßt hatte, bekam 1909, nach Blériots Flug über den Ärmelkanal weiteren Auftrieb. 1912 war er zum Mittelpunkt des Lebens in Ambérieu geworden. Die Zeitung *»Journal de l'Ain«* hatte täglich eine Beilage, mit dem Titel *»Les Hommes de l'Air«*, in der sich Romanze und Wagemut mischten. Später, im Verlauf desselben Jahres, griff das Grand-Guignol-Theater in Lyon die allgemeine Fliegereiversessenheit auf und spielte ein Stück mit dem Titel *»Le Grand Oiseau«*, voll dramatischer Verräterei und Heldentum, in dem ein Flugzeugabsturz auf der Bühne simuliert wurde.

Zu Ostern wurde ein dreitägiges Fest organisiert, um die zugleich militärische und zivile Pilotenschule in Ambérieu einzuweihen. Normalerweise verbrachte Antoine die Osterferien in Saint-Maurice. Er war möglicherweise unter den 10 000 Zuschauern der Flugvorführungen von Mouthier, von René Vidart, der kurz zuvor das Paris–Rom Rennen gewonnen hatte, von Jules Védrines, dem damaligen Geschwindigkeitsweltrekordhalter, und von Maurice Lacrouze, dem Chefpiloten der Flugschule Deperdussin.

Annette Flamand, die in Saint-Maurice im gleichen Jahr wie Antoine geboren wurde, war davon sehr beeindruckt. Ihre Eltern führten in einem Haus, in dem sie noch achtzig Jahre später wohnte, ein Café und ein Transportunternehmen, aber es waren weder die Menschenmassen noch die Flugkünste, die sie so nachhaltig beeindruckten. Kurz vor dem Fest hatte sie ihre neue Frühlingsgarderobe bekommen, ein graues Kleid und einen dazu passenden Hut mit schwarzen Bändern. Am Nachmittag des ersten Festtages, Samstag, den 27. April 1912, so erinnerte sie sich, wurde ihr Hut durch ein Gewitter mit heftigem Nordwind völlig ruiniert. Die Flugvorführungen wurden kurzfristig unterbrochen, und es regnete das ganze Wochenende. Aber die Piloten starteten trotz des dichten Nebels. Einer von ihnen konnte die Landebahn nicht mehr finden und landete in 20 Kilometer Entfernung.

Die Geschäftsbesitzer im Ort finanzierten einen Festzug, der von einer hölzernen Nachbildung in Originalgröße eines Flugzeuges, von einem Pferd gezogen, angeführt wurde. Hinter dem »Piloten« eskortierten vier Schulbuben in rosaroten Fliegeranzügen und Kappen die Schönheitskönigin des Ortes. Die Straßen waren mit Fahnen geschmückt, und die Militärkapelle des 23. Linienregiments spielte für die Zuschauer, unter ihnen Senatoren, Abgeordnete und ein ehemaliger Kriegsminister, Märsche auf. Einige Leute durften ihren ersten Rundflug machen, darunter manches der hübschen Dorfmädchen, die die Piloten begeistert umringten.

Die Einnahmen des 50 Centimes teuren Programmheftes wurde zur Finanzierung des militärischen Flugwesens gespendet, das war eine patriotische Geste und brachte dieselben Gefühle zum Ausdruck, wie auch ein Marsch, er hieß *»À nous les airs« (»Für uns die Lüfte«)*, der vom Kapellmeister des Regiments komponiert worden war. Die Worte wurden zu einem beliebten Volkslied, vor allem für die vielen Altersgenossen von Antoine, die ebenfalls Piloten werden wollten. In den Anfangsworten verbirgt sich mehr als nur ein unschuldiger Traum vom Fliegen:

»Die Zeit der Träume von Ikarus ist gekommen
der Mensch hat das Reich der Vögel erobert.«

Auf nationaler Ebene wurde die Fliegerei als Mittel betrachtet, das britische Empire herauszufordern, ein Gefühl, das sich im zweiten Vers ausdrückt, der folgendermaßen begann:

»Der Engländer, der der Herrscher der Meere bleiben will,
wird er nun aufgeben, seine Schiffe loszuschicken?«

Die prophetische Vision einer Luftmacht, die Britanniens Beherrschung der Weltmeere bedrohte, war bereits Realität geworden. Denn die Franzosen waren, was die Fliegerei betrifft, weltweit führend. Im Jahre 1912 hatte der Aéroclub de France bereits 1000 Fluglizenzen ausgegeben, beinahe dreimal so viel wie in England oder Deutschland, und in den Vereinigten Staaten gab es zur gleichen Zeit weniger als 200 registrierte Piloten.

Das Fest in Ambérieu war das unbeabsichtigte Ende des Amateurgeistes in der Fliegerei. Die heroischen Tage wichen der Professionalität, und die Begeisterung, es Ikarus gleichzutun, war von der Entwicklung von Kampfflugzeugen überschattet worden, die bereits in südosteuropäischen Kriegen eingesetzt wurden. Das Flugzeug, das Saint-Exupéry zum ersten Mal über die Erde erhob, war der Prototyp eines Militärflugzeugs. Die beiden jungen Männer, die es gebaut hatten und damit flogen, wurden bald die ersten Opfer eines Wetteiferns, um für Frankreich eine Wunderwaffe im Kampf um die Vormachtstellung in Europa zu entwickeln.

Die Berliner Konspiration

Das genaue Datum von Antoines Flugtaufe ist unbekannt, aber ein Augenzeuge, Alfred Thénoz, erzählte, daß sie wahrscheinlich in der zweiten Julihälfte 1912 stattfand. Genauere Angaben ließen Schlüsse zu, ob Antoine die Erlaubnis seiner Mutter hatte, oder ob er log und bestraft wurde, wie ein weiterer Augenzeuge, Georges Thibaut, versicherte. Obwohl in Ambérieu viele Rundflüge gemacht wurden, war die Gefahr extrem groß, und eine Erlaubnis wäre sicher nicht ohne weiteres erteilt worden. Jede Woche berichteten die Zeitungen über Flugunfälle, wo immer sie auch passiert waren, aber ein Ereignis ganz in der Nähe hatte die ganze Region um Ambérieu wenige Tage vor Antoines erstem Flug mit Bestürzung erfüllt.

Viele der Flugfanatiker vom Fest in Ambérieu hatten auch an einer Flugvorführung am Wochenende des 14. Juli im nahegelegenen Bourg-en-Bresse, der größten Stadt des Départements Ain, teilgenommen. Gaston Olivarès, ein Geschwindigkeits- und Höhenrekordhalter, war die Hauptattraktion. Seine Kunstflüge nur 70 Meter über der Zuschauermenge boten am ersten Tag den erwünschten Nervenkitzel, als stürmisches Wetter eigentlich Anlaß zur Vorsicht hätte gebieten müssen. Am zweiten Tag war das Wetter noch immer nicht besser. Mitten in einem Flugmanöver geriet das Flugzeug von Olivarès in ein Luftloch, es stürzte ab, und der Pilot kam ums Leben.

Das Schaufliegen wurde sofort abgebrochen. Der Unfall beherrschte tagelang die Meldungen der örtlichen Zeitungen und führte dazu, daß die beliebten Flugwettkämpfe in der Region an Anziehungskraft verloren. Dies wurde noch verstärkt, als im folgenden Jahr Frankreichs jüngster Berufspilot, Eugène Mercier, nur sechs Jahre älter als Antoine, bei einem Unfall während einer Flugvorführung in Ambérieu ums Leben kam.

Antoine wurde von einem dreiundzwanzig Jahre alten Pionier namens Gabriel Wroblewski, der seinen polnischen Namen hinter dem Pseudonym Salvez verbarg, zu seinem ersten Flug mitgenommen. Zusammen mit seinem älteren Bruder Pierre hatte er zwischen 1909 und 1914 vier Eindecker gebaut. Weil die Salvez-Brüder in ihrem letzten Flugzeug ums Leben kamen, waren ihre Namen in Polen besser bekannt als in Frankreich, bis ein Mechaniker, Alfred Thénoz, nachdem er sechzig Jahre später las, daß Antoines erster Rundflug fälschlicherweise Jules Védrines zugeschrieben wurde, auf diesen Irrtum aufmerksam machte.

Die Version von Thénoz könnte angezweifelt werden, wenn er Saint-Exupéry nicht Ende der Dreißiger Jahre getroffen und von ihm eine Postkarte geschenkt bekommen hätte, die die beiden Salvez-Brüder in einer ihrer Maschinen zeigte, und Antoine nicht hinzugefügt hätte, daß sie beide, er und Thénoz, in eben dieser Maschine ihre ersten Flüge gemacht hätten. Nach Aussagen von Thénoz flog Saint-Exupéry zwei tiefe Schleifen über den primitiven Flugplatz von Ambérieu.

Der andere Augenzeuge, Georges Thibaut, war damals erst acht Jahre alt und einer jener rosarot gekleideten Passagiere in dem Holzflugzeug gewesen, das den Einweihungszug an Ostern angeführt hatte. Wie die meisten seiner Klassenkameraden verbrachte er die freien Donnerstagnachmittage und die Sonntage auf dem Flugplatz und überbrachte seinen beiden älteren Schwestern häufig Mitteilungen der Flieger. Thibaut, ein zukünftiger Berufsfotograf, wurde von Gabriel Salvez zu einem Rundflug mitgenommen, dessen Flugzeug damals eines der wenigen mit zwei Sitzen war.

Später behauptete Thibaut, daß er als Fürsprecher für Antoine gewirkt und die Brüder überredet habe, ihn als Passagier mitzunehmen. Vielleicht war Antoine einfach nur freundlich und ließ den kleinen Georges in dem Glauben, daß er einen solch großen Einfluß hätte, denn Saint-Exupéry war auf dem Flugplatz gut bekannt, auf dem sogar seine Mutter einmal die Wroblewski-Salvez-Brüder getroffen hatte.

Die Gebrüder Salvez gehörten zu jener Spezies von fanatischen Flugpionieren, die, hätten sie noch gelebt, sicher zu den großen Flugzeugkonstrukteuren des Zweiten Weltkrieges, wie Fokker und Sopwith, gezählt hätten. Ihr Vater, ein polnischer Arzt, arbeitete in Chile und hatte sie unter der Obhut ihrer Mutter zurückgelassen, die in Lyon eine große Färberei besaß. Die Fliegerprojekte ihrer Söhne brauchten einen Großteil ihres Vermögens auf, weil ihr erstes Flugzeug 1910 abstürzte. Aber 1911, als Gabriel seine Fluglizenz erhielt, nachdem er in der zweiten Maschine der Brüder 25 Meter über dem Flugplatz von Ambérieu dahingeflogen war, hatten sie durch ihre technischen Neuerungen einen großen Vorsprung vor ihren Konkurrenten erzielt.

Antoine flog in ihrem dritten Modell, das in einem Hangar in Ambérieu unter der Führung von Pierre Salvez, dem Ingenieursgenie, gebaut wurde, der allerdings eine weniger schneidige Erscheinung war als sein schlanker, eleganter Bruder. Das von einem 70 PS starken Gnome-Motor angetriebene Flugzeug, mit einem Rumpf ganz aus Metall und einer Flügelspannweite von 14 Metern, war den meisten Flugzeugkonstruktionen dieser Zeit weit voraus. Ein gleiches Modell, von einem 130 PS starken Laviator-Motor getrieben, wurde kurz darauf gebaut, um im März 1914 den Repräsentanten des Kriegsministeriums vorgeführt zu werden. Am Tag vor der geplanten Vorführung kamen beide Brüder ums Leben, als das Flugzeug, so ausgerüstet, daß ein Maschinengewehr montiert werden konnte, in einem Steinbruch am Rande des Flugplatzes von Ambérieu abstürzte.

Saint-Exupéry war in der Schule in Le Mans, als von den Todesfällen in den nationalen und regionalen Zeitungen berichtet wurde.

Seine Mutter schrieb einen Beileidsbrief an Madame Wroblewski, in dem sie mitteilte, daß sie darum gebeten habe, daß für die Brüder, »die so gut zu meinem kleinen Antoine waren, der über die schreckliche Nachricht ganz bestürzt war«, Messen gelesen würden. Auch ein Beileidsschreiben mit der Unterschrift Antoine de Saint-Exupéry wurde geschickt, aber die Schrift stimmte nicht mit der in seinen anderen Arbeiten aus diesem Jahr überein, und wahrscheinlich hatte seine Mutter für ihn geschrieben.

Als Antoine 1914 in die Osterferien nach Saint-Maurice zurückkam, hatte der Tod der Wroblewski-Salvez-Brüder zu düsteren Spekulationen geführt. Ihr Bruder Édouard, der später im Krieg heimlich Testpilot wurde, weil seine leidgeprüfte Mutter ihm das Fliegen verboten hatte, führte Nachforschungen durch, und als Experten einen verborgenen Haarriß an einer Flügelstrebe entdeckten, schloß er daraus, daß an dem Flugzeug manipuliert worden war. Er erinnerte sich daran, daß eine Woche vor dem Absturz die Hangartür in Ambérieu aufgebrochen worden und später ein Fremder beobachtet worden war, als er Zeichnungen von der Unglücksmaschine machte.

Im Laufe desselben Jahres nahm die Familie Wroblewski einen deutschen Untermieter in ihre Wohnung in Lyon auf, in der Blaupausen des Flugzeugs aufbewahrt wurden. Kurz vor Ausbruch des Krieges verschwand der Mann plötzlich und wurde später vom örtlichen Polizeichef als Spion identifiziert. Militäringenieure, die den Salvez-Prototyp untersucht hatten, waren später über die Ähnlichkeit mit der in Holland entwickelten Fokker sehr überrascht, die der deutschen Luftwaffe Anfang des Ersten Weltkrieges große Vorteile brachte. In einem Brief an den *»Progrès de Lyon«* sagte Édouard Wroblewski 1914, daß die Fokker eine Kopie der Maschine seines Bruders sei.

Ein undatiertes Gedichtfragment von Antoine war die einzige niedergeschriebene Erinnerung an seinen ersten Flug, aber sein Traum, die Bevölkerung des Ortes in Erstaunen zu versetzen, hatten bereits die Salvez Brüder erfüllt. Ihr Epitaph wurde vorzeitig von einem anonymen Reporter des *»Progrès de Lyon«* geschrieben, der beobachtete, wie sie wenige Tage vor ihrem Tod gemeinsam über Ambérieu hinwegflogen zum mittelalterlichen Turm von Saint-Denis und dann nach einstündigem Flug zum Zentrum der Stadt zurückkehrten.

Sie flogen langsam in herrlichen Flugbahnen über die Stadt, die mit außergewöhnlichem Wagemut gezogenen Schleifen um den Kirchturm herum waren wirklich wunderbar. Zuschauer versammelten sich in den Straßen, um die eindrucksvollen Kurven und das schnelle Hinabtauchen dieses majestätischen Vogels voll Rührung zu verfolgen und dem Piloten zu seiner vollkommenen Beherrschung der Maschine zu applaudieren.

Der Reporter hätte hinzufügen sollen: »*Vive les frères Salvez!*«

Eine weiße Villa unter Kiefern

Die glücklichsten Fotos von Saint-Exupérys Jugendzeit sind in seiner neuen Schule, dem Collège de la Villa Saint-Jean in Fribourg in der Schweiz aufgenommen, wo er zwei Jahre lang, von 1915–1917 externer Schüler war. Der trotzige, reservierte Blick auf den Klassenfotos von Le Mans wurde durch den eines zufriedenen Schülers ersetzt. Viele Bilder wurden im Freien aufgenommen, er trug einen Anzug und einen Tirolerhut anstelle der Schuluniform.

Er war schon damals viel größer als die meisten seiner Zeitgenossen und maß schließlich 1,84 Meter. Sein Aufenthalt in Le Mans hatte im Juni 1915 geendet, nachdem er an Anämie erkrankt war, aber die Sorge um seine Gesundheit war nur einer der Gründe gewesen, ihn an eine Experimentalschule mit Schwerpunkt Sport und anderen Freiluftaktivitäten zu schicken.

Der Ausbruch des Krieges war für Fernand de Saint-Exupéry traumatisch gewesen, da sein einziger noch lebender Sohn Roger, Antoines Patenonkel, in den ersten Kriegswochen als Führer einer Infanteriekompanie fiel. Er hinterließ sieben Kinder, darunter nur einen Sohn. Großvater Fernand erinnerte sich noch lebhaft an die schlimme Zeit unter preußischer Besatzung im Jahre 1870, und es war nicht schwer, ihn von der Notwendigkeit zu überzeugen, daß sein Enkel Antoine in Sicherheit gebracht werden müßte, um den Fortbestand des 700 Jahre alten Adelsgeschlechts zu sichern. Die Hauptbedingung, daß ihm eine religiöse Bildung zukäme, war in Saint-Jean erfüllt, einer katholischen, von Priestern und Laien geführten Schule, die Mitglieder des Maristenordens waren und in Verehrung der Mutter Gottes wirkten.

Die Schule, an der Grenze zwischen deutschen und französischen Kantonen gelegen, wurde nicht willkürlich ausgewählt. Marie de Saint-Exupéry hatte Freunde und Verwandte befragt. Einer ihrer Nachbarn in Lyon, Louis de Bonnevie, war bereits Schüler in Fribourg. Auch die Familie Sallès, die auf der anderen Talseite von Saint-Maurice lebte, empfahl das Collège Saint-Jean. Louis de Bonnevie und Charles Sallès waren Antoines Mitschüler und wurden in Fribourg, wo sein Bruder François eine niedrigere Klasse besuchte, seine besten Freunde.

Die Schule lag in hügeliger Landschaft, die an die heimatlichen Vorberge des Jura um Saint-Maurice erinnerten, und der Unterricht wurde von den aufgeklärtesten Lehrern erteilt, die Saint-Exupéry jemals hatte. Statt des abweisenden Schulgebäudes von Le Mans gab es hier kleine Häuser, die als Klassen- und Schlafräume dienten. Eigentlich zeigte Antoine nie großes Interesse am Sport, außer dem Schwimmen, aber er wurde ermutigt, an den verschiedenen Freiluftaktivitäten teilzunehmen, dazu gehörten Fußball, Tennis, Schlittenfahren und Schlittschuhlaufen, wenn der Fluß Sarine zugefroren war. Häufig wurden Wanderungen durch die Kiefernwälder und entlang der Seen unternommen. Der Krieg war fern, und man wurde nur durch die täglichen Bulletins, die an das schwarze Brett in der Schule geheftet wurden, daran erinnert, oder wenn ein schweizerisches Regiment auf dem Schulgelände kampierte.

Noch siebzig Jahre später war Charles Sallès, der die meiste Zeit seines Lebens damit verbrachte, einen großen Familienbesitz in der Provence zu führen, von den Lehrmethoden in Saint-Jean begeistert, die sich von der Strenge der konfessionellen Schulen in Frankreich deutlich unterschieden. Die Beziehung zwischen Lehrer und Schülern, so erinnerte er sich, beruhte auf Vertrauen. Die meisten Lehrer stammten aus dem Elsaß und waren von dem toleranten Stil der Lehrmethoden in den höheren Privatschulen Englands beeinflußt. Hinzu kam ein gemütlicher deutscher Stundenplan.

Niemandem wurde die Religion aufgezwungen. Die Priester und Laienlehrer predigten mehr durch ihre Vorbildfunktion als durch Strenge, nach Vorbild des Direktors, Pater François-Joseph Keiffer, der lieber in der Schweiz Zuflucht gesucht hatte, als im Elsaß zu bleiben, das von den Deutschen beherrscht wurde.

Ein Lehrer hob sich besonders von den anderen hervor, Antoine Wahl, der Deutsch, Geographie und naturwissenschaftliche Fächer unterrichtete. Es wurde behauptet, er habe 1903 sein ganzes persönliches Vermögen in die Gründung der Schule gesteckt. Die Freundlichkeit dieses kleinen, immer tadellos gekleideten Österreichers mit Spitzbart, blieb bei all seinen Schülern noch lange nach seinem Tod im Jahre 1933 in unauslöschbarer Erinnerung. Seine Vergangenheit war nach den Worten Sallès »sehr mysteriös«, und die Jungen waren zu der Überzeugung gelangt, daß er sich eines gebrochenen Herzens wegen der Tätigkeit als Lehrer verschrieben hatte.

Besondere Bedeutung wurde der deutschen Sprache und Kultur beigemessen, die auch Marie de Saint-Exupéry ihren Kindern, vor allem den Mädchen in Saint-Maurice, nahegelegt hatte. In Fribourg wurde Deutsch wie die Muttersprache unterrichtet, aber das hielt Antoine nicht davon ab, patriotische Gedichte gegen den Kaiser zu schreiben, in welchen oft seine Frustration darüber zum Ausdruck kam, daß er aus dem Kampfgeschehen herausgehalten wurde.

Das Kolleg in Fribourg war die einzige Schule, über die Saint-Exupéry in seinen veröffentlichten Werken mit Wehmut schrieb, und dennoch machte er, als er dort war, oft den Eindruck, als sei er ein mürrischer Faulpelz. Seine Schulzeugnisse sind zwar verloren gegangen, aber viele seiner Lehrer meinten, daß er meist zu den Schlußlichtern der Klasse gehörte und sich selbst bei seinen Französischaufsätzen nur wenig Mühe gab.

Er schonte seine Kreativität für private Projekte, wie zum Beispiel das Libretto für eine Operette, mit dem Titel *»Le Parapluie« (»Der Regenschirm«).* Der Text wurde seiner Geigenlehrerin in Lyon, Anne-Marie Poncet, zugesandt, aber sie konnte sich für die Geschichte nicht begeistern, in der ein in einem Café vergessener Damenregenschirm in einem jungen Mann romantische Träumereien weckt, bis die häßliche Besitzerin kommt, um den Schirm zu holen.

In Le Mans war Saint-Exupérys Respektlosigkeit und seine Weigerung, im Unterricht mitzuarbeiten, mit äußerster Härte bestraft worden. In der Villa Saint-Jean dagegen zeigten die Priester mehr Verständnis und gaben nie die Hoffnung auf, diesen hypersensiblen und unfolgsamen Schüler mit viel Geduld für sich zu gewinnen. Viele Jahre später wurden ihre Bemühungen mit einer wohlwollenden Passage in Saint-Exupérys erstem Roman *»Südkurier«* belohnt. In Gestalt seines romantischen Fliegerhelden, Jacques Bernis, beschreibt Saint-Exupéry »ein weißes Haus, von Kiefern umstanden« in einer langen, nostalgischen Episode, in der Bernis, ein Postflieger der Linie nach Afrika, einen Freund zu einem melancholischen »Besuch im Hause unserer Kindheit« mitnimmt.

Die Passage war durch eine Reise nach Saint-Jean angeregt worden, die Antoine zehn Jahre nach seinem Verlassen der Schule unternahm. Sie ist durchdrungen von tiefer Zuneigung und Dankbarkeit für seine alternden »fröhlichen und netten« Lehrer. In *»Südkurier«* bedrängen die Lehrer ihre Besucher mit Fragen über ihr abenteuerliches Leben, aber der Erzähler vergleicht die gefährliche Realität der Pionierfliegerei mit Philosophiestunden über Pascal, Taine und Nietzsche, die nur eine theoretische Vorbereitung auf das Leben sind. Er spricht über die Kluft zwischen der Existenz jener Männer, die er in seiner Jugend bewunderte und seinem eigenen Leben des kalkulierten Risikos, und der Autor merkt an: »Und schon hatten wir begriffen, daß wir ihnen eine andere Welt bedeuteten: die ehemaligen Schüler kommen ja immer festen Schrittes, als solche, die Genugtuung suchen, zurück.«

Um diese Idole seiner Jugend, die zu seinen Ehren zum Abendessen eine kostbare Flasche Wein öffnen, nicht traurig zu stimmen, zieht es Bernis, alias Saint-Exupéry, vor, seine Enttäuschungen auf der Jagd nach Abenteuern hervorzuheben, und dem sehr alten Lehrer seinen Traum zu lassen, daß die Wahrheit nur im Frieden der Bücher zu finden sei.

Wenn dies wirklich eine Zusammenfassung eines tatsächlichen Gesprächs zwischen Saint-Exupéry und seinen Lehrern war, ist die Passage eine subtile Form einer Entschuldigung dafür, daß er im Kolleg die konstruktive Seite seiner Intelligenz und seines Charakters verweigert hatte, wo diese Männer entsprechend ihrer Berufung nichts anderes wollten, als aus Freude anderen dienen.

Die freundliche Atmosphäre in der Villa Saint-Jean half Saint-Exupéry, den Einfluß der Jesuiten und die von Fernand de Saint-Exupéry übernommenen Vorurteile abzuschütteln. Als er 1917 sein *baccalauréat* mit Blick auf eine eventuelle Karriere bei der Marine ablegte, hatte er auch bereits andere Prinzipien seiner frühen Jugend in Frage gestellt.

Einige dieser Veränderungen waren weitreichend. Seine Mutter war Mitglied beim Roten Kreuz, eine Aufgabe, die in den Vorkriegsjahren das Gewissen der Reichen und Adligen beruhigte. Schon wenige Monate nach Ausbruch des Krieges wurde sie mit seiner harten, unbarmherzigen Unmenschlichkeit konfrontiert. Verkrüppelte und entstellte französische Soldaten kamen aus den deutschen Kriegsgefangenenlagern über die Schweiz in die Heimat zurück, und der erste Halt der Sanitätszüge in Frankreich war Ambérieu. Marie hatte die Aufgabe übernommen, sich um sie zu kümmern. Die düsteren, verdunkelten Züge voller sterbender und verkrüppelter Männer, die um Hilfe schrien, sind der Kleinstadt in unauslöschbarer Erinnerung geblieben.

Marie besaß ein staatliches Krankenschwesterdiplom und sie gehörte zu den ersten Zivilisten, die die schrecklichen Folgen des Krieges, in dem auch einige ihrer Verwandten den Tod fanden, zu sehen bekamen. Von dieser Zeit an sagte sie sich mehr und mehr von allen materiellen Dingen los und widmete einen Großteil ihrer Zeit der Hilfe für andere, vor allem für alte und ganz junge Menschen.

Der Kriegsdienst reduzierte das Personal in Saint-Maurice, und das gemeinsame Leid ließ die Barrieren zwischen den Schloßbewohnern und den Leuten im Dorf einstürzen. Annette Flamand, deren neuer Hut 1912 bei der Einweihung des Flugplatzes durch den Regen ruiniert worden war, sagte, daß vor dem Krieg zwischen Schloß und Dorf eine deutliche soziale Kluft erkennbar gewesen sei. Antoine war gleich alt wie sie, aber Annette verbeugte sich, wenn sie ihn traf und sprach ihn mit »Monsieur Antoine« an, und seine Lackschuhe waren für die Kinder, die normalerweise Holzpantinen trugen, tagelang das Gesprächsthema. Annettes Vater besaß das erste Autotaxi im Ort. Vor dem Krieg kam immer ein Diener und rief ihn ins Schloß, wenn die Saint-Exupérys ein Transportmittel brauchten. Nach 1914 jedoch mußte Marie de Saint-Exupéry aufgrund des Personalmangels selbst zum Dorfcafé gehen, wenn sie einen Wagen brauchte, um zu ihrer Krankenpflegestation zu gelangen.

Die Kinder, die nach 1918 aufwuchsen, sprechen vom Schloß mit weniger Respekt als jene aus den Vorkriegsjahren, obwohl Marie weiterhin den Kirchenchor leitete und den Dorfmädchen das Sticken beibrachte. Anstatt Antoine als eine ferne Gestalt zu betrachten, die man höchstens durch die Eisenstäbe des Schloßtores beim Spielen beobachten konnte, erinnerte sich die Nachkriegsgeneration an ihn als ihren ersten Weihnachtsmann, mit rotem Gewand und weißem Bart, der Geschenke an sie verteilte.

Die Stimmung in Saint-Maurice spiegelte die Veränderung im ganzen Land wider, die die Trennung der Klassenschranken der Gesellschaft auflöste. In dem vierjährigen Kampf fanden mehr als eineinhalb Millionen Franzosen den Tod, aber ihr Blut trug dazu bei, den noch zerbrechlichen Glauben in die Republik zu stärken, womit den Hoffnungen der Monarchisten ein Ende gemacht wurde. Es gibt keinerlei direkten Zusammenhang, aber zwei der entschiedensten Verfechter der Monarchie starben kurz nach dem Sieg von 1918; Fernand de Saint-Exupéry 1919 und Gabrielle de Tricaud 1920.

Der Tod von François

François de Saint-Exupéry starb im Juli 1917 im Alter von vierzehn Jahren, kurz nach Antoines siebzehntem Geburtstag. Erst mehr als zwanzig Jahre später veröffentlichte Saint-Exupéry in seinem Werk ein Zeugnis von seinem Kummer über den Tod seines Bruders. Er hatte wenig Zeit gehabt, sich auf diesen Verlust vorzubereiten, und versuchte sein ganzes Leben lang, damit fertig zu werden.

Marie de Saint-Exupéry besuchte ihre beiden Söhne normalerweise einmal pro Woche in Fribourg, obwohl der Krieg die 200 Kilometer lange Reise erschwerte. Im Frühling 1917 erkältete sich François bei einem Schulausflug nach Divonne-les-Bains, wo er seinen Mantel verlor, was er nicht wagte, den Aufsichtspersonen zu melden. Seine Mutter brachte ihn nach Saint-Maurice zurück, wo rheumatisches Fieber diagnostiziert wurde. Antoine erwähnte die Krankheit seines Bruders in seinen Briefen nach Hause nur beiläufig, als sei er sicher gewesen, daß sein Bruder vor den Sommerferien wieder gesund sein würde.

Als Saint-Exupéry im Juli ins Schloß zurückkehrte, hatte sich der

Gesundheitszustand von François rapide verschlechtert. Am 10. Juli wurde Antoine um 4 Uhr morgens von einer Krankenschwester geweckt, die ihm sagte, sein Bruder wolle ihn sprechen. Zwanzig Minuten später war François tot.

Was in diesen zwanzig Minuten geschehen war, erschien in Saint-Exupérys Beschreibung des beinahe mit einer Katastrophe endenden Aufklärungsflugs nach Arras im Jahre 1940. Der Autor beschreibt, daß François in ganz sachlichem Ton angekündigt habe, daß er sterben werde, wobei er versicherte, daß er nicht leide. In den wenigen verbleibenden Minuten machte er sein Testament: Er hinterließ eine Dampfmaschine, ein Fahrrad und ein Gewehr seinem Bruder Antoine und bat ihn, seine Worte niederzuschreiben.

Die Autorin einer Biographie, Nelly de Vogüé, schrieb in einem unter ihrem Pseudonym Pierre Chevrier erschienenen Buch, daß François anschließend Antoine geschickt habe, seine Mutter zu rufen, und ihr sagte, daß er dort, wo er nun hinginge, glücklicher sein würde, »weil manche Dinge, die ich gesehen oder erahnt habe, zu schrecklich sind, um ertragen zu werden«.

Als er mit ansah, wie sein Bruder starb, mußte Antoine erneut lernen, das Schicksal hinzunehmen, eine Lektion, die er in *»Die Stadt in der Wüste«* beschreibt, wo der Fürst der Berber schon in ganz jungen Jahren lernen muß, dem Tod ins Auge zu blicken. 1940, im Flugabwehrfeuer, erinnerte sich Saint-Exupéry an einen der letzten Sätze von François, in dem er sagte, daß er nichts »gegen das Sterben tun« könne. Die Entscheidung, zu sterben, hätte nicht er getroffen. »Es ist mein Körper«, hatte er gesagt. Wenn er sich in *»Flug nach Arras«* an diese Worte erinnert, wird Antoine plötzlich bewußt, daß er trotz all der Aufmerksamkeit, die er über Jahre hinweg seinem Körper gewidmet hatte, sich nicht wirklich um sein physisches Dasein kümmert. Zu jener Zeit hatte er, wie sein Bruder, Dinge gesehen oder erahnt, die zu schrecklich waren, um ertragen werden zu können.

Die ruhige Gelassenheit, mit der François seinem Ende entgegensah, war der eigentliche Ursprung von Antoines Fatalismus während seiner ganzen Fliegerkarriere, in der die Todesangst durch ein Gefühl ersetzt wurde, als würde er die Ankunft eines geliebten Kameraden erwarten. Saint-Exupéry hatte vor seinem letzten Flug zu Freunden gesagt, daß er nicht nur bereit sei zu sterben, sondern daß er sterben wolle.

Dieser Fatalismus half ihm jedoch nicht, seinen Schmerz zu lindern, wenn Verwandte oder Freunde starben, was seine Briefe zeigen. Der Tod von François, ein Kind mit fast engelgleichem Aussehen, war wahrscheinlich der größte Schock, den Saint-Exupéry jemals erlitt. Er fotografierte seinen toten Bruder und ließ mehrere Abzüge anfertigen, und immer trug er einen davon bei sich. Den Rest seines Lebens suchte er nach einer engen brüderlichen Beziehung, die er durch den Tod seines freundlichen Gefährten verloren hatte.

Die positiven Auswirkungen des zweijährigen Aufenthalts in Fribourg auf Antoines physische und psychische Verfassung wurde von François' Tod wieder zunichte gemacht, und die Familie machte sich um Antoines Gesundheit große Sorgen. Zusammen mit seinem Schulfreund Louis de Bonnevie wurde Saint-Exupéry in die Ferien nach Carnac in der Bretagne geschickt. Eine von Antoines Tanten aus Le Mans, Amicie de Saint-Exupéry, war mit einem aus England stammenden Offizier, Major Sydney Churchill, verheiratet, in dessen Sommerhaus am Meer eine ähnlich lockere und angenehme Atmosphäre herrschte wie in Saint-Maurice.

Louis de Bonnevie übernahm sowohl die Rolle der Krankenschwester als auch des Vertrauten und kümmerte sich um Antoine, als dieser seinen Knöchel verstaucht hatte. Schließlich erholte sich Saint-Exupéry von seiner tiefen Niedergeschlagenheit und freundete sich mit den Plänen seiner Familie an, eine Karriere in der Marine einzuschlagen, obwohl man ihm – wegen des Todes von François – verboten hatte, vor der bretonischen Küste zu segeln.

Es hatte schon einmal große Aufregung gegeben, als er im Atlantik zu weit hinausgeschwommen war und gerettet werden mußte, aber das Segelverbot scheint ihn nicht sonderlich gestört zu haben, denn er wartete noch mehr als zehn Jahre, bis er einen ersten Ausflug auf einer Yacht unternahm. Ein Freund hat ihn in Dakar, in Senegal, auf eine Segeltour mitgenommen, aber das Schiff kenterte kurz nachdem es die Hafeneinfahrt passiert hatte, und Antoine wäre beinahe ertrunken.

KAPITEL IV

Eine verpaßte Schlacht

Im Jahre 1917 hatte sich Deutschland im Kriegsgeschehen wieder einen Vorteil erkämpft, und der Kampf schien noch viel länger zu dauern, als ursprünglich erwartet wurde. Für einen jungen Mann von siebzehn Jahren war klar, daß er in Kürze in den Kampf ziehen würde, viele Klassenkameraden von Saint-Exupéry in Le Mans und Fribourg waren bereits einberufen worden.

Nach den Massakern an der Marne und in Verdun war der Griff zur Waffe nicht länger eine theoretische Überlegung, sondern vielmehr eine Frage des Überlebens. Die traditionellen Verbindungen beider Seiten seiner Familie zur Armee prädestinierten Antoine, seinem Patenonkel Roger in die Infanterie zu folgen. Statt dessen zog der Familienrat die Marine vor. Neben der Tatsache, daß der Dienst hier die niedrigste Verlustrate zu verzeichnen hatte, war die Marine eine Hochburg der Monarchisten und als *la royale* bekannt. Dieselben Motive, die die royalistisch katholischen Familien dazu veranlaßten, ihre Kinder in Jesuitenschulen wie Le Mans zu schicken, galten auch für die Wahl des Militärdienstes.

Es gab genügend ererbten Glanz, um eine Karriere bei der Marine zu rechtfertigen. In Fernand de Saint-Exupérys Buch über die Vergangenheit seiner Familie, das Antoine in dessen Haus in Le Mans gesehen hatte, war einer der imposantesten Vorfahren Fernands Großvater gewesen, Georges de Saint-Exupéry, ein Infanterieoffizier, der von seinen Erlebnissen im amerikanischen Unabhängigkeitskrieg berichtete, wo er die Kapitulation der Briten miterlebt hatte. Einen Teil seines Dienstes verbrachte er an Bord eines Schiffes, das gegen die britische Navy kämpfte. Seine Frau, Victoire Green de Saint-Marsault, war die Tochter eines Marineoffizieres und Nichte eines Marineleutnants, der 1778 an Bord der *La Belle Poule* im Kampf gegen das britische Kriegsschiff *Arethusa* gefallen war.

Um sich auf die Aufnahmeprüfung zur Marineakademie vorzubereiten, wurde Saint-Exupéry zu einem Intensivkurs ins Lycée Saint-Louis am Boulevard Saint-Michel nach Paris geschickt. Die anderen Mitstudenten bereiteten sich auf die Aufnahmeprüfungen der *grandes écoles* oder der Militärakademien vor und wurden in vier Gruppen eingeteilt. Als Marinekandidat war Antoine ein *flottard,* und seine Briefe verrieten tiefe Abscheu gegenüber den anderen Gruppen: den *pistons,* die hofften, in die *Centrale,* eine zivile Ingenieursschule, einzutreten, den *taupins,* welche die Militärschule *Polytechnique* besuchen wollten, und den *cyrards,* die beschlossen hatten, eine militärische Karriere an der Akademie von Saint-Cyr anzustreben.

Eine Liste der Studenten zeigte, wie erfolgreich die Jesuiten in ihrem Bemühen gewesen waren, junge Leute aristokratischer und bürgerlicher Herkunft für die großen Akademien der Nation vorzubereiten. Das war unter den *flottards* ganz besonders auffällig: alle Freunde, die Saint-Exupéry in seinen Briefen an die Mutter erwähnte, kamen aus Adelsfamilien der Provinz. Viele Studenten, die gleichzeitig mit Saint-Exupéry im Lycée Saint-Louis waren, wurden später in den dreißiger Jahren Beamte der mittleren Verwaltungsebene oder Offiziere, die sich 1940 vor die Wahl gestellt sahen, sich für Vichy oder das provisorische National-Komitee der Freien Franzosen zu entscheiden.

Die letzten Monate des Ersten Weltkriegs hatten eine verheerende Wirkung auf die Disziplin im Lycée Saint-Louis, wo die meisten Studenten jeden Tag auf ihre Einberufung warteten. Antoine paßte sich der rebellischen Atmosphäre rasch an, die durch die oft körperlich ausgetragene Rivalität unter den vier Gruppen, die sich auf unterschiedliche Aufnahmeprüfungen vorbereiteten, verschärft wurde. Einige von Antoines Eskapaden waren Jungenstreiche, wie das Zünden von Feuerkörpern im Klassenzimmer, um den Unterricht zu stören oder bei der Feuerwehr falschen Alarm auszulösen. Es war sein erster direkter Kontakt mit dem frivolen Leben einer Großstadt, das nur selten von Schüssen aus der »dicken Berta« der Deutschen und Angriffen der Gotha-Bomber gestört wurde. Abends rissen die Studenten aus, um Cafés aufzusuchen, in denen sich Soldaten, die gerade von der Front zurückgekehrt waren, mit leichten Mädchen trafen. Einmal wurde Saint-Exupéry beinahe erwischt, als er sich über eine Feuerleiter aus der Schule davonschlich, nachdem er seinen Freunden anvertraut hatte, daß er eine Verabredung mit einer *mignonne* habe – mit diesem Ausdruck umschrieb er seine Zufallsbekanntschaften.

Während seines ganzen Aufenthalts in Paris stand er in engem Kontakt mit seinen adligen Verwandten, die als Aufsichtspersonen fungierten und Berichte über Antoines Verhalten an die Familie schickten. In seinem ersten Brief an seine Mutter versicherte ihr Antoine, daß er den Versuchungen des Lebens in einer befreiten Stadt widerstehen würde, regelmäßig in der Bibel läse und die strenge Studienordnung des *lycées* befolge. Als er ihr versicherte, daß es in den Schlafsälen keinerlei Unmoral gäbe, fügte er hinzu: »Natürlich gibt es ein paar, die nachts in der Stadt über die Stränge schlagen, aber sie respektieren nicht nur die Moral der anderen, sie bewundern vielmehr jene, die nicht ausgehen.«

Sein Respekt vor der Schulordnung wurde belohnt, als er zum *brigadier des gendarmes* gewählt wurde und ihm ein Dutzend Schüler unterstanden, für deren Einhaltung der Disziplin er verantwortlich war. Aber das vorherrschende Thema seiner Briefe war sein gesellschaftliches Leben, das seine ungeminderte Begeisterung für die Monarchie wiederspiegelte. Nachdem er mit der Duchesse de Vendôme, der Schwester des belgischen Königs, gespeist hatte, schrieb er nach Hause, daß er »wahnsinnig vor Freude« sei, und sie ihn zu einem Schauspiel in die Comédie Française eingeladen habe.

Persönliche Sorgen, wie zum Beispiel, daß er nicht genügend von seiner Lieblingsschokolade bekomme, eine Bitte um Geld, damit er sich einen neuen Hut, eine Melone, kaufen konnte, oder seine Verärgerung über die schlechte Qualität von Schnürsenkeln klangen vor dem Hintergrund seiner Hauptsorge geradezu irreal. Er war von Ungeduld geplagt, am großen Kampf, der nur wenige Kilometer entfernt tobte, teilzunehmen. Die Bombardierung durch Zeppeline und Gotha-Bomber hatte das *lycée* 1918 zu einem Umzug in eine sichere Schule in einem Vorort gezwungen, und im Juni schrieb Saint-Exupéry über seine Pläne nach Hause, im Fall eines Einmarsches der Deutschen in Paris, zu Fuß fliehen zu wollen.

Je größer die Gefahr wurde, um so unbeschwerter wurde der Tonfall seiner Briefe über seine Hoffnungen, in den Krieg zu ziehen, aber er gab auch Hinweise, daß seine Ambitionen, zur Marine zu gehen, nachgelassen hatten, und daß ihn der Traum vom Fliegen, der im Jahre 1912 aufgekommen war, wieder verfolgte. Weil sein Freund von Fribourg, Charles Sallès, in die Artillerie einberufen worden war, schrieb Antoine seiner Mutter, daß er in derselben Einheit dienen wolle, während er auf seine Versetzung zur Luftwaffe warten würde.

Im Herbst 1918 wurde er für eine medizinische Untersuchung nach Besançon geschickt, wo man ihm mitteilte, daß er sich bester Gesundheit erfreue. Nichts stand also einer sofortigen Einberufung im Wege, aber er behandelte diese Aussicht in seinen häufig illustrierten Briefen von der Militärbasis aus an seine Mutter mit Humor. Er versicherte seiner Mutter, die äußerst beängstigt gewesen sein mußte, nachdem sie so viel Verstümmelung und Verzweiflung in den Sanitätszügen in Ambérieu gesehen hatte, daß er Fortschritte beim Erlernen des *boche* (Schimpfwort für »Deutsch«) machte.

Der Krieg endete fast am selben Tag, an dem er zum Militärdienst hätte antreten müssen. Zwar gibt es keine Briefe, die seine damaligen Gefühle zum Ausdruck brächten, aber sein Ausschluß vom Ersten Weltkrieg verstärkte später seine Entschlossenheit, am Kampf gegen Hitler teilzunehmen, als er wegen seines Alters eigentlich eine Freistellung vom Kriegsdienst hätte beantragen können. Saint-Exupéry fühlte sich 1918 hinsichtlich der Erfahrungen und des Ansehens von einer Generation junger Männer ausgeschlossen, die, kaum älter als er, ihren Mut im Kampf bewiesen hatten. Die heroischen Feierlichkeiten nach dem Waffenstillstand, die Paraden und nationalistischen Kriegerdenkmale verstärkten nur die Enttäuschung, eines der aufregendsten Abenteuer seiner Lebenszeit verpaßt zu haben.

Eigentlich wäre er alt genug gewesen, in den Kampf zu ziehen, und wie viele Männer seines Alters, die kurz vor der Einberufung standen, mußte er sich der Frage stellen, warum er denn nicht rechtzeitig an der Front gewesen war. Im Zweiten Weltkrieg sollte es sich dann zeigen, daß Antoine von der Angst verfolgt wurde, als Drückeberger zu gelten. Viele Schriftsteller, die er später traf, hatten im Ersten Weltkrieg an vorderster Front gekämpft. Der außergewöhnlichste jener Autoren, die den Kampf mit der Literatur verbanden, war Joseph Kessel, nur zwei Jahre älter als Saint-Exupéry, der seine physischen und psychischen Erfahrungen als Kampfflieger schon analysiert hatte, bevor Antoine seinen Wehrdienst im Frieden abgeleistet hatte.

Nach der langen Vorbereitungszeit auf eine heldenhafte Karriere beim Militär war für Saint-Exupéry die Enttäuschung über die Realität groß und verstärkte sein nachlassendes Interesse an der Marine. Im Juni 1919 fiel er bei der Aufnahmeprüfung der Marineakademie durch und erhielt in der Französischprüfung nur 7 von 20 möglichen Punkten für seinen Aufsatz, in dem er die Rückkehr eines Soldaten nach dem Waffenstillstand vom November 1918 in sein elsässisches Dorf beschrieb.

Später führte Saint-Exupéry viele Journalisten auf falsche Fährten, wenn sie ihn über sein blamables Abschneiden bei der folgenden mündlichen Prüfung befragten, aber der wirkliche Grund seiner Teilnahmslosigkeit war offenkundig. Vier Jahre lang war ihm Ruhm und Ehre versprochen worden, Jahre, in denen die französische Armee soviel Ansehen gewann wie seit Napoleon nicht mehr, und jetzt, in Friedenszeiten, eine militärische Laufbahn zu beginnen, war eine große Enttäuschung. In einem Brief an seine Schwester Simone gab er offen zu, daß er niemals für die Aufnahmeprüfung zur Marineakademie ausreichend vorbereitet sein würde, »weil ich nicht einmal den Lehrstoff durcharbeite«.

Seine Entscheidung, nicht zur Marine zu gehen, erwies sich langfristig als richtig. Die meisten seiner *flottard*-Kameraden, die in die Marine eintraten, wurden in eine der traurigsten Episoden des Zweiten Weltkriegs hineingezogen, als Admiral François Darlan Minister in Philippe Pétains Regierung wurde und sich dem Zusammenschluß der französischen Marine mit den Alliierten widersetzte. Im November 1942 versenkten junge Offiziere, die wie Saint-Exupéry in dem Wunsch nach Rache für Trafalgar erzogen worden waren, bei Toulon lieber die ganze französische Flotte, als mit den Angelsachsen gemeinsam für die Befreiung Frankreichs zu kämpfen.

Zu den rühmlichen Ausnahmen, die sich dieser Infamie widersetzten, gehörte Antoines Cousin und enger Freund, Honoré d'Estienne d'Orves, der zur gleichen Zeit wie Saint-Exupéry in Paris studierte. Sein Lebensweg als aristokratischer Marineoffizier der Gaullisten – er wurde einer der ersten Helden der Résistance – wurde 1940 um so bedeutungsvoller, als Saint-Exupéry weiterhin zu Pétain hielt.

Ein Weihnachtslied in den Schützengräben

Saint-Exupéry tat während der ersten Wochen seines Internatsaufenthaltes in Paris sein Bestes, um seiner Mutter zu versichern, daß er zu seinem Glauben stehe, aber seine Briefe, in denen er betonte, daß er von der Bibel gerührt und von den Psalmen Salomons begeistert sei, klingen irgendwie unglaubwürdig. Obwohl die Sprache und der Stil der Bibel noch viele Jahre später *»Die Stadt in der Wüste«* beeinflussen würde, schwanden die Leitprinzipien seines Glaubens mit dem aufregenden Großstadtleben dahin. Viele seiner Studienfreunde im *lycée*, besonders die externen Schüler, standen der Religion feindselig gegenüber und verachteten die moralisierende Haltung der katholischen Lehre. Man betrachtete ihren Einfluß als gefährlich, und bald nach seinem Versuch, sich über die Feuerleiter davonzuschleichen, fand man für Antoine einen Internatsplatz in der Privatschule Bossuet nahe dem Jardin du Luxembourg. Wie viele katholische Institutionen der Stadt bot die Bossuet-Schule für Schüler aus der Provinz Unterkunft, die an staatlichen *lycées* lernten. Viele Mitschüler von Antoine im Lycée Saint-Louis wohnten hier unter der Aufsicht meist älterer Lehrer, die ihre Studien am Abend und an den Wochenenden beaufsichtigten.

Nach zehn Stunden Unterricht in der wilden, undisziplinierten Atmosphäre des überfüllten Saint-Louis kehrten die Bossuet-Bewohner in die angenehme Ruhe eines Clubs für junge Männer zurück. Vor allem Abbé Maurice Sudour bestimmte hier den Stil, der letzte Priester, der bei der Charakterbildung Saint-Exupérys eine wichtige Rolle spielte.

Im Jahre 1918 war Maurice Sudour zum Konrektor ernannt worden, später übernahm er die alleinige Leitung der Schule. Er wurde der legendäre Held der jungen Männer, die gezwungen waren, die Schulbank zu drücken, statt sich im Kampf zu beweisen. Er war ein großer, eleganter Mann von vierzig Jahren und hatte als Militärkaplan das Croix de Guerre für seinen Dienst in den Schützengräben erhalten. Seine mutigste Tat war aber keineswegs kriegerisch. An Weihnachten 1917 stand er auf dem Schlachtfeld von Verdun und sang den Deutschen jenseits der Linie ein Weihnachtslied, *»Minuit chrétien«*, vor. Ein deutscher Kaplan hatte ihm in seiner Sprache geantwortet.

Von diesem sinnlosen Gemetzel zurückgekehrt, zeigte sich Abbé

Sudour voller Zuneigung zu den Schülern, die er als glückliche Überlebende betrachtete. Seine große Wohnung in der Bossuet-Schule stand den Schülern täglich offen für Konversationen bei Tee und Kaffee, wenn er nicht gerade mit ihnen Ausflüge zum Klettern in die Alpen unternahm. Es gab noch zwei weitere Gründe für seine Popularität, deren er sich vielleicht gar nicht bewußt war. Zum einen war er als überaus nachsichtiger Beichtvater bekannt und zum anderen hielt er den Geschwindigkeitsrekord der Schule im Messelesen. Einmal wurde gestoppt, daß er eine lateinische Messe in sechzehn Minuten las, die normalerweise eine Dreiviertelstunde dauerte.

Der Priester stammte aus der Provinz, aus einer Bauernfamilie des Département Corrèze, nicht weit von dem Dorf Saint-Exupéry-des-Rochers entfernt, das einem Bischof aus dem 16. Jahrhundert seinen Namen verdankt und der Familie Saint-Exupéry wiederum ihren Namen gab. Als Sohn eines Bauern konnte er mit Burschen besonders gut umgehen, die aus ländlichen Gegenden stammten, wie Antoine, dessen Glaube an die katholische Kirche immer weiter schwand. Es gibt keine Aufzeichnungen der langen, tiefschürfenden Gespräche in Bossuet, in denen Saint-Exupéry seine Schwierigkeiten eingestand, die Widersprüche zwischen dem, was die christliche Lehre besagt, und einem Gott, der ihm seinen Bruder genommen hatte, zu verstehen. Aber Abbé Sudour und Antoine verstanden sich auf spiritueller und intellektueller Ebene gut, woraus sich eine dauerhafte Freundschaft entwickelte. 1931, mehr als zehn Jahre nachdem Antoine Bossuet verlassen hatte, bat er Maurice Sudour, seine Ehe mit Consuelo Suncin de Sandoval zu segnen.

Mit der Bibel gesprochen, war der Priester zugleich ein Werkzeug Gottes, weil er Antoine 1926 zu einer Anstellung als Pilot bei einer Fluglinie verhalf, im selben Jahr, in dem dieser seine erste Kurzgeschichte veröffentlichte. Während der freudlosen Jahre nach Beendigung der Schulzeit, bevor er eine berufliche Laufbahn einschlug, die ihn vor der drohenden Mittelmäßigkeit bewahrte, wandte sich Saint-Exupéry oft an seinen Ratgeber. Ohne Abbé Sudour hätte er vielleicht nie diese Periode überwunden, die seine Persönlichkeit durch Phasen des Hochgefühls einerseits und der Entmutigung andererseits auf die Probe stellte.

Der Start

Die meisten jener Abenteuer, die Antoine de Saint-Exupéry in seinen drei Büchern berichtete, die vor dem Zweiten Weltkrieg erschienen waren – *»Südkurier«, »Nachtflug«* und *»Wind, Sand und Sterne«* – spielen zwischen den Jahren 1926 und 1932, als er für die Latécoère-Postfluglinie in Westafrika und Südamerika arbeitete. Saint-Exupéry verließ 1920 das Gymnasium, ohne feste Pläne für die Zukunft zu haben. Er schrieb sich für das Fach Architektur an der École des Beaux-Arts in Paris ein, aber das war eher eine Laune als ein wirklicher Berufswunsch. Die Verwandten, die während seiner Zeit im *lycée* als Sittenwächter fungiert hatten, wurden in ihrem Eifer gebremst, und ihm wurde eine Periode der Freiheit zugestanden, in der er sich in der ausschweifenden Atmosphäre der Cafés und Cabarets austoben konnte. Es schien keinen Grund zu geben, warum er es nicht seinen Vorfahren gleichtun sollte, eine reiche adlige Frau zu heiraten und dann nach Saint-Maurice zurückzukehren, um seiner Mutter bei der Führung des Familiengutes zu helfen.

Einen Großteil des Jahres 1920 wohnte er im Hôtel de la Louisiane in Saint-Germain-des-Prés, in demselben Hotel, das später durch zwei existentialistische Bewohner, Simone de Beauvoir und Jean-Paul Sartre, berühmt wurde. Antoines erste sexuelle Erfahrungen fallen möglicherweise in dieses Jahr seines Architekturstudiums, aber in seinem autobiographischen Roman *»Südkurier«* machte er keinen Hehl aus seiner Abscheu gegenüber Gelegenheitsbekanntschaften in La Coupole, einem Café, das für die Unmoral seiner Gäste bekannt war.

Die lockeren Sitten des Studentenlebens direkt nach den Kriegsjahren von 1914–1918 glichen in etwa der Entwicklung, die nach 1945 einsetzte, und Saint-Exupéry verbrachte viel Zeit damit, in Cafés zu sitzen und zu schreiben oder hielt sich in Nachtclubs auf. Dieses Leben als Bohemien war jedoch nur vorgetäuscht. Er wurde von seiner Mutter regelmäßig finanziell unterstützt und konnte jederzeit seinen Hunger bei einem der großen Diners stillen, die seine reichen Verwandten gaben, oder in der riesigen, komfortablen Wohnung am Quai Malaquais mit Blick auf die Seine Zuflucht suchen, die einer Cousine seiner Mutter, Yvonne de Lestrange, gehörte.

Sehr viel Zeit verbrachte er damit, nach Wegen zu suchen, wie er den Widerstand seiner Familie gegen eine Karriere als Pilot brechen könnte. Die Gelegenheit bot sich mit seiner Einberufung im Jahre 1921 für einen zweijährigen Militärdienst. Antoine de Saint-Exupéry, der Nachkomme eines Geschlechts, aus dem zahlreiche Offiziere der königlichen Armee hervorgegangen waren, entschloß sich, als Mechaniker beim Bodenpersonal in die Luftwaffe einzutreten. Am 9. April trat er seinen Dienst beim Fliegergeschwader in Straßburg im Range eines Soldaten der zweiten Klasse an.

Um fliegen zu können, wurde normalerweise erwartet, daß sich ein Rekrut zu einer dreijährigen Ausbildung in einer Offiziersschule bereiterklärte, aber Saint-Exupéry hatte in den Bestimmungen ein Schlupfloch entdeckt. Sogar ein gewöhnlicher Soldat konnte zum Flugtraining geschickt werden, wenn er bereits eine zivile Fluglizenz besaß. Schon wenige Tage nach seiner Ankunft in der Fliegerbasis setzte er die erste Phase seines Plans in die Tat um.

An einem schönen Aprilmorgen 1921 ging Saint-Exupéry zum Flughafen Neuhof in Straßburg und bat einen Piloten der zivilen Fluggesellschaft Transaérienne de l'Est, für 50 Francs einen Rundflug über dem Elsaß zu machen, dem Gebiet, das von 1870 bis 1918 von Deutschland annektiert gewesen war. Zehn Minuten nach dem Start bat er um eine zweite Runde. Zwei Monate später kam er zurück und bat um Flugstunden.

Der zivile Pilot war Robert Aéby, der das Fliegen 1918 bei der deutschen Luftwaffe gelernt hatte, kurz bevor Deutschland das Elsaß entsprechend der Waffenstillstandsvereinbarung an Frankreich abtrat. Aéby, ein äußerst genauer Mensch, konnte sich an das präzise Datum erinnern, an dem Saint-Exupéry mit der Pilotenausbildung begann – am 18. Juni 1921 – und nannte sogar den Typ und die Registriernummern des Flugzeugs – eine Farman F40, F-CTEB. Ohne es zu wissen, war dieser frühere Kampfflieger der deutschen Luftwaffe mitten in das, was man später in der Familie »das Komplott von Straßburg« nannte, hineingezogen worden, als sich Saint-Exupéry für eine Gebühr von 2000 Francs mit der stillschweigenden Einwilligung seines Vorgesetzten zum Piloten ausbilden ließ. Sein Fluglehrer mußte schwören, es keinen Menschen wissen zu lassen, daß er Saint-Exupéry, seinen ersten Schüler, ausbildete.

Aébys Bordbuch wurde 1940 von den Deutschen konfisziert, aber er besaß eine Kopie, die Saint-Exupérys Behauptung, daß er sofort einen Alleinflug gemacht habe, widerlegte. Nach seiner Version, die er mehreren Freunden erzählte, hatte er sich ohne Erlaubnis einer Maschine bemächtigt und sei beinahe abgestürzt, als Funken aus dem Motor seine Hose in Brand gesteckt hätten. Die Anekdote wurde mit der Zeit mit vielen Details ausgeschmückt und endete schließlich damit, daß der Major der Fliegerbasis, der die Landung beobachtet haben soll, dem jungen Piloten gesagt haben will, er würde niemals bei einem Flugzeugunglück ums Leben kommen, weil er eigentlich schon tot sein müßte.

Ein kleines Stückchen Wahrheit lag in diesem Bericht, wie Aébys Aufzeichnungen bewiesen. Drei Wochen, das heißt elf Flugstunden nach Saint-Exupérys erstem Trainingsflug in einem Flugzeug mit Doppelsteuerung, drehte der Fluglehrer eine Runde von zehn Minuten, bevor er landete und Antoine anwies, das Flugzeug selbst wieder in die Luft zu bringen. Bei dieser Gelegenheit war Antoine zum ersten Mal auf einen Sopwith Doppeldecker umgestiegen, eine Maschine, die ihr eigenes besonderes Temperament besaß. Bei seinem Landeanflug schätzte er die Höhe falsch ein und beschleunigte die Maschine, um einen neuen Versuch zu starten. Aber er gab zu viel Gas, und der Vergaser hatte Fehlzündungen, wobei die Funken bis ins Cockpit schlugen und seine Gamaschen versengten.

Aéby beglückwünschte ihn zu seiner Geistesgegenwärtigkeit, denn auf den ersten mißlungenen Landeanflug folgte eine perfekte Landung. Der anfängliche Fehler sei bei einer ihm ungewohnten Maschine entschuldbar, sagt er, und Saint-Exupéry habe anschließend hervorragend reagiert. Aéby schätzte seinen Schüler als sehr fähig ein, mit schnellen Reaktionen und sicherem Urteilsvermögen.

Dennoch ließ sich Aéby von Saint-Exupérys Charme nicht gefangennehmen und hielt ihn für einen Snob. Obwohl Antoine in den folgenden zwanzig Jahren eine demokratischere Einstellung annahm, nutzte er zu jener Zeit seinen Titel und seine sozialen Beziehungen, um sich in der Luftwaffe Vorteile zu verschaffen. Aéby sprach ihn mit *Monsieur le comte* an und erinnerte sich, daß im Hintergrund alle möglichen Fäden gezogen wurden, um Bestimmungen zu umgehen, so daß Saint-Exupéry Routinearbeiten erspart blieben und er statt dessen Zeit hatte, seine Flugstunden zu absolvieren. Aéby war aber aus anderen Gründen über Antoine verärgert. Nachdem Saint-Exupéry zum ersten Mal allein geflogen war, hatte er seinem Fluglehrer nicht das bei diesem Anlaß sonst übliche Glas Champagner spendiert. Die beiden Männer versöhnten sich siebzehn Jahre später, als sie sich zufällig in einem Café in Vichy trafen. Saint-Exupéry, der sich damals von einem Absturz in Guatemala erholte, der ihm beinahe das Leben gekostet hätte, spendierte eine Runde. Der Nachmittag endete mit Gelächter, als Antoine Aébys Frau erzählte, daß er damals bei seinem ersten Alleinflug so glücklich gewesen sei, daß er, hätte er genug Treibstoff gehabt, niemals wieder zur Erde zurückgekommen wäre.

Neben den genauen Angaben über den Beginn von Saint-Exupérys Pilotenkarriere erinnerte sich Aéby, daß er zunächst über die Schmuddeligkeit seines Schülers erstaunt gewesen war. Darüber hinaus bestätigte er Antoines Unfähigkeit, sich elegant zu kleiden oder auch nur Kleidung zu finden, die ihm richtig paßte. Seine Unordentlichkeit war immer Anlaß zu allgemeiner Erheiterung, aber seine Bettelbriefe an seine Mutter waren ihm ernsthaft vorzuwerfen, in welchen er um Geld für seine Flugstunden oder für die Miete für sein Zimmer in Straßburg bat.

Er hatte allerdings wenig Grund zur Annahme, daß es ihr finanziell schlecht gehen würde. Sie hatte gerade das Schloß Saint-Maurice-de-Rémens von Tante Gabrielle geerbt, die auch Marie-Madeleine eine beachtliche Geldsumme hinterließ. Saint-Exupéry hatte unterdessen eine kleine Erbschaft von seinem Großvater Fernand erhalten, dessen Besitz nach seinem Tod verkauft und der Erlös zwischen seinen Enkeln aufgeteilt worden war. Aber das Haus in der Rue Pierre-Bellon in Le Mans, in dem Antoine während seiner Schulzeit gelebt hatte, blieb in Familienbesitz.

Selbst ohne diese Erbschaften hatte Antoine allen Grund davon auszugehen, daß die reiche Verwandtschaft seiner Mutter eine nie versiegende Quelle finanzieller Unterstützung sei und daß es keineswegs verwerflich sei, sich seinen Teil davon zu nehmen, auch wenn er ihn nicht verdient hatte. In Saint-Exupérys Familie wurde das Vermögen selten erarbeitet, sondern durch arrangierte Hochzeiten und Erbschaften angehäuft. Die Idee, daß eine Familie durch eine endlose Goldkette miteinander verbunden war, an der man bei Bedarf bloß zu ziehen brauchte, war gar nicht abwegig.

Auch Saint-Exupérys Gleichgültigkeit gegenüber den Ängsten seiner Mutter, sie könnte ihren einzigen überlebenden Sohn durch einen Flugzeugunfall verlieren, gibt Anlaß zu berechtigter Kritik. Ihre Angst zeigte sie nach François' Tod in dem Ausspruch des Segelverbots, und nun war Antoine ausgerechnet darauf versessen, die gefahrvolle Laufbahn der Salvez-Brüder einzuschlagen, wo sie ihn doch brauchte, um Saint-Maurice zu führen. Es war dieses Unvermögen, die Reaktion von Frauen auf seinen Pakt mit der Gefahr einzuschätzen, das später seine erste Verlobung in die Brüche gehen ließ und schließlich auch seine Ehe gefährdete.

Marie gab seinem Bitten und Betteln schließlich nach, weil sie ihm nie etwas abschlagen konnte, aber sie fühlte vielleicht, daß sie damit sein Todesurteil unterschrieb. Und die Geldanweisungen, die sie widerwillig nach Straßburg sandte, damit Robert Aéby bezahlt werden konnte, brachten ihr mehr als zwanzig angstvolle Jahre ein, die im unvermeidlichen Verlust des Sohnes endeten.

Ein anderes Dauerproblem zeigte sich während seiner Monate in Straßburg, als sich Saint-Exupéry bewußt wurde, daß es nicht so leicht war, auf die Privilegien seiner Gesellschaftsschicht zu verzichten, wie er zunächst geglaubt hatte. Sein Leben lang vollführte Saint-Exupéry einen schwierigen Balanceakt zwischen den Vorzügen seiner aristokratischen Beziehungen und seinem Wunsch, unabhängig zu sein. Die Tatsache, daß er seine Mutter um Geld bat – er erhielt monatlich den heutigen Gegenwert von etwa 6000 Francs – belegt, daß er wenig Neigung zeigte, das einfache Leben der anderen Soldaten zu teilen. Während seine Kameraden die Erfahrung des egalitären Lebens beim Militär in überfüllten Schlafstuben machen mußten, suchte sich Saint-Exupéry in Straßburg ein Zimmer mit Bad, wo er jederzeit Tee oder Kaffee kochen und sich in aller Ruhe seiner Schriftstellerei widmen konnte.

Wenn man dann noch seine Flugstunden bedenkt, war sein Leben als einfacher Soldat erstaunlich angenehm, besonders, da es nur vier Monate dauerte.

Am 2. August 1921, fünf Wochen nach seiner Volljährigkeit, begann Saint-Exupérys militärische Fliegerlaufbahn. Dank seiner elf privaten Flugstunden erachtete man ihn als erfahren genug, um ihn in eine Fliegereinheit ins französische Protektorat Marokko als Lehrgangsteilnehmer im Dienstgrad eines Gefreiten zu versetzen, und er verdiente sich sein Pilotenabzeichen, als er die Prüfung am 23. Dezember 1921 bestand. Die Bestimmungen der Flugeinsätze wurden in den Überseegebieten weniger streng gehandhabt, und er brachte bald genügend Flugstunden zusammen, um in eine Offiziersschule nach Avord in Zentralfrankreich geschickt zu werden. Die Abkommandierung erfolgte genau ein Jahr nach seiner ersten Flugstunde bei Robert Aéby, aber er wurde erst nach einer Prüfung zugelassen, die er als 67. von 68 Teilnehmern bestand.

Am 20. Oktober 1922 wurde er zum Unterleutnant befördert und zum Hauptflugplatz von Paris – Le Bourget – versetzt und dem 34. Fliegerregiment unterstellt. Weniger als sechs Wochen später trennte ein Regierungserlaß die Luftwaffe vom Heer und machte sie zur selbständigen Gattung, aber das für Saint-Exupéry wichtigste Ereignis fand im Januar des folgenden Jahres statt: Sein Flugzeug stürzte am Rande der Landebahn von Le Bourget ab, und er wurde mit einem Schädelbruch ins Krankenhaus eingeliefert.

Die Befürchtungen seiner Mutter hinsichtlich der Gefahren hatten sich bestätigt. Im Juni 1923, nachdem er seinen Militärdienst absolviert hatte, lehnte Saint-Exupéry eine Laufbahn in der neuerdings unabhängigen Luftwaffe ab und trat eine Stelle als Büroangestellter in Paris an. Die Sorgen von Marie de Saint-Exupéry um seine Sicherheit spielten bei dieser Entscheidung allerdings keine Rolle. Er gab seine großen Fliegerambitionen auf, weil er sich verliebt hatte.

KAPITEL V

Ein Verlobter von vielen

Antoine war mit einer ganz und gar romantischen Vorstellung von Frauen aufgewachsen. Sie waren in seinen Augen tugendhafte, gebildete und sanfte Wesen wie seine Mutter, seine Schwestern und Cousinen. Er sagte oft, daß er viel glücklicher gewesen wäre, wenn er in der Renaissance gelebt hätte, da die höfische Liebe jener Zeit seinen eigenen jugendlichen Verführungsversuchen eher entsprach. Zahlreiche unschuldige junge Frauen erhielten von ihm sorgsam geschriebene Huldigungen in klassischem Versmaß. Eine von ihnen war Odette de Sinéty, ein Mädchen, das zwei Jahre älter als Antoine und die Schwester eines Mitschülers in Le Mans war. In *»Südkurier«* trug sie manche charakteristische Züge zu der vielschichtigen Gestalt der Genoveva bei, der verheirateten Geliebten des Piloten Jacques Bernis. Sie erscheint in dem Buch so, wie Antoine sie im Schloß ihres Vaters in Sillé-le-Philippe kennengelernt hatte, eine kokette Fünfzehnjährige mit blauen Augen und einer Begeisterung für romantische Poesie.

Die Gestalt von Saint-Exupérys fiktionaler Genoveva trägt auch manche Züge seiner Lieblingsschwester Gabrielle, zuerst als Kind in Saint-Maurice und später als Mutter. Gabrielle heiratete 1923 Pierre de Giraud d'Agay, einen Freund aus der Schulzeit. Ihr erstes Kind, Melchior, wurde in Saint-Maurice geboren. Es starb ein Jahr später in ihrem Schloß in Agay, direkt an der Mittelmeerküste bei Saint-Raphaël. Eines der Hauptthemen in *»Südkurier«* ist die Verzweiflung einer Mutter über den Tod ihres kleinen Sohnes. In einem Brief an Marie aus dem Jahre 1924 bezog sich Saint-Exupéry auf den Tod des Babys einer anderen Verwandten und beschreibt dies als »etwas ganz Schreckliches«.

Obwohl Genoveva die Züge verschiedener Personen vereint,

konnte die Person, die als Vorbild für die erwachsene Heldin und die in diesem Buch ausgedrückten Gefühle diente, leicht identifiziert werden. *»Südkurier«* wurde 1929 veröffentlicht, als Antoine eine turbulente und unbefriedigende Zeit hinter sich hatte. Das Modell für die mit einer Katastrophe endenden Liebesbeziehung von Jacques Bernis war seine erste Verlobte, Louise de Vilmorin, eine Dichterin und Schriftstellerin.

Antoine war zweiundzwanzig Jahre alt, als ihn die schöne und elegante zwanzigjährige Louise betörte und ihm jahrelang Liebeskummer bereitete. Der Roman erfüllte zum Teil eine therapeutische Funktion. Als literarische Übung war es eine unausgewogene Mischung aus Emotionen und verhängnisvollen Abenteuern, aber es war das einzige Buch, in dem Saint-Exupéry sein eigenes Gefühlsleben in einem veröffentlichten Roman zu erforschen versuchte.

Vielleicht bedauerte er später, so offen gewesen zu sein, da seine Freunde die kaum verhüllte Geschichte leicht durchschauen konnten, in der Bernis als Held der Lüfte erscheint, auf der Erde jedoch eine tölpelhafte romantische Gestalt ist. Die Anerkennung, die Saint-Exupéry von Louise de Vilmorin erhielt, entsprach außerdem in keiner Weise dem, was er erwartet haben muß. Außerdem war sie eine von mehreren Frauen in seinem Leben, die seine Geschenke erstaunlich gering achteten. Sie verkaufte Antoines Verlobungsgeschenk, einen mit Saphiren besetzten Ring, ein Familienerbstück, um damit die Schulden eines anderen Liebhabers zu begleichen, und nahm die Angelegenheit in einem Artikel, den sie mehr als dreißig Jahre später für das Frauenmagazin *»Marie-Claire«* schrieb, auf die leichte Schulter und spielte die ganze Liebesaffäre herunter.

Louise verkaufte auch sein wichtigstes Geschenk, das Originalmanuskript von *»Südkurier«*, das sechs Jahre nach Auflösung ihrer Verlobung veröffentlicht wurde; das war eine eigenartig leichtfertige Handlung, wenn man bedenkt, daß sie das Schreiben von Romanen und Gedichten ihr Leben lang als ihre Berufung ansah.

Aus der Selbstanalyse in *»Südkurier«* lernte Saint-Exupéry wenig. Was Bernis und Genoveva trennte, war genau das, was Antoine und Louise auseinandergebracht hatte, nämlich völlig unvereinbare Lebensstile. Bernis war ein Mann, der eigentlich gar nicht hätte heiraten sollen, es sei denn, eine völlig unterwürfige Frau. Er brauchte das

Abenteuer, Genoveva brauchte Sicherheit. Bernis flog in die Öde der Wüste, während sie nach den Zerstreuungen des modernen Lebens verlangte.

Von seinen Überlegungen über eine solch hoffnungslose Verbindung gewarnt, hätte Saint-Exupéry eine Frau suchen müssen, die bereit war, seine selbstsüchtigen Wünsche zu tolerieren und seine langen Abwesenheiten hinzunehmen. Dennoch findet man viel von Louises äußerst unabhängigem und kapriziösem Charakter in Antoines Frau Consuelo wieder. Louise de Vilmorin war kreativ, lustig, frivol, aber egozentrisch; das Spontane und Verspielte ihrer Persönlichkeit zog zahllose Verehrer an. Einige dieser Wesenszüge lassen sich auch bei Consuelo erkennen, die ebenfalls eine starke künstlerische Ader besaß und ebenso exzentrisch war wie Saint-Exupéry selbst.

Louise und Consuelo waren die einzigen wichtigen weiblichen Figuren in der ansonsten männlichen literarischen Welt, die Saint-Exupéry schuf, und lassen somit darauf schließen, daß sie die zwei großen Lieben seines Lebens waren. Die erwachsene Genoveva/Louise war die Heldin seines ersten Werkes, während Consuelo die Rose in *»Der Kleine Prinz«* wurde, dem letzten Buch, das vor seinem Tod veröffentlicht wurde.

Zwischen ihrer Verlobung mit Saint-Exupéry und ihrer in der Presse so oft dargestellten Beziehung mit André Malraux gegen Ende ihres Lebens reichte die Namensliste ihrer Verehrer von Aly Khan bis zu Jean Cocteau, und sie heiratete zweimal und ließ sich zweimal scheiden. Nach der Beschreibung ihrer Schwägerin, Andrée de Vilmorin war Antoine nur einer von vielen Heiratskandidaten.

»Er war wirklich in sie verliebt, aber sie war eine richtige Kokette und verlobte sich immer wieder aufs neue«, sagte sie. »Louise mochte ihn sehr, das war alles. Eine Verlobung hielt eine Woche oder zwei, dann kam ein Neuer. Sie war zugleich die beste und die schlimmste aller Frauen, weiß und schwarz. Sie war gleichermaßen großzügig und amüsant und vor allem brachte sie die Leute zum Lachen.«

Die ersten Treffen mit Louise fanden bereits in der Zeit gleich nach dem Ersten Weltkrieg statt, als Antoine in Bossuet zur Schule ging. Louise war mit ihm weitläufig verwandt und gehörte zu jener aristokratischen Gesellschaft, in der er sich während seiner Jahre in Paris bewegte. Einer ihrer Brüder war externer Schüler in Bossuet, aber das Verdienst, beide offiziell vorgestellt zu haben, konnte ein anderer Verehrer von Louise de Vilmorin für sich in Anspruch nehmen: Honoré d'Estienne d'Orves.

Ihre Umgebung war interessant genug, um Saint-Exupéry aus der während seiner Studienzeit vorgetäuschten Ärmlichkeit herauszulokken. Louises Familie besaß zwei Residenzen, ein Schloß in dem Pariser Vorort Verrières-le-Buisson und ein großes Anwesen in der Rue de la Chaise in Paris. Mit ihren vier Brüdern und einer Schwester nutzte Louise die Vorteile voll aus, die das Prestige mit sich brachten, einer Familie anzugehören, deren Ahnentafel bis zu Jeanne d'Arc zurückreichte, und deren Vermögen sich auf einen äußerst erfolgreichen Gewürz- und Samenhandel gründete, der die Familie zu einer der reichsten der Hauptstadt gemacht hatte.

Das Schloß und der Wohnsitz wurde zum inoffiziellen Heiratsinstitut für die Reichen und Adligen, vor allem weil sich Louises verwitwete Mutter selbst von einer großen Verehrerschar umgeben sah. Louise, von ihren Brüdern bewundert und verwöhnt, zog ebenfalls eine Schar heiratswilliger Männer an, die von ihrer Intelligenz und ihrer brillanten Konversation fasziniert waren. Viele von ihnen erlagen ihrem Zauber, als sie Louise, die drei Jahre lang ans Bett gefesselt war, besuchten und stundenlang mit ihr plauderten. Louises Phantasie und ihre Geistesbildung konnte sich im Laufe ihrer Krankheit frei entfalten. Diese Krankheit hinterließ einen Hüftschaden, der ein leichtes – oft als bezaubernd bezeichnetes – Hinken zur Folge hatte.

Abgesehen von seinem *beau nom* konnte Saint-Exupéry Louise wenig bieten. Seine finanziellen Zukunftsaussichten waren alles andere als rosig. Die kleine Erbschaft von Großvater Fernand war schnell ausgegeben, und scharf beobachtende Familienmitglieder der Vilmorins sahen in ihm einen Mitgiftjäger. Sein leichtsinniger Umgang mit Geld war vor allem deshalb besorgniserregend, weil Louise ebenfalls eine Verschwenderin war, die alles Geld, das sie besaß, für teure Kleider und Geschenke für ihre Brüder und Verehrer ausgab.

Ein gemeinsames Interesse erklärt ihre große intellektuelle Anziehungskraft, obwohl es André Malraux' Verdienst war, Louise davon überzeugt zu haben, daß ihr Werk einer Veröffentlichung wert war. Außerdem bestand zwischen Antoine und Louise eine musikalische

Affinität, die in *»Südkurier«* unerwähnt blieb. Auch wenn die Beziehung der beiden häufig mißbilligend betrachtet wurde, forderte man sie oft auf, klassische Sopran-Bariton-Duette zu singen, was sie auch später, nachdem Antoine seinen größten Liebeskummer überwunden hatte, wieder taten.

Im Laufe der Jahre bildeten sie sehr unterschiedliche Sichtweisen ihrer Verlobungszeit aus. Saint-Exupérys fiktionale Erinnerungen in *»Südkurier«* ließ die Affäre düster und hoffnungslos erscheinen, und sie endet mit einem Flugzeugabsturz in der Wüste. Die ganze Fröhlichkeit von Louise ist in Saint-Exupérys Geschichte verschwunden, und Genovevas Widerwillen, ihre verzärtelnde Umgebung zu verlassen, beherrscht die Handlung. Nur die wesentlichen Gefühle bleiben hier erhalten. Bernis verliebt sich wie Saint-Exupéry Hals über Kopf in eine Frau, die absolut nicht das gleiche Spiel spielt wie er. Antoine verlegte die letzten Tage der Liebesaffäre von Bernis und Genoveva in einen traurigen und düsteren Ausflug mit dem Auto bei strömendem Regen, wobei Bernis versucht, seiner kranken Geliebten zu helfen, sich der feindlichen Welt zu stellen, in der die Hotels Reisenden, die zu später Stunde ankommen, die Tür vor der Nase zuschlagen.

Allegorie, Selbstanalyse, Fiktion und Realität vermischen sich am Ende. Die Affäre endete im wirklichen Leben genauso wie in *»Südkurier«*: Genoveva/Louise liebt ihren goldenen Käfig zu sehr, als daß sie mit einem Abenteurer davonfliegen könnte, und sie verläßt ihn.

Im Gegensatz zu Antoines fatalistischer Sichtweise läßt der Artikel von Louise de Vilmorin in der Frauenzeitschrift *»Marie-Claire«* ihr Liebesabenteuer albern und frivol erscheinen. Sie beschrieb ihre Freundschaft mit Antoine als eine »Jux-Verlobung«, und der Höhepunkt war, wenn man ihrem Artikel Glauben schenken kann, ein von einer Anstandsdame begleiteter Ferienaufenthalt im Schweizer Jura.

Antoine, der zwei Monate zuvor seinen Militärdienst in Le Bourget beendet hatte, mußte seinen Fotoapparat verkaufen, um die Zugfahrkarten bezahlen zu können. Sie unternahmen Spaziergänge und pflückten Blumen für das Fest des hl. Ludwig. In einem kleinen Bahnhof küßten sie sich wie Liebende, die sich trennen müssen, »aber wir taten bloß so«.

Der Artikel gibt auch Einblicke in Antoines Betroffenheit über seine zunehmende Kahlköpfigkeit, die sich trotz seines Alters von erst dreiundzwanzig Jahren ankündigte. Louise erzählte, daß sie beide um sein Haar besorgt gewesen seien und auf der Rückreise extra einen Umweg über Genf machten, um dort ein besonderes Haarwuchsmittel zu kaufen.

Zwei Monate später verschwand sie ohne ein Wort nach Biarritz und war nicht einmal bereit, auf seine verzweifelten Briefe zu antworten.

Louise de Vilmorin verbrachte die Zeit zwischen Herbst 1923, als sie Antoine verließ, und Oktober 1955, als sie den Artikel schrieb, mit einem turbulenten Leben mit verschiedenen Ehemännern in Las Vegas und Budapest, aber sie vergaß nicht, den Hauptgrund zu erwähnen, warum Antoine kein passender Ehemann für sie gewesen war. In der Schweiz sprach ihr leidenschaftlicher Verehrer ohne Unterlaß vom Fliegen und von »den schrecklichen und herrlichen Gefühlen zwischen Himmel und Erde«. Sie jedoch wollte nur an ein schönes, gemütliches Heim denken und sich vorstellen, auf einem neuen Sofa vor dem Kaminfeuer zu sitzen.

Saint-Exupérys morbides Vergnügen an der Beschreibung haarsträubender Abenteuer war für sie eine Warnung, daß er sein Versprechen, die Fliegerei aufzugeben, vielleicht gar nicht wirklich ernst nahm. Das war jedoch seitens der Familie Vilmorin eine unabdingbare Voraussetzung, wenn er Louise heiraten wollte. Nachdem er sich von dem Flugzeugabsturz in Le Bourget im Januar 1923 erholt hatte, wurde ihm gesagt, daß er sich zwischen seiner Fliegerkarriere und Louise entscheiden müsse. Damals war er gerade versucht, seine Laufbahn als Berufsoffizier bei der Luftwaffe einzuschlagen. Statt dessen beschloß er, auf der Erde zu bleiben. Bald jedoch hatte er beides verloren, Louise und seine Flugzeuge, und Abenteuer und Freiheit wurden durch Langeweile und durch das Gefühl ersetzt, in dem Büro einer Ziegelfabrik im Zentrum von Paris eingesperrt zu sein.

Bevor er die Luftwaffe verließ, stach vor allem Saint-Exupérys Aura als draufgängerischer Flieger alle anderen adligen Rivalen um Louises Gunst aus, die er jedoch in der Hoffnung, die zum Scheitern verurteilte Verlobung zu retten, gegen eine todlangweilige Routinetätigkeit eintauschte. Vielleicht liebte Louise ihren mittellosen aristokratischen Draufgänger mehr als sie zuzugeben bereit war, aber als sie sich mit einem armen Büroangestellten verlobt sah, machte sie sich auf die Suche nach einem passenderen Verehrer.

Als Saint-Exupéry sechs Jahre später Louise die erste Ausgabe von *»Südkurier«* zeigen wollte, war sie nicht zu Hause, und er schrieb ihr einen Brief, in dem er zugab, daß er damals eine recht jämmerliche Figur abgegeben habe. Er bedauerte, daß sie ihn während ihrer Verlobungszeit als »schwaches Kind« betrachtet habe und er damals ein falsches Bild von sich als eine schüchterne und melancholische Person abgegeben habe. Noch immer schien er von Louises Selbstsicherheit eingeschüchtert zu sein. Mit Hinweis auf sein Buch *»Südkurier«* fügte er beinahe entschuldigend hinzu: »Ich wollte etwas für Dich schreiben und mit Dir darüber sprechen und es Dir vielleicht widmen, wenn Du eine Möglichkeit siehst, dies zu tun ...«

Seine Liebe zu ihr schien ungebrochen. »Was mich betrifft, Du kannst mich um alles bitten, das weißt Du. Gleich welches Opfer Du verlangst oder wann. Ich erwarte nicht von Dir, daß Du das als großes Geschenk betrachtest, weil ich weiß, daß Du mich niemals wirklich brauchen wirst, aber es bedeutet ein bißchen weniger Einsamkeit, wenn ich alleine bin. Und ich werde Dir immer alles verzeihen, auch wenn Du mir manchmal weh tust.« Später gestand er ihr: »Ich war ein Kind. Du warst eine Frau.«

Das silberne Schiff

Die Monate, die zwischen Herbst 1923, als Louise davongelaufen war, und November 1926 verstrichen, als Saint-Exupéry eine Anstellung bei einer privaten Fluggesellschaft antrat, waren nicht so bedeutungslos, wie es zunächst schien. Diese nach außen hin vergeudete Zeit, zunächst als Büroangestellter, dann als Geschäftsreisender, war in Wirklichkeit seine Lehrzeit als Schriftsteller. Die schreckliche Langeweile einer Routinearbeit und der damit verbundene Kampf, mit dem mageren Gehalt eines Angestellten einen angemessenen Lebensstil führen zu können, wurde durch die Möglichkeit und die Freude, mit seinen Freunden über Literatur zu diskutieren und seine Gedanken zu Papier zu bringen, kompensiert.

Seit Beendigung seines Militärdienstes hatte Saint-Exupéry oft Hinweise auf einen Roman gegeben, an dem er arbeitete. Als die Geschichte, die später zu *»Südkurier«* wurde, im April 1926 als Kurzgeschichte erschien, war er zu der Überzeugung gekommen, daß er Autoren verabscheute, denen es nur darum ging, einen abstrakten stilistischen Effekt zu erzielen. Einem Freund schrieb er, daß es sich nur dann lohne, etwas zu Papier zu bringen, wenn man auch »etwas zu sagen« habe. Er gab die romantische Poesie und die müßigen Stiltheorien, mit welchen er sich während seiner Studentenzeit beschäftigt hatte, auf und verspürte statt dessen den Wunsch, die Realität zu beobachten und zu interpretieren.

Seine wichtigste Zerstreuung war in dieser Zeit eine Flut von Briefen an seine Mutter und Schwestern, viele davon waren auf irgendwelche Zettel, einer auf eine Schneiderrechnung, geschrieben. Inhalt und Stil waren außergewöhnlich, und fast alle mit Zeichnungen bedeckt, manche davon waren vorweggenommene Bilder aus *»Der Kleine Prinz«*, andere wiederum Karikaturen von Leuten, die er kennengelernt hatte.

Saint-Exupéry schrieb jeden der Briefe in einem anderen Tonfall und in verschiedenen Handschriften, entsprechend der Persönlichkeit des Empfängers. Seine ältere Schwester Marie-Madeleine wird mit besonderer Zärtlichkeit angesprochen, während Simone eher wie eine *copine,* ein »Kumpel«, behandelt wird. Große Teile der Korrespondenz lesen sich wie die Fortführung eines Gesprächs ihrer Kindheit in Saint-Maurice.

Er überschüttete auch seine Freunde mit Einzelheiten über sein langweiliges Dasein als Büroangestellter, das er übermütig beschrieb. Die beiden Freunde, die seine Korrespondenz am meisten schätzten, waren Charles Sallès und Renée de Saussine, die Schwester eines Schulkameraden in Bossuet. Antoine beschrieb seinem Freund Sallès das Leben als Angestellter in der Verwaltung der Ziegelfabrik Boiron in der Rue du Faubourg-Saint-Honoré nahe beim Place de la Concorde in den düstersten Farben. Trotz der angenehmen Umgebung erweckte Saint-Exupéry den Eindruck, als sitze er in einem Käfig und zähle buchstäblich die Minuten, bis es ihm erlaubt war, das Büro zu verlassen.

»Der Sekundenzeiger der Uhr ist meine einzige Freude«, schrieb er.

»Gähnen, was ist das für ein wunderbarer Trost.« Der Brief war so lang, daß sich daraus schließen läßt, er hätte wirklich nichts zu tun, obwohl er eigentlich die Gewinnspanne der neuesten Ziegelproduktion berechnen sollte. Die Mittagspause wurde mit einem Jubelschrei begrüßt, und später folgte der Satz: »Es ist schrecklich – es ist fünf Minuten nach zwei, und ich sitze wieder in meinem Büro.«

Die Routine änderte nichts an seiner Entschlossenheit, Schriftsteller zu werden. Im Juni 1924 schrieb Saint-Exupéry an Sallès, daß er sich Passagen seines geplanten Romans auf einzelne Zettel aufschreibe und sich dann frage, wie er die ganzen Puzzlestücke zusammensetzen sollte. Als Sallès nach Paris kam, wurde er gewarnt, daß er sich dem Dienst am Roman, *la corvée du roman*, nicht entziehen könnte. Mit anderen Worten, er mußte sich den ganzen Text anhören, den Saint-Exupéry bis dahin geschrieben hatte, eine Pflicht, die Antoine sein Leben lang seinen Freunden auferlegte, so wie er in Saint-Maurice seine Schwestern und seinen Bruder zu jeder Zeit, auch mitten in der Nacht, gezwungen hatte, sich seine Geschichten und Gedichte anzuhören.

Renée de Saussine, die er seine literarische Managerin nannte, erfüllte ebenfalls sein Bedürfnis nach sofortiger Anerkennung. Im Verlauf ihrer langen platonischen Freundschaft sandte ihr Antoine viele Briefe aus fernen Ländern und setzte so die literarischen Diskussionen fort, die sie im Haus ihrer Eltern in Paris oder in Cafés am linken Seineufer geführt hatten. Sie erinnerte sich an eine für ihn besonders charakteristische Angewohnheit, wenn er sich zu einer Diskussion über Literatur hinreißen ließ: Er hielt eine Zigarette in der Hand und zündete ein Streichholz nach dem anderen an, das er dann, ohne seine Zigarette angezündet zu haben, in den Aschenbecher warf.

Das Bedürfnis, seinen Freunden Briefe zu schreiben, in welchen er sie meist zu einem baldigen Treffen überredete, wurde noch dringlicher, als er seine Anstellung im Büro kündigte und reisender Vertreter des Lastwagenherstellers Saurer wurde. Die interessanteste Zeit dieser etwa zwei Jahre dauernden Anstellung war eine zweimonatige Lehre in der Saurer-Fabrik in Suresnes, einem Vorort von Paris. Obwohl er immer ein Langschläfer war, stand Saint-Exupéry in dieser Zeit aus Freude, an Motoren arbeiten zu können, um 6 Uhr auf.

Später, als er als Verkäufer von Saurer in der Provinz einen schnittigen Zédal-Sigma-Wagen fuhr, konnte er endlich aus der tristen möblierten Zweizimmerwohnung im Hôtel Titania am Boulevard d'Ornano Nr. 70 im 18. Arrondissement ausziehen, die er zwei Jahre lang bewohnt hatte. Oft hatte er auf die deprimierende Atmosphäre seiner zwei kleinen Zimmer hingewiesen, aber sein neues Verkaufsgebiet bot nur geringen Trost. Er mußte Hunderte von Kilometern fahren, um drei sehr dünn besiedelte ländliche Départements abzudecken, Allier, Cher und Creuse, wo das monotone Leben der kleinen Marktflekken ihn amüsierte und zugleich abstieß. Die langen Abende, die er in heruntergekommenen Hotels verbrachte, ließen ihm genügend Zeit, an Renée de Saussine zu schreiben und dabei seine Beobachtungsgabe zu schärfen und einen Schreibstil zu entwickeln, der immer kürzer und gedrängter wurde.

Er faßte sein Dasein in zwei Sätzen zusammen: »Mein Leben besteht aus Kurven, die ich so schnell wie möglich nehme, und aus Hotels, die alle gleich aussehen. Ich fühle mich niedergeschlagen.«

Wann immer er die Möglichkeit hatte, kehrte Antoine aus der Provinz nach Paris zurück und stürzte sich dort ins Gesellschaftsleben. Einen Teil seiner Zeit verbrachte er bei Yvonne de Lestrange, der Cousine seiner Mutter, deren Wohnung am Quai Malaquais ein Treffpunkt der Pariser Künstlerelite war. Sie war eine immens reiche Frau, deren Hochzeit mit dem Duc de Trévise später annuliert wurde, eine unkonventionelle, außergewöhnlich intelligente und vielseitig interessierte Gastgeberin. Sie verhielt sich gegenüber Antoine wie eine große Schwester und nahm sein exzentrisches Verhalten gelassen hin, als er zum Beispiel im Bad einschlief und einen Teil der Wohnung unter Wasser setzte.

Das Leben am Quai Malaquais neben dem Institut de France war eindrucksvoll aristokratisch, mit Dienern in Livrées und einem endlosen Strom einflußreicher Gäste bei den regelmäßigen Diners. Saint-Exupéry war so oft dort, daß er das Café Jarras im Erdgeschoß desselben Hauses zu seinem inoffiziellen Hauptquartier machte.

Einen Teil des Jahres 1925 mußte er auf die Gesellschaft von Yvonne de Lestrange verzichten, weil sie zu einer wissenschaftlichen Mission für das Institut Pasteur in den Französisch-Kongo reiste, um dort einen Impfstoff an einem afrikanischen Volksstamm zu testen.

Zu Beginn der Expedition wurde sie von André Gide und von Marc Allégret, einem jungen Filmregisseur, begleitet.

Bei ihren Dinner-Parties machte Yvonne de Lestrange sich stark für Antoines Entschluß, Schriftsteller zu werden, und sprach mit mehreren Literaten über seine erste Kurzgeschichte, *»L'Évasion de Jacques Bernis« (»Die Flucht von Jacques Bernis«)*. In dem eng verknüpften literarischen Zirkel am linken Seineufer erreichte diese Nachricht bald auch Jean Prévost, den dreiundzwanzig Jahre alten Herausgeber einer neuen literarischen Zeitschrift *»Le Navire d'argent«, (»Das silberne Schiff«)*.

Prévost war ein kräftiger junger Mann, der bei einem Boxkampf Ernest Hemingway den Daumen gebrochen hatte. Einige seiner Geschichten waren schon in der *»Nouvelle Revue Française«* veröffentlicht worden. André Gide und Gaston Gallimard gehörten zu den berühmtesten Förderern dieser Zeitschrift, beide waren bei Yvonne de Lestrange regelmäßig zu Gast. Weil Prévost der literarischen Welt schon längere Zeit angehörte, behandelte ihn Saint-Exupéry immer wie einen älteren Bruder, obwohl Prévost zwei Jahre jünger war als er.

Prévost führte Antoine in dem außergewöhnlichen Treffpunkt der Literaten in der Rue de l'Odéon mit ihren zwei weltbekannten Buchhandlungen ein, eine war unter der Leitung einer Amerikanerin, die andere wurde von einer Französin geführt. Auf der einen Straßenseite war Sylvia Beachs Shakespeare and Company, die von Scott Fitzgerald, Ernest Hemingway und James Joyce besucht wurde. Gegenüber lag La Maison des Amis du Livre, von Adrienne Monnier geleitet, zu deren Freunden André Gide, André Breton, Guillaume Apollinaire, Louis Aragon und Paul Valéry zählten.

Im Jahre 1926 war Adrienne Monnier eine kräftige unverheiratete Frau von dreiundvierzig Jahren und ihre Begeisterung für die Literatur war noch ebenso groß, wie damals, als ihr Vater, ein Briefträger, ihr im Jahre 1915 seine ganzen Ersparnisse überließ, damit sie ihren Buchhandel gründen konnte. Im Laufe der Jahre war dieser zum Treffpunkt der Autoren von Gallimard geworden, und 1925 beschloß sie, ihren ganzen mageren Gewinn in die Monatszeitschrift *»Navire d'argent«* zu investieren. Trotz einer ansehnlichen Reihe von berühmten Mitarbeitern war das silberne Schiff von Beginn an dazu verurteilt, Schiffbruch zu erleiden, und ging tatsächlich innerhalb eines Jahres unter, und Adrienne Monnier war gezwungen, ihren ganzen Lagerbestand zu verkaufen, um ihre Schulden zu bezahlen. Inzwischen hatte die Zeitschrift dem französischen Publikum Hemingway nahegebracht (Gallimard bot ihm sofort einen Vertrag an) und hatte eine Reihe junger Schriftsteller ermutigt, darunter, mit Adrienne Monniers Worten, »der ruhmvollste unserer Anfänger, Antoine de Saint-Exupéry«.

»Die Flucht von Jacques Bernis« wurde in verkürzter Fassung unter dem Titel *»L'Aviateur«* veröffentlicht, einem Titel, der der Geschichte etwas von ihrer Grundstimmung nahm. Bernis Flucht hat eine doppelte Bedeutung: Er befreit sich von einem langweiligen Dasein, indem er den Zauber des Himmels erreicht, und schließlich streift er die schweren Fesseln des Lebens durch einen Flugzeugabsturz ab.

Obwohl das Thema der Liebe fehlt, kündigte die Geschichte bereits den Roman *»Südkurier«* durch ihren fatalistischen Tonfall an. Das Hochgefühl, das Bernis beim Überfliegen eines französischen Flugplatzes empfindet, führt unweigerlich zu einem gewaltsamen Tod, in einer Fabel, die ebenso alt ist wie jene von Ikarus. Durch eine ironische Wendung wird Jacques Bernis in *»Südkurier«* wieder zum Leben erweckt, um dann später, als er als Postflieger nach Afrika fliegt, in der Wüste zu sterben.

Die Kurzgeschichte und der Roman weisen dem fiktiven Helden einen in der Literatur einzigartigen Platz zu, weil sein Schöpfer ihn gleich zweimal an verschiedenen Orten sterben läßt.

Die Melancholie und Gleichgültigkeit gegenüber dem Tod, die Bernis zum Ausdruck bringt, gaben die damaligen Gefühle und Erfahrungen Saint-Exupérys wieder. Als er die Geschichte im Jahre 1926 verfaßte, litt er unter dem Gegensatz zwischen seinem langweiligen Beruf als Verkäufer und der Freiheit der Lüfte. Noch immer unternahm er gelegentlich Flüge von Orly aus, um seinen Verpflichtungen als Reserveoffizier der Luftwaffe nachzukommen, aber jeder Flug kam einem Vorwurf für seinen Verzicht gleich, Berufspilot zu werden.

Von seinem hohen Podest als anerkannter Autor stellte Prévost Saint-Exupéry den Lesern seiner Zeitschrift als Spezialist der Fliegerei und der Mechanik vor, den er im Hause einer Freundin getroffen habe, und den »ich wegen der Kraft und der Finesse, mit der er seine Eindrücke beschrieb, sehr bewunderte«. Obwohl Prévost hinzufügte, daß Saint-Exupéry, »dessen Erfassen der Wahrheit und Direktheit für einen Anfänger erstaunlich sind«, an weiteren Geschichten arbeitete, hörte man in der Welt der Verleger bis 1929 nichts mehr von diesem Nachwuchstalent, bis er aus Westafrika, wo er als Pilot gearbeitet hatte, nach Jahren der persönlichen Prüfungen wie ein wiedergeborener Mensch zurückkehrte.

»Südkurier«

Die Monate, die Saint-Exupéry als Lastwagenverkäufer verbrachte, deprimierten ihn so sehr, daß er sich bei seiner Schwester Marie-Madeleine über sein Dasein beklagte: »Ich führe ein schrecklich einsames Leben, immer auf der Landstraße ... Nichts passiert in meinem Leben. Ich stehe auf, ich fahre mit dem Auto, ich esse zu Mittag, ich esse zu Abend. Ich denke an gar nichts. Das ist schlimm.«

Höchstwahrscheinlich schritt Marie de Saint-Exupéry persönlich ein, um ihn von diesem frustrierenden Dasein zu erlösen, indem sie Abbé Maurice Sudour bat, ihrem Sohn zu helfen, eine Fliegerkarriere einzuschlagen. Der Priester, inzwischen Direktor der Bossuet-Schule, der mit vielen seiner ehemaligen Schüler Kontakt hielt, war ein enger Freund von Beppo de Massimi, Generaldirektor der Latécoère-Fluggesellschaft. Massimi hatte als freiwilliger italienischer Offizier in der französischen Luftwaffe gedient und schickte später seinen Sohn in die Bossuet-Schule. Auf Maurice Sudours Bitte führte der Flugdirektor Massimi am 12. Oktober 1926 in seinem Büro an den Champs-Élysées in Paris eine Unterredung mit Saint-Exupéry und bot ihm zunächst eine Anstellung in der Verwaltung an, gab dann aber seiner Bitte, »Monsieur, ich möchte fliegen ... nur fliegen«, nach.

Während des Ersten Weltkriegs hatte Massimi als Beobachter zusammen mit Didier Daurat gedient, der 1919 im Alter von achtundzwanzig Jahren in die neu gegründete Latécoère-Fluggesellschaft eintrat, die später als Aéropostale bekannt wurde. In seiner Position als geschäftsführender Direktor der afrikanischen Route, die die Post von Toulouse nach Afrika flog, suchte sich Daurat seine Piloten selbst aus, und Massimi rief ihn an und bat ihn, Saint-Exupéry eine Chance zu geben.

Dieser Telefonanruf war der Beginn von fünf glücklichen Jahren in Saint-Exupérys Leben, die längste Periode der Selbstverwirklichung und des inneren Friedens eines Lebens, das schon zur Hälfte vorüber war. Die bedeutungslosen Beschäftigungen des Geschäftsreisenden, des melancholischen Mitglieds der Pariser Gesellschaft, des frustrierten Schriftstellers und des zurückgewiesenen Liebhabers lösten sich buchstäblich über Nacht in nichts auf. Saint-Exupéry betrat die wirkliche Welt der Fliegerei wie ein Tempelritter und kehrte geläutert in Gedanken und Geist wieder zurück.

Seine Jahre als Pilot in Afrika und Südamerika waren die für seine Entwicklung als Schriftsteller wichtigste Zeit. Zwischen 1926 und 1931 sammelte er das Material für die meisten seiner Bücher. Lange Phasen der Einsamkeit in der Luft oder in exotischen Klimazonen öffneten neue kreative Horizonte. Das in ihn gesteckte Vertrauen gab ihm sein Selbstwertgefühl zurück, während Kameradschaft und Pflichterfüllung zur Grundlage seiner Lebensphilosophie wurden.

Nur zwei Tage nach seinem Treffen mit Massimi überquerte Saint-Exupéry das freie, staubige Gelände des Montaudran-Flugplatzes in Toulouse, den Hauptstützpunkt der Latécoère-Fluggesellschaften, und betrat damit das Zentrum der Pionierfliegerei. Von dort bezog er die Inspiration für die Beschreibung der mutigen Männer und ihrer Heldentaten, die in der Literatur der Luftfahrt ihresgleichen sucht. Manchmal machen ein paar Zeilen aus einem Namen wie Bury oder Lécrivain Personen, die es verdienen, am runden Tisch der Helden Platz zu nehmen. Im Roman *»Nachtflug«*, der die Zeit in Lateinamerika behandelt, wurde die kompromißlose Führerschaft von Didier Daurat in der Gestalt von Rivière verewigt und als Vorbild für alle Männer dargestellt. Piloten wie Henri Guillaumet, an den sich wohl nur noch Studenten der Fluggeschichte erinnern, wurden in den Status von moralischen Vorbildern in ihrer Suche nach Mut und Pflichterfüllung erhoben.

Aus einem anderen Blickwinkel betrachtet, kann man feststellen, daß Saint-Exupéry damit all jene unbeachtet ließ, die seinem Ideal von aufopfernder Hingabe oder Wagemut nicht entsprachen. Einer dieser übergangenen Männer ist Pierre-Georges Latécoère, ein kühner Geschäftsmann, der ein wesentlicher Teil der expansionistischen Außenpolitik Frankreichs zwischen den Weltkriegen wurde. Sein Vorhaben glich jenen der Geschäftsleute und Schiffsbauer des fünfzehnten und sechzehnten Jahrhunderts, ein Vergleich, der Saint-Exupéry gleichgültig war. In *»Der Kleine Prinz«* nimmt er mit seiner Verachtung für die Industriellen kein Blatt vor den Mund, die keine Zeit haben, das viele Geld zu genießen, das sie verdienen, wenn sie von einem Geschäft zum nächsten hetzen. Der Geschäftsmann des Kleinen Prinzen ist eine vielschichtige Figur, aber Pierre-Georges Latécoère könnte eines der möglichen Modelle sein.

Latécoère, der aus einer reichen Familie in der Provinz stammte, deren Vermögen auf einem großen Holzhandel gründete, besuchte die École Centrale, eine bedeutende Ingenieursschule. Fotos, die in jener Zeit aufgenommen wurden, als Saint-Exupéry ihn kennenlernte, zeigen einen wenig ansprechenden Mann mit randloser Brille und einem kleinen, gepflegten Schnurrbart. Seine Piloten erinnerten sich an ihn als einen kalten, autoritären Arbeitgeber, der während des Ersten Weltkriegs mit Munitionsverkäufen ein großes Vermögen gemacht hatte, bevor er sich 1917 der Luftfahrt zuwandte. Was ihn jedoch von vielen anderen Geschäftsleuten unterschied, die sich am Gemetzel auf den Schlachtfeldern bereicherten, war seine Weitsicht nach dem Krieg. Kaum ein Jahr nach dem Waffenstillstand hatte er seine Flugzeuge der Verwendung in Friedenszeiten angepaßt, indem er den ersten Postflugdienst nach Nordafrika gründete. Briefe, die zuvor eine Woche brauchten, um ihren Empfänger im marokkanischen Protektorat zu erreichen, wurden jetzt regelmäßig durch einen dreißig Stunden dauernden Flug ausgeliefert.

Latécoères Unternehmung wurde von seinen Konkurrenten als riskantes Spiel betrachtet. Nur wenige Flugzeuge hatten 1919 eine Reichweite von mehr als 500 Kilometern und eine Höchstgeschwindigkeit von über 100 Stundenkilometern. Der Pilot flog in einem offenen Flugzeug und blickte immer wieder nach unten, um nach Orientierungspunkten oder Notlandeplätzen Ausschau zu halten. Die Bréguet-14-Doppeldecker, mit welchen der Flugdienst 1919 aufgenommen wurde, waren für eine kurze Einsatzdauer unter Kriegsbedingungen konstruiert worden. Mechanische Schwachpunkte mußten durch den Wagemut und die Opferbereitschaft der Piloten ausgeglichen werden.

Die meisten Männer, die in der Pionierzeit des Postdienstes mitwirkten, waren Veteranen des Ersten Weltkriegs, die auch eine entsetzlich hohe Absturzrate nicht schrecken konnte. Insgesamt kamen mehr als 120 Piloten zu Beginn der Nord- und Westafrika-Linie von Latécoère und später auf der Route nach Südamerika ums Leben. Das war eine Verlustrate, die einen Munitionsfabrikanten nicht rühren konnte, aber Latécoère brauchte jemanden, der die abgebrühten Flieger motivieren und dazu bewegen konnte, das Äußerste aus ihren primitiven Maschinen herauszuholen. Der Mann seiner Wahl war Didier Daurat.

In *»Nachtflug«* erscheint Daurat, unter dem Namen Rivière porträtiert, als geborene Führerfigur, ein Übermensch nach Nietzsche, der in der Lage war, durch die Wirkung seiner Persönlichkeit aus einfachen Männern Helden zu machen. Für Saint-Exupéry wurde Daurat eine heldenhafte Vaterfigur, ein beispielhafter Mensch, der gar nichts falsch machen konnte, selbst wenn er manchmal ungerecht erschien. Das Bild, das Saint-Exupéry von den Prinzipien und dem Temperament Daurats entwirft, bildet auch den Schwerpunkt seiner persönlichen Philosophie, die er in *»Die Stadt in der Wüste«* darstellte, wo der autokratische Berberfürst durch seine Charakterstärke und seine Weisheit alles beherrscht.

Daurat konnte Saint-Exupéry 1954 seine literarische Würdigung zum Teil zurückzahlen, als er ein kleines Buch mit dem Titel *»Saint-Exupéry, wie ich ihn kannte«* schrieb. Daurat sagte darin, daß der Autor von *»Der Kleine Prinz«* zu der Überzeugung gelangt sei, der Wert des Lebens läge in »allem, was zum Ruhme und zur Würde des Mannes beiträgt, das heißt, in der Hingabe und Aufopferung – in der Bereitwilligkeit, sich selbst zu geben«.

Hätte Saint-Exupéry lange genug gelebt, um Daurats Nachruf schreiben zu können, als sein Vorgesetzter 1969 im Alter von neunundsiebzig Jahren starb, hätte er seine Hochachtung für diesen Mann sicher in etwa denselben Worten ausgesprochen. Ein junger Mann, der wie Saint-Exupéry mit dem Heldentum des Ersten Weltkriegs aufgewachsen war, konnte gar nicht anders, als Männer wie Daurat mit Bewunderung und Verehrung zu betrachten. Das Ansehen der Veteranen hatte in den Jahren bis 1926 eher zu- als abgenommen, und Daurat, ein kleiner, gepflegter Mann mit streng militärischer Haltung, konnte sich aus mehreren Gründen als einen der mutigsten der Mutigen betrachten.

Nachdem er die Abschlußprüfung der Uhrmacher- und Mechanikerschule in Paris abgelegt hatte, trat er in die Armee ein und wurde in Verdun verwundet. Wieder genesen, meldete er sich als Freiwilliger bei der Luftwaffe und tat sich dort mit Beppo di Massimi zusammen. Daurats wichtigste Tat als Aufklärungspilot war die Entdeckung der »dicken Berta«, eines deutschen Geschützes mit großer Reichweite, deren Geschosse 1918 die Evakuierung von Saint-Exupérys Lycée Saint-Louis in einen Vorort von Paris erzwungen hatte. Am 1. September 1919 tat Daurat ein weiteres, um seinen Ruf aus der Kriegszeit als Draufgänger noch zu untermauern, als er für Latécoère die Postroute Toulouse-Rabat eröffnete. Die Piloten, die ihm später über die Pyrenäen, über die heimtückischen Himmel Spaniens und Nordafrikas folgten, teilten seine Opferbereitschaft für ein Ideal, nämlich daß der Postdienst gesichert sein mußte, gleichgültig wieviel Menschenleben es kostete.

Das noble Bild, das sich Saint-Exupéry von Daurat machte, wurde nicht von allen anderen Piloten geteilt, von welchen einige das Gefühl hatten, die Darstellung in *»Nachtflug«* sei zu einseitig gewesen und die Fehler seines Vorgesetzten seien übergangen worden. Ihnen war die Kälte und Gefühllosigkeit von Daurat stärker bewußt, die auf seine Kriegserfahrungen zurückzuführen waren, als ein Menschenleben völlig wertlos schien. Er übertrug die Theorie, nach der der Mensch im Notfall geopfert werden mußte, vom Schlachtfeld auf die Auslieferung der Post.

Daurats Kritiker fanden nur entschlossene Professionalität, wo Saint-Exupéry Idealismus sah. Die Motive und Prinzipien von Rivière waren nur die romantisierte Erfindung des Autors, denn niemand kam an den strengen und autoritären Chef wirklich heran, der sich absolut unnahbar gab. Nicht einmal die ältesten seiner Piloten sprachen ihn mit seinem Vornamen an. Saint-Exupéry war da keine Ausnahme. In seiner Widmung von *»Nachtflug«* nannte er ihn respektvoll Monsieur Didier Daurat.

Die Bewunderung, mit der Saint-Exupéry seinem neuen Chef bei seiner Ankunft in Toulouse begegnete, wurde nicht erwidert. Als sich Daurat später an ihre erste Begegnung erinnerte, sagte er, daß er ernstlich Zweifel an den Fähigkeiten seines neuen Rekruten gehabt habe. Saint-Exupérys Fliegerbuch war dünn, die einzige Empfehlung waren 350 Stunden Trainingsflüge bei der Luftwaffe. Noch war Daurat von Saint-Exupérys steifer Haltung und seinen ungeschickten Bewegungen beeindruckt und er meinte zu bemerken, daß Antoine Angst hatte, der Aufgabe nach einem Leben, »in dem er bis dahin überhaupt nichts erreicht hatte«, nicht gewachsen zu sein.

Daurat war möglicherweise durch Massimis Einschätzung von Antoine nach ihrer Unterredung in Paris voreingenommen; der Italiener erinnerte sich an Saint-Exupéry als »einen großen, schüchternen Jungen, der sich seiner Größe und der Tatsache zu schämen schien, daß er in seinem Sessel zu viel Platz einnahm«.

Saint-Exupérys eigene Erinnerungen an seine Ankunft auf dem Montaudran-Flugplatz von Toulouse in *»Wind, Sand und Sterne«* verraten eine extatische Freude und eine Spur von Demut, so als könnte er zwölf Jahre später, als er über dieses Ereignis schrieb, sein Glück noch immer nicht fassen. Lange bevor er zum ersten Mal von Montaudran startete, hatte er die Sphäre der normal Sterblichen verlassen und war in die berauschende Atmosphäre der Abenteuer eingetaucht. Er hatte mit Männern Umgang, die zu nationalen Legenden des Wagemutes und der Tapferkeit geworden waren und zerbrechliche Flugzeuge flogen, bei welchen sich, in Saint-Exupérys Worten, die Motoren ohne Vorwarnung aus den Halterungen lösen konnten.

Er war in jedem Fall der einzige Pilot in Montaudran, der bis vor kurzem eine so eintönige Arbeit erledigt hatte. Saint-Exupérys Erinnerungen an die Zeit, in der er mit diesen heldenhaften Könnern zusammenarbeitete, ließ die legendären Tage von Ambérieu wieder lebendig werden. Die Atmosphäre im Hôtel du Grand Balcon in Toulouse, wo die Flieger wohnten, glich jener im Hôtel du Lion d'Or in Ambérieu im Jahre 1912. Die Piloten stammten aus ganz verschiedenen sozialen Schichten; es gab keinen erkennbaren Rang und keine sozialen Klassen. Sie waren durch ein gemeinsames Ziel miteinander verbunden: die Post mußte ankommen. Eine Postkarte an den Geliebten in Rabat war wichtiger als das Flugzeug oder der Pilot. Der einzig wirklich erstrebenswerte Lohn dafür war die Anerkennung der anderen Flieger.

In Saint-Exupérys Werk kam die große Erleichterung darüber zum Ausdruck, daß er nun endlich er selbst sein konnte und eine nützliche Aufgabe hatte. Er gibt jedoch keinen Hinweis auf die Trauer der vergangenen Monate über den Tod seiner ältesten Schwester Marie-Madeleine, die fast ihr ganzes Leben lang unter Epilepsie gelitten hatte. Sie wurde neben ihrem Vater und ihrem Bruder François in der Familiengruft beigesetzt.

In seinen Briefen aus Toulouse schmiedete Saint-Exupéry Pläne, daß seine Mutter ihn in den Ferien besuchen sollte, denn er war sich bewußt, daß sie nun wirklich alleine war. Gabrielle hatte drei Jahre zuvor geheiratet und war nach Agay ans Mittelmeer umgezogen. Simone bereitete ihre Abreise nach Indochina vor, wo sie als Bibliothekarin arbeiten wollte. Seine Mutter war allerdings mit ihren eigenen wohltätigen Diensten sehr beschäftigt und half beim Wiederaufbau der vom Krieg zerstörten Dörfer in Nordfrankreich. Die Tatsache, daß sie nicht eiligst zu ihm fuhr, zeigt, daß sie sich zu dem längst überfälligen Loslösungsprozeß entschlossen hatte, dem Abschied von den sentimentalen Bindungen an die Kindheit.

Im Verlauf der folgenden Jahre fanden viele kurze Begegnungen der noch lebenden Kinder mit ihrer Mutter statt, aber das konspirative Gefühl, das in Saint-Maurice-de-Rémens so stark gewesen war, stellte sich nicht mehr ein. Kurz nach seiner Anstellung bei Latécoère schrieb Saint-Exupéry an Simone, »wir sind verstreut wie die Kinder von Babel«, und er überlegte, ob er wirklich die Kindheit verbracht hatte, von der seine Schwester in einem Brief geschrieben hatte. »Man hält mich für herzlos, weil ich nichts sage, aber ich würde vor lauter Melancholie über die zerstörte Vergangenheit sterben, über all die zerstörten Vergangenheiten«, fügte er hinzu.

Die Geheimnisse von Saint-Maurice sollten durch die Wolken ersetzt werden, die manchmal wie Schlösser oder Drachen aussahen, und von weiten Wüstenflächen, die er durch Träume und Fabeln verschönerte. Beinahe zwei Jahrzehnte sollten verstreichen, bevor Saint-Exupérys romantische Erinnerungen an seine Kindheit und sein problembeladenes Leben als Erwachsener wieder hervortraten, um die traurige Verwirrung des Kleinen Prinzen zu erzeugen.

Der Roman *»Südkurier«*, 1929 veröffentlicht, und der Essayband *»Wind, Sand und Sterne«*, der zehn Jahre später erschien, enthalten Beschreibungen gleichartiger Ereignisse, die jedoch ebensogut von verschiedenen Autoren hätten geschrieben sein können. Das erste Buch verrät die Mühe und Unsicherheit des Autors, das zweite jedoch ist von Spontaneität und Selbstvertrauen gekennzeichnet.

Saint-Exupéry schrieb weit weniger als viele seiner Zeitgenossen, wie zum Beispiel sein Konkurrent als Pilot, Joseph Kessel, der zehnmal so viele Bücher veröffentlichte und für seinen Roman *»Les Rois aveugles« (»Die blinden Könige«)* den Preis der Académie Française gewann, zwei Jahre bevor *»Südkurier«* herausgegeben wurde. Die schriftstellerische Produktion von Saint-Exupéry war vor allem gehemmt von einer Suche nach Perfektion und einer verbissenen Verfolgung seiner Vorstellung dessen, was gutes Schreiben ausmacht, wobei er von seinen Freunden stets eher Ermutigung als Rat erwartete. Seine Behauptung, daß er seine Manuskripte bis zu dreißigmal überarbeite, bevor er damit zufrieden sei, war nicht übertrieben. Er feilte so lange daran herum, bis er das Wesentliche seiner Erfahrungen freigelegt hatte, und das literarische Ergebnis war oftmals erstaunlich.

»Südkurier« ist ein gängiger Roman, *»Wind, Sand und Sterne«* ist ein Meisterwerk. Das erste Buch ist in seiner ursprünglichen französischen Fassung etwa 150 Seiten stark, aber die Konstruktion ist uneben, mit einem ungeschickten Gleichgewicht zwischen den Fliegerszenen und der Liebesaffäre zwischen Bernis und Genoveva. Die melodramatische Geschichte wird mit weitaus weniger Sicherheit dargestellt, als in der ebenso melodramatischen Handlung in Kessels Roman *»L'Équipage« (»Die Besatzung«)*, den Saint-Exupéry gleich nach seinem Erscheinen 1923 gelesen hatte.

»Wind, Sand und Sterne«, das 1939 den Preis der Académie Française gewann und in den Vereinigten Staaten als Sensation gefeiert wurde, ist mit einer bestechenden Einfachheit geschrieben, die das Werk irgendwo zwischen einem meisterhaften Reisebericht und einer romantischen Reflexion über die Erhabenheit der Menschheit ansiedelt. Während *»Südkurier«* unter die allgemeine Kategorie des autobiogra-

phischen Romans fällt, nimmt *»Wind, Sand und Sterne«* eine einsame, nicht klassifizierbare Stellung ein.

Wie die Kindheitserinnerungen Saint-Exupérys gewannen die Ereignisse in *»Wind, Sand und Sterne«* zunehmend an Frische, je länger sie durch die Nostalgie destilliert wurden. Die zehn Jahre, die zwischen den beiden Büchern lagen, waren eine Periode extremer persönlicher Prüfungen, aber dies wurde beiseite geschoben, und nur die schönsten und rührendsten Erfahrungen erschienen in ihrer wunderbaren Reinheit.

Das herausragende Beispiel dafür sind die ersten Seiten des Buches, wo Saint-Exupéry eine überarbeitete Passage aus *»Südkurier«* übernahm, die sich auf Henri Guillaumet bezieht. In dem Roman wird Bernis von dem anonymen Erzähler in die gefahrvolle Flugroute über Spanien eingeführt, und der Erzähler beschreibt eine vertraute Landschaft ohne große Städte, mit den Blumenfeldern und Küstenstrichen des Mittelmeers, wo ein Pilot, der sich in einer schwierigen Lage befindet, in der Dämmerung auf die Fischerboote achten muß.

In *»Wind, Sand und Sterne«* wird die gleiche, sehr kurz erzählte Szene zu einer lyrischen Reminiszenz an seine brüderliche Beziehung zu Guillaumet und an die seltenen Momente, die Saint-Exupérys Einstellung zu seinem ersten Postflugdienst nach Nordafrika veränderten. »Er verwandelte Spanien in eine Freundin«, schrieb er. Seine Bewunderung für Guillaumet erleuchtet den Text. Guillaumet »verbreitet Vertrauen, wie eine Lampe Licht«. Schulter an Schulter »mit diesem Veteran« fühlt sich Saint-Exupéry beruhigt wie ein Schuljunge, wenn sein Mentor die Liste der Freunde und Feinde des Fliegers herunterbetet: ein Orangenhain, eine Schafherde oder ein versteckter Bach. In seinem ersten Buch zählte er die Gefahren noch in starrer Reihenfolge auf, im zweiten dagegen wird diese Aufzählung poetischer und persönlicher, aus dem Blickwinkel eines Piloten geschrieben, der Saint-Exupérys Gedanken erläutert, daß uns das Flugzeug geholfen hat, »das wahre Gesicht unserer Erde« kennenzulernen.

Die Darstellungen in *»Wind, Sand und Sterne«* vermitteln den Eindruck, daß Guillaumet wesentlich älter sei als Saint-Exupéry. Sie geben eine menschlichere Beschreibung von Didier Daurat und lassen eine heroische Vergangenheit im Ersten Weltkrieg erahnen. Dieser Eindruck wäre vielleicht geblieben, wenn Guillaumet nicht einer der wagemutigsten und am häufigsten fotografierten Flieger der Zeit zwischen den beiden Weltkriegen gewesen wäre. Als das Buch 1939 veröffentlicht wurde, war er bereits ein Nationalheld, und sein junges, unschuldiges, rundes Gesicht war Millionen von Zeitungslesern gut bekannt. Wie Saint-Exupéry, der dieses Buch seinem Freund widmete, hatte Guillaumet unvorstellbare Gefahren überstanden und verkörperte männliche Tugenden, wie zum Beispiel eine unerschütterliche Loyalität, die Antoine gleich bei ihrem ersten Zusammentreffen bemerkt hatte.

Guillaumet, ein gutaussehender und gutmütiger junger Mann aus einem Dorf namens Bouy in der Champagne, wo sein Vater als Milchhändler arbeitete, war in Wahrheit zwei Jahre jünger als Saint-Exupéry und war von jenem Tag an von Flugzeugen fasziniert, als er im Jahre 1908 den Start von Henri Farman miterlebt hatte, der von einem Flugplatz in der Nähe von Bouy nach Reims flog. Acht Jahre später, im Alter von vierzehn Jahren, wurde er zu seinem ersten Rundflug in einer Militärmaschine mitgenommen. Er besuchte 1920 die Flugschule von Roland Nungessor in Orly, bevor er in die Luftwaffe eintrat.

Im Jahre 1925 hatte der Dienst in der Luftwaffe – in Friedenszeiten – seinen Reiz verloren, und mit Hilfe eines anderen Fliegerhelden, Jean Mermoz, den er während seiner Militärzeit kennengelernt hatte, fand er bei Latécoère eine Anstellung, nachdem er einen Flugwettkampf über eine Strecke von 3000 Kilometern gewonnen hatte. Als Saint-Exupéry nach Toulouse kam, flog Mermoz schon seit ein paar Monaten regelmäßig nach Senegal. Diese kurze Zeit der Fliegerpraxis hatte ihm schon den Ruhm eines Veteranen verliehen, und als solcher wird er auch auf den ersten Seiten von »*Wind, Sand und Sterne*« dargestellt. Didier Daurat, der Zeuge ihrer ersten Begegnung gewesen war, bemerkte, daß in diesem Moment »eine jener seltenen echten Freundschaften geboren war«.

Saint-Exupérys Hochachtung für Guillaumet, sowohl als Mensch wie als Pilot, während ihrer Jahre in Nordafrika und Südamerika, inspirierte die schönsten Passagen von »*Wind, Sand und Sterne*«. In keinem anderen Werk würdigte er mit so viel Großzügigkeit die edle Größe seiner Mitmenschen. Guillaumet ist nicht nur ein Freund. Er verkörpert sämtliche menschlichen Qualitäten, die Saint-Exupéry für erstrebenswert hält, und dennoch hat man das vage Gefühl, daß diese

Bewunderung von seinem Freund in der Rolle des jüngeren Bruders nicht in gleichem Maße erwidert wird.

Guillaumet besitzt zwei Vorteile, die ihn unweigerlich von dem sich selbst in Frage stellenden und oft einsamen Saint-Exupéry distanzierten. Er hat ein enormes Selbstvertrauen und ist glücklich verheiratet. Er kennt keinerlei intellektuelle Prätentionen und hat keine Zeit für Selbstanalysen. Er kehrt nach Hause zurück, zu den Weinbergen und Milchbauernhöfen der Marne, und fühlt sich wohl. Saint-Exupéry, sich seiner eigenen Schwächen bewußt und mit einer unglücklichen Ehe belastet, geht nach Saint-Maurice zurück und fühlt sich dort wie ein Fremder.

Saint-Exupéry schien immer einen Schritt hinter Guillaumet herzuhinken, dessen Heldentaten und Rekordversuche immer spektakulärer und erfolgreicher waren. Und dies gipfelte schließlich in einer grausamen Ironie, als Guillaumet vier Jahre bevor Saint-Exupérys Lightning 1944 ins Mittelmeer stürzte, über eben diesem Meer abgeschossen wurde.

KAPITEL VI

Eine genaue Vorstellung des Nichts

»Wind, Sand und Sterne« gibt ein verfälschtes Bild von Saint-Exupérys Fliegerkarriere, da das Buch ohne Rücksicht auf zeitliche Ordnung zwischen Frankreich, Nordafrika und Südamerika wechselt und dann wieder zurück nach Nordafrika führt. Saint-Exupéry ist mehr an Gefühlen und Stimmungen gelegen als an Einzelheiten über seine Flugzeuge oder Reisen. Der Mangel an Fakten intensiviert die lyrische Qualität seiner Prosa. Landungen werden wie die Rückkehr von einer läuternden Reise beschrieben, mit der erneut aufkeimenden Hoffnung in einen schönen, bunten Planeten, bedeckt mit Blumen und bevölkert von lächelnden Menschen. Flugplätze erscheinen wie Zentren optimistischer Welten, die von gegenseitiger Unterstützung, Freundschaft und der Zufriedenheit, eine Aufgabe gut erledigt zu haben, zusammengehalten werden.

Einige Stunden in der Luft berauschten Saint-Exupéry und ließen ihn die Langeweile des Lebens auf der Erde vergessen. Montaudran erfüllte ihn mit einem Stolz, den er niemals zuvor verspürt hatte, und es wäre in seinen Augen unhöflich und unloyal gewesen, wenn er die Flugplätze in ihren wahren, etwas düsteren Farben gezeichnet hätte. Zum Glück lieferte Saint-Exupérys umfangreiche Korrespondenz viele Einzelheiten, die in seinem veröffentlichten Werk ausgelassen wurden. Daurat, Massimi und einige andere Latécoère-Pioniere schrieben ihre Memoiren, die zutreffendere Einblicke in ein hartes und zermürbendes Leben gaben, das nicht frei war von Langeweile und lästigen Problemen.

Der Latécoère-Flugplatz in Toulouse war weit weniger romantisch, als Saint-Exupéry ihn zeichnete. Ein zementiertes Vorfeld war von Betonhangars und einer unbestimmbaren Reihe von Gebäuden umgeben. Die Basis war nicht besser ausgestattet als während des Krieges, als Latécoère auf diesem Gelände Eisenbahnwagen herstellte. Die Flieger wurden, wenn sie Dienst hatten, in einem alten Ford-Bus vom Hôtel du Grand Balcon um 4 Uhr morgens abgeholt. Nach den starren Regeln von Daurat waren weder schlechte Wetterbedingungen noch menschliche Schwächen oder mechanische Probleme Hinderungsgründe, die die Postauslieferung auf dem Flug von beinahe 5 000 Kilometern von der südfranzösischen Stadt bis zur westafrikanischen Hafenstadt Dakar, in der Kolonie Senegal, beeinflussen durften.

Saint-Exupéry verglich die von Daurat erzeugte Atmosphäre mit »einer Art von Krieg«, ein Bild, das in *»Wind, Sand und Sterne«* wiederkehrt, und zwar in der Passage, wo Antoine in dem alten Ford-Bus, der ihn zum Stützpunkt bringt, vom Tode Émile Lécrivains erfährt, einem der kühnsten Flieger der Gesellschaft. Das Opfer an Menschenleben wurde offiziell mit der Notwendigkeit gerechtfertigt, neue Flugrouten öffnen zu müssen, um Frankreichs Kolonialmacht in Afrika auszuweiten. Latécoères erster einflußreicher Verbündeter war Marschall Louis Lyautey, der das marokkanische Protektorat vor und nach dem Krieg »befriedete« und die Bedeutung schneller Kommunikationswege mit den neuen afrikanischen Kolonien erkannt hatte.

In dem Wettlauf, weiteres Territorium an der westafrikanischen Küste zu erobern, lag Frankreich in direktem Wettstreit mit Spanien. Die französische Fremdenlegion befand sich mit anderen regulären Truppen in einem endlosen Kampf gegen Wüstenstämme oder marodierende Banden, die sich der Beherrschung von Frankreich widersetzten. Ähnliche Kämpfe fanden in Nordafrika statt, wohin Louis de Bonnevie, Antoines Schulfreund in Fribourg, als Artillerieoffizier hinbeordert worden war. Er starb 1927 in Marokko an Typhus, ein weiteres tragisches Ereignis, das Saint-Exupéry in seinem veröffentlichten Werk jedoch nicht erwähnte.

Nur mit viel Glück lebte Saint-Exupéry länger als sein Freund. Sein erster Flug nach Afrika war eine normale Reise als Passagier in einem offenen Cockpit voller Postsäcke, aber bei seinem ersten Flug als Berufsflieger wurde er Opfer besonders trügerischer Wetterbedingungen. Die Postsendungen nach Casablanca wurden in zwei Etappen von zwei Piloten geflogen. Der erste Pilot machte Zwischenlandungen in Barcelona und Alicante, bevor er von seinem Kollegen abgelöst wurde, der wiederum in zwei Etappen Marokko erreichte. Saint-Exupérys Hinflug verlief ohne Zwischenfall, aber auf dem Rückweg geriet er in der Nähe von Carcassone bei einsetzender Dämmerung in dichten Bodennebel. Er war gezwungen, auf einem Feld eine Bruchlandung zu machen, und mußte die ganze Nacht warten, bis ein Auto kam und ihn mitnahm.

Manchmal mußte er alle vier Etappen nach Casablanca allein fliegen. Bei einem Flug glaubte er, seine Steuerung sei defekt, als sein Flugzeug auf die Erde zustürzte, nachdem er in ein Luftloch geraten war. Bei einer anderen Gelegenheit mußte er, nachdem er eine defekte Maschine in Rabat zurückgelassen hatte, die ganzen 2000 Kilometer nach Toulouse durch einen neun Stunden dauernden Sturm zurücklegen, der ihn wie einen Tennisball herumwarf. Nach dieser Episode schrieb er einer Freundin, Lucie-Marie Decour, daß er nicht geglaubt hätte, daß ein Flugzeug so etwas aushalten könnte. Nach einem weiteren Flug bei solch schlechten Wetterbedingungen flog Saint-Exupéry nach Alicante, wo ihm mitgeteilt wurde, daß ein Passagier eines früheren Fluges in den Tod gestürzt sei, nachdem sich sein Sicherheitsgurt gelöst hatte.

Es gibt zwei Gründe, warum Saint-Exupéry in seinen Büchern nur wenige Hinweise auf diese haarsträubenden Flüge gab. Der eine war Bescheidenheit. Seine Abenteuer zählten wenig im Vergleich zu den Heldentaten seiner Kollegen bei Latécoère, wie zum Beispiel Jean Mermoz, der berühmteste aller französischen Flieger vor dem Zweiten Weltkrieg, der drei Jahre vor Erscheinen von *»Wind, Sand und Sterne«* ums Leben kam. Der andere Grund war, daß der Gefahr allein das spirituell erhebende Element der anderen Erinnerungen fehlt, die er später wiederbelebte und transformierte.

Von zentraler Bedeutung bei diesen Erinnerungen war vor allem das Jahr 1928, als er Flugplatzdirektor der Latécoère-Basis in Cap Juby war, das heute Tarfaya heißt, ein Zwischenlandeplatz auf der Route nach Dakar an der westafrikanischen Atlantikküste. Dieser unwirtliche und abgeschiedene Ort hinterließ in *»Wind, Sand und Sterne«*, in *»Der Kleine Prinz«* und in *»Die Stadt in der Wüste«* tiefe Spuren. Die Einsamkeit, von plötzlichen kurzen Perioden der Kamderadschaft unterbrochen, rührten Saint-Exupéry wie ein Akt der Gnade. Jahre später regte ihn das Gefühl des Verlustes beim Verlassen dieses abgeschiedenen Fleckens in der Wüste dazu an, die Leere mit einem stark vereinfachenden Idealismus zu füllen. In der freizügigen und amoralischen Atmosphäre der Pariser Gesellschaft, in der er sich in den dreißiger Jahren vorwiegend bewegte, ließ ihn in der von ihm empfundenen Nostalgie für die Reinheit von Cap Juby glauben, daß die europäische Zivilisation auf dem Irrweg sei und hinsichtlich der moralischen Werte von Grund auf erneuert werden müsse.

Er war sich durchaus bewußt, daß sich seine Erinnerungen an dieses Wüstenparadies im Laufe der Zeit vollkommen veränderten. In einem undatierten Brief an Charles Sallès gab er freiheraus zu, daß sich mit den Jahren ein monotones Dasein allmählich in etwas Erhabenes verwandle. Saint-Exupéry erzählte von einem weiten und langweiligen Flug über die südmarokkanische Wüste. Er beschrieb diese Erfahrung als eine »genaue Vorstellung des Nichts«, aber fügte hinzu: »Ich habe Tage voll düsterer Niedergeschlagenheit in einer fauligen Baracke verbracht, aber jetzt erinnere ich mich an ein Leben voller Poesie.«

Eine genauere Beschreibung dieser »düsteren Niedergeschlagenheit« findet man in einem Brief an Simone de Saint-Exupéry, in dem er die Angehörigen der Wüstenstämme als »Diebe, Lügner, Banditen, falsch und grausam« bezeichnet. Obwohl er voller humanitärer Illusionen nach Cap Juby gekommen war, begann er die Mauren nach härteren Maßstäben zu beurteilen.

»Sie töten einen Menschen, als wäre er ein Huhn, aber sie legen ihre Läuse sorgsam auf die Erde«, erinnerte er sich 1928. Und doch schrieb er zehn Jahre später in »*Wind, Sand und Sterne*«, daß er der Wüste gleich beim ersten Anblick verfallen und über die Würde des Menschen beeindruckt gewesen sei, der in der scheinbar leeren Sahara sein heimliches Drama spielt.

Cap Juby hatte nichts Edles. Geographisch war es Teil der spanischen Besitzungen von Rio de Oro, im Süden Marokkos, die Spanien 1975 verließ. Die Enklave wurde von Marokko nach Abzug der Spanier unter Einsatz von Waffen annektiert, aber dieselben Nomadenstämme, die in den dreißiger Jahren gegen die Kolonialherrschaft der Spanier und Franzosen gekämpft hatten, beanspruchten das Territorium für die Polisario Front. Als Saint-Exupéry 1928, nachdem er mehr als ein

Oben: Saint-Exupérys Vater, Jean.
(Frédéric d'Agay)

Links: Saint-Exupérys Mutter, Marie.
(Frédéric d'Agay)

Unten: Die Hochzeit von Marie und Jean. Im Vordergrund Tante Gabrielle.
(Frédéric d'Agay)

Saint-Maurice-de-Rémens, vom Garten aus gesehen. *(Frédéric d'Agay)*

Marie mit Antoine und François (im Wagen). *(Frédéric d'Agay)*

Saint-Exupéry mit Tante Madeleine, Maries Schwester. *(Frédéric d'Agay)*

Das Flugzeug, in dem Saint-Exupéry 1912 in Ambérieu seinen ersten Rundflug unternahm. Auf dem Pilotensitz Gabriel Salvez-Wroblewski, dahinter sein Bruder Pierre. *(René Wroblewski)*

Pater Auguste Launay mit seiner Klasse in Le Mans, 1913. Saint-Exupéry ist der zweite von rechts in der hintersten Reihe *(Sainte-Croix-du-Mans college)*

Links: Antoine de Saint-Exupéry, 22 Jahre alt. *(Frédéric d'Agay)*

Unten: Die Hochzeit von Saint-Exupérys Schwester Gabrielle mit Pierre d'Agay im Oktober 1923. Saint-Exupéry sitzt in der vorderen Reihe, zweiter von rechts. *(Frédéric d'Agay)*

Saint-Exupéry und sein bester Freund, Henri Guillaumet, vor ihrem Flugzeug.
(Musée d'Air France)

GEGENÜBERLIEGENDE SEITE

Links oben: Louise de Vilmorin, Saint-Exupérys erste Verlobte. *(Andrée de Vilmorin)*

Rechts oben: Didier Daurat, Direktor der Aéropostale. *(Musée d'Air France)*

Unten: Eine Luftaufnahme von Cap Juby. *(Musée d'Air France)*

Rechts: Consuelo Suncin, Saint-Exupérys Frau. *(Claude Werth)*

Unten: Saint-Exupéry und Consuelo an ihrem Hochzeitstag im April 1931. Die Brautjungfern Marie-Madeleine und Mireille sowie der Junge François sind Gabrielles Kinder. *(Frédéric d'Agay)*

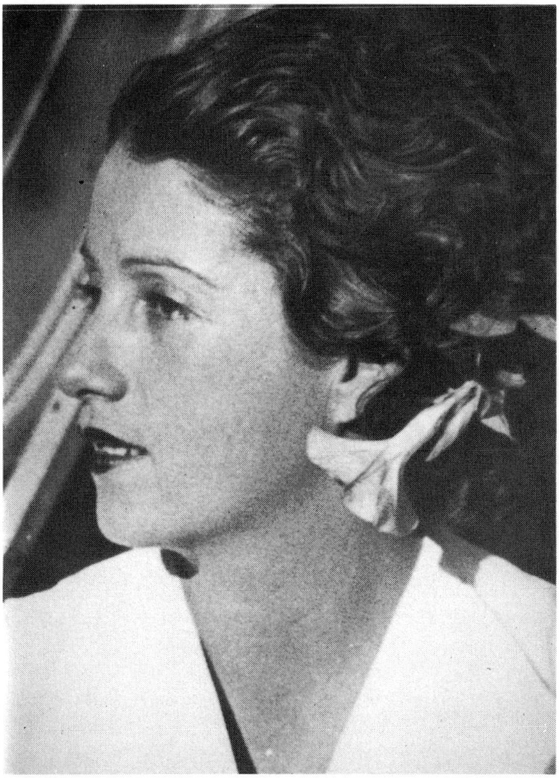

Jahr auf der Nord- und Westafrika-Route geflogen war, beauftragt wurde, diesen Landeplatz zu leiten, zeigte Spanien Mißtrauen gegenüber dem französischen Vorhaben. Jahrhundertelange Rivalität zwischen Paris und Madrid hatte zu großen Schwierigkeiten bei der Erteilung der Erlaubnis für Latécoère geführt, Spanien überfliegen zu dürfen, das damals Sympathien für Deutschland entwickelte.

Die Spanier waren 1924 im Gebiet des Rif in Nordmarokko geschlagen worden und 20 000 spanische Soldaten waren im Kampf gegen die von Abd-el-Krim angeführten Rebellen gefallen. Die Franzosen nutzten diese Niederlage, um ihre Macht über das Territorium auszuweiten, und sandten 1926 Marschall Philippe Pétain mit Expeditionstruppen von mehr als 10 000 Mann nach Marokko, um die marokkanische Rebellenarmee zu zerschlagen.

Die Nomadenstämme der südlichen Sahara, Mauren genannt, widersetzten sich ebenfalls den Versuchen Frankreichs, ganz Westafrika unter seine Herrschaft zu bringen, und lieferten sich einen heftigen Guerillakrieg mit der französischen Fremdenlegion und dem Kamelreiterkorps. Als Saint-Exupéry nach Cap Juby geschickt wurde, befand sich der Kampf auf seinem Höhepunkt. Auf die Flugzeuge des Postdienstes wurde regelmäßig wie auf wilde Vögel geschossen, wenn sie über arabische Lager entlang der Atlantikküste hinwegflogen.

In der Enklave von Rio de Oro hielten kleine spanische Garnisonen isolierte Posten, und die Soldaten waren von der Lebensmittel- und Wasserversorgung durch einen zweimal im Monat verkehrenden Schonerdienst von den Kanarischen Inseln, einem weiteren spanischen Besitz, abhängig. Die spanischen Truppen gingen Zusammenstößen mit den Wüstenstämmen aus dem Wege, indem sie befristete Verträge mit ihnen abschlossen oder plündernden Horden Schutz vor französischen Vergeltungsmaßnahmen boten. Mit dieser Strategie war eine ganze Reihe europäischer Intrigen verbunden, wobei das Wüstenterritorium von Rio de Oro nichts weiter als ein Faustpfand war. Aber ohne die Erlaubnis, diesen langen, fast unbevölkerten Wüstenstrich überfliegen zu dürfen, wäre Latécoères Bestreben, eine Süd-Atlantikroute von Dakar nach Südamerika zu eröffnen, gescheitert.

Während ein diplomatischer Krieg über die Genehmigung, spanisches Territorium überfliegen zu dürfen, tobte, entschloß sich Daurat, Saint-Exupéry nach Cap Juby zu schicken, in der Hoffnung, vor Ort bessere Beziehungen zum spanischen Gouverneur herstellen zu können. »Saint-Exupéry schien ein geborener Botschafter zu sein, ein Mann, der dank seiner unbestreitbaren Qualitäten in der Lage zu sein schien, auf die verschiedenen Empfindlichkeiten einzugehen«, sagte Daurat.

Antoine sprach nicht Spanisch, aber seine aristokratische Herkunft wurde als Vorteil im Umgang mit Spanien betrachtet, das damals von einer Militärdiktatur unter Führung eines Marquis, Miguel Primo de Rivera, beherrscht wurde. Der Wechsel zu diesem Posten mitten in der Wüste, auf dem er auf seinen Postflügen im vorausgegangenen Jahr zwischengelandet war, war keine besonders reizvolle Aussicht. Er bedeutete, das Abenteuer und die Kameradschaft der Postflüge gegen eine feste Basis einzutauschen. Dafür konnte der Chef der Station eigenverantwortlich handeln. Weil eine seiner wichtigsten Aufgaben darin bestand, Piloten, die in der Wüste notlanden mußten, Hilfe zu leisten, hatte Saint-Exupéry zum ersten Mal in seinem Leben die Gelegenheit, seine Führungsqualitäten unter Beweis zu stellen.

Trotz dieser Aussichten mußte er Vorahnungen gehabt haben, was ihn erwartete, als sein Flugzeug über Cap Juby kreiste. Er wußte, daß Monate der Einsamkeit vor ihm lagen, nur unterbrochen von Funkkontakten mit den Basen der Aéropostale in Marokko und Mauretanien. Cap Juby bestand aus einer heruntergekommenen weißen, mit einer hohen Mauer umgebenen Festung, an deren Rückseite in nur wenigen Metern Entfernung der Atlantik rauschte. Davor erstreckte sich nur flache Wüste, mit Ausnahme einer von Stacheldraht eingezäunten Gruppe von Gebäuden, die als Flughafen dienten. Vom Boden aus betrachtet war der Ausblick noch ungastlicher. Das Fort lag direkt neben einem Straflager. Die spanische Fremdenlegionärsgarnison, unter Führung eines Oberst, hatte wenig zu tun, außer auf einen unwahrscheinlichen Angriff des unsichtbaren arabischen Feindes zu warten, dessen Spione in einem Zeltlager direkt neben den schmutzigen Mauern des Forts lebten.

Saint-Exupéry fand heraus, daß der einzige Hinweis auf den Ablauf der Zeit die regelmäßigen Rufe der Wachen alle Viertelstunde waren, wenn sie die Mauern entlangpatroullierten und nach einem Feind Ausschau hielten, der nie kam.

Joseph Kessel besuchte Cap Juby und schrieb, daß die Soldaten von den gefährlichen Gefangenen, die sie bewachten, kaum zu unterscheiden waren. Wochenlang wuschen sie sich nicht, und ihre Uniformen waren zerlumpt. Die Einsamkeit bedrückte Offiziere wie Mannschaften gleichermaßen. Kessel verbrachte eine Stunde in der Messe des Forts, und das einzig vernehmbare Geräusch kam von den Würfeln, die über den Tisch rollten. Er hatte den Eindruck, Cap Juby sei von Geistern bewohnt.

Nicht einmal die Jahre, die er in billigen Unterkünften und einfachen Hotels verbracht hatte, hatten Saint-Exupéry auf die denkbar primitive Unterbringung vorbereitet, die den Repräsentanten von Latécoère erwartete. Die mißtrauischen Spanier wollten den neuen Flugplatzmanager und seine drei Mechaniker in ihrem Fort nicht dulden, so daß sie in einer Hütte an der Nordmauer des Forts mit Blick auf den Atlantik leben mußten. Nachts war diese Hütte Ziel plündernder Nomaden und Diebe, und sie besaßen zu ihrem Schutz nur ein primitives Sicherheitssystem. Ein an einen propellergetriebenen Generator angeschlossener Draht wurde mit dem Türgriff verbunden und versetzte unliebsamen Besuchern einen elektrischen Schlag.

In der langen Stille des Abends, nur von den Wellen, die sich am Ufer brachen, und den fernen Rufen der Wachen gestört, schrieb Saint-Exupéry im Licht einer Paraffinlampe an *»Südkurier«*, perfektionierte seine Geschicklichkeit mit Kartentricks und verfaßte lange Berichte an Latécoère, von welchen manche bis zu den Kolonialbeauftragten des französischen Außenministeriums gelangten. Er mußte auf die Ankunft der Postflieger warten, die zweimal wöchentlich von Norden und Süden kamen, und versuchen, mit dem spanischen Gouverneur und den örtlichen Stämmen gute Beziehungen zu knüpfen. Zwar schrieb er später über aufregende Rettungsaktionen abgestürzter Piloten, manchmal aus ihren brennenden Maschinen, aber seine während der ersten Monate niedergeschriebenen Eindrücke waren äußerst deprimierend. In einem Brief an seine Mutter beschrieb er 1928 das Ganze als »immer unsinniger«. Er sagte, daß sein Wüstenfleck von 200 spanischen Soldaten bewohnt sei, die seit dreißig Jahren in ihrem Fort festsaßen, und deren einzige Besucher die dreckigsten aller Mauren seien.

»Diese Gebiete der Sahara, von einigen wenigen Gestalten geschmückt, langweilten mich wie eine schmutzige Vorstadt«, schimpfte er, und zeichnete damit eine abschreckende Landschaft, die er eines Tages in »*Wind, Sand und Sterne*« glorifizieren würde.

Der große weiße Marabout

Didier Daurat schrieb über seinen »wunderbaren Botschafter« in Cap Juby in solch überschwenglichen Worten, daß er sich vorstellte, Saint-Exupéry »könnte den Ruhm Frankreichs bis an die Grenzen der Wüste tragen und unsere edle Gesinnung und die große Lebenskraft unseres Landes strahlen lassen«. Lobreden wie diese brachten Saint-Exupéry den Orden der Légion d'honneur für seine Arbeit in der Sahara ein, und die Angehörigen der in der Nähe lebenden Nomadenstämme nannten ihn *le grand marabout blanc*, den großen weißen Propheten.

Daurat entwarf dafür aber auch ein weniger schmeichelhaftes Bild, indem er daran erinnerte, daß sich Saint-Exupéry normalerweise sehr schäbig kleidete, meist im Schlafanzug herumlief und seine »Botschaft« nur mit ein paar Holzkisten und einem behelfsmäßigen Tisch, aus einem auf Ölkanistern ruhenden Brett, möblierte. Dieser exzentrische Charakterzug Saint-Exupérys kam in seinen eigenen Schriften selten zum Vorschein, aber das vielleicht beste Porträt entwarf ein Zeitgnosse, Jean-René Lefebvre, einer seiner Mechaniker, der später Hauptinspekteur der Air France wurde, der staatlichen Fluggesellschaft, die aus der Aéropostale hervorging.

»Niemand konnte glauben, daß Daurat einen solch desorganisierten Menschen für die Leitung der Basis Cap Juby wählen würde«, sagte er. »Allein der Gedanke, sein Büro zu betreten, jagte mir Angst ein. Es war ein einziges Durcheinander: offizielle Dokumente, Arbeitsnotizen, seine private Post und seine Zeichnungen. Wie konnte sich jemand in diesem Durcheinander nur zurechtfinden?«

Obwohl Saint-Exupéry sich stundenlang mit seinen Mechanikern unterhielt, während sie arbeiteten, räumte Lefebvre ein, daß er sich in Gesellschaft anderer Piloten, wie zum Beispiel Guillaumets, wohler fühlte. »Saint-Exupéry war kein Snob«, meinte er, »aber er hatte etwas von einem *grand seigneur* an sich.«

»Was mir an ihm aber richtig gefiel, war sein eigenartig verträumtes Wesen, aber aus der Sicht eines Mechanikers unterliefen ihm Fehler, und er hatte Phantasien, die sich als gefährlich erweisen konnten. Ich habe auf zahlreichen Flügen seine Art zu fliegen miterlebt und hatte eine Heidenangst.«

Saint-Exupérys entnervende Nonchalance zeigte sich auf einem Flug nach Villa Cisneros im Süden der spanischen Enklave, wohin er die Post der Garnison brachte und Lefebvre als Passagier mitnahm. Beim Hinflug hatte das Flugzeug Schwierigkeiten, an Höhe zu gewinnen, und nach Aussage des Mechanikers begann der Motor, als sie über der Bucht von Rio de Oro kreisten, zu husten, zu vibrieren und Rauch auszustoßen.

»Der Motor war überhitzt, und Saint-Exupéry ging auf Meereshöhe hinunter«, sagte Lefebvre. »Ich fing an, meine Schuhe und Strümpfe auszuziehen, bereit, ins Wasser zu springen, in der Hoffnung, mich schwimmend retten zu können. Saint-Exupéry aber begann Karikaturen zu kritzeln, die er mit einem breiten Grinsen zu mir nach hinten reichte.«

Die Bildchen zeigten skizzierte Figuren, die in hohen Wellen schwammen, wie Robinson Crusoe gestrandet waren oder als Gefangene in der Wüste schmachteten. Saint-Exupéry achtete nicht auf die Warnungen seiner Maschine und flog die 400 Kilometer nach Port-Étienne im französischen Territorium, wo er in sein Bordbuch eintrug: »Motor in Ordnung. Keine Vorkommnisse.«

Als Lefebvre beim Abendessen sein Erstaunen über diesen Eintrag äußerte, der dem Vorfall keinerlei Bedeutung beimaß, entgegnete Saint-Exupéry, daß die Maschine sie schließlich gut an ihr Ziel gebracht habe. Er wußte ganz genau, daß Lefebvre die Reparaturen durchführen würde, denn der Mechaniker sollte mit demselben Flugzeug wieder zurückfliegen.

Bei einer anderen Mission versuchte Saint-Exupéry, als der Motor die ersten Fehlzündungen hatte, seinen Mechaniker zu beruhigen; ein Flugzeug zu fliegen und ein Auto zu fahren sei nicht miteinander vergleichbar. »Sie müssen überhaupt nicht darauf achten, wohin Sie fliegen«, fügte er hinzu. »Ein Flugzeug ist gebaut, um geradeaus zu fliegen, ohne daß jemand sich darum zu kümmern hätte.«

Damals waren die Flugzeuge noch nicht mit Autopiloten ausgerüstet. Wie andere Flieger fixierte Saint-Exupéry den Steuerknüppel mit Hilfe eines langen Gummibandes. Im Verlauf dieser langen monotonen Flüge, bei denen keinerlei Aufmerksamkeit gefordert war, ließ er seiner Phantasie freien Lauf. Er war nicht nur an Literatur und Philosophie interessiert. Im Verlauf der dreißiger Jahre reichte er vierzehn Patente für die Flugzeugindustrie ein, darunter Navigationssysteme und Landehilfen.

Lefebvre sprach offen über sein Unbehagen, mit Saint-Exupéry zu fliegen, weil dieser den Ruf hatte, geistesabwesend und unkonzentriert zu sein. Eine weitere unvorteilhafte Aussage machte Paul Nubalde, 1928 Mechaniker in Villa Cisneros, der später Chefmechaniker bei der Air France wurde. Nubaldes Urteil über Saint-Exupérys Fähigkeiten hatte Gewicht, denn er war Didier Daurats Patensohn. Viele Jahre, nachdem er als Passagier mit Antoine über die Wüste geflogen war, sagte Nubalde, daß er es vorziehe, mit Männern zu fliegen, die er als »richtige Piloten« bezeichnete.

»Er war kein großer Flieger«, meinte er. »Er war in Gedanken immer mit anderen Dingen beschäftigt und achtete nicht immer darauf, was er tat.«

Im Laufe der Jahre ereigneten sich viele eigenartige Zwischenfälle, die man auf menschliches Versagen zurückführen konnte, aber es ist unmöglich zu beurteilen, ob Saint-Exupéry ein unterdurchschnittlicher Pilot gewesen ist. Dafür müßte man seine Berichte und Akten mit jenen anderer Flieger seiner Generation vergleichen, ihre Flugstunden, die Flugzeugtypen und deren jeweilige Zuverlässigkeit berücksichtigen. Und selbst das hätte angesichts der Wüstenbedingungen wenig Sinn, wo die Bréguets der Aéropostale mindestens bei jedem sechsten Flug Probleme hatten.

Der Sand beschädigte die Motoren und machte das Leben in Cap Juby fast unerträglich. Die Seebrise ließ niemals nach und häufte jede Nacht entlang der Mauern des Forts riesige Dünen auf. Saint-Exupérys Angewohnheit, im Schlafanzug herumzulaufen, war weniger seltsam, als es schien. Auch die meisten spanischen Soldaten machten es so, weil der Sand ihre Uniformen so unbequem machte, aber das Hauptproblem war der viele Sand im Essen.

Joseph Kessel beschrieb die freudlose Atmosphäre von Cap Juby, und Saint-Exupéry sandte düstere Briefe nach Hause, aber einer der Pioniere des Postflugs, Henri Delaunay, der später im Zweiten Weltkrieg Bomber der britischen Royal Air Force flog, zeichnete ein wesentlich amüsanteres Bild der Latécoère-Basis in der Wüste. Delaunay schrieb ein Buch mit dem Titel *»Araignée du Soir« (»Abendspinne«)*, das eine bemerkenswerte Passage enthält, in der drei der berühmtesten Flieger der Vorkriegszeit, Guillaumet, Mermoz und Saint-Exupéry, einen Tag zusammen in Cap Juby verbringen.

»Unsere enge Baracke war von Lachen erfüllt«, schrieb Delaunay und erinnerte sich an eine ausgelassene, jungenhafte Atmosphäre, mit albernen Witzen, Unordnung, Wärme und Kameradschaft. In dieser Hütte war die Ansammlung von recht abstoßend wirkenden Haustieren besonders bizarr. Eine Hyäne mußte draußen angebunden werden, weil sie zu sehr stank; der enge Raum, der als Mannschaftsmesse diente, wurde teilweise von einem halb verrückten Affen namens Kiki beansprucht, der sogar Rasierklingen fraß, und von einer gefräßigen Hündin undefinierbarer Rasse, die Mirra genannt wurde und unentwegt bellte, und schließlich noch von einer fetten Katze namens Paf, die sich ständig mit dem Affen zankte.

Delaunay beschrieb eine der seltenen Abwechslungen in Saint-Exupérys monotonem Leben, als vier Flugzeuge, zwei von Norden und zwei von Süden kommend, landeten, um aufgetankt und gewartet zu werden. Den Piloten wurde in einer primitiven Küche eine Mahlzeit angeboten, die man mit Hilfe einer Lötlampe erhitzte. Während das Mittagessen von zwei arabischen Angestellten zubereitet wurde, unterhielten sich Guillaumet und Saint-Exupéry mit dummen Wortspielen, und Mermoz konzentrierte sich, seinen Stuhl auf die Hinterbeine kippend, auf ein Kreuzworträtsel.

»Wir amüsierten uns wie kleine Kinder«, fügte Delaunay hinzu und erzählte, wie sie eine Schnur um Mermoz' Stuhl knoteten und es mit dem Halsband des schlafenden Hundes verbanden, wohlwissend, daß dieser aufspringen würde, sobald sein Fressen hereingebracht würde.

Hidalgo de Cisneros, der zukünftige Kommandant der republikanischen Luftwaffe Spaniens, beschrieb Saint-Exupérys Rolle als Unterhalter in Cap Juby in einem Interview für *»Icare«*, die Zeitschrift für die Piloten der französischen Fluglinien. De Cisneros gehörte der Garnison von Cap Juby als junger Pilot an und er führte die nachlassende Feindseligkeit der Spanier gegenüber den französischen Flugzeugbesatzungen auf Antoines gute Laune und sein umgängliches Wesen zurück.

Antoine besuchte das Fort regelmäßig und unterhielt die gelangweilten spanischen Soldaten meist mit Kartentricks und Hypnosesitzungen, einer Technik, die er sieben Jahre zuvor in Straßburg von einem Kameraden gelernt hatte.

Die bemerkenswerteste Nacht war jene, als die ganze Garnison an einem improvisierten Bankett zu Ehren Saint-Exupérys teilnahm, um sich für einen beinahe tragisch endenden Zwischenfall zu entschuldigen. Damit die Zahl der für den Flugplatz benötigten Wachen reduziert werden konnte, hatte de Cisneros einen riesigen Wachhund aus Spanien kommen lassen. Schon bald hörten die Spanier Hilferufe und fanden Saint-Exupéry schrecklich zugerichtet am Boden liegend vor.

»Der Hund hatte ihn in die Schulter gebissen und wollte ihn zerfleischen«, erzählte de Cisneros. »Ich wollte ihn wegziehen, aber das Biest ließ nicht los. Auf dem Boden lag eine Eisenstange, ich ergriff sie und schlug dem Tier auf den Kopf, so daß es ohnmächtig umfiel.« Saint-Exupéry mußte eine Woche lang gepflegt werden, bevor sich die spanischen Soldaten mit einem Überraschungsbankett bei ihm entschuldigen konnten.

Der Angriff durch den Hund war eine der wenigen Begebenheiten, wo Antoines Gabe, mit Tieren umzugehen, versagt hatte. Seine Tierliebe stammte aus den Tagen von Saint-Maurice, als er zum Beispiel eine Schildkröte an einer Schnur spazierenführte. Seine Kontakte mit wilden Tieren in Cap Juby gehörten zu jenen Erlebnissen, die fünfzehn Jahre später zu *»Der Kleine Prinz«* führten.

»Meine Aufgabe hier ist zu zähmen«, schrieb er von seinem Luftstützpunkt aus an seine Mutter mit Bezug auf ein Chamäleon, das einem Diplodocus ähnelte und das er stundenlang beobachtete. Er hatte auch Wüstengazellen, die ihm aus der Hand fraßen, aber das Erlebnis, das ihn am meisten beeindruckte, war das Zusammentreffen mit einem Wüstenfuchs, der kleiner als eine Katze war. Er beschrieb dieses Erlebnis in einem Brief an seine Schwester Gabrielle und fügte eine Skizze des Fuchses mit seinen »riesigen Ohren« hinzu. Bald war er ganz vernarrt in das kleine Tier und brachte Stunden damit zu, sich mit ihm anzufreunden. Der Fuchs war »besonders wild und brüllte wie ein Löwe«, schrieb er. In *»Der Kleine Prinz«* erscheint der Wüstenfuchs mit seinen spitzen, langen Ohren in einer Passage, in der Saint-Exupéry über die gegenseitige Liebe spricht, die zwischen zwei Wesen entsteht, die sich beide gegenseitig »zähmen« wollen.

»Wenn du mich zähmst, werden wir einander brauchen«, sagt der Fuchs dem Kleinen Prinzen. »Du wirst für mich einzig sein in der Welt. Ich werde für dich einzig sein in der Welt.«

Nach Saint-Exupérys Absturz über der Libyschen Wüste im Jahre 1935, der zu einer der längsten Passagen der Erinnerungen in *»Wind, Sand und Sterne«* führte, gab ihm ein Wüstenfuchs oder Fenek den Willen zum Überleben, als Saint-Exupéry schon zum Verdursten verurteilt war.

Le Commandant des Oiseaux

Saint-Exupéry verbrachte in Cap Juby viel von seiner Freizeit mit der Lektüre technischer und philosophischer Bücher, die ihm seine Kollegen mitbrachten. Er unterhielt sie dann mit Vorträgen über alle möglichen Themen, von der Geometrie bis zur Metaphysik. Wenn sie das langweilte, führte er ihnen Kartentricks vor, die er mit professioneller Perfektion beherrschte, und er bewahrte immer seinen Sinn für Humor in einer Stimmung ausgelassener Albernheit, von der er oft ergriffen wurde. Henri Delaunay schrieb, daß Saint-Exupéry eine Art hatte, sich über sich selbst lustig zu machen, daß sich die Mechaniker oft vor Lachen schüttelten, wenn er sich absichtlich selbst zum Narren hielt. Andere Zeitgenossen widersprechen dieser Aussage und betonen, daß Antoine schnell gekränkt war, wenn er gehänselt wurde, daß er dies aber ebenso schnell wieder vergaß und keineswegs nachtragend war.

Saint-Exupéry war nicht nur ein Diplomat, Flughafenmanager und Unterhalter des Lagers. Seine Aufgabe war, abgestürzte Piloten vor grausamen Angriffen der Nomaden und vor dem Verdursten zu retten. In der Ausführung dieser Aufgabe bildete er die Grundlage seiner Philosophie heraus, daß nämlich alle Menschen voneinander abhängig seien, daß es davon keine Ausnahmen gäbe und keine Rassenkonflikte.

Seine Erfolge als Koordinator einer andauernden Rettungsaktion gründeten sich vor allem auf seinen Instinkt und sein teilweise widersprüchliches Temperament. Von größter Bedeutung war die Gewinnung von Verbündeten. Nachdem er die Spanier durch seine regelmäßigen Besuche im Fort, wo Schach und *belote* gespielt wurde, »gezähmt« hatte, überwand er die Feindseligkeit der arabischen Stämme, indem er sie mit so viel Respekt behandelte, wie ihnen von einem Europäer zuvor höchst selten entgegengebracht worden war. Seine ersten Freunde waren halbnackte, unterernährte Kinder, die in dem Zeltlager beim Fort lebten und die er mit Schokolade und Keksen fütterte. Für sie war er *le commandant des oiseaux* – der Kommandant der Vögel. Durch seine Offenheit und Großzügigkeit gewann Saint-Exupéry auch unter den Erwachsenen der Stämme, die den Spaniern in offener Feindseligkeit gegenüberstanden, Freunde, und er stieg in ihrem Ansehen, als er im Zelt des Häuptlings Arabischunterricht nahm. Sein Einfluß stieg noch weiter, da er Geld der Fluggesellschaft zur Bezahlung von Dolmetschern einsetzen konnte, die mit den Postflugzeugen mitflogen, und mit seinem erfolgreichen Bemühen, Geld aufzutreiben, um einen Sklaven namens Bark, freikaufen zu können, wie er in *»Wind, Sand und Sterne«* berichtet.

Bis zum Sommer 1928 hatte Saint-Exupéry ein Bündnis mit dem am wenigsten feindseligen Stamm, den Irzaguin, geschlossen, die ihm auf mehreren Missionen in die Wüste bewaffnete Eskorten zur Verfügung stellten. Später schloß er trotz der regelmäßigen Übergriffe auf französische Truppen außerhalb der spanischen Enklave einen unsicheren Frieden mit den Anführern anderer rivalisierender Stämme, aber es gelang ihm nie, ein Abkommen mit den R'Guibat, dem kriegerischsten Nomadenstamm, zu schließen. Sie standen in dem Verdacht, von den Spaniern Waffen zu erhalten, um die französischen Interessen zu stören, aber viele ihrer Waffen wurden mit dem Lösegeld für die Freilassung gefangener französischer Piloten gekauft.

Jeden Morgen war Saint-Exupérys erste Aufgabe, mit den Flugzeugen ein paar Runden zu drehen, um die Auswirkung der Kondensation auf die Maschinen zu mindern. Oft flog er länger als eine Stunde und vergrößerte den Radius seiner Aufklärungsflüge, bis er die Umgebung von Cap Juby besser kannte als die Spanier. Gelegentlich nahm er einen der Nomadenführer zu einem Rundflug mit in der Hoffnung, ihn damit nachhaltig zu beeindrucken.

Gleichzeitig konnte er mögliche Notlandeplätze ausmachen und ein Auge auf die Rebellen werfen. Abstürze in der Wüste kamen häufig vor, und die Piloten wurden oft gefoltert, bevor sie gegen Lösegeld freigelassen wurden. Saint-Exupéry war sich bei seiner Ankunft in Cap Juby über die grausamen, von rebellierenden Mauren begangenen Morde im klaren, mit welchen sie sich für Attacken der französischen Luftwaffe rächten, die die gleichen Flugzeugtypen flog wie die Aéropostale. Nur selten flogen Flugzeuge über die verlassene spanische Enklave hinweg, ohne in das Gewehrfeuer arabischer Banden zu geraten.

Wenige Monate bevor er nach Cap Juby beordert wurde, hatte Saint-Exupéry einen Vorgeschmack auf die Gefahren bekommen, als er als Passagier mit einem Piloten namens René Riguelle mitflog. Henri Guillaumet begleitete sie gemäß den Vorschriften der Fluggesellschaft, nach der kein Flugzeug alleine fliegen durfte, als Eskorte in einer anderen Maschine. Dieser Flug fand kurz nach der Ermordung eines französischen Piloten und eines spanischen Mechanikers statt. Ein anderer Franzose, der etwa zur gleichen Zeit gefangengenommen wurde, hatte einen Selbstmordversuch begangen, um die Folterungen nicht ertragen zu müssen, und war kurz nach seiner Freilassung gestorben. Die beiden ausgebrannten Bréguets dieser Tragödie konnten von den darüber hinwegfliegenden Piloten der Postflugzeuge deutlich ausgemacht werden.

Am südlichsten Punkt der spanischen Enklave explodierte Riguelles Motor, und er mußte notlanden. Guillaumet flog zurück, um ihm zu helfen, die meisten Postsäcke wurden in seine Maschine umgeladen. Riguelle und Guillaumet flogen ab, um Hilfe zu holen. Saint-Exupéry blieb mit den restlichen Postsäcken zurück.

Seine beiden Freunde hatten ihm ihre geladenen Pistolen überlassen, und der einsame Saint-Exupéry mußte sich eine Verteidigungsstellung in den Dünen graben, bereit, um die Post und sein Leben zu kämpfen. Er mußte den ganzen Tag über ausharren, in ständiger Erwartung eines Angriffs der Wüstenkrieger, die erst vor kurzem seinen Freund Jean Mermoz gefangengenommen und dann gegen Lösegeld freigelassen hatten.

Nachdem er die Pistolen und fünf Ladestreifen neben sich gelegt hatte, fühlte er sich zum ersten Mal für sein Leben wirklich verantwortlich, und als die Stunden verstrichen, schlugen ihn die Geheimnisse und Gefahren der Sahara in ihren Bann. In *»Wind, Sand und Sterne«* erklärte er, daß ihn etwas halb Erkennbares und doch Unbekanntes verzaubert habe. Es war die Liebe zur Sahara, die wie jede Liebe durch ein Gesicht geboren wird, das man wahrnimmt, aber doch nie ganz erkennt. »Gleich vom ersten Augenblick Eurer neuen Liebe besteht ein undefinierbares Band zwischen Euch und dem in der Abendsonne goldglänzenden Sand.«

Als die anderen in der Abenddämmerung zurückkamen, erzählten sie Saint-Exupéry, daß er keinerlei Grund zur Sorge gehabt hätte. Sie hatten ihn absichtlich nicht darüber informiert, daß er sich auf befriedetem französischen Territorium befand, wo er ohne geringstes Risiko ein halbes Jahr hätte sitzen können.

Diese Episode hatte eine weitere beachtenswerte Passage in *»Wind, Sand und Sterne«* zur Folge. Nachdem Antoine wieder mit seinen Freunden vereint war, verbrachten sie eine Nacht in einem Fort nahe der heutigen Stadt Nouakchott, der Hauptstadt von Mauretanien, ein Erlebnis, das auch in *»Südkurier«* voll romantischer Gefühle beschrieben wird. Der militärische Vorposten wurde von fünfzehn Stammesangehörigen und einem französischen Feldwebel bewacht, der von Heimweh geplagt war und die Schande nicht verwinden konnte, daß er vor Monaten nicht genügend Wein zum Feiern im Keller gehabt hatte, als ihn ein Hauptmann besuchen kam. In dieser Nacht schlief Saint-Exupéry unter freiem Himmel. Als er das magische Wüstenfirmament voller Sterne und leuchtender Asteroiden beobachtete, verstärkte sich seine Liebe zur Sahara und er wünschte sich, die Nacht würde tausend Jahre andauern.

Im Juli 1928 war Saint-Exupéry nicht länger der unbeholfene, von Selbstzweifeln geplagte junge Mann, den Didier Daurat zwei Jahre zuvor kennengelernt hatte. Er war ein Führer geworden, dessen Autorität anerkannt wurde und der genügend Selbstvertrauen besaß, um sich über manche Vorschrift der Gesellschaft hinwegzusetzen und aus eigenem Antrieb zu handeln. Seine Mißachtung der Aéropostale-Vorschriften zeigte sich besonders bei seinem erfolgreichen Versuch, eine abgestürzte Maschine aus feindlichem Gebiet herauszuholen. Am 18. Juli stürzte Riguelle etwa 30 Kilometer südlich von Cap Juby in einem Gebiet ab, in dem wenige Monate zuvor Rebellen einen spanischen Piloten gefangengenommen und dann gegen Lösegeld freigelassen hatten. Während Riguelle von einer Eskorte sicher nach Cap Juby zurückgebracht wurde, machte sich Saint-Exupéry daran, das Flugzeug zurückzuholen, in einer Aktion, die später in seinem offiziellen Bericht als eine noch nie dagewesene Operation bezeichnet wurde. Nach zweitägigen Verhandlungen mit den zögernden Arabern gaben sie ihm eine bewaffnete Eskorte von fünfzehn Mann mit, die ihn zu der Unfallmaschine führte.

Zusammen mit einem Mechaniker ritt Saint-Exupéry an der Spitze einer Karawane von sechs Pferden, zwei Eseln, einem Lastenkamel und zwei weiteren Kamelen, die einen selbst entworfenen und notdürftig zusammengebauten Karren zogen, auf dem ein Ersatzmotor lag. »Das war das erste Mal, daß Kamele als Zugtiere eingesetzt wurden, zumindest hier«, schrieb er im offiziellen Bericht, einer von mehreren Schilderungen dieser Expedition.

Trotz der Bedrohung durch einen Angriff einer Rebellengruppe überwachte Saint-Exupéry den Bau einer 90 Meter langen, behelfsmäßigen Startpiste, die mit einer Rampe versehen wurde. Während sein Mechaniker noch an der Maschine arbeitete, gerieten die Araber, die Irzaguin, in Panik, als sie das von dem rivalisierenden Stamm der Aït Toussa abgegebene Gewehrfeuer hörten. Zwölf Irzaguin waren kurz zuvor in einem Angriff dieses verfeindeten Stammes getötet worden, und sie suchten nun eine Entschuldigung, um sich von den Rettungsarbeiten davonmachen zu können. Ein arabischer Bote kam und behauptete, der Kommandant der Garnison von Cap Juby habe den Rückzug angeordnet, und die kleine Karawane war gezwungen, den Rückweg anzutreten, bevor das Flugzeug fertig repariert war.

In seinem offiziellen Bericht sagte Saint-Exupéry, daß die Nomaden erst dann zu der abgestürzten Maschine zurückkehrten, als sie »in ihrem Stolz verletzt« worden seien, eine Anspielung, die er in einem Brief an Yvonne de Lestrange erläuterte. Er hatte die Moral seiner ängstlichen Araber wieder aufgerichtet, als er sagte, er wäre mit einer Gruppe von Frauen sicher besser dran gewesen.

Der Tonfall seines Berichtes und zweier nachfolgender Briefe über diesen Zwischenfall erweckte den Eindruck, als habe er die Expedition durchgeführt, um seinen eigenen Mut zu testen. Zwei spanische Flugzeuge flogen vorüber, um ihn zu warnen, daß arabische Rebellen nahten, aber er ignorierte den Hinweis und verbrachte den ganzen Tag im Gewehrfeuer der Feinde und verteidigte das Flugzeug. Während seine Krieger flach auf dem Boden lagen oder auf allen Vieren herumkrochen, ging Saint-Exupéry, ohne auf die arabischen Schützen zu achten, auf den Dünen umher. In einem Brief an Raymond Vanier, Repräsentant der Aéropostale in Dakar, beschrieb er seine Feuertaufe als »großartig«. Seine offensichtliche Sorglosigkeit über seine eigene Sicherheit ermutigte die Männer, ihre Arbeit an der Startbahn zu Ende zu bringen. Um fünf Uhr nachmittags konnte Saint-Exupéry das Flugzeug mit seinem Mechaniker als Passagier zurück nach Cap Juby fliegen.

In einem Bericht an Didier Daurat hob Saint-Exupéry hervor, daß die Spanier ein Kriegsschiff eingesetzt hatten, um die Bergungsaktion eines Flugzeuges, das am Strand nahe Cap Juby niedergegangen war, zu sichern, während er und sein Mechaniker zwei Tage und zwei Nächte in feindlichem Territorium verbracht hätten, um eine Maschine der Gesellschaft zu bergen. Dieser kleinen Darstellung literarischer Bravour folgte die Bitte, die Kosten der Bergung nicht zusammenzurechnen, da es in jedem Fall unmöglich sei, Quittungen vorzulegen.

Später schien Saint-Exupéry von seiner kindlichen Freude, den Wüstenkämpfer gespielt zu haben, peinlich berührt gewesen zu sein. André Gide zitierte in seinem Vorwort zur französischen Ausgabe von *»Nachtflug«* aus einem Brief von Saint-Exupéry, der sich auf diese Expedition bezog. Die zitierte Passage war Teil eines Berichts in seiner Korrespondenz mit Yvonne de Lestrange, in dem Saint-Exupéry schrieb, daß ihm damals zum ersten Mal in seinem Leben Gewehrkugeln um die Ohren geflogen seien und daß er stolz gewesen sei, dabei viel ruhiger geblieben zu sein als seine arabischen Soldaten. Aber dieses Abenteuer hatte ihn begreifen lassen, warum Plato den einfachen Mut ans Ende seiner Liste der menschlichen Tugenden gesetzt hatte.

»Er (der Mut) besteht nicht gerade aus besonders schönen Gefühlen, sondern aus einem Anflug von Ärger, ein wenig Eitelkeit, viel Eigensinn und vulgärem Spaß am Sport«, präzisierte er. »Ich werde nie wieder einen Mann bewundern können, der nur mutig ist.«

Die Wahrheit bestand vielleicht darin, daß diese Leistung unter seinen Pilotenkollegen auf wenig Interesse stieß. Hartnäckig nach der Wahrheit befragt, gab Saint-Exupéry zu, daß sich sein Kampf in den Dünen auf drei Gewehrschüsse aus großer Distanz beschränkt hatte.

Seine Kollegen zeigten sich von einer anderen Leistung Saint-Exupérys weit stärker beeindruckt, nämlich von seiner drei Monate dauernden Suche nach zwei verschollenen Fliegern, Marcel Reine und Édouard Serre, in der er ein gänzlich unerwartetes Maß an Geschicklichkeit, Ausdauer und Diplomatie bewies.

Einige der bemerkenswertesten Passagen in *»Wind, Sand und Sterne«* sind Szenen dieser Suche nach Reine, einem Veteranen der Fliegerei, und Serre, dem Chef des Funkdienstes bei Latécoère, der sich auf seiner ersten Inspektion der westafrikanischen Basen befunden hatte.

Auf die Hintergründe dieses dreimonatigen gefährlichen und anstrengenden Versuchs, die R'Guibat zu überreden, die beiden Männer freizulassen, gibt es in *»Wind, Sand und Sterne«* nur Andeutungen. Doch Saint-Exupéry erhielt ein Glückwunschtelegramm aus Toulouse für sein »brillantes Vorgehen« in dieser Krise, der schlimmsten, die die Aéropostale zu bestehen hatte.

Auch in literarischer Hinsicht waren jene Monate von Bedeutung, denn im Verlauf dieser Suchaktion zeichnete sich der Schauplatz für *»Der Kleine Prinz«* nach zwei Landungen in der Wüste ab, eine auf einem Plateau und eine weitere zwischen Sanddünen unter einem von Sternen übersäten Himmel.

Die Qualen, die Reine und Serre durchlitten, begannen mit einem experimentellen Nachtflug von Agadir Richtung Süden, in einem neuen Flugzeug, der Latécoère 25. Das Flugzeug war mit einer richtigen Kabine ausgestattet, in der zwei Flieger und zwei Passagiere Platz fanden, und hatte eine geringfügig größere Reichweite als die Bréguet 14, konnte aber fast die vierfache Fracht transportieren. Einige erfolgreiche Nachtflüge hatten zu voreiligem Vertrauen in diese neue Maschine geführt. Das Flugzeug startete in Agadir mit Reine und Serre an Bord ohne die nötige technische Vorbereitung und ohne vorherigen Funkkontakt und tauchte in einer Juninacht 1928 bei völliger Dunkelheit, ohne jede Vorwarnung, über Cap Juby auf. Saint-Exupéry wurde von der bevorstehenden Landung überrascht und mußte aus seiner Hütte eilen, um sich darum zu kümmern, daß die Leuchtfeuer der Landepiste angezündet wurden.

Ein älterer Inspektor, einer der Passagiere auf dem Flug nach Cap Juby, wies Reine und Serre an, ihren Flug nach Süden ohne ihn fortzusetzen. Es war die erste klare Nacht seit Wochen. Das war eine leichtsinnige Entscheidung, da Villa Cisneros zu dieser späten Stunde den Funkkontakt bereits eingestellt hatte. Als man am nächsten Morgen nichts von der Maschine hörte, ging man davon aus, daß sie abgestürzt sei. Wütend befahl Saint-Exupéry dem verantwortungslosen Inspektor, seine Sachen zu packen, und übernahm die Suche nach der verschwundenen Maschine und ihrer Besatzung, während eine Vertretung seinen Posten in Cap Juby übernahm.

Weil die vermißte Latécoère auf ihrem geplanten Flug nach Mauretanien von keiner Basis lokalisiert worden war, tat sich Saint-Exupéry mit zwei weiteren Piloten zu einem Formationsflug entlang des 1 000 Kilometer langen Wüstenstrichs an der Küste zusammen. Die Suchaktion wurde abgebrochen, als Riguelles Maschine abstürzte und das zweite Flugzeug, das ihm zu Hilfe kam, nach der Landung Öl verlor. In der Dämmerung landete Saint-Exupéry neben diesen beiden, und die gestrandeten Piloten bauten sich, während der Mechaniker Lefebvre mit Reparaturen beschäftigt war, ein Lager, »ein Menschendorf«, in dem sie leere Kisten aufeinanderstapelten, um sich gegen den Wüstenwind zu schützen. Dieses Mal war Saint-Exupéry wirklich in Gefahr. Die Flugzeuge waren auf »der nackten Rinde des Planeten« gelandet, in einer Region, die von den R'Guibat kontrolliert wurde. Fast an der gleichen Stelle waren im Jahr zuvor der französische Pilot und der spanische Mechaniker ermordet worden.

Saint-Exupéry wußte, daß ganz in der Nähe eine Bande von 300 Rebellen kampierte und daß sie die drei Flugzeuge möglicherweise gesehen hatten. Nur im Licht einiger Kerzen begannen die Piloten und ihre arabischen Dolmetscher ihre – wie sie annehmen mußten – letzte durchwachte Nacht. Trotz der Gefahr hatte diese Nacht für Saint-Exupéry etwas von Weihnachten. Die Flieger erzählten einander Geschichten, tauschten Witze aus und sangen. Es herrschte eine Art

Feststimmung, schrieb er später, aber sie waren wirklich sehr arm dran.

»Wir besaßen nur Wind, Sand und Sterne. Das wäre selbst für Trappisten ein wenig zu hart gewesen. Und doch teilten auf dieser schlecht beleuchteten Fläche sieben Menschen, die nichts besaßen als ihre Erinnerungen, unsichtbare Schätze untereinander aus.«

Saint-Exupéry war von diesen Worten so ergriffen, als er sie zehn Jahre später schrieb, daß er zunächst den Titel *»Étoiles par grand vent«* *(»Sterne in starkem Wind«)* für sein Buch wählte, das im französischen Original unter dem Titel *»Terre des hommes«* bekannt wurde. Er änderte den Titel erst in den Korrekturfahnen. Als die umfangreichere amerikanische Ausgabe erschien, zog er den Titel *»Wind, Sand and Stars«*, an dem sich die meisten späteren Übersetzungen orientierten, vor.

Das Bild des Weihnachtsabends in *»Wind, Sand und Sterne«*, die Gemeinschaft voneinander abhängiger Männer, begründete die Philosophie Saint-Exupérys, die er in seinen Schriften aus den Kriegstagen und in *»Die Stadt in der Wüste«* darstellte. In zwei noch magischeren und nostalgischeren Passagen von *»Wind, Sand und Sterne«* liegt bereits der Keim für *»Der Kleine Prinz«*. In der ersten spricht er von einer Landung auf einem 300 Meter hohen Plateau, in der Absicht, mit den R'Guibat-Kidnappern Kontakt aufzunehmen. Er hatte vor, einen arabischen Führer zu den Nomaden zu schicken, aber man konnte von dem Plateau, das er einen Eisberg in der Wüste nannte, der aus Muscheln aus der Zeit bestand, als die Sahara von Meer bedeckt war, nicht hinuntergelangen. Diese unberührte, noch von keinem Menschen betretene Fläche, die er als ein »unter dem Apfelbaum des nächtlichen Himmels ausgebreitetes Tischtuch« sah, enthält bereits Elemente der unschuldigen Poesie von *»Der Kleine Prinz«*. Die Entdeckung von faustgroßen schwarzen Steinen, die über Tausende von Jahren auf die Erde gefallen waren, ist der Keim der interplanetarischen Bilder der Fabel, die er während des Krieges verfaßte.

Die Bildhaftigkeit tritt in einem anderen Abenteuer noch deutlicher hervor, das direkt auf seine Landung in dieser zeitlosen, kleinen Welt folgt. Saint-Exupéry ist gezwungen, mitten in den Dünen zu landen, ist von der Faszination des nächtlichen Himmels wie versteinert und wird von einer unbekannten Macht auf die Erde gedrückt. Sich »dem

Zauber meiner Erinnerungen« hingebend, erlebt er fast körperlich die Szenen seiner Kindheit wieder.

Anhand seines Hinweises auf »die Gaben der Sanftheit«, die er damals in Saint-Maurice-de-Rémens erfahren hatte, und die Zuneigung, die er für die Haushälterin Moisy, seine Vertraute, empfunden hatte, läßt sich der schöpferische Prozeß erahnen, von dem Saint-Exupéry fast zwanghaft ergriffen wurde, während sich sein Geist mühte, den zwanghaften und flüchtigen Emotionen ihre Bedeutung zu entreißen. Nur wenige Schriftsteller gestehen ihre völlige Hilflosigkeit ein, wenn sie von einem spirituellen Zustand erfaßt werden, den sie sich nicht erklären können. Es ist etwas Beängstigendes im Eingeständnis eines Mannes, der von seinem eigenen Genius gefangen zu sein scheint. »Ich weiß nicht, was in mir vorgeht, ich kann es nicht sagen«, schrieb er.

In den nachfolgenden Jahren gab er dieser unsichtbaren Macht gelegentlich nach, manchmal bekämpfte er sie mit geringem Erfolg. Das Resultat war am Ende immer das gleiche. Das Einsetzen seiner Phantasie durch seine Erinnerungen, die quälende Introspektion, die Bestürzung über das Schicksal der Menschen und die Überzeugung, daß hinter all dem eine unsichtbare Macht stand, die weit über die menschliche Vorstellungskraft hinausging, verwandelte und erdrückte ihn zugleich. In seinen Briefen findet man das implizite Eingeständnis, daß sich diese Geistesqualen auf sein privates Leben auswirkten, vor allem die Beziehung zu seiner Frau komplizierten und zu schnellen Stimmungswechseln führten, von höchster Glückseligkeit und Vertrauen zu Gewissensbissen, Depressionen, Selbstmordgedanken und Eifersucht.

Die Erinnerungen an die verlassenen Wüstenlandschaften und an das ferne Land seiner Kindheit wurden Zufluchtsorte in Zeiten zerstörerischer Melancholie. Er sah seine Traurigkeit über sein Verlassen der Wildnis der Sahara in einem Brief an Charles Sallès voraus, den er schrieb, kurz bevor er Cap Juby im November 1928 endgültig verließ. Saint-Exupéry hatte ein hartes und gefahrvolles Leben kennengelernt und er glaubte, er wäre nie wieder in der Lage, sich die Mühe zum Glücklichsein zu machen. Er verglich den Nachgeschmack seines Aufenthaltes in der unwirtlichen spanischen Sahara mit dem Genuß einer verbotenen Frucht. Er sollte bald aus diesem Paradies ausgeschlossen sein, genauso wie er aus dem anderen Eden, dem Garten von Saint-Maurice, hinausgestoßen wurde, und er würde immer versuchen, in dieses Land der einfachen Werte zurückzukehren.

KAPITEL VII

Der verschollene Navigator

Reine und Serre wurden erst im September befreit, einen Monat nachdem Saint-Exupéry eigentlich nach Frankreich hätte zurückkehren sollen. Seine Abreise wurde durch andere Aufträge weiter verschoben, darunter auch die Rettung eines verwundeten Leutnants der spanischen Luftwaffe, dessen Flugzeug abgeschossen worden war. Auch ein spanischer Feldwebel beteiligte sich an der Rettungsaktion, aber sein Flugzeug blieb bei der Landung im Sand stecken. Saint-Exupéry mußte zurückfliegen und ihn retten, nachdem er den verletzten Leutnant ins Fort nach Cap Juby gebracht hatte.

Das Unternehmen war die ganze Zeit von einer Gruppe von R'Guibat-Rebellen bedroht, deren Versuche, die beiden Spanier gefangen zu nehmen durch Scharmützel mit anderen Wüstenstämmen vereitelt wurden. Das Fehlschlagen dieses Kidnappingversuchs war ein Zeichen für die nachlassende Macht der R'Guibat, deren kriegerische Leistungen Jahrhunderte zurückverfolgt werden konnten. Ihre stärkste Kampfeinheit war in einer offenen Schlacht gegen die Franzosen kurz vor Saint-Exupérys Ankunft in der spanischen Sahara geschlagen worden, und die verbliebenen Krieger wurden schließlich gezwungen, einem Waffenstillstand zuzustimmen, als Frankreich seine Macht in Westafrika ausdehnte.

Saint-Exupéry wurde zum Chronist der letzten Monate einer zu Ende gehenden Ära. Relativ ruhige Routineflüge über befriedetes Territorium ersetzten bald die heroische Zeit des Briefstransports durch die Wüste, die zehn Jahre gedauert hatte.

Mit der »Befriedung« auf der Erde ging eine Revolution in der Luft einher. Die Latécoère 25, die eine größere Reichweite hatte, sollte bald den regelmäßigen Flugdienst aufnehmen und beendete damit die Ära der Flugzeuge mit offenem Cockpit und machte Nachtflüge sicherer. Die Auslieferungszeiten der Post wurden um mehr als die Hälfte reduziert, und Notlandungen wurden eine Seltenheit. Die neuen, von Daurat eingestellten Piloten erwarteten Maschinen mit komfortablen Kabinen, verläßlichen Navigationshilfen, zuverlässigem Funkverkehr und großer Reichweite.

Saint-Exupéry kehrte mit dem Ansehen eines Veteranen, das er an Guillaumet so bewundert hatte nach Frankreich zurück. Dies machte ihn zu einem Kandidaten für ein noch gefährlicheres Unternehmen der Aéropostale in Südamerika. Es sollte aber fast ein Jahr vergehen, bis er in Buenos Aires eintraf, doch das Jahr 1929 festigte seine doppelte Karriere als Flieger und Schriftsteller. Im Frühjahr wurde er zu einem Fortgeschrittenenkurs für Flugnavigation an die Militärschule nach Brest geschickt, den Lionel-Max Chassin, ein späterer Luftwaffengeneral, leitete. Neun der elf Kursteilnehmer waren Offiziere, deren strikte Einhaltung der Disziplin sich von Saint-Exupérys Nonchalance deutlich unterschied. Chassin erzählte, daß Saint-Exupéry zum ersten Treffen mit den übrigen Kursteilnehmern in einem Café in Brest zu spät erschien und damit gleich zu Beginn des Navigationskurses einen schlechten Eindruck hinterließ. Er hatte sich in den engen Gassen der bretonischen Hafenstadt verlaufen.

Chassin, der später Militärhistoriker wurde, war jünger als die meisten seiner Schüler, und die lockere Atmosphäre dieses Kurses führte vielleicht zu den eigenartigen Ergebnissen Saint-Exupérys. Das erste Treffen endete mit einem Trinkgelage, und alle elf Kursteilnehmer, ihr Lehrer und ein weiterer Ausbilder spendierten Runden von Wermut-Cassis-Cocktails, bevor sie sich zum Abendessen aufmachten, an das man sich vor allem deshalb erinnerte, weil Saint-Exupéry zahllose Trinklieder sang.

In diesem Fortgeschrittenenkurs ging es mitunter um höhere Mathematik und um Sternenbeobachtung von den Aussichtspunkten der Befestigungsanlage von Brest. Chassin sagte, daß der theoretische Teil Saint-Exupéry keinerlei Probleme bereitet habe, aber daß ihm bei den praktischen Übungen einige schwerwiegende Fehler unterliefen. »Auf theoretischem Gebiet war er manchmal brillant, aber bei praktischen Übungen zeigte er sich oft ungeschickt, linkisch und ganz einfach schlecht«, fügte er hinzu.

Im Verlauf eines Unfalls, der einen zweiten vorwegnahm, bei dem er beinahe ertrank, vergaß Saint-Exupéry Chassins Anweisungen für die Wasserlandung eines Amphibienflugzeugs und wäre mit seinem Flugzeug untergegangen, wenn nicht eine schnelle Rettung mit Hilfe eines Krans erfolgt wäre. Bei einer anderen Gelegenheit – Chassin war Kopilot – mißachtete Saint-Exupéry die Anweisungen seines Lehrers hinsichtlich spezieller Startmanöver für Wasserflugzeuge, bewegte den Steuerknüppel in die falsche Richtung und steuerte damit die Maschine direkt in die Wellen. Dennoch benotete Chassin Saint-Exupéry in Mathematik mit »sehr gut«, dem Gebiet, auf dem er sich durch immer neue Ideen und Erfindungen von Navigationshilfen hervortat, die später zum Teil patentiert wurden.

Saint-Exupéry wäre eine Note gegeben worden, die zum Erhalt des Diploms für Flugnavigation für Fortgeschrittene berechtigte, hätte nicht ein Inspektor des Verteidigungsministeriums interveniert. Er erklärte Chassin, daß das Diplom an Glaubwürdigkeit verlöre, wenn es jeder bestehen könne, und er ordnete an, daß zwei Namen von der Liste der Diplomierten gestrichen würden. Saint-Exupéry war einer davon.

Chassin begründete Saint-Exupérys mangelnde Konzentration zum Teil mit seiner Inanspruchnahme durch die direkt bevorstehende Veröffentlichung von *»Südkurier«*. Während des Kurses wurden ihm die ersten Druckfahnen zugeschickt, und Antoine trug seinen Kurskollegen bei jeder Gelegenheit Passagen aus seinem Buch vor. Später las er in Carnac einige Kapitel seinen Cousins vor, darunter auch Honoré d'Estienne d'Orves, der nach erfolgreichem Abschluß des Lycée Saint-Louis und der École Polytechnique in die Marine eingetreten war.

Nur wenige Außenstehende wagten es, negative Kommentare zu den Texten abzugeben, denn Saint-Exupéry hatte schon seit seiner Kindheit die für ihn charakteristische beleidigte Reaktion auf literarische Kritik gezeigt. Er zog es vor, Korrekturen heimlich bei Nacht durchzuführen, wenn er eigentlich für seinen Navigationskurs hätte lernen sollen. Meist ging er erst gegen Morgen zu Bett, nachdem er lange an seinem Buch gearbeitet hatte, die Ursache seiner Unaufmerksamkeit in Chassins Unterrichtsstunden am frühen Morgen war einfach körperliche und geistige Erschöpfung.

Es war dank André Gides Einfluß die ganze Zeit über vorgesehen gewesen, daß *»Südkurier«* in der *»Nouvelle Revue Française«* des Gallimard-Verlags erscheinen würde. André Beucler, der drei Romane bei Gallimard veröffentlicht hatte, wurde gebeten, ein Vorwort zu verfassen, und Jean Prévost, der Herausgeber des heute nicht mehr existierenden *»Navire d'argent«*, wurde beauftragt, eine Rezension zu schreiben, die zwei Monate vor Erscheinen des Buches im April 1929, veröffentlicht wurde.

In einer Radiosendung im Jahr 1954 erzählte Beucler von seinem ersten Zusammentreffen mit Saint-Exupéry, bei dem er vor allem über seinen »schelmischen Blick und die Nase, die wie die Fühler eines Insekts bebte«, erstaunt gewesen war. Die beiden Männer sprachen in einem Café in der Avenue Wagram über das Buch, und Saint-Exupéry hatte auf ihn einen guten Eindruck gemacht, weil er mit einem Bündel Zeitungen, Büchern von Gide, Colette und Georges Duhamel und einer Spieluhr erschienen war, die er für das Kind eines Freundes gekauft hatte. Gleich zu Beginn der Unterredung beschrieb sich Saint-Exupéry selbst als ein Befürworter Nietzsches und als Marxist, fest davon überzeugt, daß die einfachen Leute geführt und organisiert werden müßten. Saint-Exupéry sagte, daß er mit dem Fliegen begonnen hatte, weil es persönliche Erfüllung mit Kameradschaft, Gefahr, Pflichterfüllung und Wettstreit verband.

Beucler nahm diese Ansichten mit Begeisterung auf und schrieb ein Vorwort voll Bewunderung für einen Romanautor, den er als Helden, Soldaten und Mann der Tat beschrieb. Auch sein anderer literarischer Förderer, Jean Prévost, enttäuschte ihn mit seiner Buchbesprechung in der *»Nouvelle Revue Française«* nicht.

»Südkurier« wurde auch in mehreren anderen Rezensionen besprochen, die alle recht wohlwollend ausfielen, ohne jedoch überschwenglich zu sein. Die meisten Kritiker schlossen sich Beuclers Lob für einen Autor an, der trotz seines abenteuerlichen und gefahrvollen Lebens einen Roman verfassen konnte, aber sie übernahmen zumeist die Begeisterung für einen Mann der Tat und den leichtfertigen Kommentar des Verfassers des Vorwortes, daß »Saint-Exupéry kein Schriftsteller sei«.

Ungeachtet dieser Feststellung hatte Antoine bereits ein weiteres Buch über die Fliegerei in Angriff genommen und die ersten Seiten Gaston Gallimard gezeigt. In dem vollendeten Werk blieb jedoch wenig von der Originalfassung übrig, weil Saint-Exupéry im September 1929 ganz kurzfristig über seine bevorstehende Versetzung nach Buenos Aires informiert wurde, wo er als Verkehrsmanager der Latécoère-Gesellschaft in Argentinien arbeiten sollte. Mehr als ein Jahr intensiver Fliegerei in Südamerika veränderte das Buch, das schließlich unter dem Titel *»Nachtflug«* erschien, ein literarischer Klassiker, der Beuclers Urteil Lügen strafte.

Die wichtigste Erfahrung, die Saint-Exupéry in Afrika gemacht hatte, war der Kampf Mensch gegen Mensch, mit der Wüste und dem Himmel als Kulisse des Zusammenpralls zweier Zivilisationen. Idealismus und Desillusionierung widersprachen sich ständig. Die Verzweiflung, die er angesichts des dekadenten Lebens der französischen Kolonialherren in Dakar empfand, wurde durch die erhebende Episode wieder aufgehoben, als Saint-Exupéry und seine Leute einen Sklaven namens Bark für 50 spanische Peseten freikauften, so daß er als freier Mann würdevoll nach Hause zurückkehren konnte. Edelmut und Schande wechselten ständig das Lager, bis weder Europäer noch Araber das Monopol für Gut oder Böse für sich in Anspruch nehmen konnten.

In Südamerika waren das Klima und die Anden die gefürchteten Gegner. Doch die einzige wirkliche Herausforderung für den Menschen bestand darin, sich selbst zu überwinden und ein außergewöhnliches Maß an physischem und geistigem Wagemut zu erreichen, wie beispielsweise Guillaumet und Daurat. Auch Saint-Exupérys Erfahrungen gingen weit über das hinaus, worauf in seinen Büchern hingewiesen wird. Die Luftströmungen über den Bergen warfen Flugzeuge und ihre Passagiere Tausende von Metern über die normale Höhe selbst der modernsten Flugzeuge von heute, und in etwa den gleichen Effekt erzeugten Saint-Exupérys hochfliegende Erkenntnisse über die Menschheit.

Zwar brachte Saint-Exupérys Anstellung in Buenos Aires vorwiegend Bürotätigkeiten mit sich, aber er war für die Pionierflüge des südlichsten Flugdienstes der Welt nach Patagonien verantwortlich und legte mehr Langstreckenflüge zurück als in Afrika – oft unter schrecklichsten Bedingungen. Sein intuitives Können wurde durch die Gefahr herausgefordert, und er überwand seine eigenen Grenzen in gleichem Maße wie seine Vorbilder Mermoz und Guillaumet.

Zwar zeigte Saint-Exupéry seine bekannte leichtfertige Gleichgültigkeit angesichts akuter Gefahr, aber während seines Aufenthalts in Südamerika gab es keine Vorkommnisse, die Hinweise auf mangelnde Konzentration gegeben hätten, wie sie Lionel-Max Chassin erzählt hatte. Antoine hatte weniger Zeit für seine literarische Karriere, die ihm immer eher als Zerstreuung diente, aber der Drang zu schreiben hatte keineswegs nachgelassen. Seine einfallsreichen Lageberichte und der ununterbrochene Strom erfindungsreicher Vorschläge zur Verbesserung des Flugdienstes scheinen Daurat alias Rivière geärgert zu haben.

Rivières Gehilfe in »*Nachtflug*«, der unsichere Inspektor Robineau, verdankt viele seiner Charakterzüge Saint-Exupéry selbst. Er fühlt sich in seiner Rolle als Führungskraft unwohl, die es ihm sogar verbietet, mit den Piloten zu trinken, und er grübelt trübsinnig über eine Rüge von Rivière nach. »Er hatte darauf verzichtet, neue Arbeitsmethoden und technische Lösungen vorzuschlagen, seit Rivière einmal geschrieben hatte: ›Der Inspektor Robineau wird gebeten, uns keine Dichtungen, sondern Berichte zu liefern‹.«

Robineau wurde angewiesen, seine Fähigkeiten darauf zu konzentrieren, die Flugzeugbesatzungen zu mehr Einsatzfreude zu motivieren, und »so warf er sich denn von da ab auf alle menschlichen Schwächen wie auf sein tägliches Brot«. Doch für den Fall, daß irgend jemand zwischen den Zeilen lesen und zu dem Schluß kommen sollte, daß Saint-Exupéry seine eigene Bedeutung mit der Beschreibung der Jagd des Inspektors auf den Mechaniker, der sich dem Alkohol hingab, auf den völlig verwirrten Flughafenangestellten oder auf den Piloten, der nur schlechte Landungen fertigbrachte, hervorheben wollte, fügte er Rivières wenig schmeichelhafte Beurteilung Robineaus hinzu: »Er ist nicht sehr intelligent, trotzdem leistet er gute Dienste.«

Nach Einschätzung des Autors ist Robineau alias Saint-Exupéry bestenfalls ein loyaler einfacher Soldat, der bereit ist, seinem besiegten General ins Exil zu folgen, nachdem der Nachtflug von Patagonien – das zentrale Thema des Buches – mit einer Katastrophe endet, die Rivières Karriere zu zerstören droht. Saint-Exupéry muß das Gefühl gehabt haben, daß sein Porträt von Robineau äußerst unsympathisch war, da er später seinem Freund Georges Pélissier anvertraute, daß dies ein Akt der Rache an einem wichtigtuerischen Inspektor der Fluglinie gewesen sei, den er nicht leiden konnte. Der Mann hatte sich geologische Proben ausgeliehen, die Saint-Exupéry in der Wüste gesammelt hatte, und hatte sie nie zurückgegeben.

Guillaumet, Mermoz und Reine standen bei Saint-Exupérys Ankunft in Buenos Aires am Kai und schufen im Hotel Majestic die gleiche Atmosphäre, die früher im Hôtel du Grand Balcon in Toulouse geherrscht hatte. Die Büros der Aéropostale befanden sich ganz in der Nähe, in der Calle de la Reconquista, und der einflußreichste leitende Angestellte war der technische Direktor, ein Argentinier namens Vicente Almandos Almonacid, der im Ersten Weltkrieg freiwillig als Offizier in der französischen Luftwaffe Dienst getan hatte.

Almonacid war ein Nationalheld, und ohne seine politischen Beziehungen hätte die Aéropostale niemals die Genehmigung erhalten, in Südamerika, wo man im großen und ganzen deutschfreundlich eingestellt war, ein flächendeckendes Flugnetz einzurichten. Es hatte vierjähriger Verhandlungen bedurft, um einen Postflugdienst von Europa einzurichten, zu dem auch eine Verbindung über den Atlantik mit Schnellbooten zwischen dem Senegal und Natal an der brasilianischen Küste gehörte. Die mangelnde Unterstützung seitens der französischen Regierung hatte Pierre-Georges Latécoère so verärgert, daß er 1927 die Fluglinie an einen französischen Financier, Marcel Bouilloux-Lafont, verkaufte, der später Direktor einer französisch-argentinischen Gesellschaft namens Aeropasta Argentina wurde. Als Saint-Exupéry im Oktober 1929 seine Stellung antrat, flog die Aeropasta Argentina zweimal wöchentlich von Buenos Aires nach Asunción del Paraguay, in Verbindung mit Postflügen von Santiago de Chile zur brasilianischen Hafenstadt Rio de Janeiro. Da Saint-Exupéry die Basis in Cap Juby so erfolgreich geführt hatte, wurde ihm neben seiner Arbeit als Verkehrsmanager die Aufgabe übertragen, einen neuen Flugdienst nach Patagonien und Feuerland, etwa 2500 Kilometer südlich von Buenos Aires, einzurichten.

Jean Mermoz wurde später nach Frankreich zurückbeordert, um einen Flugdienst mit Wasserflugzeugen zwischen Afrika und Lateinamerika zu perfektionieren, der die Aéropostale bald in eine internationale Fluggesellschaft verwandeln würde, bei der Pünktlichkeit und Zuverlässigkeit wichtiger waren als Mut und technisches Geschick. Aber die Flugplätze Argentiniens waren ebenso primitiv wie jene aus den ersten Tagen der Fliegerei in Toulouse oder in Cap Juby. Aus der Luft betrachtet, konnten die weiten Flächen der argentinischen Pampas an die Sahara erinnern, wie Saint-Exupéry bei seinem ersten Flug in südlicher Richtung nach Bahía Blanca, nur zwei Tage nach seiner Ankunft in Buenos Aires, feststellte. Nach seiner Landung wurde er von dem argentinischen Piloten Luro Cambaceres begrüßt, in dessen Buch, *»Rumbo 180°, Huellas en el Cielo Austral«*, viele Einzelheiten über die Pionierzeit der Linie nach Patagonien beschrieben werden.

Die beiden Männer verband bald eine enge Freundschaft, und einige Monate nach Antoines Rückkehr nach Frankreich schrieb er Cambaceres in einem Brief, daß er die schönste Zeit seines Lebens in Südamerika verbracht habe. Er sah die riesigen weiten Flächen mit solcher Klarheit vor sich, daß ihn die Erinnerungen schmerzten. Das war nicht die dichterische Freiheit seiner nostalgischen Erinnerungen an seinen Aufenthalt in der Sahara, sondern ehrliches Bedauern darüber, die intensivsten und befriedigendsten Monate seiner Fliegerkarriere hinter sich zu haben.

In *»Wind, Sand und Sterne«* schrieb Saint-Exupéry erstaunlich wenig über seine persönlichen Erfahrungen dieser Zeit. In einem anderen Brief an Cambaceres erklärte er, warum er sich weigerte, diese Erinnerungen wieder heraufzubeschwören; er sagte, daß ein Mann, der in eine Frau unglücklich verliebt ist, die Bilder, die er von ihr hat, zerstören muß, wenn er in Frieden leben will. Genau dies hatte er hinsichtlich seines Aufenthaltes in Argentinien getan.

Cambaceres sprach in seinem Buch weitaus bereitwilliger über Einzelheiten, er beschrieb sogar den kommerziellen Jungfernflug von

Buenos Aires nach Patagonien, den er am 30. Oktober 1929 zusammen mit Saint-Exupéry unternommen hatte. Die Landschaft vor dem ersten Zwischenstop zum Auftanken in San Antonio Oeste war trostlos, die Eintönigkeit wurde nur von Flamingos unterbrochen, die von den Salzseen aufflogen. San Antonio war kaum mehr als ein verlassenes Dorf aus zwischen den Sanddünen verstreuten Lehmhütten, aber die nächste Etappe führte sie entlang des Golfes von San Matías über relativ dicht besiedeltes Gebiet mit intensivem Obst- und Gemüseanbau. Trelew war eine neue, blühende Stadt, von den starken Winden des patagonischen Plateaus geschützt, die Saint-Exupérys Maschine bei einem späteren Flug beinahe zerstört hätten.

Der nächste Zwischenstop war Comodoro Rivadavia, das sich als eine häßliche, ausgedehnte Siedlung herausstellte, umgeben von Bohrtürmen, wo 10 000 Arbeiter an Erdölförderanlagen eine Art Goldgräber-Atmosphäre verbreiteten, mit einer Hauptstraße, die von Saloons und Bordellen beherrscht wurde. In den Atlantikbuchten der Stadt wimmelte es von Seehunden und Walrossen. Saint-Exupéry fing ein Seehundbaby ein, das ihn – auf den Postsäcken liegend – nach Buenos Aires zurückbegleitete.

Nachdem Cambaceres seine Kontrolle aller Landeplätze bis hinunter nach Kap Horn abgeschlossen hatte, flog Saint-Exupéry die ganze Strecke nach Tierra del Fuego, Feuerland. Von starken Winden profitierend schaffte er auf seinem Rückflug die 2500 Kilometer von Patagonien nach Buenos Aires in einem Tag, das war einer der Marathonflüge von achtzehn Stunden und mehr Flugdauer. Einen Großteil des Fluges absolvierte er in Dunkelheit, die Erde wurde von einem fahlen Mond unheimlich beschienen. Diese stundenlangen, einsamen Flüge über die weiten Pampas hinterließen unauslöschbare Spuren in *»Nachtflug«*, wo Saint-Exupéry die argentinische Ebene als »eine Landschaft aus Mondlicht und Steinen« beschrieb.

Als drei Monate später die primitiven Flugplätze mit Holzhangars und Funkbaracken ausgerüstet waren, wurde ein wöchentlicher Flugdienst zum südlichsten bewohnten Gebiet der Erde eingerichtet. Meistens flogen die Piloten unter scheußlichen Wetterbedingungen: Die Flieger mußten entweder mit den heftigen Stürmen fertigwerden oder sie riskierten, wegen der Verspätungen Bußgelder bezahlen zu müssen, obwohl in Comodoro Rivadavia ein Schild die Piloten darauf hinwies, daß bei Windgeschwindigkeiten über 150 Stundenkilometern Landungen verboten seien. Nachdem Saint-Exupéry bei Trelew mit einem Wirbelsturm zu kämpfen hatte, der Windgeschwindigkeiten von fast 200 Stundenkilometern erreichte und beinahe die Flügel der Latécoère abgerissen hätte, brauchten 120 Soldaten eine geschlagene Stunde, bis sie das Flugzeug in einen Hangar gezogen hatten.

Zumindest bei zwei Gelegenheiten handelte sich Saint-Exupéry für sein exzentrisches Verhalten Vorhaltungen ein. Während eines Fluges mit einer neuen Latécoère 28, mit neun Passagieren an Bord, mußte er in einem schrecklichen Regensturm landen. Seine Passagiere, Mitglieder einer französischen Theatertruppe, wurden bis auf die Haut durchnäßt, als sie ins nahegelegene Dorf liefen, um dort einen Unterstand zu suchen. Als das Flugzeug schließlich, nachdem es einen Tag lang als vermißt gegolten hatte, in Buenos Aires landete, hing vor den Flugzeugfenstern Frauenunterwäsche, die man dort zum Trocknen aufgehängt hatte, und die Passagiere trugen wild zusammengestellte Cowboy-Kleidung, die sie im Laden des Dorfes gekauft hatten. Saint-Exupéry selbst trug Hausschuhe und war von Schlamm bedeckt. Sein selbstzufriedenes Lächeln brachte den Flughafendirektor derart auf, daß er ihm androhte, ihn nach Frankreich zurückzuschicken, wenn er hier weiter »den Clown spiele«.

Eine gefährlichere Art der Aufschneiderei zeigte er auf einem Flug von der Grenze Uruguays. Saint-Exupéry war beauftragt worden, Post abzuholen, die auf dem Landweg von Brasilien kam, weil der Flugverkehr aufgrund einer Revolution eingestellt worden war. Das überladene Flugzeug geriet beim Start auf einer primitiven Piste in Stacheldraht und stürzte ab. Der Aufprall schlug die Nieten, die die Kabine mit dem Wellstahlrumpf verankerten, heraus. Der Schmied des Dorfes führte notdürftig die dringendsten Lötarbeiten aus, aber im Verlauf des Weiterflugs löste sich das Cockpit vom Rumpf. Der Bordfunker meldete ganz verängstigt, daß er die Erde durch den Spalt deutlich sehen könne.

Nach der Landung in Buenos Aires rief Saint-Exupéry einen Mechaniker, Raoul Roubes herbei, und sagte ihm voller Stolz: »Nicht schlecht, was?« Der zitternde Bordfunker schwor, daß er nie wieder mit Saint-Exupéry fliegen werde, nachdem Roubes seine schlimmsten

Befürchtungen bestätigte. »Du mußt verrückt sein«, sagte Roubes zu Saint-Exupéry. »Das Flugzeug war im Begriff auseinanderzubrechen.«

Der Diamantsee

Keine Geschichte sagt mehr über Saint-Exupérys Gefühle und seine Persönlichkeit aus als sein Bericht über Guillaumets außergewöhnlichen Mut nach einem Absturz in den Anden, mitten im südamerikanischen Winter. Saint-Exupéry war der erste Pilot, der ihn nach seiner Rettung begrüßte und Guillaumets Bemerkung vernahm: »Ich kann dir sagen: was ich getan habe, kein Tier hätte es fertiggebracht.«

Dieser Satz aus *»Wind, Sand und Sterne«* ist einer der meistzitierten Sätze der französischen Literatur geworden, der die Überzeugung des Autors zusammenfaßt, daß der Mensch dazu geschaffen ist, die Natur und sich selbst zu besiegen. Saint-Exupéry beschrieb diesen Satz von Guillaumet als den edelsten, der jemals ausgesprochen wurde, weil er die Stellung des Menschen im Universum aufzeigte und die wahre Hierarchie wieder herstellte. Wie groß auch immer Guillaumets berufliche Qualitäten waren, er war im Innersten ein einfacher und bescheidener Mann und nicht dafür geschaffen, sich aus der Masse hervorzuheben. Infolge von Saint-Exupérys Bericht über den Absturz in den Anden wurde er von mehreren Generationen zu Recht als moralisches Vorbild geachtet, als Vorbild an Tapferkeit und Entschlossenheit.

»Wind, Sand und Sterne« mit seiner wichtigsten Aussage, daß der Mensch die schrecklichste Not überwinden kann, erstrahlte in Frankreich nach der Niederlage im Juni 1940 wie ein Leuchtfeuer. In den Kriegsgefangenenlagern, wo anderthalb Millionen Franzosen nur die Verzweiflung blieb, verbreitete Guillaumets Abenteuer die wunderbare Botschaft, daß Rettung sogar aus tiefster Not möglich ist.

Der knappe Bericht Saint-Exupérys über Guillaumets Auferstehung und die Tränen, die ganz spontan flossen, als sich die Männer voller Erleichterung umarmten, ist nicht nur eine rührende Beschreibung. Es ist ein sehr genauer Bericht, den er beinahe zehn Jahre nach dem Ereignis niedergeschrieben hat. Saint-Exupéry hatte sich schon seit langem angewöhnt, detaillierte Notizen zu machen, die es ihm ermöglichten, einen Großteil des Berichts in Guillaumets eigenen Worten zu schreiben. Saint-Exupéry saß stundenlang am Bett seines geretteten Freundes und lauschte seinen vom Schlaf unterbrochenen Schilderungen, aus dem er immer wieder durch schreckliche Alpträume aufgeschreckt wurde. Er las auch Guillaumets offiziellen Bericht, den dieser in den Tagen, als er sich von seinem einwöchigen Martyrium erholte, geschrieben hatte. In einem Brief, dem er eine Zeichnung beifügte, die Guillaumet auf einem Berggipfel stehend zeigte, beschrieb Saint-Exupéry die Schilderungen seines Freundes als »verblüffend« und schlug vor, daß Guillaumet seine Kandidatur bei der Académie Française anmelden solle.

Guillaumets Bericht enthält, auch wenn er nicht die literarische Qualität von *»Wind, Sand und Sterne«* besitzt, viele Informationen, die Saint-Exupéry einer Erzählweise zuliebe überging, die sich auf die Überlebensfähigkeit des Menschen statt auf das beinahe tragisch endende Abenteuer konzentrierte. Obwohl Guillaumet sicher nicht vorhatte, Emotionen zu wecken, ist die Einfachheit seiner Worte doch oft ebenso rührend wie Saint-Exupérys Version in *»Wind, Sand und Sterne«*.

Es ist erstaunlich, aber der Flug vom Freitag, den 13. Juni 1930, war Guillaumets einundneunzigste Andenüberquerung. Trotz der oft beängstigenden Notwendigkeit, Aufwinde suchen zu müssen, die die Flugzeuge über Berge von bis zu 7000 Metern Höhe hinwegtrugen, hatte er nur zwei ernsthafte Zwischenfälle erlebt, in einer Phase, die sich zu einem recht zuverlässigen Flugdienst von Santiago de Chile nach Buenos Aires entwickelt hatte.

Das war ebenso seinen außergewöhnlichen Fähigkeiten als Pilot zu verdanken, wie der Robustheit der Potez 25, eines offenen Doppeldeckers, der als Arbeitspferd auf dieser Route eingesetzt wurde. Guillaumet, der alleine flog, war überzeugt, daß die außergewöhnliche Qualität dieses Flugzeugs ihm bei einem früheren Flug das Leben gerettet hatte, als es so kalt gewesen war, daß das ganze Flugzeug, von einem dreißigminütigen heftigen Schneesturm hin und her geschüttelt, mit einer Eisschicht überzogen wurde. Bei einer anderen Gelegenheit war die Maschine in einem Luftloch mehrere tausend Meter, zum Teil mit den Rädern nach oben, hinuntergestürzt, aber

Guillaumet betrachtete diese Vorkommnisse als Teil der täglichen Routinearbeit und ignorierte die Gefahren. Am Donnerstag, den 12. Juni, gab er sich jedoch von einem Schneesturm geschlagen und kehrte siebzig Minuten nach dem Start in Santiago um, weil undurchdringliche Schneewolken ein Durchkommen über die Anden unmöglich machten.

Am folgenden Tag startete er um 8 Uhr morgens erneut und schob allen Aberglauben beiseite. Sein bis dahin einziger Absturz ereignete sich an einem anderen Freitag, den 13., als er in der Luftwaffe diente. Dieses Mal schnitten Wolken, die sich bis 9000 Meter Höhe auftürmten, die normale Passage über die Berge ab, und nach mehr als dreieinhalbstündigem vergeblichem Kampf gegen einen Schneesturm mußte er am Ufer des Laguna Diamanta, des Diamantsees, landen.

Erst am Vorabend hatte ihm ein Jäger aus der Gegend erzählt, daß die Ufer des Sees normalerweise fest zugefroren und schneefrei seien. Die Landung verlief erfolgreich bis die Räder in eine Schneewehe gerieten und das Flugzeug umschlug, so daß es kopfüber aufkam, wobei der Propeller verbogen wurde. Die folgenden achtundvierzig Stunden, so lange wütete der Sturm, suchte Guillaumet im Flugzeugrumpf Schutz, eingewickelt in einen Fallschirm.

Zwei Nächte lang verfolgten ihn Bilder eines Romans über Alaska mit dem Titel *»Le Grand Silence Blanc« (»Die große weiße Stille«),* den er gerade gelesen hatte.

Am Sonntag um 2 Uhr nachts ließ der Wind plötzlich nach, der Himmel klarte auf, und er konnte das Bild des Mondes in dem gefrorenen See sehen. Sieben Stunden später hörte er ein Flugzeug kreisen, aber seine Bemühungen, sich mit Leuchtsignalen bemerkbar zu machen, waren vergebens. Das silberne Flugzeug und der graue Rauch der Leuchtfeuer verschmolzen mit der Landschaft und waren aus der Luft nicht zu erkennen.

»Ich hatte nur eine Chance, eine einzige, aber ich wußte, daß ich, wenn ich sie wahrnehmen wollte, zu Fuß und ohne jegliche Ausrüstung einen Paß von 4200 Metern Höhe überqueren mußte«, schrieb Guillaumet in seinem Bericht. »Ich hatte vom Bergsteigen nicht die geringste Ahnung, weil ich das vor diesem Abenteuer noch nie versucht hatte. Ich beschloß dennoch, mich auf den Weg zu machen. Ich weiß nicht, was ich getan hätte, wenn ich geahnt hätte, welche psychischen und körperlichen Qualen mich erwarteten.«

Er packte eine halbvolle Flasche Rum, Kondensmilch, ein paar Büchsen Sardinen und Corned Beef und einen kleinen Festbrennstoffkocher in einen Koffer. Seine einzigen Orientierungshilfen waren ein kleiner Taschenkompaß und eine Taschenlampe. Bevor er losmarschierte, ritzte er mit einem Stein eine Nachricht in seine defekte Maschine: »Da ich von dem Flugzeug nicht gefunden wurde, breche ich nach Osten auf. Adieu an alle. Meine letzten Gedanken werden meiner Frau gelten.«

Um 10 Uhr am Sonntagmorgen begann er einen fünftägigen Gewaltmarsch, Tag und Nacht ohne Schlaf, bis zum Donnerstag, den 19. Juni. Von Anfang an, als er seinen Aufstieg durch 3 Meter hohen Schnee begann, wurde sein Überlebenswille und sein Durchhaltevermögen bis zum Äußersten auf die Probe gestellt. Er lebte von geschmolzenem Schnee und Kondensmilch, da die anderen Lebensmittel in den Dosen so gefroren, daß sie kaum eßbar waren. Der Büchsenöffner war dafür als behelfsmäßiger Eispickel von Nutzen.

Am ersten Tag rollte Guillaumet einen 300 Meter langen Abhang hinunter und blieb nur deshalb unverletzt, weil er in weichem Schnee aufkam. Am zweiten Tag hatte er den Hang mühsam wieder erklommen, als er sich einem unüberwindlichen Steilhang gegenübersah. Später mußte er sich seines durchnäßten Fliegeranzugs, der zu schwer geworden war, und seiner Socken entledigen. Manchmal kämpfte sich Guillaumet vorwärts, vom Schneegestöber geblendet, gegen eine Natur, die sich gegen ihn verschworen zu haben schien. Als er versuchte, etwas zu essen, bließ eine Windböe einen seiner Handschuhe davon. Der Wind erweckte auch falsche Hoffnungen. Ein paar Mal meinte er, Hähne krähen oder Züge pfeifen zu hören, als ob die Zivilisation näherrückte.

Am Dienstag, dem 3. Tag, wurde sein Überlebenswille aufs Äußerste auf die Probe gestellt. Guillaumet folgte dem Lauf eines kleinen Flusses und stürzte beinahe hinein, als er über große Felsen hinwegstolperte. Sein Koffer füllte sich mit Wasser, das seinen Festbrennstoff und seine Streichhölzer unbrauchbar machte. Obwohl er selbst die ganze Nacht hindurch im Lichtschein seiner Taschenlampe weiterlief, legte er bloß drei Kilometer zurück. Das Blut seiner wundgeschürften Knöchel verfärbte den Schnee.

»Das war der schlimmste Tag«, schrieb er, aber auch der Mittwoch sollte ein Alptraum werden. Er stürzte 50 Meter tief in eine Schlucht und verlor dabei seinen Koffer mitsamt seinen Lebensmitteln und der Taschenlampe. In diesem Moment glaubte Guillaumet, die Grenze dessen, was er aushalten konnte, erreicht zu haben. Er konnte sich oft nur noch auf allen Vieren kriechend vorwärtsbewegen. Weil seine Füße so geschwollen waren, hatte er seine Schuhe aufgeschnitten, und dann fiel er in einen Fluß und wurde von der Strömung beinahe mitgerissen.

Später erzählte er seinen Freunden, daß ihn drei kleine Fotografien seiner Frau Noëlle durchhalten ließen. »Ich schöpfte oft neuen Mut durchzuhalten, wenn ich diese Fotografien ansah«, schrieb er in seinem Bericht, aber gleichzeitig betrachtete er den reißenden Fluß und sagte sich, daß es »so schön wäre, sich sanft davontragen zu lassen«.

Am Donnerstag war er, weil er nichts zu essen hatte und aufgrund der physischen Erschöpfung so schwach, daß er unter dem Gewicht seines Mantels zusammenbrach und ihn wegwerfen mußte. Bald darauf meinte er, daß auch der letzte Funken Hoffnung schwand, genau im Moment seiner Rettung. Eine Bäuerin und ihr Kind erschraken bei seinem Anblick, sie hielten ihn für einen Verrückten, der da vom Berg heruntergestolpert kam, und flohen auf ihrem Pferd.

Guillaumet mobilisierte seine letzten Kräfte und rief: »Ich bin der vermißte Pilot – muchos pesos«, und sie kehrten um und halfen ihm. Nachdem er in dem einzigen Zimmer im Haus seiner Gastgeber mit Essen und dem Nötigsten versorgt worden war, wurde er mit dem Auto zu seiner Flugbasis gebracht, als plötzlich ein Flugzeug auf der Straße landete.

Der Pilot war Saint-Exupéry, der bei der Suche nach seinem Freund unermüdlich die Bergpässe überflogen hatte. Guillaumet faßte das Wiedersehen in einem einzigen Satz zusammen: »Unser Wiedersehen war höchst rührend.«

Jean-René Lefebvre, der seine Abneigung, mit Saint-Exupéry zu fliegen, überwunden hatte, um an der Suchaktion teilnehmen zu können, war ebenfalls an Bord. Der Techniker organisierte später eine Expedition auf dem Landweg, die die Postsäcke aus Guillaumets Flugzeug holte und auch die Maschine zur Basis zurückbrachte.

Was Guillaumet betrifft, faßte er den Unfall in seinem Bordbuch mit diesen wenigen Worten zusammen: »13. Juni. Potez N25, Nr. 1522. Santiago/Laguna Diamante. Heftiger Schneesturm. Rückkehr zu Fuß am 19. Juni.«

Wie man Männer formt

Als sich der gerettete Pilot erholt hatte, wurde in der Wohnung der Guillaumets in Buenos Aires ein Fest gefeiert. An Saint-Exupérys überschwengliche Ausgelassenheit erinnerte man sich noch Jahre später. Er sang aus vollem Halse derbe französische Volkslieder und hielt nur ein, um Guillaumet zu fragen, ob er die Suchflugzeuge auch wirklich gesehen habe. Zumindest bei zwei Gelegenheiten hatte sein Freund Maschinen in ihrer vergeblichen Suche über den Bergen kreisen gehört oder gesehen, und Saint-Exupéry wurde noch euphorischer, als klar war, daß er eine dieser Maschinen gesteuert hatte.

Um endlich Ruhe zu haben, mußten Henri und Noëlle Guillaumet, die erst im vorangegangenen Jahr geheiratet hatten, Saint-Exupéry am frühen Morgen aus der Wohnung drängen. Es gab kaum eine Nacht, in der er nicht vorbeikam oder das Paar drängte, mit ihm ins Kino, in einen Nachtclub oder einen Vergnügungspark zu gehen. Manchmal schlief er auf der Couch ein, und man mußte ihn hinunterschleppen und in ein Taxi verfrachten. Eines Abends verabschiedete er sich von alleine und schlief dann im Fahrstuhl ein. Dort hätte er die ganze Nacht zusammengerollt verbracht, wenn Noëlle ihn nicht gefunden hätte.

Die Guillaumets mußten sich auch an Saint-Exupérys ständig wechselnde Freundinnen gewöhnen. Der Saint-Exupéry von *»Südkurier«*, der sich so verächtlich über Zufallsbekanntschaften geäußert hatte, hatte die angenehmen Seiten des Berühmtseins in einem Beruf entdeckt, der Massen von Bewunderinnen anzog. Sein aristokratischer

Titel und sein Erfolg als Schriftsteller fügten seiner Anziehungskraft eine weitere Note hinzu, aber alle Piloten wurden ohnehin wie große Sportskanonen umschwärmt. Saint-Exupéry ärgerte sich zwar über den Vergleich mit Toreros, aber die Flieger besaßen dieselbe unwiderstehliche Aura, die er für seine Junggeselleneroberungen, die *mignonnes,* weidlich nützte.

Das intensive Gefühl der kameradschaftlichen Verbundenheit, das Saint-Exupéry während der Suchaktion nach Guillaumet empfunden hatte, verstärkte seine Überzeugung, daß er für eine Führungsposition nicht geeignet sei. Er wollte zu den Piloten gehören. Seine Rolle als Chef aber, in der er Geldstrafen für Flugverspätungen und Unfälle verhängen mußte, selbst wenn der Pilot daran keinerlei Schuld hatte, entfremdete ihn von seinen Kollegen.

In *»Nachtflug«* kritisiert Saint-Exupéry implizit an seinem *Alter ego* Inspektor Robineau, daß er seine Macht über die Piloten genieße. Zwischen den Zeilen gibt er damit jedoch zu, daß die Maßnahmen, die er damals als Chef ergriff, nur eine gedankenlose Übernahme von Rivières sorgfältig abgewogener Strenge gewesen seien. Dafür, daß er Piloten, die sich über die Vorschriften hinwegsetzten, Geldstrafen auferlegte, gibt Robineau keine andere Rechtfertigung, als daß es nötig sei, die feststehenden Bestimmungen der Gesellschaft anzuwenden. Rivière dagegen sieht die tatsächliche Notwendigkeit für einen strengen Verhaltenskodex.

»Vorschrift«, dachte Rivière, »ist etwas Ähnliches wie die Riten einer Religion, die absurd scheinen mögen, aber die Menschen zurechtmodeln.«

Saint-Exupéry schreibt, daß es für Rivière einerlei ist, ob er gerecht oder ungerecht erscheint. Er hat nicht die Absicht, die Männer durch seine Strenge zu versklaven, sondern will sie vielmehr über sich selbst hinauswachsen lassen. Da *»Nachtflug«* ein Plädoyer für die Autorität, wie sie die Jesuiten ausübten, und für eine rigide Doktrin der Führerschaft ist, scheint es paradox, daß Saint-Exupéry später selbst jede Verantwortung ablehnte und lieber einfacher, blind gehorchender Soldat war als Offizier. Sogar während des Krieges, als sein Alter weit über dem Durchschnitt der anderen Piloten lag, wich er jedem Angebot, Führungsfunktionen zu übernehmen aus. Seine Überängstlichkeit führte häufig zu stärksten Gewissensbissen und Zweifeln. Eines der wenigen bekannten Beispiele einer Strafentscheidung Saint-Exupérys wurde in *»Nachtflug«* Rivière alias Daurat zugeschrieben, als ob Saint-Exupéry nicht verwinden konnte, diese Entscheidung selbst getroffen zu haben.

Ein alter Mechaniker namens Roblet wird von Rivière wegen Unfähigkeit fristlos entlassen, trotz der Tatsache, daß er zwanzig Jahre lang an Flugzeugen gearbeitet und die erste Maschine, die nach Argentinien flog, konstruiert hatte. Rivière überlegt, ob es ungerecht war, den Mann auf diese Weise zu entlassen, bis ihm bestätigt wird, daß der Mechaniker unzuverlässig ist. Ein Flugzeug landet, dessen Instrumente alle ausgefallen sind, und eine Untersuchung ergibt, daß Roblet die fehlerhafte Montage vorgenommen hat.

Es gab wirklich einen Mann namens Roblet. Er war Chefmechaniker in San Antonio Oeste und über sechzig Jahre alt. Nach Aussage von Paul Decendit, dem zukünftigen Chefmechaniker bei Latécoère, war Roblet wirklich von Saint-Exupéry nach einem durch Ausfall der Mechanik verursachten Absturz fristlos entlassen worden.

Bei einer anderen Gelegenheit verhängte Saint-Exupéry einem Postflieger auf der Stelle 200 Pesos Strafe, weil dieser, nachdem Saint-Exupéry notlanden mußte, ihm zu Hilfe gekommen war. Nach Daurats unflexiblen Vorschriften hätte der Pilot zuerst seine Fracht bei einer Flugzeugbasis abladen müssen, bevor er dann erneut starten durfte, um seinem Chef zu helfen.

Diese auf den strengen, von Daurat erlassenen Vorschriften der Fluggesellschaft basierenden Entscheidungen verursachten langjährige Ressentiments und weckten in Saint-Exupéry Ängste, aus der Kameradschaft mit seinen Kollegen ausgeschlossen zu werden. Vielleicht hielten ihn diese Befürchtungen nicht allein davon ab, Führungspositionen zu übernehmen, denn er sah sich darüber hinaus außerstande, die Verantwortung zu übernehmen, wie es Daurat tat, die Piloten dazu zu zwingen, ernste und oft tödliche Risiken einzugehen.

Der Unfall, um den sich *»Nachtflug«* dreht, ereignete sich im Mai 1930 in Montevideo Bay, bei dem der Latécoère-Pilot Élysée Négrin ums Leben kam. Noch drei weitere Menschen starben, darunter auch Daurats früherer Stellvertreter in Toulouse, Julien Pranville.

In den vorausgegangenen fünfzehn Monaten hatte Daurat sechs

Flieger und drei Bordfunker verloren, aber dies war ein besonders unglücklicher Absturz. Pranville war nach Natal geflogen, um Mermoz' erstes Wasserflugzeug der neuen Flugverbindung zwischen Afrika und Südamerika zu begrüßen, die Daurat gegründet hatte.

Der Unfall stellte die Sicherheit des neuen Flugdienstes in Frage, aber Daurat verlor die Fassung nicht. Er setzte den Jungfernflug von Senegal aus fort, der am 12. Mai 1930 mit 150 Kilogramm Post an Bord startete, die von Toulouse in der Rekordzeit von fünfundzwanzig Stunden eingeflogen worden war. Unbeeindruckt von dem Unglück in Montevideo flog Jean Mermoz die Latécoère 28 *Comte de la Vaulx,* ein Wasserflugzeug, auf einem der wichtigsten Langstreckenflüge der Geschichte, mit dem eine dauerhafte Flugverbindung für Post und Passagiere über den Südatlantik eröffnet wurde. Eben dieser Flug inspirierte Saint-Exupéry zu einer dramatischen Szene in *»Wind, Sand und Sterne«,* in der er die Beschreibung von Mermoz wiederholt, von riesigen Wasserhosen, die sich wie schwarze Säulen eines Tempels aus dem atlantischen Ozean erheben.

Trotz schlechten Wetters wurde die Post von Frankreich nach Afrika, dann über den Atlantik und über Südamerika geflogen, um ihren Zielort am Pazifik nur viereinhalb Tage nach dem Start in Toulouse zu erreichen. Dieses Ereignis wurde in Südamerika als Sensation gefeiert, und die Piloten der Aéropostale wurden in Volksliedern besungen und auf Souvenirs abgebildet. Sechs Jahre später wurde Saint-Exupéry von einem Reporter einer französischen Zeitung, *»La Flèche«,* kurz nach dem Tod von Mermoz bei einer weiteren Atlantiküberquerung interviewt. Ein Absatz dieses langen Artikels war bemerkenswert: Bezugnehmend auf seine Zeit in Südamerika sagte Saint-Exupéry, daß alle Piloten das Gefühl hatten, eine *tour de force* vollbracht und ihre Pflicht getan zu haben, wenn sie nach einem besonders gefährlichen Flug sicher gelandet waren.

»Mermoz fühlte dies mehr als jeder andere«, fügte er hinzu. »Er empfand eine Art innerer Jubel, ein verwirrendes Gefühl, aber er war sicher, daß wir uns – als Menschen – dadurch geadelt hatten.«

Saint-Exupéry konnte den Rekordflug von Südfrankreich zum Pazifik nur als Beobachter miterleben, eingesperrt in sein Büro in Buenos Aires, immer von Angst geplagt, wenn der Funkkontakt abbrach. Für ihn beschränkte sich der »innere Jubel« darauf, seinen Pilotenkollegen zu ihren Erfolgen zu gratulieren. Aller Ehrgeiz schwand, die hierarchische Leiter der Verwaltung zu erklimmen. Er sehnte sich danach, wieder die Routinearbeit eines Postfliegers zu übernehmen, nicht ahnend, daß sein Privatleben, seine Arbeit und seine Schriftstellerkarriere damit auf Kollisionskurs gerieten, da diese Tätigkeiten bis zur Veröffentlichung von *»Der Kleine Prinz«*, dreizehn Jahre später, miteinander unvereinbar bleiben sollten.

ZWEITER TEIL

1931–1939

KAPITEL VIII

Gomez Carrillos Witwe

Im Jahre 1931 schien Saint-Exupérys berufliches, privates und literarisches Leben eine Aufwärtskurve zum Glück und Erfolg zu nehmen. Die Herausforderungen von Afrika und Südamerika hatten seinen Ruf als furchtlosen Flieger begründet. Wenige Wochen vor seiner Abreise aus Argentinien lernte er seine zukünftige Frau, Consuelo Suncin de Sandoval kennen, die er im April 1931 in Frankreich heiratete. Gegen Ende desselben Jahre erschien sein zweiter, von der Kritik enthusiastisch begrüßter Roman *»Nachtflug«*.

Doch statt Erfüllung zu finden, stolperte er ungeschickt von einer emotionalen und beruflichen Enttäuschung zur nächsten. Als Pilot war er oft arbeitslos oder mußte uninteressante Aufträge annehmen und seine Versuche, Langstreckenrekorde zu brechen, endeten mit Katastrophen. Zwar verfaßte er viele Zeitungs- und Zeitschriftenartikel, seine höheren literarischen Ambitionen jedoch versandeten, und erst mit der Veröffentlichung von *»Wind, Sand und Sterne«* im Jahre 1939 leistete er erneut einen Beitrag zur französischen Literatur. Sein größter Mißerfolg aber war seine Ehe, in der er zwischen höchstem Glück und tiefster Enttäuschung hin- und hergerissen wurde.

Seine Beziehung mit Consuelo begann mit ihrem Kennenlernen in Buenos Aires auf einem Empfang der Alliance Française für französische Schriftsteller und Schauspieler, die sich auf einer Vortragstournee befanden. Der Leiter der Gruppe, Benjamin Crémieux, hatte Beiträge für die *»Nouvelle Revue Française«* geschrieben und war Saint-Exupéry schon auf einer Cocktailparty von Gallimard in Paris vorgestellt worden. Zu Crémieux' Gruppe gehörte Consuelo, die Witwe eines aus Guatemala stammenden Schriftstellers, Enrique Gomez Carrillo, der eine außergewöhnliche Persönlichkeit gewesen war, bekannt wegen seiner vielen weiblichen Eroberungen, seiner ungestümen Duelle und eines Buches über Mata Hari, das er aufgrund seiner persönlichen Beziehung zu ihr geschrieben hatte.

Berichten zufolge sollen Gomez Carrillo und Consuelo in Paris 1919 einander vorgestellt worden sein, als sie angeblich erst siebzehn Jahre alt war. Aber von dem Filmregisseur aus Salvador Manuel Sorto 1993 durchgeführte Nachforschungen über Consuelos Leben ergaben viele Widersprüchlichkeiten hinsichtlich ihrer Lebensdaten. Zu weiterer Verwirrung tragen mehrere offizielle Angaben zu ihrem Geburtsdatum im zentralamerikanischen Staat El Salvador bei. Bei ihrer Hochzeit mit Saint-Exupéry gab sie an, im Jahre 1902 geboren zu sein, behauptete aber, daß die Geburtsurkunde in den Wirren der salvadorianischen Revolution verloren gegangen sei. Einige Freunde nahmen an, daß ihr tatsächliches Geburtsjahr 1898 war, das heißt, sie wäre zwei Jahre älter gewesen als Antoine, aber auf ihrem Grabstein in Paris steht wiederum die Jahreszahl 1907.

Manuel Sorto stützte sich in seiner Fernsehdokumentation neben den Berichten von Consuelos Familie als wichtigster Informationsquelle auf Angaben des salvadorianischen Journalisten und Historikers Francisco Meno Guerrero, der Consuelo mehrfach interviewt hat. Er sagte, daß sie ihren ersten Mann Gomez Carrillo 1925 in Paris zum ersten Mal getroffen habe, als dieser vierundfünfzig und sie angeblich zweiundzwanzig war.

Gomez Carrillo, der damals noch mit seiner zweiten Frau verheiratet war, hatte mehr als fünfzig Bücher geschrieben und war in Paris Korrespondent für die Madrider Zeitung ABC und für zwei argentinische Magazine. Nachdem er die agentinische Staatsbürgerschaft angenommen hatte, wurde er zum Konsul von Buenos Aires in Paris ernannt und wurde, nach den Worten Consuelos, »ungeheuer reich«. Die Nachforschungen Manuel Sortos ergaben, daß das Paar zunächst ein paar Monate zusammenlebte, bevor es im Dezember 1926 in Nizza heiratete. Kaum ein Jahr später starb Gomez Carrillo und hinterließ Consuelo Besitztümer in Frankreich und Argentinien.

Consuelo hatte sich, drei Jahre nach dem Tod ihres Mannes, Crémieux' Vortragstournee unter anderem mit dem Ziel angeschlossen, ihr Erbe einzuklagen, und um von der argentinischen Regierung eine Diplomatenpension zu fordern. Saint-Exupéry war nun, zehn Jahre nach seiner hoffnungslosen Liebesaffäre mit Louise de Vilmorin, weit weniger romantisch und in sexuellen Dingen weniger naiv und unerfahren. Er war Frauen gegenüber sogar ein wenig zynisch geworden, verschwendete sein Geld für Bardamen in Nachtclubs oder für frivole Bewunderinnen, doch Consuelo beeindruckte Antoine ebenso, wie sie den erfahrenen Herzensbrecher Gomez Carrillo fasziniert hatte.

Fotos aus jener Zeit zeigen eine zierliche schöne Frau, deren Gesicht die Vitalität eines sehr lebensfrohen, künstlerischen und übermütigen Charakters ausstrahlt. In ihren großen, dunklen Augen leuchtet ein Funke Provokation, als ob sie aus Erfahrung wüßte, daß nur wenige Männer ihrer offensichtlichen Verletzbarkeit und ihrem Schutzbedürfnis widerstehen konnten. Ihre Anziehungskraft war weit größer, als daß sie sich allein durch ihre Schönheit erklären ließe. Eine sanfte Stimme und der exotische südamerikanische Akzent verliehen dieser mysteriösen und phantastischen Persönlichkeit zusätzlichen Charme, der in der langweiligen Umgebung von Buenos Aires und inmitten der förmlichen Alliance-Française-Cocktailparty bezaubernd gewirkt haben muß.

Ihre reiche Phantasie machte sie zu einer begabten Geschichtenerzählerin, und sie mischte eifrig Tatsachen und Fiktion in ihre Erzählungen über die Abenteuer, die sie erlebt hatte, nachdem sie El Salvador verlassen hatte. Eine ihrer dramatischsten Anekdoten betraf ihre Hochzeit mit Gomez Carrillo, als seine frühere Frau bei der Hochzeitszeremonie auftauchte. Die Frau, ganz in Schwarz gekleidet, hielt der Braut einen geladenen Revolver entgegen, beschimpfte sie und drückte ab. Die Waffe versagte.

Consuelo behauptete, während eines Erdbebens auf die Welt gekommen und dann von einem Bauernpaar aufgenommen und mit Ziegenmilch aufgezogen worden zu sein. In anderen zweifelhaften Geschichten über ihre Kindheit in El Salvador kamen sogar Hexerei und göttliches Eingreifen vor. Sie dachte sich ständig neue, widersprüchliche Geschichten über ihre Herkunft aus und verwies darauf, daß ihre Mutter, eine geborene Sandoval, mit der spanischen Königsfamilie verwandt sei. Das Adelsprädikat »de« fügte sie hinzu, um die Franzosen zu beeindrucken.

Ihre wahre Lebensgeschichte bedurfte jedoch keiner märchenhaften Ausschmückungen. Sie wurde in eine große Familie in Armeni hineingeboren, einem Dorf mit etwa 300 Einwohnern im Nordwesten des kleinen Landes El Salvador, das etwa drei Millionen Einwohner zählt. Ihr Vater, ein kalter, autoritärer Mann, war wie zwei seiner Brüder, die im gleichen Dorf lebten, Oberst und hatte eine kleine Kaffeeplantage erworben.

Ein erster Eindruck von Consuelo wurde von der salvadorianischen Dichterin Claudia Lars festgehalten. Auch sie war in Armeni geboren, und die beiden Mädchen unterhielten sich gelegentlich auf der Dorfstraße. Einmal, etwa im Alter von zwölf Jahren, sprachen sie über ihre Zukunftspläne. Als Claudia Lars sagte, sie wolle Schriftstellerin werden, meinte Consuelo, die schon in diesem Alter als außerordentlich hübsch galt, daß sie vorhabe, die Königin eines fernen Landes zu werden.

Mit fünfzehn Jahren legte Consuelo ihre Prüfung als Dorfschullehrerin ab, denn das Schulsystem erlaubte es, nach dreijährigem Besuch einer weiterführenden Schule in der Grundschule zu unterrichten, aber sie war fest entschlossen, ins Ausland zu gehen, um Englisch zu lernen. Ihr gelang es, mit dem Präsidenten Alfonso Quinonez Molina zu sprechen, der ihr ein Stipendium gewährte, mit dessen Hilfe sie in einem Kolleg der Ursulinen in San Francisco studieren konnte.

Während eines Aufenthaltes in Mexiko verliebte sie sich, kaum siebzehn Jahre alt, in einen gutaussehenden Soldaten, Hauptmann Ricardo Cardenas, den sie kurze Zeit später standesamtlich heiratete. Daraus wurde ein leidenschaftliches und tragisches Abenteuer, das die beiden in einem Land ununterbrochener Revolutionen erlebten. Wenige Monate nach der Hochzeit wurde der mexikanische Hauptmann getötet, als ein Zug, mit dem er reiste, von Guerilleros gesprengt wurde.

Das Unglück der jungen Witwe drang bis zum mexikanischen Erziehungsminister, José Vasconcelos, der sie schon einmal getroffen hatte, als ihr Stipendium von den Vereinigten Staaten nach Mexiko übertragen wurde. Consuelo erzählte dem Historiker Meno Guerrero, daß sie mit Vasconcelos ein Verhältnis gehabt habe. Der Minister wurde 1924 im Verlauf der antiklerikalen Kampagne Mexikos, als etwa 20000 konfessionelle Schulen geschlossen wurden, seines Amtes enthoben. Dank seiner Berühmtheit als bekanntester mexikanischer Philosoph wurde er als Botschafter nach Paris entsandt.

Consuelo kam zwei Monate später in der französischen Hauptstadt an, mietete sich ein Zimmer in einem kleinen Hotel in der Nähe der Markthallen und nahm Kontakt zu José Vasconcelos auf. Er führte sie schnell in die einflußreichsten lateinamerikanischen Kreise ein, wo sie dank ihrer Schönheit rasch viele Bewunderer fand. Consuelos erstes Zusammentreffen mit ihrem zweiten Mann, Enrique Gomez Carrillo, fand auf einem Empfang bei dem Künstler Van Dongen statt, einem von Consuelos Freunden, der sie mit der Welt der Malerei und Bildhauerkunst bekanntmachte, mit der sich Consuelo nach Gomez Carrillos Tod 1927 noch stärker beschäftigte. Zu der Zeit, als Saint-Exupéry ihre Bekanntschaft machte, versuchte sie sich in der Bildhauerkunst, nachdem sie in Nizza und Paris Privatstunden genommen hatte. Eines ihrer ersten Werke war die Totenmaske ihres Mannes, die sie in ihrer Wohnung in Paris aufhängte, und die angeblich mystische Kräfte besaß, so daß sie zum Beispiel Mißfallenslaute von sich gab, wenn Consuelo Freunde empfing, die Gomez Carrillo zu Lebzeiten nicht gemocht hatte.

Diese Anekdote hat die russische Schauspielerin Xenia Kouprine erzählt, die regelmäßig zu Gast in Consuelos Wohnung war, in der Consuelo im Mittelpunkt einer Gruppe von Bohemiens, Schriftstellern, Malern, Schauspielern und Musikern stand. Consuelo war damals fünfundzwanzig Jahre alt, aber Xenia Kouprine sagte, sie habe viel jünger gewirkt.

»Sie war eine typische Südamerikanerin, klein, graziös, mit auffallend schönen Händen und Armen«, schrieb sie in einem Artikel in einer sowjetischen Zeitschrift, mit dem sie zu erklären versuchte, warum Saint-Exupéry vom ersten Augenblick an von ihr hingerissen war. »Ihre schwarzen Augen waren bezaubernd, fast wie kleine Sterne, und sie hatte eine wunderbare Haut.«

Ein Kuß im Flugzeug

Es gibt mehrere Versionen des ersten Treffens von Consuelo und Antoine. Manche wurden in Familienlegenden verkürzt oder ausgeschmückt, doch die bekannteste Geschichte ist Saint-Exupérys eigene kurze und einfache Version. Er wurde wohl oft befragt, welche Umstände dazu geführt hatten, daß er die Familientraditionen brach und die Verpflichtung, eine reiche Adlige zu heiraten, mißachtete. Seine Antwort beschränkte sich meist auf die Feststellung, daß sich Consuelo, die er als seinen *oiseau des îles*, seinen tropischen Vogel, bezeichnete, in sein Flugzeug schmuggelte und sich hinter dem Pilotensitz versteckte. Während des Fluges erhob sie sich triumphierend und verkündete, daß sie eine ehrbare Witwe sei. Da sie nun kompromittiert sei, müsse er sie heiraten.

Consuelo erzählte eine weit umfangreichere Geschichte, die ein wenig wahrscheinlicher klang. Sie wiederholte diese nicht nur häufig bei öffentlichen Vorträgen, sondern nahm sie auch in ihre unveröffentlichten Memoiren auf. Sie sagte, daß Benjamin Crémieux, schon lange bevor er sie miteinander bekannt machte, begeistert über Saint-Exupéry gesprochen und ihr einen Brief gezeigt hatte, um Antoines schriftstellerisches Talent zu belegen. Als sie Antoine bei dem Empfang zum ersten Mal sah, kurz nach seiner Rückkehr von einem Langstreckenflug nach Feuerland, fühlte sie sich sofort zu ihm hingezogen, obwohl ihr seine Größe und seine massige Gestalt ein wenig Angst einflößten.

Anstatt ihr die Komplimente zu machen, die sie wohl erwartete, begann Saint-Exupéry die Unterhaltung mit einer ungeschickten Bemerkung, die wie eine Kritik klang, daß Consuelo zu klein und zu dünn sei. Sie war gekränkt, und er mußte sie daran hindern, den Empfang zu verlassen, indem er sich bei ihr entschuldigte, er sei ein »dicker Bär«, und ihr anbot, sie zu einem Rundflug über Buenos Aires mitzunehmen.

»Wollen Sie mich nicht zähmen?« bat er und begründete seine anfängliche Ungeschicklichkeit mit der Tatsache, daß er seit seinem Start zu einer Inspektionsreise der fernen Basen der Aéropostale vor über einer Woche nicht mehr mit einer Frau gesprochen habe.

Consuelos handgeschriebener Bericht mit vielen wörtlichen Zitaten klingt überzeugend. Der Gedanke an diese Flugtaufe erschreckte sie, und sie suchte nach Ausreden, um diese Einladung abschlagen zu können, und behauptete, sie müsse bei ihren Freunden bleiben, aber Saint-Exupéry schlug vor, daß diese einfach mitkommen sollten. Er nutzte seine Autorität als Verkehrsmanager der Aéropostale, um sich eine Latécoère 28 zu beschaffen, die neun Passagieren Platz bot. Während der Rest der Gäste hinten in gemütlichen Sesseln saß, wurde Consuelo der Platz des Kopiloten angeboten, der den Blicken der anderen Gäste durch eine dünne Trennwand verborgen war. Von diesem Sitz aus betrachtete sie also die Landschaft, bis sie sich plötzlich mit einem Befehl des Piloten konfrontiert sah.

»Geben Sie mir einen Kuß«, forderte er.

Als sie dies mit der Begründung ablehnte, daß eine spanische Frau nur einen Mann küßt, den sie auch liebt, gab er sich sehr traurig und sagte, sie wolle bloß nicht, weil er zu häßlich sei. In der Stille, die darauf folgte, schaltete er die Motoren ab und kündigte an, daß das Flugzeug in den Rio de la Plata stürzen und sie darin gemeinsam ertrinken würden. Consuelo schrieb, daß ihm zwei Tränen über die Wangen liefen, die sie ihre Vorsätze vergessen ließen, und sie drückte ihre Lippen auf seine Backe und versicherte ihm, daß er keineswegs häßlich sei.

Das war wahrscheinlich nicht das erste Mal, daß Saint-Exupéry eine Mischung aus emotionaler und fliegerischer Erpressung einsetzte, um eine Frau zu beeindrucken. Tollkühne Flüge gehörten zum Repertoire der Verführungskünste der Piloten, vor allem des gutaussehenden Jean Mermoz, den Saint-Exupéry auf diesem Gebiet als Rivalen betrachtete. Der Hinweis auf seine angebliche Häßlicheit scheint ebenfalls der Wahrheit zu entsprechen, denn Saint-Exupéry setzte Tricks ein, um die weiblichen Gefühle anzusprechen, die er seit seiner Kindheit erprobt hatte. Vorgespielte oder echte Traurigkeit wirkte meist Wunder. Viele Jahre später schrieb ihm eine Freundin, daß sie sich in ihn verliebt habe, weil er »wußte, wie man leidet«.

Mit Consuelo entwickelte sich das, was für Antoine nur ein amüsanter Flirt hätte sein können, rasch in eine blind machende Leidenschaft, und er ging davon aus, daß seine Liebe gleichermaßen erwidert wurde. In ihren Memoiren enthüllte Consuelo, Saint-Exupéry habe von Anfang an eine besitzergreifende Eifersucht gezeigt. Obwohl er der aufmerksamste Mensch war, den sie kannte, behandelte er Consuelo aufgrund seiner tyrannischen Wesenszüge wie sein Eigentum. In Buenos Aires erwartete Saint-Exupéry, daß sie immer nach seiner Pfeife tanzte, vor allem, wenn er von langen Flügen zurückkehrte, und sein ganzes Leben lang änderte er diese fordernde Einstellung nicht.

Sie mußte sofort alle ihre anderen Freunde stehen lassen, um ihn in einem Restaurant oder Theater zu treffen, und er bestand darauf, daß es die einzig wahre und erstrebenswerte Liebe sei, wenn sich zwei Menschen ausschließlich einander verschrieben.

Da sich Consuelo an ein selbständiges Leben als Künstlerin gewöhnt hatte und ihren eigenen Freundeskreis besaß, hieß es, das Unmögliche von ihr zu verlangen, wenn sie zu Hause ruhig auf die Rückkehr des Mannes warten sollte, der sich auf gefährlichen und möglicherweise tödlichen Missionen befand. So entstand eine ähnliche Lage wie zu Zeiten der Verlobung mit Louise de Vilmorin. Saint-Exupéry hatte bereits in *»Südkurier«* die unerträglichen Spannungen geschildert, wenn eine Frau gezwungen wird, ihre geliebte Umgebung zu verlassen und sich einem Piloten zu verschreiben.

»Weißt du, ich habe versucht, Genoveva in meine Welt hineinzuziehen«, lamentierte Bernis, während sein Flugzeug in Cap Juby direkt vor seinem Absturz aufgetankt wird. »Aber alles, was ich ihr zeigte, wurde so matt, so grau.«

Doch während der ersten glücklichen Tage in Buenos Aires war Consuelo noch weit von der Desillusion über Saint-Exupérys Welt entfernt. Als Adliger mit einem Schloß in Frankreich, an der Schwelle zu Ruhm und Reichtum als Schriftsteller und als Leiter des Flugverkehrs machte er eine imposante Figur und schien ein würdiger Nachfolger des schillernden Gomez Carrillo zu sein. Für Saint-Exupéry brachte Consuelo zumindest ein wenig Fröhlichkeit in sein Leben in Buenos Aires, wo prüde moralische Verhaltensnormen Seite an Seite mit internationaler Prostitution lebten. Nicht lange vor seinem Zusammentreffen mit Consuelo hatte er in einem Brief an seine Schwester Simone, die er »meine liebe gefiederte Kröte« nannte, geschrieben, daß die argentinische Hauptstadt »wirklich langweilig« sei, und später beschrieb er sie in einem Brief an seine Mutter als »eine hassenswerte Stadt, ohne Charme, ohne Ressourcen, ohne irgend etwas«.

Da zu seiner Aufgabe auch die Inspektion von fünfzehn Flugplätzen gehörte, die über ein Netz von mehr als 3500 Kilometern in einem der gefährlichsten Teile der Welt verstreut waren, nutzte er jede Gelegenheit zur Flucht und war oft von nostalgischen Gefühlen für Paris und die Literatencafés entlang des linken Seineufers erfüllt, wenn er widerwillig nach Buenos Aires zurückkam.

Trotz der hektischen Arbeitstage fand er allmählich mehr Zeit, um an seinem nächsten Buch zu arbeiten, und seine Liebesaffäre spornte ihn zusätzlich an. Kurz nachdem er Consuelo kennengelernt hatte, zeigte er ihr achtzig handgeschriebene Seiten von dem, was einmal *»Nachtflug«* werden sollte. Als er nach Frankreich zurückkehrte, umfaßte der Entwurf bereits 400 Seiten.

Ursache dieses Ausbruchs literarischer Energie war sein Wunsch, Consuelo zu beeindrucken. Sie glaubte an Saint-Exupérys Talent und ermutigte ihn in einer Art, wie es vorher keine Frau – mit Ausnahme seiner Mutter – getan hatte, vor allem, nachdem er erklärt hatte, daß er den achtzig Seiten umfassenden Entwurf von *»Nachtflug«* als Liebesbrief an sie geschrieben habe. Consuelos Leben mit Gomez Carrillo hatte ihre Fähigkeiten als Kritikerin geschärft, und sie versprach, ihre eigenen kreativen Talente in Saint-Exupérys Dienst zu stellen, während Antoine ihre Ambitionen für das Bildhauen, Malen und Schreiben sehr gefielen. Im Enthusiasmus ihrer ersten Verliebtheit und der grenzenlosen Bewunderung füreinander schienen sie prädestiniert zu sein, eines der großen Künstlerpaare des zwanzigsten Jahrhunderts zu werden.

Die Braut trägt Schwarz

Consuelo und Antoine heirateten sieben Monate nach ihrem ersten Treffen, aber nach ihrer eigenen Darstellung der Ereignisse gelangte die junge Witwe erst, als Antoine sie verlassen hatte, um nach Frankreich zurückzukehren, zu der Überzeugung, daß sie verliebt sei.

Kurz vor Weihnachten 1930, bald nachdem Saint-Exupéry ihr zum ersten Mal einen Heiratsantrag gemacht hatte, teilte sie ihm mit, daß sie ein Ticket für eine Überfahrt nach Frankreich auf einem Dampfer gebucht habe, der Anfang Januar in Brasilien auslaufen würde. Er war enttäuscht, weil er gehofft hatte, sie seiner Mutter vorstellen zu können, die ihn für einige Wochen besuchen kam. Und tatsächlich kreuzten sich ihre Schiffe in der Bucht von Rio de Janeiro, und damit waren Antoines Hoffnungen, die Frau, die er bereits seine Verlobte nannte, vorstellen zu können, zunichte gemacht.

Dieser Widerstand, sich Antoines Plänen zu fügen, war die erste Warnung, daß Consuelo, wenn es um ihre persönliche Freiheit ging, unnachgiebig sein würde. Bald nach ihrer Ankunft in Frankreich sagte sie sogar zu einer Freundin, die Affäre mit Antoine sei zu Ende, und gab später sogar vor, ihr Verlobter sei ums Leben gekommen. Aber sie überwand ihre Zweifel an einer Versöhnung, als einer von Antoines früheren Schulfreunden, Henri de Ségogne, an die Tür ihrer Wohnung in Paris klopfte und ihr mitteilte, daß Saint-Exupéry hoffte, sie möge ihn begrüßen, wenn sein Schiff in Spanien anlegte.

Die sechs Wochen, die seit ihrer Trennung vergangen waren, hatte er großteils mit seiner Mutter verbracht und sie 1000 Kilometer nach Asunción geflogen, wo sie Szenen aus Paraguay malte. Mutter und Sohn diskutierten lange über die von Antoine erhoffte Verlobung und über die ablehnende Reaktion, die diese in seiner aristokratischen Familie hervorrufen würde, in der damals, nach Aussage eines Verwandten, eine Heirat mit einer Ausländerin ebenso inakzeptabel war wie mit einer Jüdin.

Das außergewöhnlich gute Verständnis zwischen Mutter und Antoine ließ sie offen davor warnen, daß er mit dieser Verlobung alle seine Chancen, eine reiche Adlige zu heiraten, in den Wind schlug. Abgesehen von allen anderen Erwägungen, war die Hochzeit mit einer reichen Erbin die einzige Möglichkeit, den Besitz Saint-Maurice-de-Rémens vor dem Bankrott zu retten. Obwohl Antoine seiner Mutter monatlich Geld zukommen ließ, lebte sie von einem Einkommen von kaum 10 000 Francs, was es ihr unmöglich machte, den Lebensstil ihrer Tante Tricaud beizubehalten.

Geld jedoch war für Saint-Exupéry eine vulgäre Angelegenheit, er gab es schneller aus, als er es verdiente. Seine leidenschaftliche Schwärmerei für Consuelos exotische Persönlichkeit und ihre künstlerischen Talente räumten Maries Bedenken aus, bis sie sogar Antoines einflußreichste Fürsprecherin wurde, nachdem das Paar in Spanien wiedervereint war und sie selbst in der Verwandtschaft das Terrain für die Hochzeit vorbereitete.

Bei ihrem Wiedersehen blieb Consuelo die Bekanntschaft eines Neuankömmlings auf Saint-Exupérys langer Liste seiner Haustiere erspart, zu denen ein kleiner Affe, den er ihr vor seiner Abreise aus Argentinien geschenkt hatte, und ein Vogel, der wie eine Lokomotive pfiff, gehörten. Er hatte in Südamerika einen jungen Puma als Geschenk für seine Schwester Gabrielle gekauft und hatte seine Mutter gebeten, sich auf der letzten Etappe der Seereise nach Marseille, die sie allein unternahm, um das Tier zu kümmern.

Während der Atlantiküberquerung hatte Antoine das wilde Tier an einer Leine auf Deck spazierengeführt, aber dieses Tier war weit weniger berechenbar als die Schildkröte, die er einst in Saint-Maurice an eine Schnur geleint hatte. Als er von Bord gegangen war, fand seine geplagte Mutter, daß die Aufgabe, sich um den Puma zu kümmern, über ihre Kräfte ging. Als das Tier dann einen Schiffsoffizier ins Bein biß, riet ihr der Kapitän, den Puma einem Tierzüchter zu verkaufen, der mit einer Ladung amerikanischer Streifenhörnchen nach Frankreich zurückfuhr.

Auch wenn die Geschichte lustig klingt, zeigt sie doch, wie unüberlegt Saint-Exupéry manche Entscheidungen traf. Der Puma war ganz offenkundig ein ungeeignetes Haustier, auch wenn Gabrielle in einem großen Schloß lebte. Consuelo hätte sich fragen können, ob Antoine ebensowenig nachgedacht hatte, bevor er sich entschloß, sie zu »zähmen« und ihr die kurzen Zügel der Ehe anzulegen.

Viele ihrer Freunde warnten sie, daß sie im Begriff sei, eine Dummheit zu begehen, wenn sie eine Ehe mit einem Mann ernsthaft in Erwägung zöge, den sie selbst als »fliegenden Verrückten« bezeichnete und dessen ganze Hoffnungen in einem Buch lagen, das noch nicht einmal fertig war. Auch wenn sie noch immer Zweifel hatte, verloren sich diese im Verlauf ihrer Reise mit Antoine zwischen Madrid und der französischen Riviera, wo sie vorhatten, Marie in Agay, dem Wohnsitz von Gabrielle, zu treffen. Statt dessen blieben sie in Nizza, wo Consuelo ein Haus besaß, das sie von Gomez Carrillo geerbt hatte. Die Lage, auf der Höhe von Cimiez, mit Blick über die Baie des Anges, gefiel Saint-Exupéry außerordentlich, und er nistete sich dort ein, um *»Nachtflug«* fertigzuschreiben.

Sein Wunsch, Consuelo zu gefallen, spielte bei dieser plötzlichen Arbeitswut eine wesentliche Rolle, in der er sich tagelang einschloß, schrieb, korrigierte und erneut schrieb, bevor er das Ergebnis Consuelo vorlas. Die 400 Seiten des ersten Entwurfs wurden um über zwei Drittel gekürzt. In seinem ganzen Leben arbeitete er wahrscheinlich nie härter, denn Gomez Carrillo mußte übertroffen werden. Die

Geschichten seiner Verlobten über den Ruhm ihres ersten Mannes waren nicht übertrieben. In Guatemala-City war sogar der Stadtpark ihm zu Ehren umbenannt worden.

Diese Wochen waren idyllisch, beide glaubten bedingungslos aneinander. Consuelo widmete sich ausschließlich ihrem zukünftigen Ehemann, kümmerte sich nicht um den Rest der Welt und verwöhnte ihn mit seinen Lieblingsgerichten wie eine zufriedene Hausfrau. Sie sagte zu Antoine, sie sei »absolut glücklich«.

Es gab nur wenige Unterbrechungen ihres einsiedlerischen Lebens. Gomez Carrillo war ein enger Freund des aus Belgien stammenden Dichters und Nobelpreisträgers Maurice Maeterlinck gewesen, der in einer Villa von der Größe eines Palastes in der Nähe von Villefranche lebte. Alle Zweifel Saint-Exupérys über sein eigenes Schriftstellertalent wurden während eines Essens mit dem sechzig Jahre alten, meist verdrießlichen, introvertierten Mann ausgeräumt, der ansonsten neue Bekanntschaften ablehnte. Die beiden Männer stiegen in den Weinkeller hinab, wo sie über die Handlung von *»Nachtflug«* diskutierten, und als sie nach geraumer Zeit wiederkamen, war Maeterlinck zum begeisterten Befürworter der Hochzeitspläne geworden. Consuelos Überzeugung, daß der Zufall sie in die Arme eines der größten Genies des zwanzigsten Jahrhunderts getrieben habe, wurde von Maeterlinck ohne Vorbehalt bestätigt, der überzeugt war, daß Saint-Exupéry eines Tages der bedeutendste Schriftsteller Frankreichs sein würde.

Antoine entfaltete an diesem Tag all seine positiven Qualitäten und seine Überzeugungskraft und bescherte dem so früh gealterten Maeterlinck einige schöne Stunden. Das euphorische junge Paar überredete den misanthropischen Dichter, gemeinsam eine Fahrt in die Berge über Nizza bis zum Skigebiet Peira Cava zu unternehmen.

Sollte jemand daran zweifeln, daß Consuelo und Antoine wirklich verliebt waren, so genügt ein Blick auf eine Fotografie von ihnen, wie sie Arm in Arm durch den Schnee laufen, ihre Gesichter strahlend vor Glück. Saint-Exupéry sieht schlank und gutaussehend aus, und die neben ihm sehr zart wirkende Consuelo lächelt voll Bewunderung zu ihm hinauf. Ähnliche Fröhlichkeit spricht aus einem Brief, den Saint-Exupéry einen Monat nach der Hochzeit an seine Mutter schrieb. Er nennt Consuelo »meine goldene Feder« und bemüht sich feierlich, sie glücklich zu machen. »Ich kann ohne Dich nicht leben«, schreibt er im

Mai 1931, bald nachdem er wieder zur Aéropostale nach Toulouse zurückgekehrt war. »Du bist die bewundernswerteste Frau der ganzen Welt. Eine Fee.« Er war von ihrer »kleinen, wilden Seele« fasziniert und bat sie, ihn in seinem Haus zu besuchen, um »es mit Deinem herrlichen Durcheinander zu erfüllen«.

Consuelo beschrieb die Wochen, die sie in Nizza zusammen verbrachten, als die »verrücktesten und schönsten Tage« für beide. Sie fuhren nach Agay, um Marie de Saint-Exupéry ihre offizielle Verlobung bekanntzugeben und das Datum der Hochzeit zu besprechen. Yvonne de Lestrange hielt sich ebenfalls in Gabrielles Schloß auf, zusammen mit André Gide, der anbot, als Hochzeitsgeschenk das Vorwort für *»Nachtflug«* zu schreiben.

Die Unschlüssigkeit bezüglich des Hochzeitsdatums nahm im Verlauf eines der gelegentlichen Besuche von Marie de Saint-Exupéry in Nizza ein Ende, als sie – besorgt um das Seelenheil der beiden – das Paar bedrängte, einer möglichst baldigen kirchlichen Eheschließung zuzustimmen. Am 12. April 1931 wurden Antoine de Saint-Exupéry und Consuelo Suncin de Sandoval von Abbé Sudour in Freud und Leid ehelich verbunden, dem Schulleiter von Bossuet, der 1926 das Treffen von Saint-Exupéry mit Beppo de Massimi von der Aéropostale in die Wege geleitet hatte.

Am Hochzeitstag herrschte wunderbares Wetter, die Straße zur Kapelle von Agay war gesäumt von blühenden Bäumen und den ersten Frühlingsblumen. Die Fotografien aber, die nach der Zeremonie im Park des Schlosses aufgenommen wurden, scheinen wie ein unheilvolles Omen in der Stimmung gedämpft, als ob das Paar gerade von einer Beerdigung statt von der Hochzeit käme. Saint-Exupéry steht wie ein unbeholfener Bauer in seinem Sonntagsanzug da und hält seinen Hut krampfhaft fest. Consuelo klammert sich an den Arm ihres Mannes, der sie um mehr als einen Kopf überragt. Mit ihrer linken Hand drückt sie einen Nelkenstrauß an ihren zarten Körper und blickt ohne zu lächeln in die Kamera. Sie trägt einen Schleier. Dieser ist, wie ihr Kleid, schwarz.

KAPITEL IX

Glück, Freiheit und Pflicht

Hinter den düsteren Gesichtern der Hochzeitsfotos verbargen sich echte Sorgen. Die Aéropostale und ihre Tochtergesellschaft, die Aeroposta Argentina, waren in Konkurs gegangen und wurden seit ein paar Tagen liquidiert. Es gab keinerlei Gewißheit, ob Saint-Exupéry noch weiterhin eine Anstellung hätte. Auch zehn Tage später, als Consuelo und Antoine im Rathaus von Nizza standesamtlich getraut wurden, war die Lage noch nicht geklärt.

Der Besitzer der Fluggesellschaft, Maurice Bouilloux-Lafont, hatte in Südamerika ein Vermögen gemacht, aber er war in dubiose Finanzgeschäfte verwickelt, die seine Firma in den Ruin trieben. In den folgenden Monaten wurde das glamouröse Bild der Pionierfliegerei von politischen Intrigen, schäbigen Querelen und schließlich dem Hinauswurf von Didier Daurat aus der Aéropostale aufgrund zweifelhafter Anschuldigungen befleckt.

Die Flitterwochenidylle in der Villa in Cimiez brach mit ähnlich schwindelerregender Hast zusammen. Beinahe gleichzeitig mit dem Aéropostale-Skandal nahm Saint-Exupéry eine Anstellung als Pilot beim Postdienst der Strecke Casablanca – Port Étienne an. Seiner Mutter erzählte er, daß er um seine Rückkehr nach Afrika gebeten habe, damit Consuelo in einem trockenen Klima leben könne, weil sie an starkem Asthma litt.

Bis zu seiner Rückkehr nach Agay, um dort das Weihnachtsfest 1931 mit seiner Familie zu verbringen, hatte Saint-Exupéry abseits des Kampfes um die Zukunft der Aéropostale gelebt und neues Material für *»Wind, Sand und Sterne«* gesammelt. Dazu gehörte die Passage, wo seine Maschine bei einem Flug über die Wüste »die Grenzen der wirklichen Welt überschreitet«. Sein Bordfunker Jacques Néri hat fehlerhafte Informationen über ihre Position erhalten, als sie bei Nacht nach Norden über den Rio de Oro hinwegfliegen. Ihnen geht der Treibstoff aus, und sie warteten verzweifelt auf Positionsmeldungen der stummen Wüstenbasen, bis sie plötzlich eine dringende Meldung eines Flughafenbediensteten aus Casablanca erreicht, in der Saint-Exupéry aber lediglich mitgeteilt wird, daß er eine Strafe erhalten wird, weil er auf einem früheren Flug in südliche Richtung zu dicht über die Flugzeugschuppen hinweggeflogen sei. In seinem Buch spiegelt sich seine Verachtung für die Dummheit der Behörden in seiner Abneigung gegen Bürokraten wider, die über die Aéropostale herfielen, bevor es gezwungenermaßen zur Fusion mit anderen Gesellschaften kam und 1933 die Air France entstand. Damals war Saint-Exupérys Flugdienst nach Patagonien bereits eingestellt worden.

In Saint-Exupérys Erzählung von dem beinahe tödlich ausgehenden Abenteuer mit Jacques Néri gibt es keinerlei Hinweise auf die Nöte der Fliegerfrauen, die besorgt auf die Rückkehr ihrer Männer warten, aber in *»Nachtflug«* wird dies zum zentralen Thema. Fabien, der Pilot, der am Ende des Romans stirbt, ist gerade erst seit sechs Wochen verheiratet. Seine junge Frau Simone wartet zu Hause auf ihn, um ihn mit einem Abendessen bei Kerzenschein zu begrüßen und ruft besorgt bei Rivière an, um sich zu vergewissern, daß ihr Mann sicher gelandet ist. Rivières Unmut über ihren verängstigten Anruf – »Mütter und Frauen werden nicht in den Operationssaal zugelassen« – veranlaßt den Autor zu Spekulationen über das Leid der Familie eines Piloten.

Rivière betrachtet Simone als Feindin, weil sie »im Namen einer absoluten Welt und ihrer eigenen Rechte und Pflichten« sprach, aber er hält es für schwierig, Argumente gegen das, was er »Simones Wahrheit« nennt, zu finden. Und wenn Rivière versucht, sich zu rechtfertigen, hört sie ihn nicht. »Ihm war, als wäre sie plötzlich hingesunken, fast wie zu seinen Füßen, nachdem sie mit ihren schwachen Fäusten vergebens gegen die Mauer geschlagen hatte.«

In keinem einzigen Text erwähnt Saint-Exupéry, wie er mit Consuelos Angst fertig wurde, vor allem nachdem sie nach Casablanca umgezogen war und dort wie die anderen Pilotenfrauen angstvoll darauf wartete, daß die Männer von ihren langen Flügen entlang der feindseligen Küstenlinie zurückkamen. Der Einsatz der Latécoère 26 machte diese Linie jedoch viel sicherer, und die rebellierenden Araber stellten inzwischen eine weit geringere Bedrohung dar. Trotzdem waren Sandstürme, Motorschäden, Abstürze und Geiselnahmen keineswegs vergessene Traditionen. Der Bordfunker Jacques Néri und zwei andere Flieger waren erst vor kurzem nach einer Notlandung als Geiseln gefangengenommen worden.

Für die zu Hause wartenden Frauen war die Tatsache keineswegs beruhigend, daß die meisten Flugzeuge nun in der Abenddämmerung zu ihren langen Nachtflügen starteten oder daß von den Piloten erwartet wurde, daß sie längere Strecken flogen und kürzere Zwischenstops zum Auftanken einlegten, und die Männer dann, nachdem sie tagelang unterwegs waren, völlig erschöpft nach Hause kamen. Selbst ohne die Sorgen um Antoines sichere Rückkehr müssen die Wochen in Marokko für Consuelo eine bittere Erfahrung gewesen sein. Sie hatte ihr Bohème-Leben als Künstlerin in Paris aufgegeben und gegen ein Leben in einer Stadt eingetauscht, die Saint-Exupéry selbst als bedrückend empfand. Er verachtete das künstliche Gesellschaftsleben der französischen Kolonialherren, das jedoch für Consuelo während Antoines langer Abwesenheit die einzige Alternative zur Gesellschaft der anderen Pilotenfrauen darstellte.

Sie mußte am eigenen Leibe das erfahren, was Louise de Vilmorin geahnt hatte, daß nämlich die Liebe wegen Antoines Leidenschaft für das Fliegen oft eine untergeordnete Rolle spielen würde. Das wäre in Argentinien erträglich gewesen, wo sie sich schon der Sprache wegen heimisch fühlen konnte, aber in Casablanca, wo einerseits französische Arroganz und andererseits arabischer Haß vorherrschten, war sie eine Fremde.

Die Abwesenheit von Saint-Exupéry erwies sich als eine schlimmere Form der Tyrannei als seine Forderungen, wenn er zu Hause war, denn Consuelo hatte dann reichlich Zeit, darüber nachzudenken, wie wenig Vorteile es ihr brachte, mit einem Piloten verheiratet zu sein, der nicht einmal sicher sein konnte, daß er von seiner bankrotten Firma auch bezahlt würde. Ein großer Trost war die leidenschaftliche Korrespondenz ihres Mannes, die vom regelmäßigen Postdienst der Aéropostale nach Casablanca oder Frankreich geschickt wurde, wenn Saint-Exupéry auf seinen Flügen auf einem der Wüstenstützpunkte einen anderen Piloten traf. Die Menge der Briefe führte bei seinen Kollegen zu großer Belustigung, und manchmal mußte der Abflug ein wenig verschoben werden, um sicherzustellen, daß seine Post auch gleich mitgenommen wurde.

Die Beredsamkeit seiner Briefe ließ Consuelo hoffen, daß Saint-Exupéry das Fliegen aufgeben würde, um sich ganz der Schriftstellerei zu widmen. Diese Hoffnung wurde noch vestärkt, als ihn nach seiner Landung in Cap Juby am 4. Dezember die Nachricht erreichte, daß *»Nachtflug«* mit dem Prix Femina 1931 ausgezeichnet worden sei, einem Literaturpreis von beachtlichem Prestige, der von einer Jury vergeben wurde, die ausschließlich von Frauen besetzt war. Dieser Nachricht war die Erlaubnis beigefügt, nach Frankreich zu reisen und den Preis entgegenzunehmen, unter der Bedingung, daß er die Post von Cap Juby nach Toulouse mitnehmen würde.

Zwanzig Stunden später landete er in Frankreich und machte seinem Ruf als Veteran, der stets den Elementen trotzt, alle Ehre. Sein Gesicht mit sprießenden Bartstoppeln war von Motorenruß bedeckt, sein Fliegeroverall war schmutzig und zerrissen, und darüber trug er einen alten Regenmantel, den er sich mit einer Schnur um den Hals gebunden hatte. Nur kurz meldete er einen problemlosen Flug, dann zog er einen zerknitterten Anzug an und stieg in den Zug nach Paris, wo er sich im Hotel Lutétia ein Zimmer nahm.

Nur eine Metapher der Fliegerei kann das beschreiben, was gleich darauf folgte. Genau als er die Spitze seines Aufstiegs zum literarischen Ruhm erreicht hatte, geriet Saint-Exupéry in ein emotionales Luftloch, das ihn beinahe auf das Niveau des erfolglosen Lastwagenverkäufers hinabstürzen ließ, der er fünf Jahre zuvor gewesen war. Die Veröffentlichung von *»Nachtflug«* brachte ihm so viel Unglück, daß er nie wieder einen Roman schrieb. Die ablehnende Reaktion seiner Kollegen bei der Aéropostale schockierte und kränkte ihn und erweckte in ihm das Gefühl, als habe er durch die Beschreibung ihres glorreichen Heldentums ein Verbrechen begangen.

Obwohl er auf Kritik meist überempfindlich reagierte, war seine Bestürzung teilweise berechtigt. Viele seiner Kollegen betrachteten ihn plötzlich als ihren Feind, und mancher alte Groll aus der Zeit, als er in Cap Juby und Südamerika war, wurde wieder ausgegraben. Interne Konflikte hatten die Aéropostale in Pro- oder Anti-Daurat-Parteien aufgespalten. Nach dem Erscheinen von *»Nachtflug«* war klar, auf welcher Seite Saint-Exupéry stand, bevor er sich offen mit Mermoz und Guillaumet zusammentat, um sich für die Rehabilitierung von Daurat einzusetzen.

Entweder aus Neid oder um alte Rechnungen zu begleichen, stimmten manche Piloten und Mitglieder des Bodenpersonals der Aéropostale in den Chor derer ein, die behaupteten, Saint-Exupéry sei anmaßend und habe ihre Erfahrungen für seinen persönlichen Ruhm mißbraucht. Andere verteidigten ihn heftig. Mermoz schickte ein Telegramm, in dem er schrieb, wie glücklich er sei, daß Saint-Exupérys Talent erkannt worden sei und daß ihn in Zukunft gewiß noch Größeres erwartete.

Guillaumet war in Südamerika, und Saint-Exupéry unternahm keinen Versuch, mit ihm Kontakt aufzunehmen, weil er die Reaktion seines Freundes fürchtete. Er schrieb ihm erst, als Guillaumet zu einem Urlaub nach Frankreich zurückkam. In einem Anflug von Panik erzählte ihm Saint-Exupéry, daß er von seinen Kameraden verurteilt worden sei, weil er dieses »unglückliche Buch« geschrieben habe, und er bat Henri, zu ihm zu halten. Er machte sich selbst Vorwürfe, daß er *»Nachtflug«* geschrieben hatte und bat seinen Freund demütig, ihn in seiner Wohnung in Paris zu besuchen, damit sie darüber sprechen könnten.

Guillaumet, ein Mann mit mehr gesundem Menschenverstand als Phantasie, muß sich gefragt haben, wozu die ganze Aufregung gut sein sollte. Er war einer der ersten gewesen, die den Originalentwurf in Buenos Aires gelesen hatten. Zwar hatte er davor zurückgeschreckt, seine Meinung zu äußern, aber er hatte hervorgehoben, daß der Tod von Fabien seine Frau Noëlle zum Weinen gebracht hatte.

Angesichts ihrer engen, brüderlichen Beziehung führte das Buch wahrscheinlich nicht einmal zu einer ablehnenden Bemerkung. Als Guillaumet nach Casablanca beordert wurde, nachdem Saint-Exupéry im August 1932 zum dritten längeren Aufenthalt nach Westafrika zurückgekehrt war, pflegten sie weiterhin ihre freundschaftliche Beziehung. Eines Tages, als Guillaumet während eines Sandsturms als vermißt gemeldet wurde, sagte Saint-Exupéry nichts davon zu Noëlle, sondern lud sie ins Kino ein. Jede halbe Stunde schlich er hinaus und erkundigte sich nach den neuesten Meldungen und berichtete Noëlle erst von den Vorkommnissen, als Henris Flugzeug sicher gelandet war. Dieser Zwischenfall bestärkte Saint-Exupérys Bewußtsein über den unheimlichen Druck, der auf jeder Pilotenfrau, nicht zuletzt auf Consuelo, lastete. Und dennoch, trotz seiner eigenen, allseits bekannten Überängstlichkeit, die ihn in Sorge versetzte, wenn Consuelo zu einem Rendezvous nur ein wenig zu spät kam, war nie ernsthaft davon die Rede, daß er das Fliegen aufgeben würde.

Zwar sollte *»Nachtflug«* einer der bekanntesten französischen Romane des zwanzigsten Jahrhunderts werden, aber die Kontroverse über die darin enthaltene Befürwortung von Pflicht und Gehorsam dauerte noch lange nach Saint-Exupérys Tod an, als Daurat weit von sich wies, das Modell für Rivières Philosophie gewesen zu sein. Bald nach Erscheinen des Buches hatten einige Rezensenten den autoritären Charakter Rivières als zu faschistisch kritisiert. Später wurden die oft beunruhigenden Darstellungen von blinder Entgegennahme von Befehlen und ängstlichem Befolgen aller Vorschriften durch den Krieg in Frage gestellt. Das unangebrachte Vertrauen Frankreichs in die Vichy-Regierung, die Ordnung für wichtiger hielt als Gerechtigkeit, rief in vielen Lesern ein Unbehagen über André Gides Interpretation der zentralen Botschaft von *»Nachtflug«* wach. Saint-Exupéry, so schrieb André Gide, hatte die Meinung hervorgehoben, daß »das Glück des Menschen nicht in der Freiheit liegt, sondern in der Pflichterfüllung«, einer Regel, die viele Franzosen dazu verleitete, den Anweisungen ihrer Regierung zu folgen und mit den Deutschen zu kollaborieren.

Das Ende von Saint-Maurice

Nachdem er seinen Literaturpreis entgegengenommen hatte, der ihm vor allem für die stilistische Qualität seines Werkes verliehen worden war, zögerte Saint-Exupéry seine Rückkehr nach Afrika bis Mitte Februar 1932 hinaus und verbrachte diese Zeit in Paris, an der Riviera und in Saint-Maurice-de-Rémens. Seine Hoffnungen auf eine sichere Zukunft schwanden. Die finanziellen und politischen Skandale um die Aéropostale nahmen weiter zu, die Gesellschaft geriet von einer Krise in die nächste. Weil er ebenso viele einflußreiche Feinde wie

Freunde in der Firma hatte, war Saint-Exupéry gezwungen, ein fast demütigendes Angebot als Pilot der Wasserflugzeug-Linie zwischen Marseille und Algier anzunehmen, mitunter wurde er sogar nur als Kopilot eingesetzt.

Vier Monate nachdem er diese Stellung angenommen hatte, bat er um Sonderurlaub aus persönlichen Gründen, um seiner Mutter bei ihrem Umzug in eine Wohnung in Cannes helfen zu können. Das Schloß Saint-Maurice-de-Rémens war an die Stadt Lyon verkauft worden, die es als Ferienheim für Kinder nutzen wollte, und den Rest des Grundbesitzes hatte Marie de Saint-Exupéry großzügigerweise ihren Landpächtern überlassen.

Begleitet von Consuelo stand Saint-Exupéry seiner Mutter Marie bei einem herzzerreißenden Schauspiel bei, als das ganze Mobiliar des Schlosses ins Freie getragen wurde, um dort verkauft zu werden. An zwei aufeinanderfolgenden Sonntagen stöberten Händler und private Käufer durch die Erinnerungsstücke aus Antoines Kindheit und feilschten um die Preise. Als alles vorüber war, waren nur noch das massive Buffet, der Tisch, die Stühle und der Leuchter des Speisezimmers übriggeblieben, und die vier langen Holztruhen des Korridors, die einst als Spielzeugkisten gedient hatten.

Dieser Verkauf war für die Dorfbewohner eine der letzten Gelegenheiten, Consuelo zu sehen. In Saint-Maurice gab es mehrere kleine Cafés, die keine Frau jemals betrat, es sei denn, um ihren dort versumpften Ehemann nach Hause zu holen. Marcelle Lefin, die Mitglied in Marie de Saint-Exupérys Kirchenchor gewesen war, erinnerte sich an die Bestürzung der Gäste, als Consuelo wie selbstverständlich die Bar ihres Vaters betrat, eine Zigarette in einer langen Spitze rauchend.

»Sie las ihre Zeitung, bestellte einen *Pastis* und trank ihn an der Theke, genau wie die Arbeiter es taten«, berichtete Marcelle Lefin.

Die Atmosphäre in der skandalgeschüttelten Aéropostale war so angespannt, daß Saint-Exupéry seine Rückkehr nach Toulouse so lange wie möglich hinauszögerte. Drei Wochen nach Ablauf seiner Beurlaubung erhielt er den Befehl, zu seiner Basis zurückzukommen.

Er ergriff eine sich bietende Gelegenheit, wieder die westafrikanische Route zu fliegen, und zog im August mit Consuelo in eine spärlich möblierte Mietwohnung in Casablanca ein. Und hier unternahmen sie den ersten Versuch, ihre so verschiedenen Lebensstile einander anzupassen.

Gäste, meist Saint-Exupérys Pilotenkollegen, kamen zu allen Tages- und Nachtzeiten zu Besuch und waren recht erstaunt, als sie beobachteten, daß sich die Bediensteten aus einem auf dem Kaminsims stehenden Topf bedienten, wenn sie Geld für die täglichen Ausgaben brauchten. Jedermann konnte, ohne zu fragen, so viel Geld nehmen, wie er brauchte.

Immer wieder kam Saint-Exupéry in Briefen an seine Freunde auf seine widersprüchlichen Gefühle zu sprechen: einerseits sein leichtfertiger Umgang mit Geld und andererseits sein dringendes Bedürfnis nach finanzieller Sicherheit. Im Laufe der Jahre entwickelte sich sein Tonfall zur gewohnten Klage des verstimmten Künstlers, der sich darüber beschwerte, daß er seinen Lebensunterhalt mit Drehbüchern und Zeitungsartikeln verdienen mußte, anstatt die Möglichkeit zu haben, sich edleren Formen der Literatur zu widmen, wie beispielsweise dem philosophischen Projekt *»Citadelle«*, das später den deutschen Titel *»Die Stadt in der Wüste«* erhielt.

»Das Kino und der Journalismus sind Vampire, die mich daran hindern, das zu schreiben, was ich gerne schreiben möchte«, schrieb er 1936 an Nelly de Vogüé.

> »Jahrelang war es mir nicht vergönnt, in der Weise zu denken, die mir liegt. Ich fühle mich wie ein Gefangener damit beschäftigt, Weidenkörbe zu flechten, wo ich doch auf anderem Gebiet viel nützlicher wäre. Die obskure, aber mächtige Dynamik, die für jede Filmszene und jeden Zeitungsartikel nötig ist, ist eine Chance weniger, ein Buch zu schreiben. Was Sie mir über *›Nachtflug‹* sagen, tröstet mich nicht, sondern bereitet mir unsäglichen Schmerz. Es ist wie ein Orgelklang, der mich daran erinnert, daß ich eigentlich ganz andere Dinge zu sagen hätte.«

Sein eigener sorgloser Umgang mit Geld und Consuelos Extravaganz paßten zusammen. Sie war es nicht gewohnt zu sparen und setzte den großzügigen Lebensstil fort, an den sie sich während ihrer Ehe mit dem wohlhabenden Gomez Carrillo gewöhnt hatte. Sowohl Antoine als auch Consuelo hatten hinsichtlich ihres persönlichen Vermögens wohl etwas übertrieben, und, im Falle Consuelos, verschlechterte sich ihre finanzielle Lage derart, daß sie sich gezwungen sahen, das Haus in Cimiez zu verkaufen, um den Schaden nach einem Autounfall begleichen zu können.

Natürlich führten die Geldsorgen zu Eheproblemen, aber Saint-Exupéry wollte sich während seiner Kampagne für Daurat, die letztendlich seinen eigenen Abschied von der Aéropostale beschleunigte, nicht um finanzielle Dinge kümmern. Im Februar 1933 setzte er seine eigene Zukunft aufs Spiel, als er mit Unterstützung von Guillaumet und Mermoz einen deftigen Protestbrief an die Direktion der Fluggesellschaft schrieb und um unbezahlten Urlaub bis zur Klärung der Lage bat.

Im nachhinein betrachtet war diese Entscheidung leichtsinnig, und schon bald befand er sich in ernsten Schwierigkeiten. Aber vielleicht hatte er geglaubt, daß der Vertrag mit Hollywood über die Verfilmung von *»Nachtflug«*, mit Clark Gable und Helen Hays in den Hauptrollen, seine finanziellen Probleme lösen würde. Unglücklicherweise erwies sich der Vertrag als enttäuschend, und Versuche, eine Anstellung bei einer anderen Fluggesellschaft zu finden, wurden durch seine Feinde in der Aéropostale durchkreuzt.

Schließlich kam Daurat zu Hilfe, der sich für Saint-Exupérys Loyalität revanchieren wollte, und überredete Pierre-Georges Latécoère, Antoine als Testpilot einzustellen. Nachdem Latécoère 1927 die Aéropostale an Bouilloux-Lafont verkauft hatte, war er mit seinen neuen Flugzeugentwicklungen von Erfolg zu Erfolg geeilt und brauchte einen zusätzlichen Piloten für die Erprobung der vierzig mit Torpedos bestückten Wasserflugzeuge, die die französische Marine in Auftrag gegeben hatte. Die Testflüge wurden auf dem Salzsee von Saint-Laurent nahe Perpignan durchgeführt. Drei Jahre zuvor, in Brest, hatte Saint-Exupéry große Probleme gehabt, mit der speziellen Technik der Wasserflugzeuge zurechtzukommen und bei seinen ersten Flügen über dem See beging er bei der Landung wieder zahlreiche Fehler. Aber nach 200 Flugstunden in Saint-Laurent schien er seine Neigung, den Anflugwinkel falsch einzuschätzen, korrigiert zu haben und wurde gebeten, neue Latécoère-Wasserflugzeuge, die für den Flugdienst der Aéropostale in Venezuela vorgesehen waren, zu testen.

Zu dieser Zeit hatte sich Saint-Exupéry wieder an einen Tagesablauf gewöhnt, der dem Leben eines unverheirateten Militärpiloten im aktiven Dienst sehr ähnelte. Seine Abende verbrachte er häufig mit seinen Lieblingsspielen wie Schach und Schiffe-Versenken, oder er machte die Runde durch die Restaurants der Stadt. Consuelo blieb allein in Paris, wo sie allmählich ihre Freundschaften mit Künstlern wieder pflegte, die sie vor ihrer Hochzeit kennengelernt hatte. Abgesehen von seinen Briefen blieb Saint-Exupéry mit ihr durch regelmäßige Telefonate um Mitternacht in Kontakt.

Sie trafen sich sogar noch seltener als in der Zeit, als Saint-Exupéry die Afrika-Linie geflogen war, aber Ende Dezember 1933 bot sich eine Chance zu einem längeren Wiedersehen, als er nach Saint-Raphaël versetzt wurde. Man hatte ihn gebeten, die Tests der von der Marine bestellten Wasserflugzeuge abzuschließen. Diese Flugzeuge waren dem Typ der Latécoère 28 sehr ähnlich, mit der Saint-Exupéry den denkwürdigen ersten Flug mit Consuelo und ihren Freunden unternommen hatte. Eilig reiste sie nach Saint-Raphaël, um ihn im Hôtel Continental wiederzusehen, in der Hoffnung, die Feiertage mit ihm in Agay, ganz in der Nähe von Saint-Raphaël, und in Villefranche mit Maurice Maeterlinck zu verbringen.

Statt dessen wurden die nächsten Tage zu einem Alptraum. Saint-Exupéry kam bei einem Absturz beinahe ums Leben und wurde daraufhin wegen grober Flugfehler entlassen.

Die ausführlichste Beschreibung des Unfalls vom 21. Dezember 1933, bei dem vier Menschen beinahe umkamen, gab der Flugtechniker Gilbert Vergès, der mehr als dreißig Jahre in der Flugzeugindustrie tätig war. »Nichts gab vor dem Testflug in irgendeiner Form Grund zur Beunruhigung«, sagte Vergès. Die Latécoère 28, die Saint-Exupéry vier Tage vor Weihnachten testete, war eine der sichersten Maschinen der Welt und von der Konstruktion her das gleiche Flugzeug, mit dem Jean Mermoz mehrere Weltrekorde aufgestellt hatte. Abgesehen von den Schwimmkörpern gab es so gut wie keine Veränderungen an dem bekannten und bewährten Flugzeug.

Da die Latécoère in der Fabrik in Montaudran gründlich gecheckt worden war, ging man davon aus, daß der Flug eine reine Routineübergabe an den Marineoffizier sei, der neben Saint-Exupéry auf dem Sitz des Kopiloten saß und sich Notizen machte. Vergès und ein ziviler Techniker saßen hinter ihnen.

»Für die Wasserlandung in der Baie de Saint-Raphaël hatte ich mich in die MG-Kuppel gesetzt«, berichtete Vergès, »und ich bemerkte, daß Saint-Exupéry im falschen Winkel zur Landung ansetzte. Ich habe mich festgeklammert, aber der Aufprall war schrecklich, ein Schwimmkörper brach ab, und wir überschlugen uns sofort. Der Marineoffizier neben Saint-Exupéry, der beim Landeanflug die Notluke über sich geöffnet hatte, wurde durch diese Öffnung hinausgeschleudert und stürzte ins Meer. Ich kletterte durch die MG-Kuppel hinaus.«

Vergès schwamm zurück, um den Techniker zu retten und half ihm in ein Rettungsboot der Marine. Saint-Exupéry war nicht mehr in der Kabine, und man glaubte zuerst, er sei tot. Tatsächlich aber war er sich nicht im klaren, daß das Flugzeug falsch herum lag, und suchte in der Decke des Cockpits vergeblich nach einer Notluke. Als ihm die Luft ausging, kroch er durch den Rumpf, wo er eine Luftblase fand. Aber auch diese füllte sich mit Wasser, und er hatte die Hoffnung schon fast aufgegeben, als er einen Lichtstrahl sah. Vergès war es gelungen, eine Kabinentür zu öffnen, aber er hatte den Piloten eigentlich schon aufgegeben. Plötzlich tauchte Antoine neben dem Rettungsboot auf und spuckte Meerwasser.

Vergès versuchte, eine Erklärung für Saint-Exupérys beinahe tödlichen Fehler zu finden und meinte, dieser habe zu wenig Erfahrung mit Wasserflugzeugen gehabt und konnte seine gewohnte Flugweise nicht ändern, auf festem Boden aufzusetzen. »Er hatte die Angewohnheit, das Flugzeug vor der Landung zu spät aufzurichten, was den Wasserflugzeugen gar nicht bekam, weil die Schwimmkörper in einem speziellen Winkel angebracht waren«, erklärte er.

Mit anderen Worten: Saint-Exupéry hatte einfach vergessen, daß er kein normales Flugzeug steuerte.

Der Unfall beendete nicht nur seine Anstellung als Testpilot, er machte auch einen Strich durch den geplanten zweimonatigen Urlaub mit Consuelo in Saint-Raphaël. Saint-Exupéry brauchte mehrere Tage, um sich davon ganz zu erholen und mußte in dieser Zeit von seiner Frau gepflegt werden. Wie Louise de Vilmorin viele Jahre zuvor mußte Consuelo wieder und wieder Saint-Exupérys Schilderungen über »schreckliche und herrliche Momente zwischen Himmel und Erde« hören. Er erzählte ihr, wie er daran gedacht hatte, sich aufzugeben und zu ertrinken, als er einiges an Wasser geschluckt hatte. Die

Vorstellung, langsam ins Meer hinabzusinken und dort die ewige Ruhe zu finden, hatte er als verlockend empfunden.

Etwa dasselbe erzählte er einem anderen Testpiloten, Bernard Dupérier, dem späteren Kommandaten einer Jagdflugzeugstaffel der britischen Royal Air Force während des Krieges.

»Saint-Exupéry erzählte mir bald nach dem Unfall, daß er niemals in seinem Leben so gelitten habe wie während der Sekunden, in denen er die Luft anhalten mußte«, sagte Dupérier. »Als er schließlich aufgab und eine kleine Menge Wasser schluckte, empfand er das wohlige Gefühl von Zufriedenheit und Erleichterung.«

Obwohl Consuelo um Haaresbreite beinahe zum dritten Mal Witwe geworden wäre, erhielt sie von ihrem Mann keine Zusage, daß er das Fliegen aufgeben und eine gefahrlosere Laufbahn einschlagen würde. Er war entschlossen, wieder eine Anstellung als Pilot zu suchen, diesmal bei der neu gegründeten Air France, einer staatlichen Fluglinie, die durch den Zusammenschluß von fünf Gesellschaften, darunter auch die Aéropostale, entstanden war.

Consuelo mußte den Realitäten des Lebens als Pilotenfrau ins Auge sehen, in dem die kurzen Perioden des gemeinsamen Glücks keineswegs eine Entschädigung für die langen Trennungen und die ständige Angst waren. Im Verlauf der folgenden Monate suchte sie immer mehr in der Gesellschaft ihrer Künstlerfreunde Zuflucht, sie trank ein bißchen zu viel und verfiel in Melancholie.

Die Comtesse de Saint-Exupéry

Antoine hätte schwerlich eine Frau auserwählen können, die die traditionellen Ansichten seiner Familie mehr kompromittiert hätte als Consuelo. Sie war wie ihr Ehemann von Natur aus eine Exzentrikerin mit einem extrem fordernden Wesen, das sich auf die Freunde und Familienmitglieder sehr unterschiedlich auswirkte. Immer wieder sagte Saint-Exupéry selbst, er wolle aus seiner traditionsgebundenen Herkunft ausbrechen.

»Mein Cousin sprach immer wieder von seinem Wunsch, ein Nonkonformist zu sein«, erinnerte sich André de Fonscolombe. »Nonkonformist, Nonkonformist – dieses Wort klingt mir noch immer in den Ohren.«

Manche Leute, die Consuelo mit sehr harscher Kritik bedachten, behaupteten, das Glück habe Saint-Exupéry mit dem Tage verlassen, als er Gomez Carrillos Witwe geheiratet habe, und daß seine Ehe sein Leben zerstört habe. Andere argumentierten, sie habe ihn ganz entscheidend inspiriert. Seine Liebe zu Consuelo half Saint-Exupéry, *»Nachtflug«* fertigzustellen und lieferte ihm letztlich das Thema für *»Der Kleine Prinz«*. Es ist auch Consuelo als Verdienst anzurechnen, daß sie, eine hervorragende Malerin, die Zeichenkünste ihres Mannes verbessert hat, die er bei der Illustration der Fabel perfektionierte. André de Fonscolombe sagte, es habe zwischen den beiden in vielen Dingen eine beachtliche Übereinstimmung gegeben. »Die Zeichnungen sind ein sehr gutes Beispiel für ihren Einfluß«, fügte er hinzu.

Während der dreizehn Ehejahre sprach Saint-Exupéry von Consuelo sowohl mit überschwenglicher Bewunderung als auch mit Verbitterung. In seinen Briefen nannte er sie »mein liebes kleines Mädchen«, »mein kleines Hühnchen« und »meine Hexe« und in *»Der Kleine Prinz«* überschüttete er sie mit zärtlichen Komplimenten, was die Rose eher als süßes, hilfloses Kind denn als erwachsene Frau erscheinen ließ.

Die krankhafte Ängstlichkeit von Antoine war bekannt, und manche Freunde hatten den Eindruck, daß Consuleo ihn gewissermaßen in der Hand hatte, da sie sein Verantwortungsgefühl ausnützte. In *»Der Kleine Prinz«* wies Saint-Exupéry auf emotionale Erpressung hin, vor allem durch ihre Asthmaanfälle: Er sagte, die Rose »würde fürchterlich husten und so tun, als stürbe sie, um der Lächerlichkeit zu entgehen. Und ich müßte wohl so tun, als pflegte ich sie, denn sonst ließe sie sich wirklich sterben, um auch mich zu beschämen ...«

Es gab aber noch einen weiteren Wesenszug, den Saint-Exupéry in Consuelo wiederentdeckte, nämlich die Fröhlichkeit, die ihm früher an Louise de Vilmorin gefallen hatte. Louises Schwägerin, Andrée de Vilmorin, meinte auch, daß Consuelo »hübsch, fröhlich und charmant«, aber weder so klug noch so faszinierend gewesen sei wie Antoines erste große Liebe. »Consuelo war nett, eine hübsche, kleine Person«, sagte sie.

Consuelo nahm viele Stunden ihrer Erinnerungen auf Band auf und schrieb ausführlich über ihr Leben mit Antoine. Sie veröffentlichte ein Buch mit dem Titel *»Oppède«*, in dem sie ihr Leben in Frankreich während der ersten zwei Kriegsjahre beschrieb, als Saint-Exupéry in den Vereinigten Staaten lebte. In keinem dieser Texte findet man den leicht hysterischen Ton, dem man in einigen ihrer Briefe begegnet, immer dann, wenn von Gesundheitsproblemen und ihren Ängsten die Rede ist, von Saint-Exupéry wegen einer anderen Frau verlassen zu werden. Obwohl sie einräumte, manchmal recht schusselig zu sein, war sie eine Frau, die nach einer Reihe persönlicher Tragödien durchaus gelernt hatte, alleine zurechtzukommen. In *»Oppède«*, das nach dem Krieg erschien, beschrieb sie ihre Flucht vor den Deutschen nach dem Fall Frankreichs. Als ihr Zug in Carcassonne Halt machte, stieg sie aus, um sich etwas zu essen zu kaufen, aber der Zug fuhr ab, bevor sie zurückkam. Mit ihrem Gepäck, in dem sich auch die neuesten Liebesbriefe von Saint-Exupéry befanden, verlor sie ein Cape mit rotem Seidenfutter, dessen Verlust sie besonders beklagte.

Komischerweise wiederholte sich damit ein Ereignis, das Charles Sallès kurz vor dem Krieg miterlebte. Saint-Exupéry kam allein mit dem Auto nach Tarascon, wo die Familie Sallès einen Besitz hatte, und fuhr mit Charles zum Bahnhof, um Consuelo abzuholen. Anstatt mit ihr zurückzukommen, brachten sie einen Koffer mit, den Saint-Exupéry auf dem überfüllten Gang entdeckt hatte. Consuelo hatte in Narbonne den Zug verpaßt, nachdem sie ausgestiegen war, um sich ein Sandwich zu kaufen. Mehrere Taschen und ein schöner Nerzmantel waren im Gepäcknetz liegengeblieben und konnten nicht wiedergefunden werden. Consuelo hatte verzweifelt mit dem Bahnhofsvorsteher von Tarascon telefoniert, in der Hoffnung, den teuren Pelz wiederzubekommen. Obwohl dies nicht gelang, war sie, als sie am nächsten Tag in einem alten Lastwagen ankam, dessen Fahrer sie freundlicherweise mitgenommen hatte, allerbester Stimmung. »Sie sprach nie wieder von diesem teuren Pelzmantel«, sagte Sallès.

An Consuelos südamerikanisches Temperament und ihre Unberechenbarkeit erinnerten sich viele ihrer Bekannten. Claude Werth, damals ein Jugendlicher, sah sie oft, wenn Antoine seinen Vater Léon in der kleinen Wohnung in der Rue d'Assas in Paris am linken Seineufer besuchte. Claude Werth erinnerte sich, daß er über ihre Art halb amüsiert, halb verlegen gewesen war, wie sie Verkäufern, die sie nicht zuvorkommend genug bedienten, laut darauf aufmerksam machte, sie sollten nicht vergessen, daß sie die Comtesse de Saint-Exupéry sei.

Er war auch über ihre Gedankenlosigkeit entsetzt, wie zum Beispiel, als sie eines Tages Eau-de-Cologne in die Glut des Kamins warf und damit beinahe das Landhaus der Familie Werth im Jura in Brand steckte.

Andere Freunde erinnerten sich an ihre Verärgerung darüber, daß Consuelo sie manchmal eine Stunde oder länger warten ließ, bis sie zum Ausgehen fertig war. Dies läßt an eine Passage in *»Der Kleine Prinz«* denken, in der es um die Rose geht.

»Sie wählte ihre Farben mit Sorgfalt, sie zog sich langsam an, sie ordnete ihre Blütenblätter eins nach dem anderen. Sie wollte nicht wie die Mohnblüten ganz zerknittert herauskommen. Sie wollte nicht früher erscheinen als im vollen Ornat ihrer Schönheit. Nun ja! Sie wollte gefallen. Ihre geheimnisvolle Toilette hatte also Tage und Tage gedauert.«

Jean d'Agay, Antoines Neffe, war als Schuljunge häufig verängstigt, wenn er sie besuchte. Oft ließ sie ihn lange vor der Tür warten und stolzierte beleidigt davon, wenn er eine ungehörige Bemerkung machte.

Eine von Consuelos unerbittlichsten Kritikern war Simone de Saint-Exupéry, die sie in ihrer Kurzgeschichtensammlung mit dem Titel *»Météores«*, die sie in Französich-Indochina 1943 veröffentlichte, stark kritisierte. Indem Simone Consuelo in Gestalt einer jungen vietnamesischen Frau erscheinen läßt, die mit ihrem französischen Mann zum ersten Mal nach Frankreich kommt, schuf sie ihre eigene Version von Consuelos Besuch bei der von Antoine so verehrten Haushälterin Moisy in ihrem kleinen Haus in der Drôme. In der Geschichte *»Pèlerinages« (»Pilgerfahrten«)* wird die im Text kaum verschleierte Consuelo als abscheulich eingebildete und launenhaft snobistische Person dargestellt, die die Kindheitserinnerungen, die Simone und Antoine in Ehren halten, verachtet und Moisy absichtlich kränkt.

Im privaten Gespräch äußerte Simone ihre Vermutung, daß Consuelo ihren Bruder nur sexuell gefangengenommen hätte, als wäre Antoine noch immer ein unschuldiger Junge gewesen, als er im Alter von einunddreißig Jahren heiratete. Hinter ihren Bemerkungen verbarg sich die Abneigung, die viele Mitglieder der Familie für eine Frau empfanden, die sie als Eindringling betrachteten, trotz der Freundschaft und Loyalität, die Marie de Saint-Exupéry ihrer Schwiegertochter entgegenbrachte.

Selbst jene, die große Sympathie für beide, für Consuelo und Antoine, empfanden, waren sich der großen Probleme ihrer Ehe bewußt, aber sie meinten, die Verantwortung dafür trügen beide gleichermaßen. »Sie waren kein ideales Paar, aber gibt es das überhaupt?« meinte André de Fonscolombe.

> »Sie waren nicht füreinander geschaffen. Consuelo liebte ihn sehr, aber sie war unfähig, ihn glücklich zu machen. Sie war nicht die Frau, die Antoine brauchte.
>
> Antoine war oft unglücklich; aber man kann nicht behaupten, daß sie schlecht zu ihm gewesen sei. Er kam aus einem extrem traditionsgebundenen Hause, und sie konnte sich nicht so einfach anpassen. Es war nicht ihr Fehler, wenn er Schwierigkeiten mit dem Schreiben hatte, und es ist sogar durchaus möglich, daß sie ihm nützlich war. Und sagt man nicht, daß man unglücklich sein muß, um schreiben zu können?«

Es besteht jedoch kein Zweifel, daß die Beziehung zwischen Antoine und Consuelo etwa drei Jahre nach ihrer Hochzeit äußerst schwierig wurde, als er ihr vorwarf, daß sie so viel Zeit ohne ihn bei gesellschaftlichen Anlässen verbrachte – und sie wußte, daß er untreu war. Von da an nahmen Mißtrauen und Anschuldigungen zu. 1936 schrieb Consuelo an Suzanne, die Frau von Léon Werth, daß sie »unter dem schlechten Verhältnis zwischen Tonio und mir« litt, und daß »das bald ein Ende haben wird, weil ich keine Kraft mehr habe«.

Ein Großteil der Mißverständnisse zwischen dem Paar entstand durch ihr Unvermögen, einen Kompromiß bei der Verfolgung ihrer unterschiedlichen künstlerischen Interessen zu finden. Was Consuelo für Tyrannei hielt, verstand Saint-Exupéry als sein Recht als Ehemann. Er brachte seine Verbitterung in kurzen, oft etwas wirren Notizen zum Ausdruck. Er schrieb Consuelo so häufig, und der Ton änderte sich so oft, daß die Briefe wie ein fortgesetzter Ehekrach klangen, mit hastig hingekritzelten Anschuldigungen, beinahe im nächsten Wort gefolgt von der Entschuldigung. Sein zwingendes Bedürfnis, seinen Gefühlen, ohne weiter zu überlegen, Luft zu machen, führte zu vielen übereilten Anschuldigungen. Einige dieser Briefe haben Consuelo vielleicht erst erreicht, nachdem sie bereits die Entschuldigung erhalten hatte. Antoine warf ihr häufig vor, ihn zu vernachlässigen und daß dies seinen Willen zu schreiben beeinträchtige. Ihr Egoismus ärgerte ihn.

»Natürlich bin ich über das Leben verbittert«, schrieb er ihr in einem undatierten Brief. »Du gibst mir nie, wonach mich dürstet. Wäre es nicht besser, wenn Du häufiger zu Hause wärst? Gibt es keine Funken Hoffnung? Ich bin ganz ausgehungert nach Hilfe; nach Hilfe durch eine Frau ... die mir vielleicht gestern, heute morgen, heute abend mein Essen zubereitet hätte. Oder mir eine Tasse Tee einschenkt. Ihre Hand auf meine Stirn legt. Wenn ich tot sein werde, wirst Du wissen, was Du verloren hast. Du bringst mich dazu, das Leben zu hassen.«

Consuelos Kritiker trugen zu den vernichtenden Gerüchten bei, indem sie behaupteten, sie sei wiederholt untreu gewesen, und dieser Ruf hielt sich in der Familie Saint-Exupéry über mehrere Generationen, die annahmen, daß Consuelo die Geliebte mehrerer Schriftsteller gewesen sei. Von der Wahrheit dieser Gerüchte über Consuelos Untreue überzeugt, drängte Saint-Exupérys Cousine Yvonne de Lestrange, die selbst von einer unglücklichen Ehe geprägt war, Antoine, einen endgültigen Schlußstrich zu ziehen. In einem seiner letzten Briefe an Consuelo sagte Antoine jedoch, daß Yvonnes Einmischung falsch gewesen sei. Er hatte seinerseits eine langjährige außereheliche Beziehung abgebrochen, um seiner Ehe eine letzte Chance zu geben – ein erneutes schriftliches Eingeständnis, daß keine Frau Consuelo ersetzen konnte. Trotz seiner Behauptung, die häufigen Streitereien würden seine Arbeit beeinträchtigten, gab er zu, daß seine Phantasie versiegte, wenn Consuelo nicht bei ihm war, und er flehte sie an, seine alten Anschuldigungen zu vergessen.

Vielleicht war Antoine zu der Überzeugung gekommen, daß einige der boshaften Behauptungen und Anschuldigungen, die er in seinen Briefen gemacht hatte, ungerechtfertigt waren. Kurz nach dem Fall Frankreichs plagten den Schriftsteller Maurice Sachs Gewissensbisse, weil er mit Consuelo bis 1937 ein Verhältnis gehabt hatte, und er schrieb Saint-Exupéry und bat ihn um Verzeihung für das Unheil, das er angerichtet habe. Er habe sich durch Consuelos Zuneigung sehr geschmeichelt gefühlt und habe sich vorgemacht, ihr mehr zu bedeuten, als tatsächlich der Fall gewesen war.

»Aber es ist wirklich wahr, daß sie während der Nachmittage und Abende, die wir zusammen verbrachten, vor allem von Ihnen sprach und dies in einer Weise, daß ich wußte, daß sie nur Sie liebte und nur Sie lieben konnte«, schrieb Sachs.

Consuelo habe sich ihm nur zugewandt, meinte er, weil sie traurig und gelangweilt gewesen sei. Sie betrank sich ein wenig und wußte nicht, wohin sie ihre Füße auf der unsicheren Rinde dieser Erde setzen sollte, aber sie »liebte nur Sie«. Er erinnerte sich an Consuelo vor allem wegen »ihrer Anmut, ihrer Lieblichkeit und ihrer Phantasie«.

Le Grand Coup

Die Spannungen in Saint-Exupérys Ehe hätten zum Teil nachgelassen, wenn mehr Geld zur Verfügung gestanden hätte. Das Schreiben hatte ihn nicht reich genug gemacht, daß er sich seine persönlichen Extravaganzen, wie einen Bugatti und ein Privatflugzeug leisten konnte. Der mit Gallimard bei der Veröffentlichung von *»Südkurier«* 1929 ausgehandelte Vertrag enthielt die Zusage, sechs weitere Bücher herauszubringen, aber die geringen Tantiemen von *»Nachtflug«* konnten den Autor nicht überzeugen, daß er von seinen Büchern würde leben können.

Unweigerlich träumte er den unter Schriftstellern wohlbekannten Traum vom *grand coup*, der ihn ein für allemal von allen finanziellen Sorgen befreien würde.

Die Hoffnungen, seinen Lebensunterhalt durch eine Anstellung als Pilot verdienen zu können, waren mit dem Unfall in Saint-Raphaël zunichte gemacht worden, und er mußte sich im April 1934 mit einem Angebot der Air France, in ihrer Informationsabteilung zu arbeiten, zufrieden geben. Sein Gehalt betrug 3500 Francs im Monat, kaum genug, um seine monatlichen Ausgaben für seine Lieblingszigarettenmarke, Craven A, zu decken. Zu seinen Aufgaben gehörte die Teilnahme an Konferenzen im Ausland, und jeder Flug zu einer dieser Versammlungen sicherten ihm ein zusätzliches Einkommen von

1000 Francs. Während der ersten sieben Monate seiner Anstellung verdiente er mehr als 40000 Francs, zuzüglich seines Einkommens von *»Nachtflug«* und der Honorare für seine Artikel in der wöchentlich erscheinenden Illustrierten *»Marianne«*.

Drei Möglichkeiten boten sich an, die der Abhängigkeit von seinem unzureichenden Einkommen ein Ende machen würden: eine profitable Erfindung zu patentieren, Drehbücher für das Kino zu schreiben oder einen der großen Preise zu gewinnen, die für die Aufstellung eines neuen Langstreckenflugrekords ausgeschrieben waren. Im Verlauf der nächsten Monate probierte er alle drei Möglichkeiten aus und hatte am Ende doch nicht genug Geld, um seine Gas-, Strom- und Telefonrechnungen zu bezahlen.

Im Dezember 1934 meldete er sein erstes Patent an, ein Landesystem, und bis zum Jahre 1940 folgten dreizehn weitere. Er deutete mehrfach an, daß ihm seine Erfindungen ein gutes Einkommen einbrächten, aber das war nur Bluff, denn die meisten von ihnen wurden erst 1939 oder 1940 endgültig registriert, zu spät, als daß er daraus noch hätte viel Nutzen ziehen können. Seine Erfindungen gründeten sich auf seine Erfahrungen als Pilot und umfaßten Hilfssysteme für den Blindflug, Sicherheitssysteme, Navigationsausstattung und Raketenantrieb. Diese komplizierten, aber nützlichen Innovationen, oft durch sein Interesse an der Geometrie und den Naturwissenschaften angeregt, beweisen seinen rastlosen und vielseitigen Einfallsreichtum; dennoch waren die Aussichten, beim Film Geld zu verdienen, weit vielversprechender.

Der in Amerika produzierte Film *»Nachtflug«* stand 1934 in Paris zehn Wochen lang auf dem Programm. Obwohl sich Saint-Exupérys Einnahmen aus seinen Filmrechten als enttäuschend erwiesen hatten, war er von den spektakulären Flugszenen beeindruckt und meinte, daß die Atmosphäre der zivilen Luftfahrt zum ersten Mal wirklichkeitsgetreu auf die Leinwand gebracht worden sei.

Zu dieser Zeit hatte er ein Drehbuch mit dem Titel *»Anne-Marie«*, das er in Südamerika begonnen hatte, beinahe fertiggestellt. Dieses Drehbuch blieb in einigen Biographien absichtlich unerwähnt, angesichts der Tatsache, daß Saint-Exupéry mit diesem mittelmäßigen Melodram keineswegs zufrieden gewesen war. Er sagte zu Freunden, daß er auf die Produktion des Films fast keinen Einfluß gehabt habe, der unter der Regie von Raymond Bernard gedreht wurde, dessen Vater Tristan einer der erfolgreichsten Drehbuchautoren jener Tage war.

Die Handlung besaß weder die Einfachheit von *»Südkurier«* noch die moralische Überzeugungskraft von *»Nachtflug«*. Kurz zusammengefaßt: Fünf Piloten sind von der gleichen Frau fasziniert, der Flugzeugkonstrukteurin und Pilotin Anne-Marie, gespielt von der Schauspielerin Annabella, die später nach Hollywood ging und Tyrone Power heiratete. Am Ende des Films werden die fünf Testpiloten von einem sechsten Mann ausmanövriert, der als Erfinder bezeichnet wird und Anne-Marie auf einem nächtlichen Testflug während eines heftigen Sturms vor dem Absturz rettet. Der Erfinder schaltet sich in das Elektrizitätsnetz einer Stadt ein, morst ihr mit Hilfe der Straßenlaternen eine Botschaft und leitet sie damit zu einem Flugplatz.

Drei der Testpiloten, genannt »der Bauer«, »der Liebhaber« und »der Boxer«, verkörpern ganz eindeutig Guillaumet, Mermoz und Marcel Reine, die mit Saint-Exupéry in der westafrikanischen Wüste und in Südamerika so manches Abenteuer erlebt hatten. Die anderen drei männlichen Personen, der Erfinder, der Denker und der Detektiv, sind allesamt Facetten von Saint-Exupéry selbst, die es ihm ermöglichten, die Handlung insgesamt voranzutreiben, das Mädchen zu verführen und bei einem Unfall zu sterben.

In der vielleicht eigenartigsten Szene stehen sich der Detektiv und der Denker gegenüber. Der Detektiv ist wie Saint-Exupéry selbst ein geschickter Taschenspieler. Der Erfinder beherrscht jedoch die Sache ebenso und verdirbt eine Vorführung des Detektivs, indem er den Trick verrät. Im wirklichen Leben ärgerte Saint-Exupéry nichts mehr, als wenn jemand seine Tricks verriet. Gegen Ende der komplizierten Filmhandlung haben nur noch der Denker und der Erfinder Chancen, Anne-Maries Herz zu gewinnen. Die herausragende Begabung des Denkers ist sein Talent, Liebesbriefe zu verfassen, aber er stirbt bei einem Flugzeugabsturz und überläßt das Feld dem Erfinder. In der Schlußszene hat der Detektiv/Saint-Exupéry die Ehre, den Erfinder/Saint-Exupéry in Anne-Maries Arme zu schubsen und sie aufzufordern: »Küsse ihn, er ist ein Mann.«

Die außergewöhnlich starke Selbst-Identifikation in allen seinen Werken, von *»L'Évasion de Jacques Bernis«* bis zu *»Der Kleine Prinz«* öffnet Tür und Tor für endlose Spekulationen über die versteckte Aussage hinter diesem Drehbuch. Nelly de Vogüé, die sich wie niemand sonst mit dem Studium und der Herausgabe seines Werkes beschäftigte, wies darauf hin, daß Saint-Exupéry eigentlich immer die gleiche Geschichte schrieb und daß darin immer wieder die gleichen Elemente seiner Hauptthemen, wie Unabhängigkeit und Mut, erscheinen. Abgesehen davon paßt Anne-Marie nicht in sein literarisches Werk, nicht zuletzt deshalb, weil die Heldin der Geschichte eine sehr mutige Frau ist, die möglicherweise durch die französische Pionierfliegerin Maryse Bastier inspiriert wurde. Eine weitere überraschende Wendung liegt darin, daß der Erfinder durch technisches Können ihr Herz gewinnt statt durch seinen Mut oder sein moralisch vorbildliches Verhalten.

Vielleicht sollte man in dieses Drehbuch nichts hineinlesen und darin nur den Versuch sehen, mit einer populären Kunstform Geld zu verdienen. Im Verlauf der nächsten Jahre schrieb Saint-Exupéry noch weitere Drehbücher, die jedoch nie auf die Leinwand gelangten, aber 1936 bearbeitete er *»Südkurier«* für eine weit gepriesene Verfilmung, bei der er selbst, als Double des Hauptdarstellers Pierre Richard-Willm, viele Flugszenen über der Wüste drehte.

Sein größter Leinwanderfolg lief jedoch nicht unter seinem Namen. Er schrieb einen Film, *»Südatlantik«*, und führte in dieser Erinnerung an den einhundertsten Flug über den Atlantik von Afrika nach Südamerika selbst Regie. Dieser Film von einer Stunde Dauer war die erfolgreichste Dokumentation, die jemals in den französischen Kinos lief, und wurde nach seiner Gala-Uraufführung 1936 noch zwölf Jahre lang gespielt. Saint-Exupéry lehnte es ab, im Vorspann genannt zu werden, was ihm ohnehin wenig eingebracht hätte, denn der Film gehörte – wie das Verfassen von Artikeln für die gesellschaftseigene Zeitschrift – zu seinen Aufgaben bei der Air France, die mit seinem monatlichen Gehalt abgegolten waren.

Noch bevor das Drehbuch für *»Anne-Marie«* fertig war, kehrte Saint-Exupéry im Mai 1935 wieder zum Fliegen zurück, in der Hoffnung, einen der verlockenden Preise für einen Langstreckenrekord zu gewinnen. Er ging zuerst die Route Paris – Saigon an, und obwohl der Versuch mißlang und mit einem spektakulären Absturz in der Wüste

Ende Dezember endete, machte ihn dieses Abenteuer zum Nationalhelden.

Im nachhinein betrachtet, schien es fast unausweichlich, daß dieses Jahr mit einem Desaster enden würde. Die zwölf Monate waren von unglaublicher Hektik gekennzeichnet gewesen. Er arbeitete außergewöhnlich hart, um seine Finanzprobleme in den Griff zu bekommen, die ihm kaum die 650 Francs übrigließen, um die monatliche Miete für seine Vierzimmerwohnung in der Rue de Chanaleilles Nr. 5 in Paris zu bezahlen, in die er 1934 eingezogen war. Er war im Auftrag der Zeitung *»Paris Soir«* nach Moskau gereist und war in seinem Privatflugzeug zu einer Vortragsreise im Auftrag der Air France rund ums Mittelmeer geflogen. In den drei Monaten vor seinem Rekordversuch legte er etwa 15 000 Flugkilometer zurück, um Verwandte oder Freunde in Ambérieu oder an der Riviera zu besuchen. Zwischenzeitlich hatte er das Drehbuch für *»Anne-Marie«* fertiggestellt, Zeitungsartikel geschrieben, weitere Beiträge für die *»Air France Revue«* vorbereitet und seine erste Erfindung patentiert.

Er empfand noch immer den gleichen Drang zu schreiben und tat dies großteils in den modernen Literatencafés an der Seine und in Restaurants wie Les Deux Magots und der Brasserie Lipp, wo man ihn oft inmitten eines Haufens zerknüllter Skizzen sah, mit welchen er nicht zufrieden war. Er arbeitete lieber in Cafés als in seiner unerträglich vollen Wohnung, die der pazifistische Schriftsteller Henri Jeanson als »Fliegenkäfig« bezeichnete. Der Platzmangel wurde durch Saint-Exupérys Unordentlichkeit noch verschlimmert, und seine Konzentration wurde durch das ständige Kommen und Gehen von Consuelos Freundeskreis gestört. Er selbst führte sein aufregendes Gesellschaftsleben unvermindert fort, was seinen Freunden zu Sorgen Anlaß gab, weil er schlecht aussah und seine Gesundheit durch zu viel Alkoholkonsum und zu reichliches Essen angegriffen zu sein schien. Er wurde dick, sah müde aus und klagte zunehmend über Leberschmerzen.

Sein chaotischer Lebensstil, der oft zu wochenlanger Abwesenheit führte, war Anlaß für zahllose Streitereien mit Consuelo, und er schlug mit Beschuldigungen zurück, daß sie ihn vernachlässige oder zu viel Geld für Kleidung, Schmuck und die Vergnügen mit ihren Freunden ausgäbe. Diese Spannungen waren jedoch nur indirekt der

Grund für ihre Entscheidung im Herbst 1935, die gemeinsame Wohnung zu verlassen und sich im Hôtel Pont-Royal, in der Nähe der Büros von Gallimard in Saint-Germain-des-Prés einzumieten.

Daheim häuften sich unbezahlte Rechnungen, und es war nicht länger möglich, in der Wohnung zu leben, denn Gas, Strom und Telefon waren gesperrt worden. Saint-Exupéry sah sich mit einer Zivilklage konfrontiert, weil er mit der Miete im Rückstand war und von Forderungen des Finanzamts bedrängt, die ausstehende Einkommenssteuer zu bezahlen, was schließlich zur Pfändung seiner Möbel führte. Es war nicht einmal genug Geld übrig, um Hundefutter zu kaufen. Consuelos Pekinese, ein Geschenk von Antoine, mußte bei der Concierge in Pflege gegeben werden, die diese Aufgabe aber erst übernahm, als er ihr zur Sicherheit seine goldene Uhr überließ.

Saint-Exupéry reagierte auf seine finanziellen Schwierigkeiten, indem er noch mehr Geld ausgab. Im April 1934, sogar noch bevor er eine Zusicherung hatte, daß er die Stelle bei der Air France auch tatsächlich erhalten würde, kaufte er sich ein Touring-Flugzeug, eine Farman 402, für 20000 Francs. Im September 1935 – er war tief verschuldet – nahm er eine neue Caudron 630 Simoun in Empfang, die zehnmal mehr gekostet hatte als die Farman, und flog diese Maschine auf seiner Rundreise ums Mittelmeer.

Die zweisitzige Simoun war in technischer Hinsicht eines der besten Flugzeuge der Welt, sozusagen ein Bugatti der Lüfte, und wirkt selbst heute noch schnittig und modern. Seit 1930 hatte die Firma Caudron Flugzeuge hergestellt, die mit speziell entwickelten Renaultmotoren angetrieben wurden, deren Leistung jener der Konkurrenten weit überlegen war. Das neueste Modell von 1935 konnte eine Reisegeschwindigkeit von 280 km/h über 1200 Kilometer durchhalten, was die Überlegenheit dieses Modells im internationalen Wahn, neue Langstreckenrekorde aufzustellen, bestätigte. Der Erfolg der Simoun bei Wettflügen hatte beachtliche kommerzielle Auswirkungen, die Maschine diente als schnelles Arbeitspferd der Air Bleu, einer innerfranzösischen Postfluggesellschaft, die Beppo de Massimi zusammen mit Didier Daurat nach dem Zusammenbruch der Aéropostale gegründet hatte.

Doch nur eine einzige Simoun hat ihren festen Platz in der Literatur gefunden: das leuchtend rot- und cremefarbene Modell mit der Aufschrift F-ANRY, mit einem 180-PS-Motor, in dem Saint-Exupéry seinen Versuch unternahm, den Rekord auf der Strecke Paris – Saigon zu brechen, wobei er in der Libyschen Wüste abstürzte und dort beinahe verdurstet wäre.

Der Preis, der jenem winkte, der die Strecke in weniger als 99 Stunden zurücklegte, betrug 150000 Francs, genug, um seine dringendsten Schulden zu bezahlen. Er verpflichtete sich im Auftrag des Verlegers René Delange, eines seiner späteren Biographen, eine Artikelreihe für die Tageszeitung *»L'Intransigeant«* zu schreiben.

Dank des phänomenalen Erfolgs von *»Wind, Sand und Sterne«*, in dem er dieses Abenteuer vier Jahre später erzählte, wurde Saint-Exupéry allmählich ein wohlhabender Mann, aber zunächst war die Folge seines mißglückten Flugs nach Saigon ein harter Schlag, der seine Träume von finanzieller Unabhängigkeit zunichte machte.

Unter der Kapitelüberschrift »Der Durst« (franz.: »Au centre du désert«) widmete Saint-Exupéry etwa sechzig Seiten von *»Wind, Sand und Sterne«* diesem Unfall in der Wüste. Nirgends findet sich jedoch ein Hinweis auf die schlampige Vorbereitung, die diesem gefährlichen Flug vorausging. Wenn die Simoun nach nur knapp zwanzig Stunden Flugzeit bloß 3700 Kilometer von Paris entfernt abstürzt, hat der Leser den Eindruck, irgendeine böse Naturgewalt habe ein hinterlistiges Spiel getrieben, den Piloten eingelullt, vom richtigen Kurs abgelenkt und ihn seiner kostbaren Höhe beraubt.

In Wahrheit war das ganze Unternehmen ein verzweifeltes, schlecht geplantes Hasardspiel, hastig auf die Beine gestellt, um die Frist zum 31. Dezember einhalten zu können. Die Expedition wurde in der Nacht vor dem Start vorbereitet, begleitet von Consuelos Nörgelei, doch Saint-Exupéry erwähnt seine Frau (deren Name nicht genannt wird) nur in einer kurzen Bemerkung. Sie unterbrach eine wichtige Besprechung vor dem Flug, um ihm eine Tasche mit seinem Rasierapparat und einem Hemd zum Wechseln zu bringen.

Doch bei genauer Lektüre dieses Kapitels spürt der Leser Saint-Exupérys Gefühl der Erleichterung, als er schließlich auf seinen Sitz im Cockpit der Simoun sinkt, einem angenehmen Ort, den er als eine Welt für sich beschreibt, als die Heimat des Piloten: »Für mich ist das Flugzeug kein Zweck, es ist ein Mittel. Mein Leben schlage ich nicht für die Fliegerei in die Schanze, sowenig wie der Bauer für den Pflug arbeitet. Mit dem Flugzeug verläßt man die Städte und ihre seelenlose Rechnerei und findet auf anderem Wege die bäuerliche Wahrheit wieder«, schrieb er – vielleicht die einfachste aller Feststellungen über die Faszination des Fliegens.

Als er in Le Bourget, damals der Hauptflughafen von Paris, in seine Simoun stieg, war er gerade der unerträglich hektischen Atmosphäre im Hôtel Pont-Royal entkommen, das als Hauptquartier der Flugvorbereitungen gedient hatte; aber bis auf seine kurze Unterhaltung mit dem Meteorologen findet man in diesem Buch wenig von den oft komischen Stunden vor dem Start.

Bis er sich auf dem Pilotensitz niedergelassen hatte, hatte sich Saint-Exupéry nur halbherzig um die Flugvorbereitungen gekümmert. Er wollte sich mit der technischen Inspektion nicht befassen, und die Simoun wurde erst in letzter Minute Didiers Daurats Air Bleu anvertraut, die die Maschine unter Leitung von Antoines Flugingenieur André Prévot wartete. Saint-Exupéry hatte keine Lust, sich vor dem Flug mit dem sehr detaillierten Navigationsplan zu befassen und beauftragte damit Jean Lucas, einen Freund und früheren Piloten der Aéropostale, und übertrug ihm die gesamte Verantwortung.

Lucas sagte später, er habe den Verdacht gehegt, Saint-Exupérys Hauptbeweggrund für diesen Rekordversuch sei sein Wunsch gewesen, seinen Sorgen in Paris zu entfliehen. Er hatte vor, in Saigon seine Schwester Simone zu treffen, die in den Stadtarchiven arbeitete, und wollte einige Zeit durch Indochina reisen.

»Während seiner zahlreichen Aufenthalte in Port-Étienne habe ich ihn immer entspannt und glücklich erlebt, ohne Sorgen, in einer Art Euphorie, die ich an ihm seither nie wieder gesehen habe«, sagte Lucas, als er sich an die Zeit zurückerinnerte, in der er diese westafrikanische Basis leitete. »In Paris war er nie mehr der gleiche. Er brach noch immer in Gelächter aus wie ein Kind, aber er war stets von irgendwelchen Sorgen geplagt.«

Zur Vorbereitung der Landkarten für den 10000 Kilometer langen Flug, normalerweise Aufgabe des Piloten, mußte Lucas eine ganze Nacht in Consuelos Zimmer arbeiten. Sie redete unentwegt auf ihn ein, was ihn ärgerte und störte. Als er sie bat, endlich ruhig zu sein, soll sie ihm angeblich eine Ohrfeige gegeben haben, und Lucas reagierte darauf, indem er sie packte und ihr den Hintern versohlte.

»Das nenne ich einen Mann«, soll Consuelo nach Aussage von Marcel Migéo, einem von Saint-Exupérys Freunden aus den Luftstreitkräften, gesagt haben.

Saint-Exupéry hat diesen Zwischenfall wahrscheinlich gar nicht mitbekommen. In dem Hotelzimmer herrschte ein ständiges Durcheinander, weil immer wieder Freunde hereinschauten, um ihm Glück zu wünschen oder ihren Rat anzubieten, und so wurde er von einer eingehenden Beschäftigung mit den Navigationsrisiken abgehalten. Diese Besuche widerlegten eine oft aufgestellte Behauptung, Saint-Exupéry habe seine Freunde eifersüchtig voneinander ferngehalten. Alle, die kamen, um ihm für seinen Flug Glück zu wünschen, waren jeweils Zeugen der verschiedenen wichtigen Perioden seines Lebens gewesen. Lucas gehörte zur Gruppe der Aéropostale-Freunde, Joseph Kessel und Gaston Gallimard dagegen standen im Zentrum seines literarischen Kreises.

Antoines Schulfreund vom Lycée Saint-Louis, Henry de Ségogne, ein berühmter Bergsteiger, fuhr ihn am 29. Dezember um 4 Uhr morgens zum Flughafen Le Bourget. Unter den Zuschauern, die in der Kälte auf den auf 7 Uhr verschobenen Start warteten, waren Didier Daurat und der anarchistische Autor Léon Werth.

Während der nächsten bangen Tage wurde das Hôtel Pont-Royal zu einem Krisenzentrum. Nachdem das Flugzeug als vermißt gemeldet wurde, fand dort eine Art Familienzusammenkunft statt, als sich Yvonne de Lestrange und Marie de Saint-Exupéry mit einer Menge besorgter Besucher und Freunde versammelten. Marie war am 1. Januar 1936 in aller Eile aus Cannes angereist und verbrachte viel Zeit mit Gebeten für die Rettung ihres Sohnes.

Die Beschreibungen der letzten Minuten vor dem Start konnten sie gewiß kaum beruhigen. Antoine hatte, weil er nach mehreren wegen der Weihnachtsfeierlichkeiten sehr kurzen Nächten noch halb verschlafen war, vergessen, die Thermosflaschen mit Kaffee einzupakken, der ihn die nächsten vier Tage wachhalten sollte. In letzter Minute kaufte er in einer Apotheke, die Nachtdienst hatte, zwei Thermoskannen und ließ sie in einem nahegelegenen Café füllen.

Seine Flugprobleme begannen kaum eine Stunde nach dem Start. Schon bald nachdem er das Mittelmeer erreicht hatte, begann die Simoun Treibstoff zu verlieren, und er mußte nach Marseille zurückkehren. Saint-Exupéry verlor eine volle Stunde, als die Mechaniker den Tank löteten, die dann beobachteten, wie er zu dem Flug, den er seine »letzte und härteste Prüfung« in der Sahara nannte, aufbrach.

KAPITEL X

Wadi Natroun

Am 30. Dezember 1935 um 4.46 Ortszeit stürzte Saint-Exupérys Flugzeug mit einer Geschwindigkeit von 270 km/h in der ägyptischen Wüste, östlich der Grenze zu Libyen ab. Zu diesem Zeitpunkt glaubte er, den Nil bereits überflogen zu haben, und weder seine Beschreibung in »*Wind, Sand und Sterne*« noch sein Bericht für die Versicherung gaben eine zufriedenstellende Erklärung, warum er fast eine Flugstunde Verspätung zu seinem Flugplan hatte, noch warum seine Maschine auf die Erde prallte, während sein Höhenmesser eine Höhe von 400 Metern über dem Meeresspiegel anzeigte.

Saint-Exupéry hatte nur drei Viertel der von ihm angenommenen Strecke zurückgelegt, als er tiefer ging, um unter den Wolken nach Orientierungspunkten Ausschau zu halten. Das war ein für einen erfahrenen Langstreckenpiloten so gravierender Navigationsfehler, daß man sich unweigerlich an ein Vorkommnis erinnert fühlt, bei dem er nur zehn Minuten nach dem Start jedes Zeitgefühl verlor und auf einem Feld notlandete, aus Furcht, ihm könnte der Treibstoff ausgehen.

Der einzige Faktor, der diesen Fehler zum Teil entschuldigen könnte, war eine unerkannte Änderung der Windrichtung, welche die Simoun bremste. Obwohl dem Piloten in Benghazi vier Stunden zuvor mitgeteilt worden war, daß er mit Rückenwind rechnen könne, hatte sich der Wind gedreht. Normalerweise wäre er darüber über Funk unterrichtet worden, aber Saint-Exupéry hatte sich entschlossen, auf ein Funksystem zu verzichten, um Gewicht zu sparen und dafür mehr Treibstoff mitnehmen zu können.

Weil er sich inmitten dicker Kumuluswolken befand, beschloß Saint-Exupéry, an Höhe zu verlieren, in der Hoffnung, die Lichter von

Kairo zu erspähen, aber über der Wüste herrschte dichter Nebel, was den trügerischen Eindruck ausreichender Höhe erzeugte. In seinem offiziellen Bericht schrieb er, daß er von dem Aufprall völlig überrascht worden sei, und er und sein Mechaniker wären umgekommen, wenn sie nicht auf einem von runden schwarzen Kieselsteinen bedeckten Plateau gelandet wären, die wie eine Art Kugellager wirkten. Das Flugzeug schlitterte »wie ein Reptil« 250 Meter weit, während der Pilot verzweifelt versuchte, die Maschine unter Kontrolle zu bekommen, bevor sie in einem Sandstreifen plötzlich zum Halten kam, nachdem der rechte Flügel weggerissen worden war.

Nach seiner Rettung kehrte Saint-Exupéry mit dem Auto zur Absturzstelle zurück, so daß es keinen Zweifel über seinen himmelschreienden Kalkulationsfehler hinsichtlich seiner Flugposition gibt, kaum zwanzig Stunden nach dem Start in Paris. Selbst wenn man den ungünstigen Wind und einen möglicherweise defekten Höhenanzeiger in Rechnung stellt, muß der Grund für diesen Unfall in der falschen Einschätzung der Lage durch den zwar erfahrenen, aber völlig übermüdeten Piloten gesehen werden. So forderten die hektischen Tage vor dem Flug ihren Tribut, und der Bericht in *»Wind, Sand und Sterne«* vermittelt das Gefühl, daß der Pilot im Verlauf der Reise immer stärker in Euphorie versetzt wird, je weiter seine Sorgen hinter ihm zurückbleiben. In der abgekapselten Sicherheit des Cockpits, wo sein wackerer Gefährte Prévot auf dem Sitz des Kopiloten vor sich hindöste, rauchte Saint-Exupéry in aller Ruhe seine Zigaretten und trank ab und zu eine Tasse Kaffee.

Es gab eine kleine Unstimmigkeit über eine störende Cockpitlampe, die Prévot angebracht hatte, aber ansonsten war Saint-Exupéry, wie er schrieb, glücklich und »hätte hier am Steuer zehn Jahre weiterfliegen können«. In dieser abgeschiedenen Welt, wo es nur die einzigartige Beziehung zwischen Mensch, Maschine und den Elementen gab, stimmte er Jean Mermoz zu, daß die Freude am Fliegen so riesengroß sei, daß sie sogar den endgültigen, tödlichen Absturz lohne. Irgendwo ging jedes Zeitgefühl vor dem Hintergrund des Motorengebrumms und einem mondlosen Himmel verloren.

Wenn man den Piloten Saint-Exupéry für den Unfall verantwortlich machen konnte, so glich der Schriftsteller Saint-Exupéry diesen Fehler durch die brillantesten Passagen in *»Wind, Sand und Sterne«* wieder aus. Seine dreitägige Wanderung mit dem zuverlässigen und zurückhaltenden Prévot durch die Wüste wird sogar mit noch größerer Rührung beschrieben als die Rettung von Guillaumet in den Anden. Die Trugbilder, der drohende Tod durch Verdursten, die Halluzinationen, die Kameradschaft und schließlich das Erscheinen des arabischen Nomaden, der sie mit einer Schale Wasser rettete, sind die klassischen Zutaten der Beschreibung einer Rettung in der Wüste, aber in den Text ist die ständig wiederholte Zusicherung hineingewoben, daß das Abenteuer vor allem eine spirituelle Erfahrung ist. Die ganze Menschheit geht aus dieser schrecklichen Prüfung gestärkt hervor, und Rassen-, Sprach- und Glaubensschranken sind aufgehoben.

Würde man dieses Abenteuer in anderer Form erzählen als in Saint-Exupérys eigenen Worten, würde man den Wert eines der schönsten Prosatexte des zwanzigsten Jahrhunderts schmälern, aber wie bei allen seinen Abenteuern, gibt es eine Reihe von Anekdoten, die er lieber unerwähnt ließ, als den erhabenen Tonfall seiner Erzählung zu stören. In seinem Buch schrieb er, daß er nur eine Orange, einen Liter Wein und ein paar Tassen Wasser aus dem Flugzeugwrack retten konnte. Er beschrieb, wie er einen Fallschirm zerriß, um damit den Tau aufzufangen, doch das Wasser hätte ihn und seinen Mechaniker wegen der chemischen Beschichtung des Tuches beinahe vergiftet. In Kairo teilte er einem Reporter mit, daß sich die Kosten der zerstörten Ausrüstung auf genau 6203 Francs belaufen habe, gerade genug, um fast eine Jahresmiete in der Rue de Chanaleilles zu bezahlen.

Nach seiner Rückkehr nach Paris suchte Saint-Exupéry den Dramatiker Marcel Achard auf und bat ihn, ihm den Text des Volksliedes *»Aux marches du palais«* aufzusagen, ein Lied, das Saint-Exupéry oft sang. Im vom Durst hervorgerufenen Delirium hatte er die Worte vergessen und konnte sich noch immer nicht daran erinnern.

Sein Kollege bei der Aéropostale, Jean Lucas, erinnerte sich, daß Saint-Exupéry nach seiner Rettung plötzlich die biblische Parabel von Esau verstanden hatte, der sein Erstgeburtsrecht an Jakob für eine Schüssel Linsen verkauft. Als Prévot und Saint-Exupéry gefunden wurden, flößten die arabischen Nomaden ihnen zunächst gewaltsam Linsen ein, um ihre Mägen auszukleiden, bevor sie zuließen, daß sie wie Kälber gierig Wasser aus einer Schale schlürften. Wie die zwei verschollenen Flieger war Esau halbverdurstet aus der Wüste zurückgekehrt und verkaufte seine Rechte als Erstgeborener nicht für ein Linsengericht, sondern für das Wasser, das er danach bekommen würde. So betrachtet, erscheint Esau weniger als Dummkopf, als man aus der Bibel zu entnehmen meint.

Ein Großteil der weiterreichenden Informationen über Saint-Exupérys Absturz stammt aus einem Tagebuch der Familie Raccaud in Wadi Natroun westlich von Kairo, wohin man Saint-Exupéry am 2. Januar 1936 brachte, nachdem er 180 Kilometer durch die Wüste geirrt war. Nach ihrer Rettung waren Saint-Exupéry und Prévot auf Kamelen Richtung Osten geritten, aber sie waren so erschöpft, daß ihre arabischen Retter sie bei einer Oase zurückließen, um im 20 Kilometer entfernten Wadi Natroun Hilfe zu holen.

Der Schweizer Émile Raccaud war Manager der ägyptischen Salz- und Soda-Compagnie und lebte mit seiner Familie in einer Wüstengegend, die so abgeschieden war wie das Fort von Cap Juby. Am späten Nachmittag des 2. Januar kam ein arabischer Bote in der Fabrik an und brachte eine von Saint-Exupéry auf die Rückseite eines Flugplans gekritzelte Botschaft.

In dieser Notiz wurde gebeten, daß man dem Boten zwei Guineas für seine Dienste bezahlen und ein Auto schicken möge, um Prévot und ihn bei der Oase abzuholen. Die beiden Männer blieben nur gerade lang genug bei der Familie Raccaud, um eine Tasse Tee und ein Glas Whisky zu trinken, bevor Émile Raccaud mit ihnen die sechsstündige Fahrt nach Kairo antrat, wobei ihnen sechs Kilometer von den Pyramiden entfernt das Benzin ausging. Saint-Exupéry rief vom Mena House Hotel am Fuße der Pyramiden in der französischen Botschaft an, um mitzuteilen, daß er gerettet sei. Als Consuelo diese Nachricht um Mitternacht französischer Zeit im Pont-Royal in Paris erhielt, schrie sie auf und fiel in Ohnmacht. Minuten später unterhielt sie sich glücklich und ging dann mit vielen Freunden ihres Mannes in die nahegelegene Brasserie Lipp, um dort ausgelassen zu feiern.

Saint-Exupéry hatte es nicht eilig, nach Hause zurückzureisen. Er kehrte mit Prévot in das abgeschiedene Heim der Raccauds zurück, eine Oase kolonialen Komforts im Schatten der Sodafabrik. Mehr als vierzehn Tage erholte er sich in der entspannenden Atmosphäre, fern seiner Schulden, des Papierkriegs und der Eheprobleme. Es gab nicht einmal ein Telefon, das ihn hätte stören können.

Als er drei Monate später aus Frankreich an Émile Raccaud schrieb, sagte Saint-Exupéry, wie sehr er Wadi Natroun und seine friedliche Atmosphäre vermisse. »Hier sieht die Welt weniger wie eine Wüste aus, aber sie ist es in Wahrheit umso mehr«, fügte er hinzu.

Die Familie Raccaud machte Fotos, auf denen Saint-Exupéry wie Michelin Bibendum, das Michelinmännchen, aussieht und beinahe seinen Anzug sprengt. Sein schütteres Haar ist von einer Baskenmütze bedeckt, die er sich tief in die Stirn gezogen hat. Auf einem der Bilder steht er neben dem Wrack der Simoun, deren Rumpf in erstaunlich gutem Zustand ist. Später ließ Émile Raccaud die Maschine nach Wadi Natroun schleppen und ließ sie per Schiff nach Frankreich verfrachten. Zwei Jahre später stritt er sich noch immer mit der Versicherungsgesellschaft um die Erstattung von 500 ägyptischen Pfund, die die ägyptische Salz- und Soda-Compagnie für die Bergung der Simoun ausgegeben hatte.

Sehnsuchtsvolle Blicke

Saint-Exupéry gab bei der Beschreibung seines eigenen Abenteuers in der Wüste mehrere Hinweise auf Guillaumets Überleben in den Anden. Gegen jede Logik war er nach Osten gegangen, weil auch Guillaumet diese Richtung eingeschlagen hatte, als er den Diamantsee verließ. Wenn Saint-Exupéry wirklich glaubte, den Nil schon überquert zu haben, dann wußte er, daß er in östlicher Richtung nur die Wildnis des Sinai vor sich gehabt hätte, aber es war, als ob ihn sein bester Freund in die Sicherheit führte. Beide Männer schöpften ihren Überlebenswillen aus der Liebe zu ihren Frauen. Guillaumet schöpfte durch das Betrachten der kleinen Fotografien von seiner Frau Noëlle Kraft. Saint-Exupéry widerstand der Versuchung, sich hinzulegen und einfach zu sterben, indem er an Consuelos sehnsuchtsvolle Augen dachte. »Ich erblickte im Geist die Augen meiner Frau. Sie sahen mich fragend an, so daß ich nur noch diese Augen sehen konnte ... Und ich antwortete doch! Hört ihr denn nicht? Ich antworte! Ich antworte, so laut ich kann. Ich kann doch keine hellere Flamme in die Nacht hinaussenden!« Er wußte, »jede Sekunde, die ich ruhig verharre, ist Mord an denen, die mir die Liebsten sind«. Die Augen Consuelos waren wie ein Hilferuf.

Das sind leidenschaftliche Worte, ein öffentliches Eingeständnis, daß seine Frau das Wichtigste in seinem Leben war, eine Erklärung, die die Menschen, die ihn am besten kannten, lesen und verstehen würden. Nur sie konnten wissen, daß das Paar zwischen 1936 und der Veröffentlichung von »*Wind, Sand und Sterne*« im Jahre 1939 nach wiederholten Trennungen buchstäblich auseinandergerissen war. Nur Antoines beste Freunde ahnten, wie schwierig das Eheleben geworden war, so schwierig nämlich, daß Saint-Exupéry Consuelo eines Tages sagte, daß er »Urlaub von seiner Rolle als Ehemann« brauche – eine Bemerkung, die seine Frau in einer Radiosendung 1954 zitierte.

Der Absturz in der Wüste hatte Saint-Exupérys materielle Sorgen keineswegs vermindert, was das Leben mit Consuelo hätte leichter machen können. 1936 zogen sie in das Hôtel Lutétia am Boulevard Raspail. Suzanne Werth erhielt einen Brief von Consuelo, in dem sie ihr anvertraute, daß die erste Nacht im Lutétia »entweder das Ende oder aber ein neuer Anfang« gewesen sei.

»Tonio und ich haben sehr vernünftig darüber gesprochen, uns zu trennen. Das Leben wäre viel einfacher. Er wünscht, seine *mignonne* bei sich zu empfangen. Gut, soll er doch. Es ist traurig, sich gealtert und von seinem Partner nicht mehr geliebt zu fühlen, und außerdem mögen mich Tonios Freunde nicht! Vielleicht werde ich allein in Frieden leben. Wenn ich überhaupt weiterlebe, denn ich bin krank.«

Sie vermieden eine endgültige Trennung, indem sie eine geräumige Wohnung am Place Vauban beim Invalidendom mieteten, wo Consuelo ein eigenes Atelier im Erdgeschoß bewohnte und ihre Künstlerkollegen empfangen und mit ihnen telefonieren konnte. Aber 1938 zog das Paar in getrennte Wohnungen um, und Consuelo sagte in einem Brief das Ende ihrer Beziehung voraus. In weiteren, tränen-befleckten Briefen nannte sie den Namen ihrer Rivalin und sagte, daß diese »das Rennen gewonnen« habe und daß Saint-Exupéry bald weinen werde, »so wie er mich zum Weinen bringt«.

Hinter dem oft selbstmitleidigen Tonfall von Consuelos Briefen verbarg sich die echte und verständliche Verzweiflung einer Frau

Ende Dreißig, die sich in einer großen, fremden Stadt verlassen fühlte. Denn seine Rose hatte, wie Saint-Exupéry in *»Der Kleine Prinz«* später schreiben würde, zu ihrem Schutz nur ein paar Dornen. Ihr Gesundheitszustand verschlechterte sich, weil sie fühlte, daß die an ihren Mann gerichteten Hilferufe ungehört blieben. »Er zog die Weite, die Schiffbrüche und die Geister der Vergangenheit vor«, schrieb sie.

Die Möglichkeit, ihre Ehe durch die Gründung einer Familie zu stabilisieren, wurde vor allem durch Saint-Exupérys rastloses Leben verhindert. Dennoch scherzte er oft über seine kinderlose Ehe und sagte, es wäre unmöglich, daß er und Consuelo ein Baby haben könnten, weil das arme Kind bestimmt aus Versehen in einem Taxi liegengelassen würde.

Aber zweifellos liebte er es, von Kindern umgeben zu sein. In Agay spielte er stundenlang mit seinen Neffen und Nichten, erzählte ihnen Geschichten und sang mit ihnen, bevor sie zu Bett gingen; er begeisterte sie mit seinen Kartentricks und seiner Virtuosität beim Schach- und Damespiel. Mireille d'Agay, die bei seiner Hochzeit eine der Brautjungfern gewesen war, erinnerte sich daran, wie sanft er sie einmal aufhob und in den Arm nahm, als sie gestürzt war und sich wehgetan hatte. In Agay wurde er als richtiger Held, unter dem Namen Onkel Papou, gefeiert. Seine beiden Nichten sammelten seine leeren Zigarettenschachteln wie wertvolle Souvenirs.

Viele andere Kinder erinnerten sich an seine Freundlichkeit, so auch Paul Claudels Enkelin Marie-Sygne Claudel, die ihn in New York kennenlernte, als sie vier Jahre alt war. Er malte ihr mehrere Zeichnungen und erzählte ihr Märchen. Auch zu den beiden Kindern seines amerikanischen Verlegers Eugène Reynal hatte er ein enges Verhältnis. Elisabeth Reynal erzählte, daß er einmal zusammen mit den Kindern wassergefüllte »Papierbomben« aus dem Fenster der Wohnung auf die Passanten warf.

Der Sohn von Léon Werth, Claude, erinnerte sich in vielen Begebenheiten seiner Kindheit an einen jungenhaften Saint-Exupéry, der ebenso gerne mit Kindersachen spielte, wie er sich in philosophische Diskussionen einließ. Als er zwölf Jahre alt war, wurde Claude die besondere Ehre zuteil, von Saint-Exupéry auf einen Rundflug in seiner Simoun über das Schloß Saint-Maurice-de-Rémens mitgenommen zu werden, währenddessen Antoine ihm Geschichten aus seiner Kindheit erzählte.

Eines von Antoines Lieblingsspielen war, Papierhubschrauber zu falten und sie von hohen Gebäuden hinunterfliegen zu lassen, ein Zeitvertreib, der, als er in Casablanca lebte, Dutzende junger arabischer Zuschauer anlockte. Später in New York versuchte er, die Hubschrauber in die offenen Fenster der unteren Etagen fliegen zu lassen. Bei einer anderen Gelegenheit füllte er in Henri Claudels Wohnung einen ganzen Korb mit Papierhubschraubern und ließ sie später vom Empire State Building fliegen.

Als er noch in Paris studierte, sagte er seiner Mutter, daß er sich eine Familie sehr wünsche. Die Sorge, ob er seine eigenen Kinder wirklich schützen könnte, muß ihn schwer belastet haben. Sein gefährlicher Beruf war dabei nicht die einzige Überlegung. Seine Überängstlichkeit hinsichtlich seines Gesundheitszustandes wurde oft den Erinnerungen an den plötzlichen frühen Tod seines Vaters im Alter von einundvierzig Jahren zugeschrieben, der eine Frau mit fünf Kindern zurückließ, die sie alleine erziehen mußte. Der frühe Tod von François und Marie-Madeleine waren darüber hinaus Warnungen möglicher Erbkrankheiten, aber der Verlust von Gabrielles Sohn Melchior, der schon als Baby starb, war für ihn besonders traumatisch.

Sowohl in *»Südkurier«* als auch in *»Nachtflug«* finden sich ausführliche Hinweise auf die tödliche Krankheit eines kleinen Kindes, und während dies im ersten Roman noch einen Bezug zur Handlung hatte, klingt es in seinem zweiten Werk vielmehr wie ein Versuch, sich mit der Ungerechtigkeit des Schicksals abzufinden.

Neben diesen Ängsten spielte seine Unfähigkeit, die Welt der Erwachsenen zu akzeptieren eine wesentliche Rolle. In *»Der Kleine Prinz«* kam dies am deutlichsten in seinem Bedauern zum Ausdruck, daß beim abrupten und irreversiblen Übergang von der Kindheit ins Erwachsenenleben das Wichtigste der wunderbaren Kindheit zerstört wird. Schon mehrere Jahre zuvor war er bereits auf dieses Thema zu sprechen gekommen, als er über ähnliche Gefühle der Trauer und der Hoffnungslosigkeit in einem Artikel von 1935 für *»Paris-Soir«* schrieb, während er durch Mitteleuropa reiste. Der überarbeitete Text bildet die letzten Seiten von *»Wind, Sand und Sterne«*. Darin ist Saint-Exupéry hingerissen von dem engelhaften Gesicht eines Bauernkindes, das zwischen seiner Mutter und seinem Vater schläft.

»Diesem Paar war eine goldene Frucht geboren: aus den schwerfälligen Lumpen war eine Vollendung von Anmut und Lieblichkeit entsprungen. Ich beugte mich über die glatte Stirn, die feingeschwungenen Lippen und sah: das ist ein Musikerkopf – das ist Mozart als Kind, eine herrliche Verheißung an das Leben! So sind nur die kleinen Prinzen im Märchen. Was könnte aus diesem Kind, wenn es behütet, umhegt und gefördert würde, alles werden! – Wenn in einem Garten durch Artwechsel eine neue Rose entsteht, faßt alle Gärtner größte Aufregung. Man verwahrt die Rose, man pflegt sie und tut alles für sie. Aber für die Menschen gibt es keinen Gärtner. Das Kind Mozart wird wie alle anderen vom Hammer zerbeult. Vielleicht empfängt es einst seine höchsten Wonnen von einer entarteten Musik in der stickigen Luft eines Nachtcafés.«

Die Passage endet mit den Worten: »Mich quält etwas ... Nicht Beulen und Falten und alle Häßlichkeit; mich bedrückt, daß in jedem dieser Menschen etwas von einem ermordeten Mozart steckt.«

Nelly de Vogüé

Selbst wenn Saint-Exupérys Ehe glücklich gewesen wäre, Consuelo hätte nie sein Bedürfnis nach rein geistiger Reflexion zufriedenstellen können, das sich Mitte Dreißig bei ihm rasch entwickelte. Ihre Intelligenz und ihr künstlerisches Talent waren rein intuitiv, nicht analytisch, und sie war möglicherweise von der Neigung ihres Mannes gelangweilt, sich mit abstrakten Problemen zu beschäftigen, anstatt ihre Vorliebe für Romantik, Einfallsreichtum und Fröhlichkeit zu teilen.

Etwa vier Jahre nach der Hochzeit begann Saint-Exupéry mehr und mehr von einer intellektuellen Zuneigung zu Nelly de Vogüé erfaßt zu werden, einer Geschäftsfrau, deren Vater, Maximilien Jaunez, mit einer Keramikfabrik in Saargemünd ein Vermögen gemacht hatte. Sie war neunzehn Jahre alt, als Antoine ihre Bekanntschaft machte, und hatte gerade einen Marineoffizier, den Comte Jean de Vogüé, geheiratet, der ebenfalls die Schule in Bossuet besucht hatte und Mitglied einer aristokratischen Familie mit großem Einfluß in der Industrie- und Finanzwelt war.

Die wichtige Funktion, die Nelly für Saint-Exupérys literarische Karriere übernommen hatte, reichte noch weit über seinen Tod hinaus, da sie das Manuskript von *»Die Stadt in der Wüste«* von ihm erbte und veröffentlichte. Sie schrieb kurz nach dem Krieg eine Biographie unter dem Pseudonym Pierre Chevrier über ihn und setzte sich ihr ganzes Leben lang für die Veröffentlichung von Saint-Exupérys Werk ein. Ohne zu erkennen zu geben, daß sie in den dreißiger Jahren eine von Saint-Exupérys bevorzugten Brieffreundinnen gewesen war, veröffentlichte sie – ebenfalls anonym – viele Briefe, die Saint-Exupéry ihr aus der ganzen Welt zugesandt hatte. In großem Maße trug sie dazu bei, daß Saint-Exupéry selbst und der Wert seiner literarischen Werke bekannt wurden, indem sie zahlreiche Informationen lieferte, die viele Autoren in den folgenden Jahren in ihren Biographien verwendeten, wovon eine sogar ihr gewidmet wurde.

Nelly de Vogüé war selbst Schriftstellerin und hatte das Geld, die Geschäftsverbindungen und das Organisationstalent, das nötig war, um Saint-Exupérys Geldprobleme lösen zu können. Sie war auch eine aufmerksame Zuhörerin bei seinen langen Ausführungen über soziale, wissenschaftliche, ökonomische und literarische Theorien, die ihn vor dem Krieg so sehr beschäftigten.

Nelly de Vogüé, geborene Hélène Marie-Antoinette Jaunez, war Ende zwanzig, als die Freundschaft mit Saint-Exupéry intensiver wurde. Davor hatten sie sich in derselben privilegierten Gesellschaftsschicht bewegt, deren Zentrum Louise de Vilmorin und Yvonne de Lestrange waren.

Nellys Vorliebe galt der Malerei, die sie, ein paar Jahre nachdem Saint-Exupéry sein Studium abgebrochen hatte, an der École des Beaux-Arts in Paris studierte. Aber die Geschäftsinteressen ihrer Familie hatten Vorrang, und sie stellte ihre künstlerischen Ambitionen zurück, um eine führende Rolle bei der Förderung französischer Investitionen in den Vereinigten Staaten in Zusammenarbeit mit René de Chambrun zu übernehmen, dem Schwiegersohn des zukünftigen Vizepräsidenten des Regierungsrates von Vichy, Pierre Laval. Die Freundschaft mit Saint-Exupéry entschädigte Nelly de Vogüé zum Teil für das Opfer, das sie mit der Aufgabe ihrer Künstlerkarriere gebracht hatte, und sie betrachtete sich als eine seiner Musen. Sie war von seinem außergewöhnlichen und unerschöpflichen Einfallsreichtum fasziniert und nahm seine Ausbrüche an Intoleranz gerne hin. Nach ihren Worten verachtete er jeden, der nicht dachte wie er oder unfähig war, eine Vision der Welt zu entwickeln, die es erlaubte, dem zu entkommen, was er als einen Teich voll abgestandenem Wasser bezeichnete.

»Dennoch gab er sich selbst kapriziös«, schrieb sie 1949. »Entweder fiel er in stille Nachdenklichkeit, die manchmal feindselig wirken konnten, oder er ließ sich zu Wutausbrüchen oder absolut kindischem Schmollen hinreißen. Er hatte sich aus seiner Kindheit die Frische der Emotionen bewahrt, sowohl in der Freude als auch im Ärger.«

Diese Ausbrüche beschränkten sich aber nicht auf gefühlsmäßige oder intellektuelle Konflikte. Nelly de Vogüé beschrieb die Folgen seiner legendären Unordentlichkeit. Über seine Wohnung in der Rue de Chanaleilles sagte sie, daß man am Durcheinander in seinem Schlafzimmer erkennen konnte, ob er zu Hause war.

> »Zerknüllte Zigarettenschachteln, Bücher, Zahnbürsten, leere Tuben und verstreute Tabletten lagen neben seinen Hemden, Krawatten und Schuhen. Wenn Saint-Ex aufräumt, breitet er sich aus ... und obwohl er nicht viel besitzt, wären alle Zimmer der Welt noch zu wenig, um seine Ausbreitung aufzunehmen. Nur sein Papier genießt eine privilegierte Ordnung. Ein Zimmer wäre nicht seines ohne die phantasievolle Anordnung seiner Sachen. Und wenn jemand dort aufräumen möchte, weigert er sich dorthin zurückzukehren, wie ein Tier, in dessen Bau sich vorübergehend ein anderes Tier eingenistet hat.«

Da sie oft mit ihm zusammen aß, war Nelly de Vogüé auch eine zuverlässige Informationsquelle über Saint-Exupérys Lieblingsgerichte, deren Aufzählung in ihrer Biographie einer Speisekarte gleicht. Nach ihrer Aussage liebte er Blutwurst, Curry, Schokolade, Karpfenmilch, Aïoli, Tartare, Paté und Ratatouille mit Nudeln. Andererseits haßte er grünes Gemüse und meinte, Spinat und Rosenkohl wären Hasenfutter. Sein Widerwillen gegen grüne Bohnen wurde schon seit seiner Kindheit belächelt, aber einmal, als er bei seiner Schwester Urlaub machte, servierte Gabrielle aus Unachtsamkeit Bohnen. Antoine brach in Tränen aus und warf ihr vor, ihn nicht mehr zu lieben.

Von seinen Lieblingsrestaurants in Paris war neben der Brasserie Lipp das Androuet in der Nähe des Bahnhofs Saint-Lazare das bekannteste, berühmt für seine Käsespezialitäten, aber sein Zufluchtsort blieb das Café Jarras gleich neben Yvonne de Lestranges Wohnung, das er schon während seiner Studienzeit an der École des Beaux-Arts besucht hatte. Selbst als Saint-Exupéry pleite war, servierte ihm der Cafébesitzer in seinem eigenen Wohnzimmer Wein und lieh ihm später, als es ihm wirklich schlecht ging, sogar Geld.

Neben diesen Einblicken in sein Alltagsleben schrieb Nelly de Vogüé auch über Saint-Exupérys Arbeitsmethode, nachdem sie ihn bei vielen Gelegenheiten in Frankreich, in den Vereinigten Staaten und in Nordafrika bei der Arbeit beobachtet hatte. Er arbeitete in einer Art physischem Fieber und total vertieft, er »schwitzte, schnitt, strich durch und stürzte sich wie wild auf bestimmte Satzteile.«

Er schrieb den Anfang des Kapitels mit dem Titel »Das Flugzeug und der Planet« in *»Wind, Sand und Sterne«* dreißigmal neu und strich Sätze, die, wie er meinte, seinem Text schadeten, selbst wenn er sie schön fand. Wenn er einen Entwurf in den Papierkorb warf, lächelte er wie ein kleiner Lausbub nach einem Streich.

Nelly de Vogüé erhielt viele Briefe von Saint-Exupéry, in welchen sich sein wachsendes Interesse an Themen ohne Bezug zur Literatur zeigte. Ein Großteil dieser Korrespondenz liest sich wie die spontanen Ergüsse eines Geistes, der versucht, Gedankenfetzen festzuhalten, bevor sie ihm entwischen. Sie klingen manchmal didaktisch und schulmeisterlich, als bereitete sich der Autor bereits auf die Antwort auf mögliche Widersprüche vor, und sind in derselben fieberhaften Weise geschrieben, die Nelly de Vogüé an ihm beobachtet hatte, wenn er seine Bücher oder Artikel verfaßte.

Als Nelly seine bevorzugte Brieffreundin wurde, war Saint-Exupéry mit dem beschäftigt, was er sein »Gedicht« nannte, der erste Entwurf dessen, was später *»Die Stadt in der Wüste«* wurde. Einige Briefe enthalten Elemente dieser philosophischen Arbeit, von der Saint-Exupéry hoffte, daß sie so bedeutend wie Nietzsches *»Also sprach Zarathustra«* werden würde.

Viele der von Nelly de Vogüé veröffentlichten Schriften klingen wie eine literarische Version seiner Zaubertricks. Obwohl die Virtuosität der Sprache besticht, scheint es sich doch zunehmend um eine Argumentation um des Argumentierens willen zu handeln, als ob Saint-Exupéry sich mühte, einen Weg aus einem selbstgebauten Irrgarten zu finden.

Ein maschinengeschriebener, aber handschriftlich korrigierter, elf Seiten langer Brief der Biographie von Nelly de Vogüé alias Chevrier war an den Physiker René Planiol geschickt worden. Es handelt sich im wesentlichen um die Fortsetzung mehrerer Gespräche, die Saint-Exupéry mit Planiol geführt hatte, nachdem sie sich 1937 kennengelernt hatten. Der Brief beginnt mit einem Versuch Saint-Exupérys, die Widersprüche zwischen »der Idee der Relativität der äußeren Welt und meiner Vorstellung des Absoluten in spirituellen und moralischen Bereichen« zu erklären. Fast übergangslos erörtert Saint-Exupéry die Eifersucht, den Durst, Demokratie, Rassismus, dichterisches Schaffen, Descartes, Newtons Gesetz der Schwerkraft und ein Dutzend anderer, scheinbar wahllos ausgesuchter Themen, manchmal mit Gleichungen veranschaulicht, bevor er mit einer langen Litanei persönlicher Definitionen über die Ordnung des Universums und das künstlerische Schaffen beginnt. Seine abschließende Analyse lautet: »Die biologischen Kategorien sind: Elektron, Atom, Molekül, Zelle, Organismus, Bewußtsein. Die materiellen Kategorien sind: Elektron, Atom, Molekül, Himmelskörper, Galaxie, Universum.«

Trotz der Wichtigkeit dieser Abhandlung scheint sich Saint-Exupéry im letzten Satz selbst über den 5000 Wörter umfassenden Aufsatz lustig zu machen, wenn er schreibt: »Aber was macht es, wenn solche Überlegungen – wieder einmal – kritikwürdig erscheinen?«

Nachdem das durch den Absturz in der ägyptischen Wüste entstandene finanzielle Schlamassel mit Nelly de Vogüés Hilfe wieder in Ordnung gebracht war, machte sich Saint-Exupéry daran, zu beweisen, daß sein schlecht vorbereiteter Rekordversuch über die Strecke Paris – Saigon ein Fehler war, den man korrigieren konnte. »Ich habe mit der Wüste noch eine Rechnung offen«, schrieb er in einem Brief an Nelly.

Im Jahre 1937 schlug er vor, ausgerüstet mit einer neuen leuchtendroten Simoun, eine neue, bahnbrechende Route von Casablanca nach Timbuktu zu eröffnen, ein Unternehmen, für das er vom Luftfahrtministerium eine Subvention von 40 000 Francs erhielt mit einer zusätzlichen Unterstützung von der Air France. Dieser hervorragend organisierte Flug von 9000 Kilometern über Wüstengebiet gab ihm sein Vertrauen in seine fliegerischen Fähigkeiten zurück und rief in ihm all die Freuden der Langstreckenflüge wieder wach. In einem Brief, geschrieben am 16. Februar 1937 in Oran, der später von Nelly de Vogüé veröffentlicht wurde, brachte er seinen Stolz über seine herausragende Leistung der Wüstenfliegerei zum Ausdruck, als er versuchte, Orientierungspunkte zu finden, die ihm wie »Inseln mitten im Ozean« erschienen.

> »Ich war glücklich, als das winzige Viereck in 30 Kilometer Entfernung in der Wüste auftauchte, nach 500, 1000 oder 1500 Kilometer der Öde. Während dieser Stunden klopft der Motor wirklich wie ein Herz. Aber das genügt nicht. Man darf seine Sache nicht verpatzen. Mich erwartete eine ordentliche Strafe, wenn ich meinen eigenen Ansprüchen nicht genügt hätte. Ich kehre zufrieden mit mir und meinem Flug zurück. Berge, Stürme, Sand, das sind meine Götter, denen ich mich nun ebenbürtig fühle.«

Diese Reise war Ursprung einer weiteren Tier-Anekdote von Saint-Exupéry, die durch das viele Weitererzählen immer wilder wurde. In Dakar wurde ihm ein Löwenbaby geschenkt, und er beschloß, es auf dem Kopilotensitz neben sich mit nach Frankreich zu nehmen. In der Version, die er Nelly de Vogüé erzählte, begann das Tier in der Kabine herumzuspringen und versuchte, den Piloten anzufallen. Um es zu beruhigen, drehte Saint-Exupéry die Simoun auf den Rücken, wobei das Tier, als es auf die Kabinendecke aufschlug, fast ohnmächtig wurde. Das Manöver mußte bis zur Zwischenlandung in Casablanca

Consuelo mit Freunden der Familie. *(Frédéric d'Agay)*

Rechts: Eine undatierte Aufnahme von Antoine und Consuelo in Nizza. *(Privatsammlung von André de Fonscolombes)*

Unten: Léon Werth. *(Claude Werth)*

Links: Saint-Exupéry und Consuelo in einem Skigebiet, 1931.

Unten: Saint-Exupéry mit Léon Werth und dessen Sohn Claude in Saint-Amour im Jura.

Saint-Exupéry in Toulouse, 1933. *(Musée d'Air France)*

Eine Zeichnung für Marie-Sygne Claudel, aus der Zeit, als er in New York an *»Der Kleine Prinz«* arbeitete.
(Lady Northbourne)

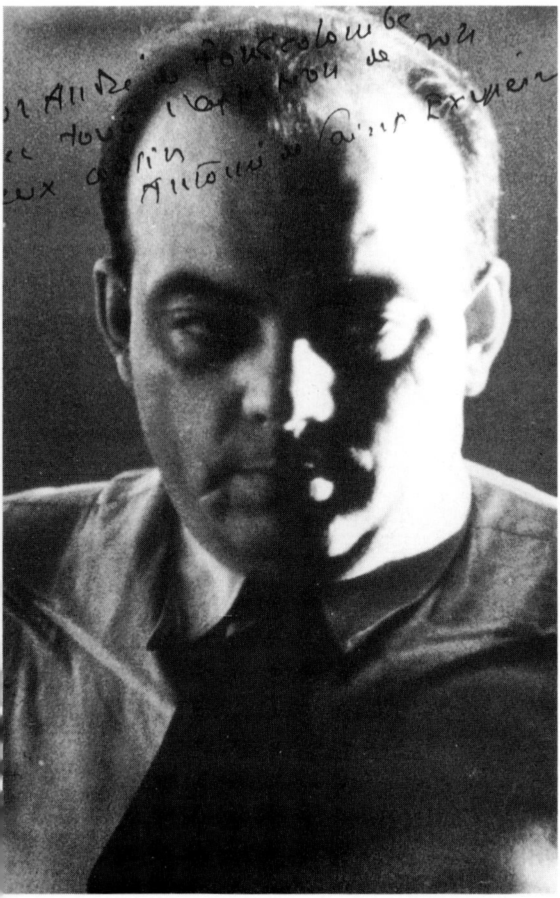

Saint-Exupéry im Alter von etwa 38 Jahren, möglicherweise nach seinem Absturz in Guatemala aufgenommen.
(André de Fonscolombe)

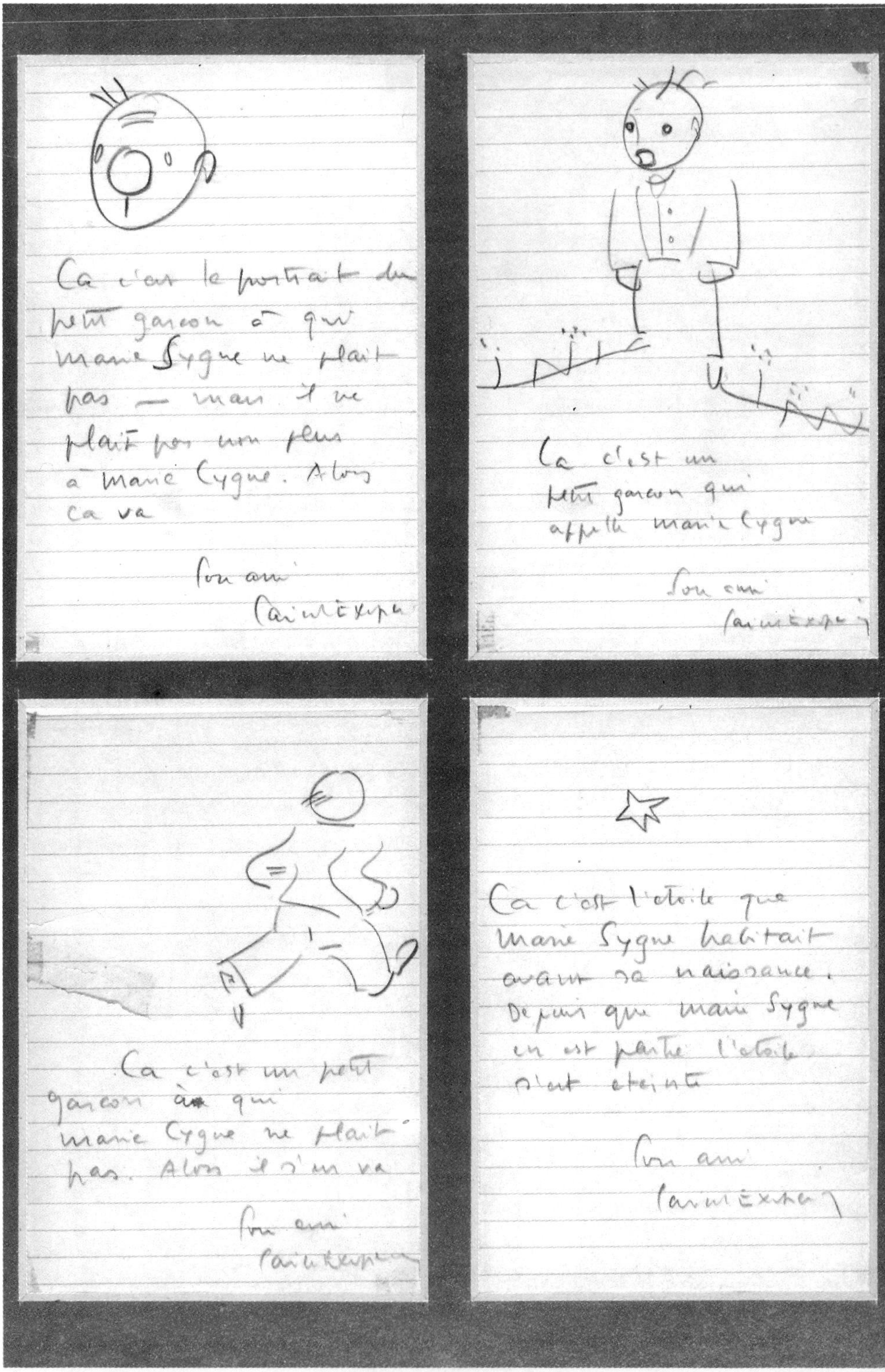

Saint-Exupérys Zeichnungen für Marie-Sygne Claudel, mit kurzen Texten.
(Lady Northbourne)

Saint-Exupéry mit Kameraden im Zweiten Weltkrieg.
(ECPA, photo cinéma video des armées)

Oben: Eine Lockheed P-38 Lightning, ähnlich jener, in der Saint-Exupéry starb. Seine Maschine war nicht bewaffnet. *(Quadrant Picture Library)*

Links: Consuelo mit ihrer Büste von Saint-Exupéry.

mehrmals wiederholt werden, jedesmal, wenn der kleine Löwe wieder zu sich kam.

Tatsächlich hatte André Prévot, der Mechaniker, mit dem verängstigten jungen Löwen zu tun und drückte ihn fast die ganze Reise über auf den Kabinenboden. In Casablanca mußte Prévot ins Krankenhaus gebracht werden, um seine tiefen Wunden an Armen und Händen versorgen zu lassen.

Place Vauban

Saint-Exupéry gelang es so vortrefflich, ein Nonkonformist zu sein, daß Berichte über ihn manchmal verschiedene Personen zu beschreiben scheinen. Sein Arbeitsprogramm, aufgeteilt in Fliegen und Schreiben, widersetzte sich jeder Ordnung oder Chronologie. Es ist manchmal schwer vorstellbar, daß der humanistische Denker, der über *»Die Stadt in der Wüste«* nachsann, der gleiche unbeschwerte Autor war, der den Großteil seines Einkommens aus Zeitungsberichterstattungen und belanglosen Drehbüchern bezog.

Während Nelly de Vogüé Saint-Exupérys oft feierliches, impulsives und visionäres Temperament betont, entwerfen andere Beobachter, wie der pazifistische Schriftsteller Henri Jeanson, ein eher komisches Porträt, indem er zunächst ein Bild aus einem Walt-Disney-Zeichentrickfilm für Antoine und Consuelo übernimmt (der Bär und der tropische Vogel).

Jeanson schrieb im Jahre 1968 seine Erinnerungen für die Zeitschrift *»Constellation«*. Obwohl es Erinnerungslücken gab, die er mit Phantasie auszufüllen verstand, hatte er einen klaren Blick für die widersprüchlichen, unvereinbaren Seiten von Saint-Exupérys Persönlichkeit. Nirgends war dies augenfälliger als in seiner neuen Wohnung, in der sechsten und siebten Etage eines Wohnblocks am Place Vauban, mit Blick auf Les Invalides.

Dieses luxuriöse Penthouse, das er zwischen 1936 und 1938 für eine jährliche Miete von 25 000 Francs bewohnte – das war dreimal so viel, wie die Wohnung in der Rue de Chanaleilles gekostet hatte – stand im Zentrum des eleganten 7. Arrondissements, aber es war, wie

Jeanson bemerkte, »die Wohnung eines Bohemiens, der sich die falsche Adresse gewählt hatte«.

Während Consuelo den Trägern, die schwere Steinblöcke schleppten, den Weg in ihr Bildhaueratelier ein Stockwerk tiefer zeigte, führte Saint-Exupéry Henri Jeanson durch die geräumige Wohnung, deren hohe Fenster einen der schönsten Ausblicke auf Paris boten. Im Innern jedoch erstaunte Jeanson vor allem die spärliche Möblierung.

> »In weiter Entfernung konnte man ein Möbelstück erkennen, einen Sessel, einen Flügel, einen Gartenstuhl oder einen Tisch aus weißem Holz. Das Zimmer von Saint-Exupéry war ein Paradestück der Unordnung, ein einzigartiges Durcheinander. Man stolperte über die verschiedensten Dinge: über eine Truhe, einen Stiefel, Krawatten, einen Kompaß, Elektrorasierer, kaputte Hemden, amerikanische Zeitschriften, eine afrikanische Maske, ein Fernglas, eine Zange, Zigarettenschachteln und einen Sonnenschirm.«

Es war eine eigenartige Wohngemeinschaft am Place Vauban, wo Antoine und Consuelo halb getrennt lebten, mal in Liebe vereint, sich dann wieder gegenseitig mit Vorwürfen überhäufend. Consuelo hatte die ärgerliche Angewohnheit, »wie ein Wasserfall« in sein Zimmer zu stürmen und Antoine zu stören, wenn er seine Freunde mit seinem Repertoire unterhielt, das von Rezitationen von Mallarmé in italienischem Akzent bis zu spontanen Chorgesängen von Volksliedern reichte.

»Sie war ein verführerisches kleines Geschöpf ... sehr amüsant, sehr intelligent, sehr lebhaft, ständig plappernd, das glücklich malen, schreiben und Skulpturen anfertigen konnte«, schrieb Jeanson.

Auf Consuelos plötzliches Erscheinen reagierte Antoine stets nur mit einem schwachen Vorwurf, und trotz der Spannungen, die 1938 zur endgültigen Trennung führten, war Jeanson von der Zärtlichkeit, mit der Saint-Exupéry seine Frau in der Öffentlichkeit immer behandelte, beeindruckt. »Sie war so zerbrechlich, so zart und so unerträglich ... sie überraschte ihn, faszinierte ihn, in einem Wort, er betete sie an.«

Jeanson, der hauptsächlich für die satirische und pazifistische Wochenzeitschrift *»Le Canard enchaîné«* schrieb, beobachtete auch zwei weitere Facetten von Saint-Exupérys Leben, das Kino und den Journalismus. Obwohl Saint-Exupéry über die Verfilmung von *»Südkurier«* unzufrieden gewesen war, weil er nur begrenzten Einfluß auf die filmische Übertragung gehabt hatte, konnte ihn Jeanson überzeugen, ein britisches Filmprojekt in Erwägung zu ziehen, das die Geschichte des Fliegens seit den ersten Anfängen, beginnend mit Ikarus, zum Thema hatte.

Das Projekt wurde nie realisiert, aber die Vorbereitungen dazu führten zu einem Treffen zwischen Saint-Exupéry und dem Flugpionier Louis Blériot in Paris sowie zu einem Besuch in London für eine Besprechung mit dem Filmproduzenten Alexander Korda. Bei Saint-Exupérys einzigem Aufenthalt in England kam es zu einer Unterhaltung mit H. G. Wells, einem gemeinsamen Kabarettbesuch mit dem Maler Fernand Léger und einem Besuch in einem heruntergekommenen Londoner Club, wo er eine französische Bardame wiedertraf, die er in Dakar kennengelernt hatte.

Der Clubbesitzer versuchte, die Unterhaltung zwischen Antoine und der Bardame zu unterbrechen, als sie über ihre gemeinsamen Erinnerungen an alte Bekannte sprachen. Nach Jeansons Aussage packte Saint-Exupéry den Mann an der Krawatte und verlangte eine Entschuldigung.

»Es gab ein Gerangel, ein paar Hiebe wurden ausgetauscht und ein Tisch umgestoßen – wie in einem schlechten Film«, sagte Jeanson. »Der Barbesitzer entschuldigte sich, und alles war wieder in Ordnung.«

Jeanson war gleichzeitig mit Saint-Exupéry in Madrid, wo beide 1937 als Sonderkorrespondenten arbeiteten, Saint-Exupéry im Auftrag des *»Paris-Soir«*. Es war sein zweiter Auftrag im spanischen Bürgerkrieg. Als Saint-Exupéry eine Anarchistengruppe besuchte, kam er in den Genuß einer Vorführung, wie man Handgranaten wirft, die eine beängstigende Ähnlichkeit mit russischem Roulette hatte. Nachdem Saint-Exupéry beobachtet hatte, wie einer der Milizionäre seine Kaltblütigkeit unter Beweis stellte, indem er die Granaten bis zu den letzten Sekundenbruchteilen vor der Explosion in der Hand behielt, wollte er es ihm gleichtun.

»Das Spiel begeisterte ihn«, schrieb Jeanson. »Er versuchte es mit einer Mischung aus Verzückung und Ungeschicklichkeit, und ich warnte ihn, daß man ihn erschießen würde, wenn die anderen ihn dabei erwischten.«

Saint-Exupéry schlug die Warnung mit einem Schulterzucken in den Wind: »Was soll's – das ist das Spiel.«

In ernsterem Tonfall sprach Jeanson von Saint-Exupérys Bewunderung für die Anarchisten, »nicht etwa der Doktrin wegen, sondern ihre Art zu sterben, ihre elegante, stolze Verwegenheit fesselte ihn«.

Später bezeugte Saint-Exupéry seine Ehrfurcht für den Anarchismus: »Wenn in Ihrem Keller oder Ihrem Speicher eine schöne menschliche Flora gedeiht, die eine solche Wärme der Intelligenz und des Herzens bevorzugt, dann sollten wir diesen Keller und diesen Speicher retten.«

Saint-Exupérys Verachtung für Konventionen ging jedoch nicht so weit, daß er selbst zum Anarchisten geworden wäre. Als er zwischen 1936 und 1937 als Kriegskorrespondent in Spanien war, hatte er hinsichtlich seiner religiösen und politischen Ansichten den reaktionären Konservatismus seiner sozialen und familiären Herkunft abgeschüttelt und war auf der Suche, seine verlorengegangenen Ideale durch neue zu ersetzen. Er versuchte, äußerst gegensätzliche Ansichten miteinander zu vereinbaren, indem er hervorhob, daß die Gegensätzlichkeit mangelndem gegenseitigen Verständnis zuzuschreiben sei, nicht etwa blinder Überzeugung. Er begründete die von extremistischen Doktrinen, wie dem Faschismus und Kommunismus, erzeugten Unruhen mit den Schwierigkeiten echter Kommunikation und dem Unvermögen, die Argumente der jeweils anderen Seite verstehen zu können.

Im Jahre 1937 erlebte Frankreich eine Periode schwerer ideologischer Konflikte, als die Rechte weiterhin die von Léon Blum angeführte *Front Populaire* attackierte. Saint-Exupéry schrieb in sein Tagebuch, daß die Wurzel des ganzen Übels die Unkenntnis der Tatsache sei, daß sich weder die Faschisten noch die Kommunisten die Mühe machten, die Schriften der anderen zu lesen oder den Versuch unternahmen, die gegensätzlichen Theorien miteinander zu vereinbaren.

Und zugleich ließ Saint-Exupéry nie von seiner Überzeugung ab, daß großer spiritueller Reichtum den Menschen vor seiner eigenen Dummheit retten würde, wenn er das gemeinsame Ziel der Menschheit erkennen könnte. Dies wird durch einen der bekanntesten Sätze aus »*Wind, Sand und Sterne*« ausgedrückt, daß »Liebe nicht darin besteht, daß man einander ansieht, sondern daß man gemeinsam in gleicher Richtung blickt«. Es wird der Eindruck vermittelt, daß selbst die schlimmste Feindschaft »durch die wesentlichen Worte – die Wahrheit der Wahrheiten« überwunden werden kann.

Er erzählt eine Episode, in der ein republikanischer spanischer Soldat und ein faschistischer Infanterist sich in der Dunkelheit über die Schützengräben hinweg grüßen und den jeweils anderen fragen, wofür sie eigentlich kämpfen. Der eine antwortete: »Für Spanien«, und der andere: »Für das Brot unserer Brüder«. Die Unterhaltung endet mit dem gegenseitigen Gruß zweier Männer, »Gute Nacht, Freund«, die im Morgengrauen versuchen würden, sich gegenseitig zu töten. Bezüglich ihrer Motive zu kämpfen sagt Saint-Exupéry: »Die Worte waren nicht die gleichen, aber ihre Wahrheiten waren identisch. Warum hat eine solch enge Verbindung die Menschen nie davon abhalten können, im Kampf gegeneinander zu sterben?«

Obwohl der Wortwechsel zwischen den beiden Soldaten ausführlich beschrieben wird, ist die Geschichte eine Allegorie, die Saint-Exupérys Argumente für das tiefgreifende Gefühl der Brüderlichkeit in jedem Menschen veranschaulichen sollte: Ein Ideal, das für seine Leser noch zusätzlich an Bedeutung gewinnen sollte, als Frankreich 1940 die Schrecken der Niederlage erlebte und in zwei Lager zerrissen wurde, in das der Gaullisten und das der Anhänger Pétains.

Die zwei Spanier hießen Leo und Antonio. Saint-Exupérys engster Freund war Léon Werth, ein anarchistischer Schriftsteller. Sie debattierten stundenlang aus gegenüberliegenden politischen Schützengräben, der eine sprach von Frankreich, der andere vom »Brot unserer Brüder«, und doch festigten diese Diskussionen ihre Freundschaft, eine der erstaunlichsten der zeitgenössischen Literatur.

KAPITEL XI

»Terre des Hommes«

Léon Werth

Léon Werth war zweiundzwanzig Jahre älter als Saint-Exupéry, und dennoch beschrieb Claude, der Sohn von Léon Werth, die Beziehung zwischen diesen beiden Männern als »eine Freundschaft, die auf Ebenbürtigkeit beruhte, keineswegs aber auf einem Vater-Sohn-Verhältnis«. Das war nicht das einzig Ungewöhnliche daran. Der Mann, den die meisten Freunde von Antoine für seinen engsten Vertrauten hielten, war Jude und ein Anhänger Trotzkis, der seine Aufgabe in der Bekämpfung der Privilegien der Aristokratie sah.

In der rigiden, klassenbewußten Gesellschaft, in der Saint-Exupéry aufgewachsen war, wurde er oft selbst fälschlicherweise als Kommunist abgestempelt, aber die tolerante Art, mit der er politische und soziale Fragen zu lösen versuchte, war viel weiter rechts als jene von Léon Werth. Was sie jedoch auf intellektueller Ebene vereinte, war die Toleranz gegenüber Andersdenkenden. Sie erfreuten sich an einer Art verbalem Schachspiel und tauschten ihr Wissen über das Niemandsland der unterschiedlichen sozialen Herkunft und beruflichen Erfahrungen hinweg aus.

Werth schrieb achtzig Seiten seiner Erinnerungen unter dem Titel *»Saint-Exupéry, tel que je l'ai connu« (»Saint-Exupéry, so wie ich ihn kannte«)*, in denen er abstritt, einen entscheidenden Einfluß auf seinen Freund gehabt zu haben. Saint-Exupéry hatte selbst in einem veröffentlichten Brief gesagt, daß er – wenn sie miteinander diskutierten – am Ende immer zugeben mußte, daß Werth recht gehabt habe. »Was er meinte, war, daß wir bei unseren Diskussionen trotz unserer gegensätzlichen Ansichten immer auf einer allgemeinen Ebene endeten, die weit über unseren Meinungsverschiedenheiten lag«, schrieb Léon Werth. Beide Männer empfanden gegenseitige Zuneigung, und Saint-Exupéry gehörte bald zur kleinen Familie von Léon Werth. Er besuchte sie regelmäßig in ihrer Wohnung am linken Seineufer und in ihrem Landhaus in Saint-Amour im Jura, nur 60 Kilometer von Saint-Maurice-de-Rémens entfernt.

Léon Werth und seine Frau Suzanne zeigten große Anteilnahme an Saint-Exupérys Eheproblemen und spendeten ihm und Consuelo Mitgefühl und Trost. Immer wenn er Consuelo aus den Augen verlor, die oft ohne Ankündigung plötzlich verschwand, wandte sich Saint-Exupéry hilfesuchend an das Ehepaar Werth. Waren sie in der Rue d'Assas nicht zu erreichen, hinterließ er auf dem Wohnzimmertisch konfuse Nachrichten, meist mit Zeichnungen versehen. Auch Consuelo schüttete ihr Herz über ihre Traurigkeit und Einsamkeit vor allem bei Suzanne aus.

Die Freundschaft zwischen Antoine und Léon begann 1937 nach einer förmlichen Vorstellung durch René Delange, dem Herausgeber des *»L'Intransigeant«*. Als Werth vorgeschlagen wurde, er solle sich mit Saint-Exupéry treffen, soll er gesagt haben: »Ein Prix-Femina-Preisträger – das wird sicher langweilig.«

Vielleicht war auch Saint-Exupéry davon wenig begeistert. Werth ging auf die Sechzig zu und hatte den Ruf, schwerfällig und ein wenig trocken zu sein, ein Bild, das die Fotografien eines schulmeisterlichen Mannes mit feierlich ernstem Blick und einem Zwicker auf der Hakennase zu bestätigen scheinen.

Das Treffen wurde anläßlich Saint-Exupérys bevorstehender Reise in die Sowjetunion arrangiert. Werth war zuvor wegen seiner Attakken gegen den Stalinismus die Einreise untersagt worden. Er hatte sich mehr als zwanzig Jahre lang für die extreme Linke engagiert, und sein Treffen mit Saint-Exupéry fand zu einem Zeitpunkt statt, als dieser auf der Suche nach alternativen politischen Systemen war. Als Paradebeispiel des Nonkonformismus war Werth ein interessantes Vorbild. Hinter den Rauchkringeln seiner Pfeife verbarg sich ein ebenso freier Geist, wie Saint-Exupéry einer war. Während Saint-Exupéry nach Möglichkeiten suchte, seiner traditionellen sozialen und religiösen Erziehung zu entkommen, war Werth seit seiner Kindheit ein Freidenker gewesen.

Sein Judentum war eher Vermächtnis seiner kleinbürgerlicher Eltern als religiöse Überzeugung, aber natürlich gab es kein Entrinnen vor dem von der Dreyfus-Affäre ausgelösten Antisemitismus, der sich um die Jahrhundertwende auf dem Höhepunkt befand, als Werth sein Studium abbrach und eine Reihe verschiedener Aushilfstätigkeiten annahm. Mitunter arbeitete er als Lastenträger in den Markthallen von Paris. Bis dahin schien ihm eine brillante akademische Karriere bevorzustehen, zumal er als Schüler eines *lycée* in Lyon einen nationalen Philosophiepreis gewonnen hatte.

Nach seinem Wehrdienst verlegte er sich auf den Journalismus und freundete sich mit dem Schriftsteller und Kunstkritiker Octave Mirbeau an, der achtundzwanzig Jahre älter war als er. In den Jahren vor dem Ersten Weltkrieg wurde Werth selbst ein einflußreicher Kunstkritiker und veröffentlichte 1913 seinen ersten Roman *»La Maison blanche« (»Das weiße Haus«)*, ein halb autobiographisches Werk, versehen mit einem Vorwort von Mirbeau. Obwohl noch weitere Bücher folgten, gründete sich die Freundschaft mit Saint-Exupéry mehr auf die Weigerung von Werth, sich an Konventionen zu halten, sei es auf literarischem, politischem oder sozialem Gebiet, als auf sein schriftstellerisches Schaffen.

Werth diente im Ersten Weltkrieg als Infanterist an der Front und kehrte als überzeugter Pazifist zurück. Im Jahre 1919, zur Zeit der offiziellen patriotischen Feierlichkeiten, die Heldentum und Opferbereitschaft glorifizierten, veröffentlichte er einen vehement antimilitaristischen Roman über seine eigenen Kriegserfahrungen mit dem Titel *»Clavel soldat« (»Der Soldat Clavel«)*, der einen Skandal hervorrief. Im Jahre 1926 reiste er nach Französisch-Indochina und schrieb anschließend ein höchst antikolonialistisches Buch, *»Cochinchine«*. Sein Individualismus entfremdete ihn gleichermaßen von der extremen Linken wie von der reaktionären Rechten. Obwohl Werth für kommunistische Zeitschriften schrieb und 1930 Vizepräsident der Antifaschistischen Liga war, mißfiel der kommunistischen Partei seine Kritik an Stalin, und er wurde aus der Partei ausgeschlossen.

Die Vorgänge in der Sowjetunion faszinierten 1935 die französischen Literaten, nicht zuletzt André Gide, dessen *»Retour de l'URSS«* und die Fortsetzung *»Rétouches à mon retour de l'URSS«* zu großer Desillusionierung über den Stalinismus führten. Die politischen Gründe, die zu dem Zusammentreffen von Werth und Saint-Exupéry führten, wurden jedoch bald von dem beiderseitigen Wunsch ersetzt, möglichst viel Zeit miteinander zu verbringen.

Werth war zu diskret, um in seinen kurzen Memoiren viel über ihre persönliche Beziehung zu sprechen, aber er gab einige äußerst aufschlußreiche Beschreibungen des Mannes, den er als »Charakter im Stile Balzacs« bezeichnete. Die vielleicht scharfsinnigste Feststellung betraf Saint-Exupérys Unfähigkeit, über längere Zeit glücklich zu sein.

»Saint-Ex war zugleich der durchschaubarste und der ängstlichste Mensch«, schrieb Werth, »der unterwegs plötzlich das Glück fallenließ, das so sicher schien.«

Trotz dieser Hinweise auf den unheilvollen Rückzug in die Melancholie sind die meisten von Werth festgehaltenen Bilder amüsant, zumindest für jene, die Saint-Exupéry für seine Fehler ebenso liebten wie für seine positiven Qualitäten. Werth erinnerte sich zum Beispiel an Antoines tiefen Schlaf, der dazu führte, daß er viele Verabredungen am frühen Morgen nicht einhielt. Wiederholtes Rufen und Schütteln waren vergebens. Bei einer solchen Gelegenheit hob Saint-Exupéry nur kurz den Kopf, öffnete ein Auge und schlief weiter, »in einem so abgeschiedenen riesigen Königreich der Träume, daß man sich vor den Tonnen von Träumen und unbewußten Gedanken, die darin enthalten sein konnten, ängstigte. Und während er wieder in den Schlaf sank, konnte man glauben, daß davon die ganze Welt berührt wurde, daß Meer, Land und Planeten einschliefen und in ihrem Lauf innehielten.«

Ein anderes Mal wurde Claude Werth von seinem Vater angewiesen, eine Glocke an Saint-Exupérys Ohr zu läuten, weil alle anderen Versuche, ihn zu wecken, gescheitert waren.

Léon Werth beobachtete auch die Faszination, die Kartentricks auf Saint-Exupéry ausübten, welche, wie er sagte, eine Möglichkeit waren, die Rationalisten von jenen zu trennen, »die akzeptierten, nicht alles verstehen zu können, die sich vertrauensvoll den Geheimnissen wie dem Leben öffnen und nicht glauben, daß naive Bewunderung einen Gesichtsverlust nach sich zieht.«

Werth war von allen Freunden Saint-Exupérys vielleicht am ehesten bereit, eine Tugend aus seiner fordernden Persönlichkeit zu machen, auch was seine Angewohnheit betraf, mitten in der Nacht anzurufen, um mathematische Lösungen zu erörtern oder eine Melodie zu hören, die er vergessen hatte. Oft bestand er sogar auf ein sofortiges Treffen, zu einer Zeit, als die meisten Leute schon zu Bett gegangen waren.

Nelly de Vogüé bestätigte Saint-Exupérys Manie und sagte, daß er zu jeder Tages- und Nachtzeit zum Telefon griff und seine Freunde oft mit einem Anruf vom anderen Ende der Erde in aller Frühe weckte. »Das war manchmal recht aufregend, aber die Unterhaltung war so ideenreich, daß man manchmal Stunden brauchte, bis man wieder einschlafen konnte«, sagte sie.

Sein Arzt, Georges Pélissier, sagte, daß Saint-Exupéry geradezu telefonsüchtig war und daß er einmal beobachtete, wie er etwa fünfzigmal die gleiche Nummer wählte, in der Hoffnung, einen Freund erreichen zu können. »Das Telefon war für ihn eine Gelegenheit, ungeheuer viel Geld auszugeben«, fügte er hinzu. »Saint-Exupéry telefonierte so oft, wie er eine Zigarette anzündete. Wenn man mir sagte, irgend jemand habe versucht, mich von einem entfernten Fleck der Welt zu erreichen, Casablanca, New York oder Besançon, dann war ich sicher, daß er es war.«

Saint-Exupéry mag Schwierigkeiten gehabt zu haben, für längere Zeit glücklich zu sein, doch dies hielt ihn nicht davon ab, ständig nach Unterhaltung zu suchen – er führte das Ehepaar Werth beispielsweise in den Luna Vergnügungspark in Paris oder versuchte, um das große Klavier in ihrer Wohnung eine Art Chorgesang zu organisieren. Einmal, an einem heißen Sommertag, sah er auf der Straße zwei Inder vorbeigehen und bat sie herein, um kreolische Lieder vorzusingen. Viele Abende verbrachten Werth und Saint-Exupéry gemeinsam in den Restaurants des Viertels und debattierten über eine endlose Zahl von Themen, einschließlich wissenschaftlicher und wirtschaftlicher Fragen. Es war Zeichen ihrer gegenseitigen Sympathie, daß Werth Saint-Exupéry niemals so ungehalten reagieren sah, wie er dies oft anderen Leuten gegenüber tat, die nicht seiner Meinung waren.

»Der Tonfall seiner Unterhaltung war immer vertraulich, ohne Anstrich von Erhabenheit, ein wenig gedrängt«, schrieb er. »Ich glaube, Saint-Exupéry niemals anderes sprechen gehört zu haben als in freundlichem Konversationston. Das war bei ihm nicht nur Freundlichkeit oder Selbstbeherrschung. Er haßte jede Polemik, die nur Bosheit oder bewußte Verblendung ist.«

Georges Pélissier jedoch meinte, daß Werth etwas verpaßt hätte, wenn er Saint-Exupéry nicht wütend gesehen habe. Der Arzt beschrieb Antoines Zorn als ein spektakuläres Ereignis, wie ein aufgewühltes Meer, das bald von »der bewundernswert feinen Art seines Bedauerns geglättet sein würde«.

Das einzige Thema, über das nie auch nur ein Schatten der Unstimmigkeit zwischen Antoine und Léon lag, war die gemeinsame Liebe für den Philosophen des siebzehnten Jahrhunderts Blaise Pascal, die sie, wie Werth sagte, zu einer Art Kult stilisierten. »Wir meinten, daß kein anderer französischer Schriftsteller eine derart wortgewaltige Sprache benutzt habe«, erinnerte sich Werth. »Jedes Wort war ein Blutstropfen. Saint-Exupéry selbst versuchte sich an Themen Pascals, nach dem jede Literatur fade erscheint.«

Léon und Suzanne Werth gehörten zu den wenigen, die Saint-Exupérys Start von Le Bourget zu seinem unheilvollen Flug nach Saigon im Dezember 1935 beobachteten. Die zweite Simoun, F-ANXK, war ihnen auch bald vertraut. Léon Werth fuhr oft in seinem alten Bugatti von seinem Landhaus in Saint-Amour im Jura zum Flugplatz in Ambérieu, um Saint-Exupéry abzuholen, aber er war auch manchmal Passagier in jener Simoun bei Flügen über Frankreich.

Einmal flog Saint-Exupéry absichtlich sehr tief auf einen Wald zu und gewann erst in letzter Sekunde an Höhe. »Ich wollte dir ein bißchen imponieren«, erklärte er. Auf diesen oft haarsträubenden Flügen, bei denen es Saint-Exupéry Spaß machte, das Flugzeug hinabstürzen zu lassen, bevor er es wieder steil himmelwärts steigen ließ, beobachtete Werth die geradezu ehrfurchtsvolle Haltung, die Saint-Exupéry einnahm, wenn er auf den Pilotensitz kletterte. »Mit den etwas langsamen Bewegungen eines gutmütigen Riesen nahm er auf seinem Pilotensitz Platz, wo er sich niederließ, als wollte er meditieren.«

Die Meditation schützte Saint-Exupéry jedoch nicht vor dem schwersten Unfall seiner Karriere, als die scharlachrote Simoun in Guatemala 1938 abstürzte. Die Folgen dieses Unfalls sollten für den Rest seines Lebens schwer auf ihm lasten.

La Toile Souveraine

Im Februar 1938 unternahm Saint-Exupéry einen offiziellen Pionierflug der 14 000 Kilometer langen Route von New York nach Patagonien. Das Unternehmen wurde vom französischen Luftfahrtsministerium unterstützt, aber bei dem Rekordversuch auf der Route Paris–Saigon war Saint-Exupérys Hauptmotiv wieder, den häuslichen Schwierigkeiten zu entkommen.

»Sein Privatleben war damals sehr wechselvoll«, schrieb Nelly de Vogüé. »Einige Konflikte zerrissen ihn buchstäblich, und er hoffte, ohne wirklich daran zu glauben, daß ihm dieses Unternehmen helfen könnte, seinen Streitereien ein Ende zu machen. Dieser Flug wurde aus einer inneren Notwendigkeit unternommen. Vom technischen Standpunkt aus ließen sich die Risiken nicht rechtfertigen.«

Es brauchte Wochen der Überzeugungsarbeit, bis endlich die offizielle Unterstützung zugesagt wurde, und bis dahin hatten sich die privaten Schwierigkeiten Saint-Exupérys schon wieder gelegt. Nach Aussage von Nelly de Vogüé hätte er den Flug abgesagt, wären die Vorbereitungen nicht schon so weit fortgeschritten gewesen.

Er und Consuelo waren übereingekommen, die gemeinsame Wohnung am Place Vauban aufzugeben und in getrennte Wohnungen zu ziehen. Ein Zusammenleben war unmöglich geworden. In späteren Briefen an Consuelo verwies Saint-Exupéry auf »so viele, viele, viele Nächte von Szenen, Schreierei und Beschimpfungen«, die das Eheleben zerstört hätten und beklagte, daß diese Streitereien ihm wochenlang den Wunsch zu arbeiten genommen hätten. Ende 1937 war Consuelo so beunruhigt, daß er sie bald für immer verlassen würde, daß sie einen Anwalt aufsuchte.

Trotz der Trennung gab es keinerlei Anzeichen, daß Saint-Exupérys Faszination für sie nachgelassen hätte. In den verbleibenden sechs Jahren bis zu seinem Tod sprach er mehrfach davon, daß er unfähig sei, endlich aufzuhören, sie zu lieben.

»Consuelo, ich schreibe Dir heute abend einen Liebesbrief«, sagte er bei einer späteren Trennung. »Denn trotz all der Wunden, der von Dir ungehörten Worte und der Bitten, die an der Scheibe Deiner kleinen, verschlossenen Seele abprallen, habe ich noch immer mehr

Liebe, als jemals ihren Weg fand. In Dir ist jemand, den ich liebe, und dessen Freude so frisch ist wie eine Luzerne im April.«

Und obwohl er sich in vielen seiner Briefe über die Vernachlässigung durch sie beklagte, kritisierte er auch sich selbst. »Ich kann Dir keinen Grund nennen, warum Du mich lieben solltest, weil es keinen gibt. Der Grund für die Liebe ist die Liebe selbst.«

Es waren keine Freunde da, die beobachten konnten, wie Saint-Exupéry am 15. Februar 1938 um 6.30 Uhr das schneebedeckte New York verließ. Sein Flugingenieur war wieder André Prévot, der gemeinsam mit Saint-Exupéry und der Simoun F-ANXK den Atlantik auf dem Linienschiff *Île-de-France* überquert hatte. Saint-Exupéry hatte diese Maschine seit ihrer Auslieferung im August 1936, sieben Monate nach seinem Martyrium in der Wüste, geflogen, und es hatte keinerlei Anzeichen für technische Defekte gegeben. Wie der Absturz in der Sahara wurde auch der Unfall in Guatemala, 32 Stunden und 5500 Flugkilometer von New York entfernt, durch einen unerklärlichen Fehler des Piloten verursacht.

Dieses Mal war Saint-Exupéry jedoch nicht übermüdet, da er in der Nacht vor dem Unfall auf ihrem letzten Zwischenstop in Amerika in Brownsville, Texas, geschlafen hatte; aber er widmete der routinemäßigen Wartung der Maschine nach ihrer Landung in Guatemala am 16. Februar kurz nach Mittag wenig Aufmerksamkeit. Obwohl Saint-Exupéry ein wenig Spanisch sprach, überließ er die Beaufsichtigung des Auftankens seinem Techniker Prévot. Später gab es Spekulationen, daß Prévot das Flugzeug mit Treibstoff überladen habe, weil er Gallonen und Liter verwechselt habe, ein fataler Fehler, weil Guatemala City 1200 Meter über Meereshöhe liegt und die dünne Luft die Motorenkraft der Simoun beim Abheben beeinflußte.

Obwohl dieser Irrtum der Treibstoffmenge Prévot zugeschrieben werden konnte, gab es keine Erklärung, warum Saint-Exupéry ihn bei der Kontrolle seiner Anzeigen nicht bemerkt hat. Bald nach Einleitung des Starts auf der 1200 Meter langen Piste, bemerkte er, daß das Flugzeug überladen war. Um einen niedrigen Damm am Ende der Rollbahn nicht zu streifen, unternahm er in letzter Sekunde einen Versuch, an Höhe zu gewinnen. Das Flugzeug kam gerade noch über das Hindernis hinweg und stürzte dann auf die Erde.

Die direkt danach aufgenommenen Fotografien zeigen wenig mehr als einen Haufen zerborstenen Metalls, über mehr als 150 Meter verstreut. Der Pilot und sein Mechaniker wurden halb bewußtlos aus dem Wrack gezogen. Prévot erlitt neben anderen Verletzungen einen Beinbruch. Er flog nie wieder mit Saint-Exupéry. Saint-Exupéry erlitt eine starke Gehirnerschütterung, brach sich den Kiefer und das rechte Handgelenk und seine linke Schulter und der Arm waren so schwer verletzt, daß er ihn für den Rest seines Lebens nicht mehr ganz hochheben konnte, eine Verletzung, die es ihm unmöglich machte, sich im Notfall mit dem Fallschirm zu retten.

Er lag sechs Wochen in einem Krankenhaus in Guatemala City. Vier Jahre später, als er bei einem Interview für *»Harper's Bazaar«* auf diesen Unfall zu sprechen kam, sagte er, daß dieser in ihm lange vergessene Kindheitserinnerungen hervorgerufen habe. Seine Wunden eiterten und führten die meiste Zeit, die er auf der Intensivstation lag, zu einem Fieberdelirium. Er verlangte ständig nach *la toile souveraine* – dem unübertrefflichen Stoff –, aber als er das Bewußtsein wiedererlangt hatte, konnte er der Schwester nicht erklären, was er damit gemeint hatte. Ein Jahr später in Lyon, als er unweit der Wohnung, in der er einen Großteil seiner Kindheit verbracht hatte, aus der Trambahn stieg, sah er ein altes Reklameschild: *La toile du Bon Secours, souveraine pour les plaies et les brûlures* – Erste-Hilfe-Tuch, unübertrefflich bei Wunden und Verbrennungen.

Consuelo berichtete zwei englischen Autoren, Margaret Stewart und Richard Rumbold, daß sie noch vor dem Unfall von Paris nach El Salvador geflogen sei, weil sie eine Vorahnung hatte, daß sich Saint-Exupéry in Gefahr befände. Als sie von dem Absturz hörte, unternahm sie sofort die kurze Reise ins benachbarte Guatemala, wo sie die Zustimmung zur Amputation der linken Hand verweigerte.

»Im Gegenteil, sie rief eine Art Medizinmann«, berichteten die Biographen. »Sie verheimlichte ihre Überzeugung nie, daß ihr Mann nur dank der Magie wieder genesen sei, und er schloß sich dieser Meinung bereitwillig an. Was ihre Vorahnung des Unfalls betrifft, führte sie diese auf eine Art Telepathie zurück.«

Ihr Eingreifen nach dem Unfall konnte die bevorstehende Trennung jedoch nicht aufhalten. Als Saint-Exupéry zur weiteren medizinischen Behandlung und einer zweimonatigen Rekonvaleszenz am

28. März nach New York aufbrach, reiste Consuelo nach El Salvador zurück, um ihre Familie und Freunde zu besuchen. Das Paar lebte nie wieder richtig zusammen, bis zu der Zeit im Jahre 1942, als Saint-Exupéry *»Der Kleine Prinz«* schrieb.

Fotografien, die bei seiner Rückkehr nach Paris im Sommer 1938 aufgenommen wurden, zeigen einen schlankeren und hübscheren Saint-Exupéry. Sein Erscheinungsbild, wie er in einem neuen zweireihigen Anzug und grauer Seidenkrawatte in die Kamera lächelt, straft all jene Lügen, die seine chronische Unfähigkeit, sich elegant zu kleiden, hervorhoben.

Aber hinter seinen offenbar entspannten Gesichtszügen verbargen sich bereits neue Sorgen.

In New York hatte man weitere Brüche festgestellt, und die Wochen voller Schmerzen wurden durch seine Nervosität verschlimmert, die ihn bei jedem lauten Geräusch aufschrecken ließ. Auch beklagte er sich über ein ständiges Summen in seinen Ohren. Noch Wochen nach dem Unfall hatte er hohes Fieber, bis die Chirurgen in der Wunde seines Handgelenks ein kleines Pflanzenteil entdeckten. Er bestand darauf, das Krankenhaus zu verlassen, bevor die Ärzte sicher waren, daß es keine weiteren Komplikationen geben würde. Im Verlauf der nächsten fünf Jahre, in denen Saint-Exupéry häufig Schmerzen und hohes Fieber hatte und ständig von der Möglichkeit einer ernsten Erkrankung sprach, waren sich die Ärzte nie einig, ob er zur Hypochondrie neigte oder an verspäteten Unfallfolgen litt.

Der einzig positive Effekt der Reise nach Amerika war ein gezwungenermaßen verlängerter Aufenthalt in den Vereinigten Staaten, einem Land, das ihn vom ersten Augenblick an, als er es im Februar 1938 für die Vorbereitungen seines Fluges nach Patagonien zum ersten Mal betrat, begeisterte. In den folgenden Jahren bis zu seinem Tod verbrachte er mehr Zeit in den Vereinigten Staaten als in Frankreich, aber seine veröffentlichten Schriften und Briefe vermitteln den Eindruck einer ständig wechselnden Haß-Liebe. Er war von der amerikanischen Konsumgesellschaft zugleich abgestoßen und begeistert, und behandelte ihre Produkte wie Spielsachen, sammelte Elektrorasierer, Tonbandgeräte, eine elektrische Orgel und andere Geräte. Zur gleichen Zeit verabscheute er all die subtile Bevormundung einer materialistischen Gesellschaft und empfand diese beinahe ebenso grau und bedrohlich wie die Sowjetunion.

Im Laufe der Zeit überwogen jedoch die positiven Aspekte seine Abscheu, nicht zuletzt, weil Amerika seinen unmöglich scheinenden Traum Wirklichkeit werden ließ, ein reicher Mann zu werden. Seine lange Genesungszeit in New York nach der Katastrophe in Guatemala half ihm zumindest, sich auf die Fertigstellung von *»Wind, Sand und Sterne«* zu konzentrieren, das ihn in den Vereinigten Staaten ebenso berühmt machen sollte wie in Frankreich.

Da sich Saint-Exupéry aufgrund der ablehnenden Reaktion seiner Pilotenkollegen auf *»Nachtflug«* nicht in der Lage sah, einen weiteren Roman zu schreiben, hatte er seit einer Weile daran gedacht, seine Zeitschriften- und Zeitungsartikel in einem Band zu veröffentlichen.

Im Jahre 1945 behauptete André Gide, dieses Projekt angeregt zu haben, indem er vorschlug, »eine Garbe oder einen Blumenstrauß« aus seinen Schriften über die Fliegerei in der Art von Joseph Conrads *»Mirror of the Sea« (»Spiegel der See«)* zu binden. Antoine las daraufhin sofort diese Sammlung wahrer Begebenheiten aus dem Seefahrerleben und zeigte Gide wenig später eine Auswahl seiner Schriften, und dieser meinte, sie »übertrafen die kühnsten Träume, Hoffnungen und Erwartungen«.

André Gide hatte schon seit Mitte der zwanziger Jahre Einfluß auf Saint-Exupéry genommen, als er für Gallimard auf Talentsuche war. So wie Saint-Exupéry von der Familie Werth aufgenommen wurde, konnte Gide auf die Freundschaft der Verwandten des jungen Schriftstellers zählen, obwohl seine Kontakte mit Saint-Exupéry hauptsächlich auf professioneller Anerkennung basierten.

Vor Saint-Exupérys Studentenzeit in Paris war Gide ein Freund von Yvonne de Lestrange gewesen, er schätzte auch die Gesellschaft von Marie de Saint-Exupéry, und während des Zweiten Weltkrieges waren sie Nachbarn in dem kleinen Dorf Cabris in der Provence. Nach der Rückkehr von seiner Flucht nach Algerien 1943 aßen Gide und Saint-Exupéry oft zusammen, als dieser aus den Vereinigten Staaten zurückgekommen war, und Gide versuchte, ihn für die Sache de Gaulles zu gewinnen.

Dennoch geben selbst Gides umfangreiche Tagebücher wenig Aufschluß über seinen Einfluß auf Saint-Exupérys literarischen Stil und seine philosophischen Gedanken. Ohne es offen zuzugeben, hatte Gide möglicherweise vor der verwegenen männlichen Erscheinung des jüngeren Schriftstellers aus aristokratischem Hause großen Respekt.

Die Bewunderung, die Gide dem dreißig Jahre jüngeren Saint-Exupéry entgegenbrachte, glich seiner Begeisterung für den etwas überspannten und wagemütigen André Malraux. In diesen Beziehungen zu Schriftstellern, die Gide für die brillantesten Autoren des zwanzigsten Jahrhunderts hielt, spielte auch ein wenig eine gewisse Verehrung für diese Männer der Tat eine Rolle.

Trotz der überschwenglichen Lobesreden, mit denen Gide Saint-Exupéry nach seinem Tod überhäufte, war die Freundschaft zwischen ihnen nicht einfach; es mangelte an jener Bereitschaft, gegensätzliche Ansichten zu tolerieren, die Saint-Exupéry mit Werth verband. Gides Launenhaftigkeit und sein schwieriger Charakter brachten Saint-Exupéry oft aus der Fassung, und Gide gab in seinen Erinnerungen nach Antoines Tod zu, daß er oft mit ihm gestritten hatte. »Über bestimmte Punkte und Personen konnten wir uns einfach nicht einigen«, schrieb Gide nach dem Krieg. »Er kam wie ein eigensinniges Kind immer wieder auf diese heiklen Punkte zu sprechen. Gleich anschließend rief er an: ›Richtet Gide aus, daß ich fürchte, ihm weh getan zu haben.‹«

Die Idee von Gide, in einem Band einen »Blumenstrauß« von Artikeln zu sammeln, war nur eine von mehreren Episoden, die schließlich zu Saint-Exupérys populärstem Buch vor dem Krieg führten. Nach dem Unfall in Guatemala lebte er mehrere Wochen in einem Appartement am New Yorker East River, das ihm Oberst William Donovan zur Verfügung stellte, der später in den Kriegsjahren Chef jener Einheit des Geheimdienstes war, aus der später das CIA gebildet wurde. Zwischen seinen Krankenhausaufenthalten – die Chirurgen zogen noch immer eine Amputation der linken Hand in Erwägung – sprach Antoine mit mehreren Bekannten aus der Literaturszene über seine Pläne.

Jean Prévost, der frühere Herausgeber des damals bereits eingestellten *»Navire d'argent«*, war auf Studienreise in New York und stellte ihn einem Verleger, Eugène Reynal vor, dessen neuer Mitherausgeber, Curtice Hitchcock, Saint-Exupéry bereits in Paris kennengelernt hatte. Wann genau der Handel abgeschlossen wurde, ist nicht sicher, weil der Vertrag erst unterzeichnet wurde, als eine literarische Agentur mit Saint-Exupéry nach dessen Rückkehr nach Paris im Frühjahr 1938 Kontakt aufnahm.

Nach Aussage von Rainer Biemel, dem Mittelsmann dieser Verhandlungen, wurde Saint-Exupéry von Hitchcock und Reynal eine Vorauszahlung von 5000 Dollar angeboten, die größte Summe, die er jemals für ein Buch erzielt hatte. Darüber hinaus bot Gallimard genügend Geld, um die vielen Vorschüsse, die Saint-Exupéry während der siebenjährigen Wartezeit auf den versprochenen Nachfolger von *»Nachtflug«* erhalten hatte, zu decken.

Im März 1938 zog Saint-Exupéry in eine Wohnung in der Rue Michel-Ange Nr. 52 im 16. Arrondissement, während Consuelo sich in einem Appartement mit Atelier im 7. Arrondissement einrichtete, ganz in der Nähe ihrer früheren Wohnung am Place Vauban. Die Rue Michel-Ange lag am Stadtrand, nahe der Pferderennbahn von Auteuil; so weit vom Zentrum der Hauptstadt entfernt hatte Saint-Exupéry zuvor nie gewohnt. Er sprach nur selten mit Consuelo, abgesehen von seinen Telefonanrufen, und sie nahm ihm die Trennung sehr übel.

Sie schrieb an Suzanne Werth, daß sie drei Jahre lang unter der drohenden Trennung gelitten habe. Ihr Leid war qualvoll, sagte sie, als ob Krabben sie im Magen zwickten, und sie glaubte, daß Antoine sie für immer verlassen habe, um mit einer anderen Frau in seiner neuen Wohnung zu leben.

Wenn diese Wohnung in der Rue Michel-Ange wirklich ein Liebesnest war, war sie in jedem Fall von Saint-Exupérys exzentrischem Lebensstil geprägt. Wie auch seine anderen Wohnungen stand diese einer großen Zahl von Freunden und Bekannten offen, die vom russischen Butler Boris empfangen wurden, einem schwermütigen ehemaligen General der geschlagenen Zarenarmee, der zuvor schon den getrennten Haushalt am Place Vauban geführt hatte.

In dieser Wohnung, die zum Hauptquartier der Kampagne für *»Wind, Sand und Sterne«* wurde, über Geschäfte zu reden war nicht einfach. Der literarische Agent Rainer Biemel kam in die Rue Michel-Ange, um Saint-Exupéry die Einzelheiten des amerikanischen Vertrages zu erläutern, und mußte zunächst zusehen, wie Boris Saint-Exupéry einen Löffel voll Olivenöl einflößte, seine tägliche Medizin gegen Leberbeschwerden. Als Saint-Exupéry wegen des Geschmacks das Gesicht verzog, teilte ihm Biemel mit, daß er in einem Restaurant in Marseille gefrorene Olivenölwürfel kaufen könnte, ein Vorschlag, der bereitwillig aufgegriffen wurde. Später beschwerten sich Freunde häufig, daß ihre Kühlschränke immer, wenn Saint-Exupéry zu Besuch kam, mit gefrorenen Olivenölwürfeln vollgestopft waren.

Nachdem das Verdauungsproblem des Autors nun also geregelt war, wurde Biemel das neueste Gerät vorgeführt, ein Patronenfüllhalter, mit welchem beim Fliegen die Druckprobleme der herkömmlichen Füllfederhalter vermieden wurden. Nach diesen Verzögerungen konnte der Agent endlich zur Sache kommen und Saint-Exupéry überreden, einen Repräsentanten des amerikanischen Verlagshauses zu treffen und ein Bündel überarbeiteter Artikel für die Übersetzung zu übergeben.

Künstliche Vulkane

Die Vorbereitung von *»Wind, Sand und Sterne«* war die schwierigste Periode in Saint-Exupérys literarischer Karriere. Er war nicht länger nur Pilot oder Kriegskorrespondent, der seine Erlebnisse für die Zeitschriften- oder Zeitungsleser in möglichst dramatischer Weise darstellte. Er war jetzt ein Autor, der sich um Perfektion bemühte.

Lange Debatten mit Werth über Schreibstile in ihrer gemeinsamen Bewunderung für Pascals »Blutstropfen«-Prosa trugen zu einem fast lähmenden Bemühen um Perfektion bei. Saint-Exupéry zögerte lange, ein fertiges Manuskript für das neue Buch abzugeben, wohl wissend, daß seine Hauptkritiker Verwandte und Freunde waren, die er jahrelang mit seinen geistigen und schriftstellerischen Fähigkeiten zu beeindrucken versucht hatte.

Sein Mangel an Selbstvertrauen war im Jahr zuvor offenkundig geworden, als er dem *»Paris-Soir«* gegen eine Vorauszahlung von 80 000 Francs mindestens acht Artikel über den spanischen Bürgerkrieg versprochen hatte. Wiederholt verschob er die Auslieferung, weil er die Texte immer wieder korrigierte und neu schrieb. Drei Artikel wurden erst zwei Monate nach seiner Rückkehr aus Spanien veröffentlicht, nach mehreren dem Verleger Hervé Mille versprochenen, aber nicht eingehaltenen Abgabeterminen. Grund dieser Verzögerungen war nicht etwa Faulheit, sondern seine Unfähigkeit, ein Manuskript aus der Hand zu geben, bevor es makellos war. Nach Abgabe des vierten Artikels verlor Saint-Exupéry die Nerven.

Am Tag vor Erscheinen des Artikels stürzte er um 17 Uhr in Milles Büro und bat um die Probeabzüge unter dem Vorwand, letzte Korrekturen durchführen zu wollen, und zerriß sie dann vor den Augen des entsetzten Verlegers. Um ganz sicher zu gehen, daß der Artikel nie erscheinen würde, stopfte er die Papierfetzen in seine Tasche und verließ ohne jede Erklärung das Büro.

Wenn ihn die Vorstellung einer negativen Reaktion auf einen kurzen Artikel schon derart in Angst versetzte, kann man sich vorstellen, daß das Vorhaben, ein Buch zu veröffentlichen, noch weit schlimmer war, und er zögerte dies wieder und wieder hinaus. Den ganzen Sommer 1938 war Saint-Exupéry auf der Suche nach einem geeigneten Platz zum Schreiben, einem Ort, der an die euphorischen Tage von Nizza mit Consuelo vor der Fertigstellung von *»Nachtflug«* erinnerte.

Er vergeudete viel Zeit mit Besuchen bei Gabrielle und seiner Mutter in der Provence, bevor er eine weitere Pilgerfahrt zu seiner ehemaligen Schule in der Villa Saint-Jean in Fribourg unternahm, um das nostalgische Gefühl wieder zu erwecken, das er zehn Jahre zuvor in *»Südkurier«* wachgerufen hatte. Mit einem neuen Hoffnungsschimmer unternahm er eine Kreuzfahrt auf dem Genfer See, aber er verließ das Schiff, ohne große Fortschritte gemacht zu haben, und suchte nach einer anderen Inspirationsquelle.

Ein kurzer Besuch im Schloß von Saint-Maurice-de-Rémens entmutigte ihn nur noch mehr, und er fuhr nach Süden, ins Département Drôme, um Moisy, die Haushälterin, in ihrem kleinen Häuschen in einem Dorf namens Étoile zu besuchen.

Während dieser Wochen fern von seinem Schreibtisch hatte er nur wenige Worte zu seinem geplanten Buch hinzugefügt und kehrte schließlich in die Rue Michel-Ange zurück, wo er auf der Terrasse seiner Wohnung mit Blick auf die Seine arbeitete, unterstützt von seinem Cousin André de Fonscolombe. Saint-Exupéry verbrachte mehr Zeit damit, lange Passagen herauszunehmen, als neue zu schreiben, und schließlich wagte er doch den entscheidenden Schritt und übergab Ende August 1938 fast das ganze Manuskript für die französische Ausgabe an Gallimard.

Was die amerikanische Version betrifft, war er hier auf den Rat seines Übersetzers Lewis Galantière angewiesen, der darauf bestand, Textstücke wieder einzufügen, die Saint-Exupéry bei der französischen Ausgabe herausgenommen hatte. Galantière wollte auch, daß zusätzliche Sequenzen eingefügt würden, um den amerikanischen Lesern wichtige Informationen über Begebenheiten und Schauplätze, die sie nicht kennen konnten, zu liefern. Da sich Saint-Exupéry eigensinnig weigerte, Englisch zu lernen, mit der oft wiederholten Begründung, er wolle seinen Stil nicht durch fremde Idiome verderben, sah er einer kritischen Reaktion in den Vereinigten Staaten gelassener entgegen als in Frankreich und überließ sogar die Entscheidung über den endgültigen Titel den amerikanischen Verlegern.

In der französischen Ausgabe traf der Titel eines seiner zentralen Themen. Nach langem vergeblichen Nachdenken bat er André de Fonscolombe um Hilfe. »Du wirst mir einen Titel finden, schau, du bekommst 100 Francs, wenn es dir gelingt«, sagte er.

Sein Cousin tippte eine Liste von zwanzig Titeln. »Er griff eine meiner Ideen auf, *›Terre des humains‹*, und wandelte sie sofort in *›Terre des hommes‹* um. So war er: er fand immer das treffendste Wort, das alles veränderte. Das war sein Talent. Das war instinktiv. Dank der Wahl der Worte und Ausdrücke schrieb er immer genau das Richtige.«

Fonscolombe erhielt seine 100 Francs, aber als der endgültige Titel gefunden war, war der Probeabzug des Buches bereits unter dem provisorischen Titel *»Étoiles par grand vent« (»Sterne im starken Wind«)* gedruckt. Dieser Titel war zwar poetischer, aber Saint-Exupérys endgültige Wahl brachte die wesentlichen humanistischen Gedanken, die dieses Buch durch seine verschiedenen, miteinander verbundenen Themen ausdrücken sollte, besser zur Geltung. Die Geschichten über die Wüste, die Langstreckenflüge und die Kämpfe gegen die Elemente waren nicht nur brillant erzählte Abenteuergeschichten, sondern lieferten den Hintergrund für Saint-Exupérys Botschaft, daß die Bestimmung des Menschen ein ewiger und heiliger Kampf ist, in einer Atmosphäre der Brüderlichkeit über sich selbst hinauszuwachsen.

Der Zweite Weltkrieg, der kaum sechs Monate nach Erscheinen des

Buches ausbrach, belegte, daß sein Vertrauen in ein für alle Menschen geltendes Ziel eine Illusion war, wie Saint-Exupéry in einem Brief an Consuelo 1943 eingestand, nachdem er in New York die Streiterei unter den französischen Flüchtlingen beobachtet hatte.

»Auf der Welt ist alles verkehrt – völlig verkehrt. Und ich werde traurig sein und leiden, weil es keine klare Wahrheit gibt, die ich den Menschen sagen könnte. Und ich, der ich die Wahrheit so sehr liebe, ich werde für die Wahrheit leiden, ohne selbst meiner eigenen Wahrheit sicher zu sein.«

Die optimistische Botschaft von *»Wind, Sand und Sterne«* war jedoch nicht vergebens. Saint-Exupéry wußte nicht, daß sein Idealismus, auch wenn er auf einer gewissen Naivität basierte, vielen tausend Franzosen während der schlimmsten Kriegstage und der düsteren Folgezeit Hoffnung gespendet hat.

Rückblickend betrachtet ist es der brillante Sprachgebrauch bei den mit äußerster Sparsamkeit zur Darstellung gebrachten Gefühlen, Landschaften, Charakteren und Ereignissen, die *»Wind, Sand und Sterne«* zu einem unvergänglichen Meisterwerk machen. Die oft erhabenen Bilder lassen die geistige Anstrengung erahnen, die Saint-Exupéry beim Schreiben auf sich nahm. Die Entwicklung des Werkes kann anhand eines Vergleichs von *»Wind, Sand und Sterne«* mit den ursprünglichen Entwürfen in Form von Zeitungs- und Zeitschriftenartikeln nachvollzogen werden. Später durchgeführte Änderungen für das Buch zeigen Saint-Exupérys geistige Arbeit während der Überarbeitung seines eigenen Materials für ein Werk, von dem er mit Recht hoffte, daß es auf Dauer Bestand haben würde. Die Ausgaben von *»Paris-Soir«*, *»L'Intransigeant«* oder *»Marianne«*, in denen er zuerst über seine Erlebnisse berichtete, sind noch immer leicht erhältlich und können so zu einem Vergleich herangezogen werden. Die nachfolgenden Gedanken, die sich Saint-Exupéry über diese Ereignisse machte, verwandelten seinen beobachtenden Reportagestil in zeitlose Literatur.

Seine Begeisterung für die Präzision des geschriebenen Wortes wurde von vielen Freunden bestätigt, die zuhören mußten, wenn er ihnen unvollendete Passagen vorlas, die vielleicht beim nächsten Vortrag wieder geändert wurden. Hätten ihn nicht Schulden und ultimativ letzte Abgabetermine gezwungen, sich zu überwinden und sein Werk dem Blick der Öffentlichkeit preiszugeben, hätte dieser Prozeß strenger Selbstkritik wohl dazu geführt, daß sein veröffentlichtes Werk noch weit weniger umfangreich gewesen wäre, als es ohnehin war.

Saint-Exupéry beschäftigte sich gleichermaßen mit minimalen Details wie mit dem weiten Gebiet seiner persönlichen Überzeugungen. Georges Pélissier, der sowohl als Arzt wie als Kritiker fungierte, gehörte zu den vielen Freunden, die er vor dem Erscheinen von *»Terre des hommes«* um ihre Meinung bat. Saint-Exupéry flog kurz nach Weihnachten 1938 zu ihm nach Algier, und sie führten hauptsächlich eine Diskussion über Grammatik.

Das war die letzte Phase eines Schaffensprozesses, den Pélissier während ihrer fünfzehn Jahre dauernden Freundschaft oft beobachtet hatte. Saint-Exupéry brachte seinen ersten Entwurf meist mühelos zu Papier, bevor dann der lange und mühsame Prozeß begann, in dem er – nach seiner eigenen Beschreibung – die Edelsteine aus dem Ganggestein löste.

»Er hatte einen religiösen Respekt für die Reinheit der Sprache«, schrieb Pélissiesr 1951 und erinnerte sich an die Reaktion des Autors, als seine Schwester boshafterweise aus Saigon telegrafierte, um ihn auf den einzigen grammatikalischen Fehler in *»Terre des hommes«* aufmerksam zu machen. Pélissier meinte, sie hätte dies Saint-Exupéry ersparen sollen. »Ich wollte ihn trösten, aber es half nichts«, sagte Pélissier. »Er war untröstlich.«

Selbst nachdem er sein Manuskript schon bei Gallimard abgegeben hatte, brütete er noch über dem Text und erstellte bis zum Spätherbst neue Versionen einiger Episoden mit minimalen Änderungen für *»Paris-Soir«*.

Weil er wieder knapp bei Kasse war, hatte er Wiedergutmachung für die Artikel über den spanischen Bürgerkrieg, die er 1937 nicht fertigstellen konnte, angeboten. Im Oktober 1938 verfaßte er drei Artikel über die Bedrohung durch den Krieg als Teil einer Artikelreihe in *»Paris-Soir«*, zu der auch Colette und Winston Churchill Beiträge leisteten. Zwischen dem 8. und dem 15. November bot er weitere sechs Artikel an, die alle Begebenheiten zum Thema hatten, die in *»Terre des hommes«* aufgenommen waren, als es im März 1939 erschien. Die Versionen von *»Paris-Soir«* wurden unter dem allgemeinen Titel *»Aventures et escales« (»Abenteuer und Zwischenlandungen«)* veröffentlicht.

Mehrere Passagen von *»Wind, Sand und Sterne«*, das zwei Kapitel mehr umfaßte als die französische Ausgabe, erschienen nie in *»Terre des hommes«*, weil Saint-Exupérys Bemühen um Perfektion dazu führte, daß er mit diesen Passagen erst nach dem von seinem Verleger gesetzten ultimativen Abgabetermin zufrieden war. Die erstaunlichste Auslassung, sowohl hinsichtlich der Fliegerei, als auch der Darstellung seiner Kaltblütigkeit, war die Beschreibung eines Kampfes gegen einen Orkan vor Patagonien, als er versuchte, auf dem Flugplatz von Trelew zu landen. Der französische Text erschien schließlich in der Zeitschrift *»Marianne«* nur zwei Wochen vor Kriegsausbruch im September 1939.

Die letzten Zeilen, mit ihren Hinweisen auf Shanghai und Guernica, klangen wie eine beängstigende Vorhersage über das Elend, das über Europa hereinbrechen würde. Mit seiner Beschreibung des Abenteuers in Patagonien brachte Saint-Exupéry auch seine Sorge darüber zum Ausdruck, daß die Wochenschau in den Kinos für die Banalisierung von Gewaltszenen verantwortlich sei. Er schrieb, daß es einfacher gewesen wäre, die Gefühle seiner Leser anzusprechen, wenn er über ein zu Unrecht bestraftes Kind geschrieben hätte, anstatt sich an die Wildheit eines südamerikanischen Zyklons zu erinnern, der sein Flugzeug beinahe in den Atlantik gefegt hätte. Zur gleichen Zeit sahen die Kinobesucher in ihren bequemen Sesseln Übelkeit erregende Kriegsszenen aus Spanien und China, ohne daß diese Grausamkeiten sie wirklich bewegt hätten.

»Ohne Grauen, ja mit Bewunderung können wir zusehen, wie Schwaden von Ruß und Asche aus diesem von vulkanartigen Ausbrüchen zerrissenen Lande langsam gen Himmel steigen«, schrieb er. »Und doch wird diese schwarze Wolke nicht nur vom Korn der Speicher, vom Erbe vieler Geschlechter, von dem Gut ganzer Sippen genährt; es steigen ja auch die kläglichen Reste armer, verbrannter Kinder in Rauch gehüllt langsam zum Himmel empor.«

Es konnte keine schrecklichere Beschreibung des kommenden Krieges geben, als ganze Nationen beim Aufkommen des Nationalsozialismus in hypnotisierte Trägheit verfielen, und Saint-Exupéry fügte hinzu: »Aber körperliches Geschehen berührt uns nur, wenn man uns seinen geistigen Hintergrund zu deuten vermag.« Von 1939 an machte er sich daran, diese geistige Aufgabe selbst zu erfüllen, indem er die demütigende Niederlage Frankreichs analysierte.

DRITTER TEIL

1939–1944

KAPITEL XII

»Flug nach Arras«

Weder der Ruhm noch der Reichtum, zu dem Saint-Exupéry dank des Erfolges von *»Wind, Sand und Sterne«* gelangte, konnten seine Ängste und seine Selbstzweifel mindern, obwohl er als einer der besten zeitgenössischen Schriftsteller eines goldenen Zeitalters der französischen Literatur angesehen wurde. Die Académie Française zeichnete ihn trotz der Tatsache, daß es sich hier eigentlich um ein Sachbuch handelte, mit dem *Grand Prix du Roman* aus. Das Buch wurde in den Vereinigten Staaten ein Bestseller. Während der sechs Monate zwischen März und September 1939 wurde er beiderseits des Atlantiks gefeiert, und beinahe über Nacht waren all seine Geldprobleme gelöst.

Und dennoch hielten seine Ängste und Zweifel an, und schon geringe Vorkommnisse konnten ihn aus der Bahn werfen. In einem Brief an eine befreundete Journalistin, Sylvia Hamilton, den er schrieb, als er nach der Niederlage Frankreichs in New York lebte, sagte er, seine Zerstreutheit führte zu »verpaßten Zügen, verpaßten Verabredungen, verlorenen Adressen, unbezahlten Rechnungen, vergessenen Telefonanrufen, verletzten Freunden, schwierigen Versöhnungen, zu Schreibhemmungen und zu drei angenommenen Verabredungen zum Essen am selben Abend«.

Die sechs Monate vor seiner Einberufung als Hauptmann der Luftwaffe im September 1939 trugen zu dieser extremen Rastlosigkeit bei. Diese Wochen gehörten zu den aufreibendsten seines Lebens, er unternahm in dieser Zeit zwei Reisen in die Vereinigten Staaten. Bei einem dieser Aufenthalte traf er wieder mit Henri Guillaumet zusammen, der noch immer für die Air France auf der Atlantiklinie flog.

Obwohl Saint-Exupéry seit seinem Unfall in Guatemala keine Fluglaubnis hatte, überredete er die Air France, ihn als Beobachter mit

Guillaumet auf einem Rekordversuch über den Atlantik in einem neuen sechsmotorigen Latécoère-Wasserflugzeug, dem *Lieutenant de vaisseau Paris,* mitfliegen zu lassen. Zur achtköpfigen Besatzung gehörte auch der Bordfunker aus der Zeit in Afrika, Jacques Néri.

Auf der Hinreise am 7. Juli wurde das Flugzeug nach dem Start von Biscarosse nahe Bordeaux auf den Azoren aufgetankt. Saint-Exupéry verbrachte vier Tage in New York, wo er die Buchhandlungen besuchte, die seit zehn Tagen *»Wind, Sand und Sterne«* verkauften. Am 14. Juli verließ das Wasserflugzeug die Vereinigten Staaten und konnte mit Hilfe günstiger Winde einen neuen Rekord von achtundvierzig Stunden für eine Nonstop-Atlantiküberquerung aufstellen.

Wenige Tage nach seiner Rückkehr nach Frankreich unternahm Saint-Exupéry eine zweite Reise nach New York, um für *»Wind, Sand und Sterne«* zu werben, nun, da es zum Sachbuch des Monats gewählt worden war. Er reiste auf dem Passagierschiff *Normandie,* und in der Nacht vom 28. zum 29. Juli flog ein anderes Wasserflugzeug der Air France, die *Ville de Saint-Pierre,* einige Kilometer über dem Deck des Dampfers hin, dessen Beleuchtung als Willkommensgruß mehrfach aus- und angeschaltet wurde. Der Pilot war wieder Henri Guillaumet und er sandte Antoine eine Grußbotschaft, der wiederum per Funk antwortete und seine Bewunderung für die Besatzung des Wasserflugzeugs zum Ausdruck brachte. Das war das letzte Mal, daß die beiden Freunde gemeinsam an einem Flugabenteuer teilhatten.

Die Tatsache, daß sich Saint-Exupéry erdgebunden auf einem Schiff befand, während Guillaumet majestätisch darüber hinwegflog, faßte ihr so unterschiedliches Schicksal als Piloten vielsagend zusammen. Saint-Exupéry sollte nie wieder die Gelegenheit erhalten, für eine Fluggesellschaft zu fliegen, Guillaumet dagegen, nur zwei Jahre jünger als er, konnte auf eine lange Karriere als der berühmteste zivile Pilot Frankreichs zurückblicken.

In New York hatte sich Saint-Exupéry einer anstrengenden Werbekampagne für sein Buch zu unterwerfen, mit zahlreichen Interviews und Autogrammstunden, aber dieser Aufenthalt bot ihm die Gelegenheit, den amerikanischen Pionierflieger Charles Lindbergh und seine Frau Anne Morrow kennenzulernen, für deren Buch *»Listen! The Wind«* (*»Wind an vielen Küsten«*) er das Vorwort geschrieben hatte. Anne Lindbergh beschrieb in ihrem Tagebuch den ersten Eindruck, den Saint-Exupéry auf Fremde machte, und stellte fest, daß er ein undurchdringliches Gesicht habe, beinahe ein slavisch flächiges Gesicht, mit leicht angedeuteten Schlitzaugen. Saint-Exupéry sprach nur Französisch und überließ es Anne Lindbergh, für ihren Mann, so gut sie eben konnte, zu übersetzen.

»Um seine Unterhaltung rankten Geschichten wie monströse Blumen, die uns faszinierten, und wir vergaßen völlig, wo wir waren und was wir taten«, schrieb sie. Der normalerweise sehr akkurate Charles Lindbergh war von Saint-Exupérys Erzählung so hingerissen, daß ihm auf dem Highway sogar das Benzin ausging. Antoine sprach ausführlich über seine Liebe zur Provence und lud die Lindberghs ein, ihn dort zu besuchen, aber die Kriegsgefahr war schon so spürbar, daß Anne Lindbergh in ihrem Tagebuch notierte, sie wisse, daß sie in einer »Traumphase« lebten und daß sie dieser Einladung nie würden folgen können.

»Wir sahen ihn nie wieder, aber wegen seines kurzen Gastspiels am Vorabend des Krieges wurde Saint-Exupéry für mich die Linse, durch die ich den ganzen Krieg sah«, meinte sie.

Es war für Saint-Exupéry eine große Belastung, in dieser angespannten politischen Lage nicht in Frankreich zu sein. Nach zahlreichen Telefonaten mit Freunden in Frankreich brach er seinen Amerikaaufenthalt ab und ging am 20. August an Bord der *Île-de-France* mit Ziel Le Havre, zu Recht überzeugt, daß der Krieg jederzeit ausbrechen konnte.

Gleich am Tag nach der Kriegserklärung am 3. September 1939 erhielt Saint-Exupéry seine Einberufungspapiere mit dem Befehl, sich beim Militärflughafen von Toulouse zu melden, wo seine Karriere bei der Aéropostale dreizehn Jahre zuvor begonnen hatte. Diesmal jedoch war die Begeisterung für das Abenteuer von der Erkenntnis getrübt, daß das Flugzeug inzwischen zu einem Massenvernichtungsmittel geworden war.

Im Gegensatz zu anderen Schriftstellern seiner Generation, wie zum Beispiel Céline, Montherlant und Drieu La Rochelle, deren Meinungen über den Krieg vom rachsüchtigen europäischen Nationalismus und der Schlächterei des Ersten Weltkriegs geprägt waren, war sich Saint-Exupéry der noch schlimmeren Bedrohung durch einen totalen Krieg bewußt, nachdem er Zeuge der systematischen Bombardierung von Zivilisten in Spanien gewesen war und in Deutschland fanatische Nazis kennengelernt hatte.

Seine Kriegsreportagen über den Spanischen Bürgerkrieg betonten oft das Leid der Kinder, die von einer blinden Tötungsmaschinerie zermalmt wurden, ein Thema, das in ihm eine qualvolle Ahnung weckte, welche Verheerungen ganz Europa erwarteten. Diese Bilder der Grausamkeit würden seine Entscheidungen während des Krieges bestimmen, als er Charles de Gaulles Freies Frankreich ablehnte, aber seine Abscheu vor militärischer Gewalt hatte ihren Ursprung schon weit früher, lange vor dem Spanischen Bürgerkrieg.

Mitte der dreißiger Jahre verbrachte Saint-Exupéry recht viel Zeit mit überzeugten Pazifisten wie Henri Jeanson, und vielleicht hätte er eine Kriegsdienstverweigerung aus Gewissensgründen erwogen, hätte er sich nicht eingehend mit dem Nazisystem befaßt und den Schluß gezogen, daß der Einsatz von Gewalt angesichts eines solch totalitären Regimes unumgänglich war. Er reiste zweimal nach Deutschland, um sich sein eigenes Urteil über das Hitlerregime zu bilden. Das Ergebnis war, daß er der erste Soldat der langen Reihe von Offizieren in seiner Familie war, der aus persönlichem Haß gegen eine Ideologie in den Kampf zog, statt aus blindem und rachsüchtigem Patriotismus.

Seine erste Reise nach Deutschland fand im Hochsommer 1937 statt, als er in seiner Simoun nach Berlin flog. Sein Passagier, Nelly de Vogüé, beschrieb den Zweck der Reise als einen Versuch, herauszubekommen, welche Sorte von Menschen die Nazidoktrinen hervorbrachten. Diese Nachforschung blieb keineswegs rein theoretisch. Nach seiner Landung in Wiesbaden wurde Saint-Exupéry unter dem Verdacht der Spionage festgenommen, weil er den Militärflughafen von Kassel überflogen hatte. Den Rest des Tages mußte er, bis er durch diplomatisches Eingreifen schließlich freikam, bei seinem Flugzeug bleiben, umstellt von fünfzig jungen Fliegerkadetten. Als er schließlich wieder starten durfte, steuerte er seine Simoun auf die Gruppe zu und flog ganz knapp über ihre Köpfe hinweg.

Nelly de Vogüé berichtete, daß die jungen Deutschen ihre Arme zum Hitlergruß erhoben und die Heilrufe in der Kabine des Flugzeugs noch deutlich zu hören waren. Später, als sie in einem Wirtshaus am Rhein Wein tranken, versuchte Saint-Exupéry eine junge Deutsche von den Widersprüchlichkeiten des Nationalsozialismus zu überzeugen, der, so sagte er, am Ende die traditionellen Werte, die das Regime zu respektieren vorgab, zerstören würde.

Nach seiner Rückkehr nach Frankreich wurde seine Überzeugung, daß ein Krieg unumgänglich sei, eines seiner Hauptgesprächsthemen, vor allem nachdem er gehört hatte, wie Léon Werth das Münchner Abkommen von 1938 anprangerte. Beunruhigt über die allgemeine Leichtgläubigkeit in die Versprechen von dauerhaftem Frieden, sah er sich zu einem weiteren, viel längeren Aufenthalt in Deutschland im Februar 1939 veranlaßt, obwohl er noch immer mit den Druckfahnen von *»Terre des hommes«* beschäftigt war und mit Lewis Galantière per Post über den Umfang von *»Wind, Sand und Sterne«* verhandelte.

Da er dieses Mal mit dem Auto reiste, sah sich Saint-Exupéry ständig militärischer und politischer Bedrohung ausgesetzt. Dennoch war er weniger darüber beunruhigt, von Militärkonvois, die an seinem Hotel vorbeifuhren, geweckt zu werden, als von der Beobachtung, wie vor einem Café in Nürnberg Marschkolonnen der Hitlerjugend vorbeimarschierten. Die Kellnerin, die ihn bediente, war erstaunt über Saint-Exupérys entsetzten und besorgten Gesichtsausdruck. Sie kam zu seinem Tisch und sagte: »Mein Sohn ist da auch dabei. Sie nehmen sie Ihnen weg, wenn sie noch ganz klein sind. Danach sind es nicht mehr Ihre Kinder, und man kann nichts dagegen tun.«

Die Reise war im wesentlichen von Otto Abetz organisiert worden, der während des Krieges der Botschafter Berlins in Paris wurde. Er vereinbarte für Saint-Exupéry und einen anderen französischen Schriftsteller, Henry Bordeaux, einen Besuch in der Führerschule, wo junge Kader des Dritten Reichs ausgebildet wurden. Saint-Exupéry war von der Propaganda und der Disziplin so angeekelt, daß er zu Otto Abetz sagte: »Der Menschentyp, den Sie hier formen, interessiert mich nicht.«

Später schrieb er, daß er das Naziregime hasse, weil es Cézanne und Van Gogh in Konzentrationslager gesteckt hätte und eine Bevölkerung unterwürfigen Viehs züchtete. Er wußte, daß unter diesem Regime Nonkonformisten wie er dem Untergang geweiht waren.

Die Organisierung und Indoktrination von Kindern, sowohl im Nationalsozialismus als auch im Kommunismus üblich, reicht aus, um Saint-Exupérys Abscheu vor autoritären Regimen zu erklären, aber seine Analyse der Unzulänglichkeiten der Dritten Französischen Republik führte nur zu Verwirrung. Sein Interesse an der Innenpolitik war, wie das vieler Franzosen, durch die Unruhen im Februar 1934 geweckt worden, als rechtsgerichtete Bewegungen in Frankreich eine Diktatur zu errichten drohten. Die Ereignisse waren für Saint-Exupéry der erste Anlaß, seine Verachtung für eine Form des französischen Extremismus zu äußern, deren Ursprung großteils bei den monarchistischen Kräften lag, die er als Schuljunge so bewundert hatte. Er war nie versucht, sich den ultrarechten Gruppierungen anzuschließen, die die intoleranten royalistischen Anhänger der *Action Française* von Charles Maurras und die Bewegung der Kriegsveteranen, *Croix-de-Feu*, vereinten, die von François Comte de la Rocque angeführt wurde.

Der antidemokratische Feldzug der *Croix-de-Feu* führte sogar zum Bruch mit Jean Mermoz, der sich für die populistischen Führer der Bewegung unterstützend eingesetzt hatte. Saint-Exupérys Abneigung gegen La Rocque war zum Teil durch dessen nichtssagende und bombastische Ausdrucksweise begründet. Antoine äffte häufig seine Reden nach, zum Ärger von Mermoz, der sich weiterhin für die antirepublikanische Bewegung einsetzte, bis er an Bord eines Wasserflugzeuges 1936 im Atlantik verschwand.

Saint-Exupérys Verachtung für jeden Extremismus führte zum einzig bekannten Streit mit seiner Schwester Simone. Als Antoine mit Verwandten zum Essen ausgegangen war, wurde ihm vorgeworfen, einen Artikel zugunsten der französischen Besetzung Indochinas in der notorisch faschistischen und antisemitischen Zeitung *»Gringoire«* veröffentlicht zu haben. Der Artikel war mit S. de Saint-Exupéry unterzeichnet, und ihm wurde klar, daß er von Simone geschrieben sein mußte, die in Saigon als Archivarin arbeitete. Nach Aussage von André de Fonscolombe, der an diesem Essen teilnahm, war Saint-Exupéry wütend und stürzte zum Telefon, um sie anzurufen.

»Sie haben kein Recht, meinen Namen auf diese Weise zu mißbrauchen«, sagte er. Er war besonders wegen seiner Freundschaft mit Léon Werth entrüstet, der die französische Indochina-Politik in einem Buch scharf verurteilt hatte und in der Zeitung *»Gringoire«* als Zielscheibe des Judenhasses diente.

Obwohl Saint-Exupéry den Extremismus ablehnte, konnte er sich einer gewissen Faszination der neuen, radikalen Staats- und Wirtschaftstheorien nicht entziehen und stand sogar dem Kommunismus aufgeschlossen gegenüber, bis er das sowjetische Regime schließlich als totalitär verurteilte. Seine sehr subjektiven Analysen neuer ökonomischer Systeme, mit welchen er unter anderen Léon Werth zu beeindrucken versuchte, rührten teils von seiner Bekanntschaft mit Gaston Bergery her, einem parteilosen linksgerichteten Parlamentsabgeordneten, der sich später der Vichy-Regierung anschloß. Der Pazifismus der Gruppe um Bergery wurde mit der Zeit zu rigid und unrealistisch, so daß sich Saint-Exupéry davon lossagte und seinen eigenen Weg ging.

Doch in Saint-Exupérys Werken gibt es nirgends Hinweise auf ein starkes Engagement für die republikanische Staatsform, noch für eine Befürwortung der Ideale der Revolution, obwohl er seine Unterstützung für ein demokratisches System betonte, in der Absicht, de Gaulles Plan entgegenzuwirken, der eine nicht gewählte Regierung einsetzen wollte. Sein Bemühen um »Nonkonformismus« distanzierte ihn unweigerlich von diesen politischen Gruppierungen, und er fand nie zu einer politischen Überzeugung, die den Royalismus seiner Familie hätte ersetzen können, so wie er nie eine Religion fand, die die Stelle des Katholizismus hätte einnehmen können. Keine der politischen Parteien seiner Generation interessierte ihn, und Ideologie stieß ihn ab. Statt dessen konzentrierte er sich darauf, einen persönlichen und manchmal exzentrischen Prinzipienkodex zu entwickeln, den er in *»Die Stadt in der Wüste«* darstellen wollte.

Eine genaue Lektüre dieses unvollendeten Werkes zeigt, wie schwierig es ist, Saint-Exupéry eine eindeutige politische Position zuzuweisen, obwohl das Hauptthema, die Darstellung eines allwissenden, nicht gewählten Führers als indirekte Rechtfertigung des Regimes von Pétain hätte interpretiert werden können, wäre das Buch während der Vichy-Ära veröffentlicht worden. In diesem Buch ist nirgends von Gewaltenteilung die Rede, es propagiert vielmehr eine milde Form des Faschismus unter einem Führer, der diese Funktion an seine Nachkommen vererbt. Aber es ist kaum vorstellbar, daß sich Saint-Exupéry von dieser Einstellung nicht losgesagt hätte, wenn er lange genug gelebt hätte, um dieses Buch selbst fertigzustellen.

Er sagte zu Freunden, daß er mindestens noch zehn Jahre brauchen würde, um die Gedanken von *»Die Stadt in der Wüste«* auszuarbeiten, und sprach selbst von einem posthumen Werk. Als er vierzig Jahre alt wurde, hatte die Lebenserfahrung Saint-Exupérys Einstellung gegenüber Gesellschaftsklassen und sozialen Fragen schon enorm verändert, aber sein früher Tod nahm ihm die Chance, die Lektionen, die er im Krieg lernte, zu verarbeiten.

La Feuilleraie

Auf die Trennung und die Auflösung der Wohnung am Place Vauban folgte eine schreckliche Zeit. Trotz Saint-Exupérys wiederholtem Vorwurf, seine Frau verbringe die meiste Zeit mit Freunden, die er nicht mochte, sprach aus ihren Briefen häufig echte Einsamkeit, die durch ihre gesundheitlichen Probleme, vor allem wegen ihres Asthmas, noch verschlimmert wurde. Manchmal unternahm sie, nur zum Zeitvertreib, Reisen nach London oder an die Riviera, aber aus fast allen ihren Briefen spricht Traurigkeit und Enttäuschung darüber, daß ihr Mann nicht bei ihr war.

Der Hauptgrund für ihr gegenseitiges Unverständnis war wohl die Unfähigkeit beider, die übertriebenen emotionalen Forderungen des anderen zu verstehen. Saint-Exupéry sprach in den Briefen, die vielleicht zu den umfangreichsten und schönsten Korrespondenzen des zwanzigsten Jahrhunderts einer prominenten Persönlichkeit mit seiner Frau zählen, immer wieder von seiner eigenen Verwirrung. Gegen Ende seines Lebens, als er zur Luftwaffe zurückgekehrt war, schrieb Antoine mindestens einmal täglich an Consuelo, oft waren dies lange und leidenschaftliche Briefe, in denen er um Versöhnung um jeden Preis bat. Ihre seltenen Antwortschreiben, viel zu kurz im Vergleich zu seinen eigenen, manchmal zwanzig oder mehr Seiten langen Briefen, verstärkten nur seine Sorge um ihre Sicherheit oder schienen Gerüchte zu bekräftigen, daß sie ihn nicht mehr liebe.

Seine Sorge um Consuelo brachte seine Freundinnen manchmal zur Verzweiflung, aber sogar in seinen Briefen an diese Bekannten beteuerte er seine Liebe zu seiner Frau und den Kummer, den ihm ihr Zerwürfnis bereitete. In einem seiner Briefe an Sylvia Hamilton, den er während des Krieges schrieb, sagte er, daß Consuelo, obwohl ihn ihre Einstellung oft traurig mache, »niemals leichtfertig, böse oder gemein« gewesen sei.

Obwohl er Consuelo ununterbrochen Vorwürfe machte, erlebten sie doch noch eine glückliche Zeit, vor allem, als sie bald nach Antoines Umzug in die Rue Michel-Ange beschlossen, ein Landhaus zu kaufen. Consuelo erzählte die Geschichte von diesem spontanen Kauf in derselben nach dem Krieg ausgestrahlten Radiosendung, in der sie die Trennung beschönigend als den Wunsch Saint-Exupérys darstellte, er brauche Urlaub von der Ehe.

Bei einer Autofahrt durch den Wald von Sénart südöstlich von Paris hielten sie auf dem Marktplatz des Dorfes La Varenne-Jarcy. Auf der anderen Straßenseite erblickten sie ein Schild, auf dem ein Haus zum Kauf oder zur Miete angeboten wurde. Im Garten wuchsen viele Bäume, die dem Haus seinen Namen gaben: *La Feuilleraie.* Nach Consuelos Bericht entschloß sich Saint-Exupéry, das Haus zu kaufen, nachdem der Makler, der auch Besitzer des Dorfcafés war, sie durch das Haus und in eine Küche führte, in der ein Kristalleuchter hing, »groß genug für einen Opernsaal«.

Er unterschrieb einen Kaufvertrag, ohne zu wissen, woher er die Hypothekenraten nehmen sollte, ein Problem, das mit dem Erfolg von *»Terre des hommes«* gelöst wurde. Ab 1939 bis zum Einmarsch der Deutschen lebte Consuelo in diesem Haus, und ein Hausmädchen, eine Schar Hühner, ein paar Kaninchen und ein Hund leisteten ihr Gesellschaft.

Dadurch, daß Consuelo nun noch weiter von seiner Junggesellenwohnung entfernt lebte, hatte Saint-Exupéry selbst seinen Kummer über die Trennung vergrößert. Immer wenn er im Jahre 1939 in Paris war, fuhr er in seinem Bugatti oder mit einem Motorrad nach *La Feuilleraie,* um den Abend in ihrer Gesellschaft zu verbringen. Meist besuchte er Consuelo unangemeldet und kehrte manchmal wieder um, wenn er vor dem Haus Autos stehen sah, da Consuelo auch hier auf dem Lande das gesellige Pariser Leben, umgeben von ihren Künstlerfreunden, weiterführte. In diesen Fällen kritzelte Antoine im Café in aller Eile eine Nachricht für sie, die er ihr bringen ließ, ohne jedoch selbst vorbeizuschauen.

Da sie seine ganze Korrespondenz aus all den Jahren aufbewahrte, gehörten zu Consuelos gesammelten Botschaften auch viele hastig hingekritzelte Beschuldigungen der Vernachlässigung und Gleichgültigkeit. Viele dieser Nachrichten bezogen sich auf eine ganze Reihe nicht eingehaltener Verabredungen, auf nächtliche Eskapaden und unbeantwortete Briefe. Einige davon drückten Saint-Exupérys Verwirrung darüber aus, daß die Frau, die er liebte, sich nicht ausschließlich ihm und seiner Arbeit widmete. Er erinnerte in einem Brief jedoch selbst daran, daß Consuelo ihn vor dem unmöglichen Vorhaben gewarnt hatte, ihre Persönlichkeit in Beschlag nehmen zu wollen, die sie selbst mit einem wirren Nebelfleck verglich, der nicht in einer einzigen Form zusammengefaßt werden kann.

Neben der emotionalen Frustration brachte er auch oft seine Enttäuschung darüber zum Ausdruck, daß Consuelo für seine vielseitigen literarischen und wissenschaftlichen Ambitionen und vor allem für sein *grand livre,* den Entwurf von *»Die Stadt in der Wüste«,* nur oberflächliches Interesse zeigte. Andere Freunde mußten also sein verzweifeltes Bedürfnis nach Zuhörerschaft stillen und sich die Ergebnisse seiner grenzenlosen Phantasie anhören.

Hier spielte Nelly de Vogüé eine zentrale Rolle, und viele der in ihrer unter dem Pseudonym Pierre Chevrier veröffentlichten Biographie und in den posthum veröffentlichten *»Écrits de guerre«* anonym zitierten Briefe waren an sie adressiert. Ihre Rolle als wohlwollende Zuhörerin war für Saint-Exupérys Entscheidung, an *»Die Stadt in der Wüste«* weiterzuarbeiten, maßgebend, und ihre Geschäftsverbindungen und politischen Kontakte waren für ihn ebenso wichtig, besonders nach seiner Einberufung in die Luftwaffe.

Gleich nach seiner Ankunft in Toulouse setzte sich Saint-Exupéry dafür ein, in eine kämpfende Einheit beordert zu werden, trotz der Tatsache, daß eine vorausgegangene medizinische Untersuchung ihn als untauglich für eine Ausbildung zum Bomberpiloten eingestuft hatte. Es bestand die Möglichkeit, in eine militärische Transporteinheit versetzt zu werden, die Didier Daurat kommandierte, aber in einem von Nelly de Vogüé zitierten Brief, in dem Saint-Exupéry sie bat, ihm zu helfen, in eine kämpfende Einheit versetzt zu werden, meinte er, daß man sich nur im äußersten Notfall an seinen früheren Chef wenden sollte.

Selbst sein Aufenthalt im Hôtel du Grand Balcon in Toulouse, mit all den Erinnerungen an die Zeit bei der Aéropostale, konnte ihn nicht seiner Sorge entheben, daß er vielleicht zu alt sei, um als Pilot noch von Nutzen zu sein.

»Ich ersticke mehr und mehr«, schrieb er. »Die Atmosphäre hier ist einfach unerträglich. Ich habe über diese Ereignisse so manches zu sagen. Ich könnte sie als Kämpfer sagen, nicht aber als Tourist.«

Einer seiner nützlichsten Verbündeten war der Luftwaffengeneral René Davet, den er während des Spanischen Bürgerkriegs kennengelernt hatte. Davet erinnerte sich an Saint-Exupéry als einen Mann, der das Leben hinter der Front haßte und es vorzog, die Gefahr der Soldaten an vorderster Front zu teilen, gleich auf welcher Seite. Er weigerte sich, bürokratische Aufgaben in irgendeinem Hinterzimmer zu übernehmen, als in Frankreich der Krieg ausbrach.

Obwohl Davet einflußreich genug war, den medizinischen Eignungstest zu übergehen, mußte sich Saint-Exupéry an den Luftfahrtsminister Guy La Chambre wenden und ihn um Intervention bitten, in der Hoffnung, er würde einem Jagdfliegergeschwader zugewiesen. Statt dessen wurde er zu einer Aufklärungsstaffel abkommandiert, der Einheit 2/33, die für Luftaufnahmen aus großer Höhe zuständig war, und in der er vom Dezember 1939 bis Juli 1940 und dann wieder von April 1943 bis zu seinem Tod diente.

Die Verhältnisse an seinem ersten Standort bei Orconte, inmitten der kahlen Schlachtfelder des Ersten Weltkriegs an der Marne, erfüllten zum Teil seine Sehnsucht, den profanen Alltagssorgen zu entrinnen und zu dem einfachen Leben und der Kameradschaft von Cap Juby zurückzukehren. Er hatte manchmal den Wunsch geäußert, ein Leben als Mönch zu führen, und vertraute Georges Pélissier einmal an: »Wenn ich den Glauben besäße, würde ich Dominikaner werden.« Er war von den spartanischen Verhältnissen, die er bei der 2/33 am 3. Dezember 1939 vorfand, so begeistert, daß er darum bat, wie ein einfacher Soldat behandelt zu werden.

Das bedeutete den Verzicht auf die Privilegien und den Komfort, der ihm im Range eines Hauptmanns eigentlich zustand, welcher ihn in der militärischen Hierarchie über den Kommandanten der Schwadron stellte. Die Tatsache, daß er doppelt so alt war wie die meisten anderen Piloten, trug ihm besonderen Respekt ein, aber er nutzte seinen Ruhm als bekannter Schriftsteller nie aus und bevorzugte die einfache Unterbringung und das Gemeinschaftsleben in der Mannschaftsmesse, sogar nachdem ihm der Preis der Académie Française nur elf Tage nach seiner Einberufung zuerkannt wurde.

Wie in Cap Juby rief die Atmosphäre auf dieser Fliegerbasis während des strengen Winters 1939–40 die bitter-süßen Erinnerungen der Kindheit in Saint-Maurice und in den Schulen von Le Mans und Fribourg wach. In seinem Buch *»Flug nach Arras«*, das er später in den Vereinigten Staaten über seine Erlebnisse während der Schlacht um Frankreich schrieb, kommt er immer wieder auf seine Kindheitsempfindungen zurück. Es ging jedoch nicht darum, nur angenehme Erinnerungen wachzurufen. In einer Sequenz beschrieb er das Vergnügen, in einem eiskalten Zimmer in seiner Unterkunft in einem Bauernhaus in Orconte aufzuwachen. Er verglich den Raum mit einer Mönchszelle und erzählte, wie er, nachdem er Feuer gemacht hatte, um das Wasser in der Waschschüssel aufzutauen, wieder ins Bett huschte und sich unter die warme Decke kuschelte.

Als die Flieger, die damals zusammen mit Saint-Exupéry dienten, Jahre später von ihrem Kameraden sprachen, entwarfen sie das Bild eines Mannes mittleren Alters, der die sorglose Zeit eines Schuljungen während der endlos langen Wochen vor dem Kampf noch einmal durchlebte. René Gavoille, zukünftiger General und damaliger Kommandant der Einheit, sagte, Saint-Exupéry sei die Seele der Gruppe gewesen, der die jüngeren Offiziere mit Kartenkunststücken, Anekdoten, Volksliedern und Wortspielen bei Laune hielt. Er hatte noch eine weitere Attraktion anzubieten: haarsträubende Fahrten in seinem neuen Auto, einem De Soto, mit dem er mit einer Geschwindigkeit von 140 km/h über die gepflasterten und von Schlaglöchern übersäten Straßen Ostfrankreichs preschte. Seine Beifahrer erinnerten sich an seine schreckliche Angewohnheit, die Geschwindigkeit fast auf Schrittempo zu verlangsamen oder plötzlich loszubrausen, je nachdem, wie intensiv die Unterhaltung gerade lief.

Die meisten anderen Piloten waren Berufssoldaten und an das monotone, langweilige Leben in einer Verteidigungsarmee in Friedenszeiten gewöhnt, aber ihre Berichte über das Leben in Orconte und anderen Fliegerbasen zeigten Verachtung für die mangelnde Kriegsbereitschaft des Oberkommandos, die das Debakel, das folgen sollte, vorausahnen ließ.

Langeweile, Kälte und Untätigkeit waren die wirklichen Feinde. Im Dezember 1939 war, laut Gefechtsbericht des Geschwaders, nur eine einzige Operation durchgeführt worden, die mit einem Desaster endete, als ein langsamer Aufklärungsflieger vom Typ Potez 63 auf dem Rückweg von einer fotografischen Aufklärungsmission von einer Hurricane der RAF, der Königlich-Britischen Luftwaffe, abgeschossen wurde. Dieser Vorfall war ein tragisches Beispiel unverständlicher militärischer Planung. Kurz zuvor war der französischen Luftwaffe nämlich befohlen worden, die blau-weiß-roten Erkennungszeichen an den Flugzeugen auf die Größe eines Suppentellers zu verkleinern, was die Chancen, identifiziert zu werden, stark verringerte. Nachdem die Potez von Alliierten abgeschossen worden war und Saint-Exupéry den verletzten Piloten im Krankenhaus besucht hatte – davon berichtet er in *»Flug nach Arras«* –, wurde der Befehl erteilt, die Erkennungszeichen wieder zu vergrößern.

Die Potez 63 war für diese Aufgabe zu langsam und besaß eine Menge mechanischer Nachteile, wie zum Beispiel Maschinengewehre, die in großer Höhe einfroren. Wie alle anderen französischen Regimenter mußte auch diese Einheit die administrative Lethargie durch Eigeninitiative kompensieren. Mit der Hilfe von Professor Fernand Holweck, einem Wissenschaftler, der seine Bewunderung für Saint-Exupérys großen Erfindergeist oft zum Ausdruck brachte, arbeitete Antoine zusammen mit einem Untersuchungsteam an der Ursache dieses Fehlers und fand die Lösung, nach der die Techniker monatelang vergeblich gesucht hatten.

Als er zur Fliegerbasis zurückkehrte, war gerade entschieden worden, daß die Potez 63 der deutschen Luftwaffe nicht gewachsen war, und die Aufklärungseinheit erhielt den Befehl, eine neue Maschine zu übernehmen, die Bloch 174, ein zweimotoriger Jagdbomber, den Saint-Exupéry auf jener Mission flog, die ihn später zu *»Flug nach Arras«* inspirierte.

Unter Beschuß

Saint-Exupérys Einsatz am 23. Mai 1940 über der Stadt Arras dauerte eine Stunde und vierzig Minuten und war einer der gefährlichsten der 108 Aufklärungsflüge, die seine Einheit bis dahin durchgeführt hatte. Die in seinem Buch zum Ausdruck gebrachte Überzeugung, daß man ihn auf einen sinnlosen Einsatz geschickt hat, ist nicht zutreffend. Dies war die letzte Möglichkeit der Alliierten, eine Lücke in den deutschen Linien zu entdecken, als ihre Panzer Richtung Ärmelkanal rollten. Der französische Oberkommandierende, General Maxime Weygand, hatte beschlossen, sich ihnen an der Somme entgegenzustellen, und er wollte, daß eine Reihe von deutschen Brückenköpfen am Pas de Calais zerstört würden.

Bei Saint-Exupérys Einsatz vertraute man auf die außergewöhnlichen Flugeigenschaften der zweimotorigen Bloch 174. Mangelhafte Kommunikation und ein unzureichender Geheimdienst hatten der französischen Armee seit Kriegsbeginn zu schaffen gemacht, und man hoffte, daß sich das neue Flugzeug als Wunderwaffe der Aufklärung erweisen würde. Es war eigentlich als Bomber entwickelt worden, und seine Fluggeschwindigkeit von 400 km/h schien einen Vorteil gegenüber den deutschen Jagdflugzeugen zu versprechen.

Die erste dieser Maschinen mit ihrem charakteristischen Doppelleitwerk waren der 2/33 im Winter 1939 ausgeliefert worden, und Saint-Exupéry flog den allerersten Aufklärungseinsatz am 29. März 1940 über Verdun und Bastogne in Belgien in einer Höhe von 9000 Metern. Was ihn an der neuen Maschine am meisten faszinierte, war das Cockpit der Bloch, das mit 103 Anzeigern, Meß- und Kontrollgeräten ausgestattet war, ein enormer Aufwand an Technik im Vergleich zu den ein oder zwei primitiven Navigationsinstrumenten der Maschinen, die er in Afrika und Südamerika geflogen hatte.

In den folgenden drei Tagen flog Saint-Exupéry zwei weitere Einsätze und wurde dann bis zu der Mission nach Arras am 23. Mai nicht mehr über die feindlichen Linien geschickt. In der Zwischenzeit war er für eine gründliche medizinische Untersuchung nach Paris gereist und hatte eine Verschwörung seiner Freunde aufgedeckt, die sich dafür einsetzten, daß ihm ungefährlichere Aufgaben, Propagandaarbeit oder wissenschaftliche Forschungen übertragen wurden. Er befand sich in Paris, als *la drôle de guerre* am 10. Mai zu Ende war, und versuchte vergeblich, den Premierminister Paul Reynal zu überzeugen, ihn in die Vereinigten Staaten zu entsenden, um für eine Intervention der Amerikaner zu werben. An seiner Stelle wurde René de Chambrun, der Schwiegersohn des zukünftigen Premierministers von Vichy Pierre Laval, entsandt.

Saint-Exupéry wäre die Rückkehr zum aktiven Dienst verweigert worden, wenn man gewußt hätte, wie angegriffen seine Gesundheit tatsächlich war. Seine früheren Verletzungen verursachten während des Fliegens oft hohes Fieber, aber in seiner Entschlossenheit, bei der Luftwaffe zu bleiben, schwieg er über seine gesundheitlichen Probleme, selbst wenn das Fieber auf 41 Grad gestiegen war und sein Körper von rheumatischen Schmerzen gepeinigt wurde. Um den Argwohn der Ärzte zu zerstreuen, gab er vor, sich in Afrika mit Malaria angesteckt zu haben, und die Wahrheit kam erst nach seinem Tod mit der Veröffentlichung seiner privaten Korrespondenz ans Tageslicht.

In *»Flug nach Arras«* gibt es keinerlei Hinweise auf physische Probleme, mit Ausnahme der Hinweise, daß er in großen Höhen die Sauerstoffmaske benötigte, aber das war auf dem Hinflug, nach dem Start von der Basis der Einheit in Orly, südlich von Paris, kaum der Fall. Der Gefechtsbericht der Einheit belegt, daß die Operation ein Tiefflug von 50 bis 300 Metern über dem Boden war, tief genug, um vom Gewehrfeuer getroffen zu werden. Die Bloch 174 konnte ihren Höhenvorteil nicht ausspielen, da tiefhängende Bewölkung herrschte, die sie der deutschen Luftwaffe auf Gedeih und Verderb auslieferte. Saint-Exupéry mußte sich auf die große Geschwindigkeit der Maschine und den Schutz durch eine Sondereskorte von fünf Dewoitine-Jägern verlassen. In *»Flug nach Arras«* schrieb er, daß er von einer ganzen Staffel von neun Flugzeugen begleitet wurde, aber in Wahrheit waren vier davon ohne sein Wissen zu einer anderen Basis abgezogen worden.

Im Gegensatz zu späteren Aufklärungsflugzeugen, wie der einsitzigen P-38 Lightning, in der er ums Leben kam, war die Bloch bewaffnet und hatte eine dreiköpfige Besatzung. Bis zu dieser Mission hätte man die Anwesenheit des Maschinengewehrschützen hinten in einer langen Ausschaukanzel wegen der Fähigkeit der Bloch, extreme Geschwindigkeiten und Höhen erreichen zu können, für überflüssig halten können. Doch am 22. Mai waren zwei Flugzeuge der 2/33, die sich auf Tiefflugeinsätzen in dem gleichen Gebiet befanden, das Saint-Exupéry erkunden sollte, von Jagdfliegern abgeschossen worden. Einer der Piloten kam ums Leben. Der Staffelführer Jean Israël wurde gefangengenommen und verbrachte beinahe fünf Jahre in einem deutschen Kriegsgefangenenlager, wo sein kostbarster Schatz eine eingeschmuggelte Ausgabe von *»Flug nach Arras«* war.

Der offizielle Bericht über die Mission vom 23. Mai wurde von Leutnant Jean Dutertre geschrieben, dessen lakonische Bemerkungen große Teile des Buches *»Flug nach Arras«* beherrschen. Saint-Exupéry gab keinerlei Beschreibung von Dutertre, sondern vermittelt den Eindruck eines unerschütterlichen jungen Mannes, den auch das Flakfeuer nicht aus der Ruhe brachte, selbst nachdem einer der Treibstofftanks getroffen wurde. Fotografien aus jener Zeit zeigen einen kräftigen und ruhigen Offizier, zehn Jahre jünger als sein Pilot. Wie Saint-Exupéry war Dutertre in Lyon geboren und war nach Abschluß der Offiziersausbildung in Saint-Cyr 1932 in die Infanterie eingetreten. 1938 wurde er als Beobachter und Navigator zur Luftwaffe versetzt und diese Aufgabe erfüllte er auch am 23. Mai und bei einem späteren Einsatz am 6. Juni, als Saint-Exupéry in der weit ungefährlicheren Höhe von 10000 Metern flog.

Im Jahre 1976 wurde Dutertre gebeten, für die Zeitschrift *»Icare«* der zivilen Piloten seine eigene Version dieses berühmten Aufklärungsfluges niederzuschreiben. Darin berichtet er, wie »wunderbar« Saint-Exupéry seinen Kurs beibehielt, als sie sich Arras näherten, trotz der schlechten Sichtverhältnisse und des Angriffs durch eine deutsche Jagdfliegerstaffel.

»Plötzlich sehe ich Blumen oder vielmehr Feuer, die gigantisch wirken, und Rauch, der sich mit den tiefen Wolken vermischt«, fügte Dutertre hinzu. »Die Stadt da vor mir steht in Flammen, aber ich fühle mich fast ruhig. Das ist Arras, die Hälfte der Mission ist überstanden.«

Dutertre fürchtete, durch den Anblick der brennenden Stadt von seiner Aufgabe, die feindlichen Positionen ausfindig zu machen, abgelenkt zu werden.

»Eine überflüssige Sorge, denn ich entdecke mit Entsetzen in etwa zwei Kilometern Entfernung vor mir etwa hundert Panzer, aufgestellt wie in einem Spielzeugladen. Sie stehen dicht nebeneinander gedrängt, wie eine Herde auf einem Feld, und scheinen die Stadt von Westen her zu umfassen. Mein Selbsterhaltungstrieb meldet sich sofort: ›Nach rechts!‹ schreie ich dem Piloten zu. Zu spät, es ist zu spät. Wir fliegen in 700 Metern Höhe über dieses Wespennest hinweg, und es war nicht nötig, sie auf uns aufmerksam zu machen und sie herauszufordern. Der MG-Schütze hinten hat die deutschen Jagdflieger aus den Augen verloren, sie sind in den Wolken verschwunden. Er weiß noch nicht, daß ihn eine ebenso große Gefahr wie ein Angriff der Messerschmitt bedroht, denn man fliegt nicht ohne Risiko über diese ins Gefecht verwickelten Panzer hinweg.«

Etwa im gleichen Moment eröffnete die Flak das Feuer, und Dutertre zählte dreizehn Sekunden, bevor eine mächtige Explosion das Flugzeug erschütterte. Saint-Exupéry änderte rasch den Kurs und suchte in einer Wolke Zuflucht, die ihnen für weitere zwanzig Minuten Schutz bot, während sie in Richtung ihrer Basis Orly entwischten. Hinter ihnen fand ein schrecklicher Kampf zwischen der Dewoitine-Jagdflieger-Eskorte und sechs Messerschmitt 109 statt. Die französischen Flugzeuge hatten keine Chance, und zwei der fünf Maschinen wurden abgeschossen. Der Führer der Fliegerstaffel, Joël Pape, wurde gefangengenommen.

Der andere Pilot war Jean Schneider, ein enger Freund von Saint-Exupéry, der trotz seines Alters von vierundvierzig Jahren als Jagdflieger eingesetzt wurde. Als die Bloch 174 abdrehte, um sich in Sicherheit zu bringen, rettete sich Schneider mit dem Fallschirm aus seiner brennenden Maschine und erreichte trotz seiner schweren Verbrennungen die französischen Linien. Er machte sich hinterher große Vorwürfe, weil er glaubte, er hätte bei seiner Aufgabe versagt, Saint-Exupéry zu schützen, denn er meinte, sein Freund sei ebenfalls abgeschossen worden.

Auch Antoine war sehr betrübt, da er davon ausging, daß Schneider getötet worden war, als dieser ihn vor den deutschen Jagdfliegern schützte, fand aber dann zufällig heraus, daß sein Freund wegen seiner Verbrennungen im amerikanischen Krankenhaus in Neuilly, einem Vorort von Paris, behandelt wurde, und besuchte ihn dort. Das war ihr letztes Wiedersehen. Schneider desertierte, um sich de Gaulles National-Komitee der Freien Franzosen anzuschließen und starb im November 1944, als das Flugzeug der britischen Luftwaffe, in dem er unterwegs war, in Zentralfrankreich abstürzte.

Die Nase von Jean Israël

Die Einheit 2/33 war im Mai 1940 eine der aktivsten Staffeln der französischen Luftwaffe, und die Informationen, die sie sammelte, hätten den Verlauf der Schlacht um Frankreich durchaus verändern können, wenn ihre Berichte richtig interpretiert worden wären. Das allerwichtigste Nachrichtenmaterial wurde am 12. Mai von dem Beobachter Henri Chévy eingeholt, als Saint-Exupéry noch in Paris war. Der zur Luftwaffe abkommandierte Artillerieoffizier machte nur wenige Stunden vor Beginn der entscheidenden deutschen Offensive eine Konzentration von schweren Panzern und anderem Kriegsgerät in den Ardennen aus. Seine Beobachtungen bestätigten den Bericht des Vortages von René Gavoille, den seine Vorgesetzten als Halluzination abgetan hatten. In den folgenden Stunden wurden mehrere andere Besatzungen der 2/33 losgeschickt, um diese Nachrichten zu bestätigen, aber ihre Berichte konnten das Oberkommando nicht davon überzeugen, daß es im Begriff war, seine Infanterie in eine Falle zu schicken.

Die Frustration, die die Männer der 2/33 empfanden, brachte Jean Israël, Saint-Exupérys Staffelführer, zum Ausdruck. »Wir wurden bloß ausgelacht, weil das Oberkommando meinte, es sei wohlbekannt, daß die Ardennen für Panzerdivisionen unüberwindlich seien, bis der Feind sie dann tatsächlich überwand.«

Die zwei Aufklärungsstaffeln der Einheit waren die ersten, die von der bevorstehenden Panzeroffensive wußten, und vierzehn Tage später brachte Saint-Exupéry die Nachricht, daß die Franzosen ihre letzte Chance, den Vormarsch der Deutschen aufzuhalten, verloren hatten. Am 31. Mai wurde er in einer Mission in großer Höhe nach Abbeville geschickt, wo die größte Panzerschlacht des Feldzugs von 1940 stattfand.

Er wußte nicht, daß der französische Kommandant Charles de Gaulle es war, dessen Theorien von konzentrierten Panzerangriffen von Marschall Philippe Pétain und dem Großteil der Oberkommandierenden vor dem Krieg zurückgewiesen wurden. Die offene Schlacht, die einen deutschen Brückenkopf bei Abbeville zerstören sollte, hatte schon drei Tage gedauert, als Saint-Exupéry den Befehl erhielt, das Gebiet zu überfliegen und Bericht zu erstatten. Weygands letzte Hoffnung war, einen Keil in die schmale Schlachtreihe der deutschen Streitmacht zu schlagen, bevor sie nach Süden Richtung Paris schwenkte.

Was sich seinem Auge 10 000 Meter unter Saint-Exupérys Bloch 174 bot, ließ keinen Zweifel, daß die Schlacht verloren war. De Gaulle hatte keine Zeit gehabt, einen richtigen Plan entsprechend seiner Vorkriegstheorien aufzustellen und hatte 128 von 187 Panzern verloren. Die letzte Offensive war etwa zu der Zeit fehlgeschlagen, als Saint-Exupéry in Orly startete, um die Frontlinien zu fotografieren, wo sich die Deutschen erneut formierten. Die Luftaufnahmen, die Saint-Exupéry auf dieser Mission machte, wurden vor kurzem von dem französischen Historiker Henri de Wailly entdeckt, aber sie sind nicht scharf genug, um zu beweisen, daß die Arbeit der 2/33 wirklich zu der fast sofortigen Entscheidung beigetragen hat, den französischen Rückzug nach Süden zu beginnen.

Als Saint-Exupéry nach 2 Stunden und 20 Minuten Flug zu seiner Basis zurückkehrte, waren de Gaulle und andere Kommandeure des Generalstabs schon übereingekommen, daß ein schottisches Regiment die zerstreuten französischen Einheiten ersetzen und eine letzte Attacke versuchen sollte. Auch den Schotten gelang es nicht, die Deutschen aus ihren Stellungen zu werfen, und de Gaulle ließ die verbleibenden Panzer sich für den langen Rückzug neu formieren, der am 22. Juni mit dem Waffenstillstand endete.

Obwohl *»Flug nach Arras«* im wesentlichen eine genaue Rekonstruktion eines einzigen Einsatzes ist, nahm sich Saint-Exupéry die künstlerische Freiheit, Anekdoten von anderen Begebenheiten und Ereignissen einzuflechten. Die offenkundigste Änderung liegt darin, daß er den Eindruck erweckte, der Aufklärungsflug sei von Orconte aus gestartet, das die Einheit aber schon lange verlassen hatte, während sich die Ereignisse um den Rückzug in Wahrheit auf dem riskanten Rückflug zur Basis in Orly abspielten.

Wie in den meisten seiner Bücher gibt Saint-Exupéry wenig Informationen über Herkunft und äußeres Erscheinungsbild seiner Helden, obwohl er ihre richtigen Namen verwendete. Und dies macht die einzige Ausnahme umso verblüffender, nämlich die zwei Seiten, die der Nase des Staffelführers Jean Israël gewidmet sind. Israël wurde später Generalsekretär des nach dem Krieg gegründeten Vereins der Freunde von Saint-Exupéry, der *Association des Amis de Saint-Exupéry*, und er wird in dem Buch als einer der mutigsten Piloten der Gruppe beschrieben. Diese Passage führte zu einem der seltsamsten politischen Skandale der Vichy-Zeit.

Saint-Exupéry hob die Tatsache hervor, daß Israëls Nase vor jeder gefährlichen Mission »feuerrot« wurde; die Intention des Autors war, die jüdische Abstammung seines Kameraden herauszustreichen und damit von seinem Zufluchtsort in den Vereinigten Staaten aus seinen jüdischen Freunden in Frankreich seine Solidarität zu bekunden. Im Jahre 1942 waren die französischen Juden Opfer strenger antisemitischer Gesetze geworden, die den Weg zu Massendeportationen nach Deutschland bereiteten. Aber in der langen und etwas breitgetretenen Beschreibung von Israëls Nase zeigte sich eine Spur von Ausgelassenheit, zu einer Zeit, als Vichy den Rassenhaß mit primitiver Propaganda und geschmacklosen Karikaturen der semitischen Gesichtszüge schürte.

In Wahrheit war Israëls Nase, die Saint-Exupéry als sehr groß und sehr rot beschrieb, weit weniger spektakulär. Fotografien, selbst Profilaufnahmen aus jener Zeit, zeigen eine wohlgeformte und nur durchschnittlich große Nase in einem rundlichen, lächelnden Gesicht. Wenn diese vor einer Mission rot wurde, dann lag das wahrscheinlich daran, daß sie erst kurz zuvor bei einem Flugzeugabsturz gebrochen war.

Saint-Exupéry übertrieb bewußt, des politischen Effektes wegen, aber diese Anspielung auf die Politik Pétains blieb bei der Veröffentlichung in der besetzten Zone im Oktober 1942 unbemerkt, als die Deutschen dem Verlagshaus Gallimard gestatteten, 2100 Exemplare zu drucken. Die Zustimmung von Vichy wurde von dem Romanschriftsteller Paul Morand, einem Judenverächter, erteilt.

Ein oder zwei Wochen lang war die Presse auf die Ironie in Saint-Exupérys Werk nicht eingegangen, und das Buch wurde in dem pétainistischen Blatt *»Nouveau Temps«* von einem anderen Romanautor, Pierre MacOrlan, sehr gepriesen. Aber im Januar änderte sich die Stimmung plötzlich. Die in Paris ansässige Zeitung der Kollaborateure *»Je suis partout«* verurteilte das Buch in einem von P.-A. Cousteau unterzeichneten Artikel. Saint-Exupéry wurde vorgeworfen, Israël als den »großartigsten, kühnsten und sympathischsten« Flieger der Gruppe dargestellt zu haben.

»Ein Mann, dem angesichts des wunderbaren Kameraden Israël vor Bewunderung der Mund offensteht, und der sich darüber hinaus brüstet, der Freund von Léon Werth zu sein, muß es natürlich für hinnehmbar halten, daß Frankreich geopfert wird«, stand in diesem Artikel, eine Anspielung auf die Behauptung Vichys, die Juden hätten den Krieg aus eigenen Geschäftsinteressen angezettelt. »Wenn die Juden etwas fordern, kann man sich dem nicht entziehen, und umso schlimmer wird der Schaden.«

Der Artikel in *»Je suis partout«* brachte sein Erstaunen darüber zum Ausdruck, daß das Buch nicht das *nihil obstat* von Georges Mandel und Léon Blum vertrat, zwei führende jüdische Politiker der Vorkriegszeit, die vom Vichy-Regime verhaftet wurden, weil sie angeblich durch Nachlässigkeit und Verfolgung persönlicher Interessen zur Niederlage Frankreichs beigetragen hatten. Auch andere antisemitische Zeitungen stimmten in diesen Aufschrei ein, und am 11. Januar 1943 zogen die Deutschen ihre Erlaubnis zur Verbreitung des Buches zurück. Binnen weniger Stunden waren alle Exemplare aus den Buchhandlungen entfernt, aber die Angriffe auf Saint-Exupéry wurden fortgesetzt, und *»Je suis partout«* bestimmte den Stil, der von anderen zotigen Blättern wie *»Cahier jaune«, »Au Pilori«* und *»Cri du peuple«* übernommen wurde. *»Je suis partout«* schrieb: »Monsieur de Saint-Exupéry hat die Juden immer mit einer Art jugendlicher Eitelkeit und Zurschaustellung geliebt, etwa wie jene Rekruten, die stolz darauf sind, sich mit einer Geschlechtskrankheit angesteckt zu haben, und die Anzeichen der ganzen Stubenbelegschaft vorzeigen, damit man sie bewundere.«

In *»Die Stadt in der Wüste«* prangert Saint-Exupéry erneut die Rassendiskriminierung an. Die Gendarmen des Berberfürsten behaupten, eine Sekte aufgedeckt zu haben, die für die Dekadenz des Reiches verantwortlich sei. Ähnlich wie die Vichy-Regierung belegen sie ihre Verdächtigungen mit einer Reihe von Übereinstimmungen, die von der Häßlichkeit der Beschuldigten bis zu Korruptionsvorwürfen gegen die Sektenmitglieder reichen.

Der Berberfürst, dessen Verachtung für den blinden Gehorsam seiner Polizei eines der zentralen Themen von *»Die Stadt in der Wüste«* ist, macht sich über sie lustig, indem er sagt, es gebe eine noch gefährlichere Sekte, die an einem Leberfleck an der linken Schläfe erkannt werden könne, aber die allerschlimmsten seien jene, die gar keinen Leberfleck hätten. Nach noch weiteren absurden Beispielen macht sich der Berberfürst die Logik totalitärer Regime zu eigen und sagt: »Und schließlich, wenn ich eine Sekte nach der anderen durchgehe, verurteile ich die Sekte der Menschen in ihrer Ganzheit, denn sie ist ganz offensichtlich der Ursprung von Verbrechen, Entführungen, Vergewaltigungen, Erpressungen, Gefräßigkeit und Unzucht.«

Er beschließt, daß er mit der Säuberungsaktion ebensogut bei der Polizei beginnen könne, weil die Männer zugleich Diener des Königreiches seien. Und er schließt mit dem Befehl an den Polizeichef, sich selbst zu verhaften.

»Flug nach Arras« war ein wichtiger Wendepunkt für Saint-Exupéry. Auf den einfachen und beschreibenden Stil der Kampfszenen und Kindheitserinnerungen des ersten Teiles folgt abrupt eine lange philosophische Reflexion über das menschliche Leben, die bereits seine Gedanken von *»Die Stadt in der Wüste«* ankündigt. Der Wechsel im Tonfall war nicht gelungen und enttäuschte einige seiner Pilotenkollegen der 2/33, die den Eindruck hatten, dem Buch fehle die Klarheit und Brillanz von *»Nachtflug«* und *»Wind, Sand und Sterne«*. Als er im April 1943 zu seiner Einheit zurückkehrte, erklärte Saint-Exupéry, daß er das Buch unter großem Zeitdruck geschrieben habe und daß er wegen des von seinen amerikanischen Verlegern gesetzten Abgabetermins seine Gedanken nicht gründlich habe ausarbeiten können.

»Meine Alchimie hatte nicht genug Zeit zu wirken«, meinte er.

KAPITEL XIII

Der Mann, der nicht glaubte

Inmitten der allgemeinen Panik des französischen Rückzugs, als Millionen von Flüchtlingen strategisch wichtige Straßen blockierten und damit alle Hoffnungen eines möglichen Gegenangriffs zunichte machten, wurde die 2/33 plötzlich von Orly nach Nangis verlegt, einer Stadt nordöstlich von Fontainebleau. Von dort aus flog Saint-Exupéry die letzten beiden der sieben Aufklärungseinsätze von 1940, für die er mit dem *Croix de Guerre* ausgezeichnet wurde.

Nangis lag nur wenige Kilometer von *La Feuilleraie* entfernt, und auch Consuelo wurde beim Vormarsch der Deutschen auf Paris von der Massenhysterie der Nation ergriffen. Am 3. Juni 1940, als Saint-Exupéry vor dem Haus vorfuhr, war sie gerade dabei, einen kleinen Peugeot mit ihren Kleidern und Juwelen vollzuladen. Wie sie später selbst berichtete, forderte er das Hausmädchen auf, ihre Pelzmäntel wieder ins Haus zurückzutragen, und vergrub den Schmuck im Garten. Das Wichtigste aber war, Benzin aufzutreiben, und Saint-Exupéry belud das Auto mit Benzinkanistern, einige davon wurden sogar in Koffern verpackt, die er eilig geleert hatte. Consuelos Reiseziel war die Riviera, und sie erzählte ihre dann folgenden Abenteuer in ihrem teils fiktionalen, 1945 erschienenen Buch *»Oppède«*. Das ist der Name des Dorfes in der Provence, wo sie sich am Aufbau einer Künstlerkolonie beteiligte.

Es ist nicht bekannt, ob Saint-Exupéry sie vor seiner Abreise aus Frankreich am 5. November noch einmal traf. Die folgenden Monate verliefen so chaotisch, daß er selten mehr als ein paar Tage am selben Ort verbrachte. Seine Einheit blieb eine Woche in Nangis und bezog dann kurzzeitig Quartier an fünf anderen Luftwaffenstützpunkten, bevor sie am 27. August 1940 eine nordafrikanische Basis in Tunis bezog.

Die Zeitspanne zwischen dem Waffenstillstand im Juni und seiner Abreise nach New York Ende 1940 war für Saint-Exupérys Entscheidung, sich de Gaulle nicht anzuschließen, sondern weiterhin zu Pétain zu halten, von großer Bedeutung. Fast alles, was er in diesen wenigen Wochen beobachtete, verstärkte seine Überzeugung, die schon beim ersten Durchbruch der Nazis reifte, daß Frankreich zu schwach war, um sich den Deutschen entgegenzustellen und sich aus dem Kampfgeschehen zurückziehen sollte, bis die Vereinigten Staaten zu Hilfe kämen.

Die schrecklichen Fehlentscheidungen des Oberkommandos während der Schlacht um Frankreich stärkten seine Überzeugung, daß die Wehrmacht der Nazis nicht aufzuhalten war und daß Widerstand nur zu unzähligen Opfern unter der Zivilbevölkerung führen würde. Seine Einschätzung wurde 1940, wie die so vieler Franzosen, von der defätistischen Vichy-Propaganda beeinflußt, die behauptete, daß Frankreich von inkompetenten Regierungen, wie der von den Sozialisten angeführten Volksfront von 1936, völlig unvorbereitet in den Krieg verwickelt wurde.

Historiker haben inzwischen nachgewiesen, daß Frankreich durchaus die militärische Schlagkraft besessen hätte, den Deutschen die Stirn zu bieten. Und es ging nicht einfach darum, um Saint-Exupérys Worte aus *»Flug nach Arras«* zu verwenden, daß 40 Millionen Bauern von 80 Millionen Fabrikarbeitern geschlagen wurden. Die französische Luftwaffe besaß weit größere Bestände, als es damals den Anschein hatte, aber die Oberkommandierenden sandten die Flugzeuge, wie auch die Artillerie, nur tröpfchenweise in den Kampf und hielten zu viele Maschinen in Reserve.

Doch Saint-Exupérys mangelndes Vertrauen in den Kampfgeist der Franzosen beschränkte sich nicht auf die Qualität des Kriegsgerätes. Er hatte schon am 10. Mai einen moralischen Zusammenbruch vorausgesagt, als Marschall Pétain eiligst von seinem Posten als Botschafter in Madrid zurückbeordert und zum stellvertretenden Premierminister ernannt wurde. Obwohl die meisten Leute die Rückkehr des

Helden von Verdun als Zeichen der Entschlossenheit werteten, den Krieg fortzusetzen, war Saint-Exupéry entsetzt.

»Er ist ein Pessimist. Das wird nicht gut gehen«, sagte er zu Jean Israël, ein Gefühl, das bestätigt wurde, als Pétain am 17. Juni zum Premierminister ernannt wurde und sofort in Friedensverhandlungen eintrat.

Jeder Tag des demütigenden Rückzugs hatte die Chancen einer wundersamen Wendung der Lage vermindert, aber die Hoffnung wuchs ein wenig unter Saint-Exupérys Pilotenkameraden, als die 2/33 den Befehl erhielt, einen neuen Flugplatz in einer französischen Kolonie in Nordafrika anzufliegen; diese Basis hätte als Sammelpunkt einer Streitmacht des riesigen Kolonialreichs dienen können. Am 19. Juni flog der Geschwaderkommandant Henry Alias eine Flotte verschiedener Flugzeugtypen nach Algier, während Saint-Exupéry, der stellvertretende Kommandeur Olivier Penicault und mehrere Besatzungen zum Flugplatz von Bordeaux-Mérignac beordert wurden, um vier Blochs 174 zu übernehmen. Mérignac bot allen Luftwaffenoffizieren, die in den vorausgegangenen Wochen verzweifelt um mehr Maschinen nachgesucht hatten, einen außergewöhnlichen Anblick. Auf dem Flugplatz standen Hunderte von Kampfflugzeugen, Flügel an Flügel nebeneinander aufgereiht, die man dort in Reserve gehalten hatte, anstatt sie einzusetzen, um den deutschen Vormarsch aufzuhalten.

Saint-Exupéry nutzte die Gelegenheit, eine veraltete viermotorige Farman zu requirieren, die mehr als vierzig Personen Platz bot, also groß genug war, um gestrandete Piloten, das Bodenpersonal der 2/33 und Versprengte anderer Einheiten nach Algier zu transportieren. Das Flugzeug war technisch nicht flugtüchtig, aber er arbeitete zusammen mit seinen Mechanikern verbissen die ganze Nacht hindurch, um es instand zu setzen. Als er einmal seine Arbeit an einem der Motoren unterbrach, stand ihm plötzlich ein weiblicher Sanitätsoffizier gegenüber, Suzanne Torrès, eine frühere Journalistin und Ehefrau eines Abgeordneten. Ein Bericht über dieses Zusammentreffen in ihrem Buch *»Quand j'étais Rochambelle« (»Als ich Rochambelle war«)* gab erste Einblicke, warum Saint-Exupéry den Gedanken, sich de Gaulle und der Résistance anzuschließen, ablehnte und die Tatenlosigkeit und den Defätismus des Vichy-Regimes akzeptierte.

Suzanne Torrès, die später einen Freund de Gaulles, General Jean Massu, heiratete, war nach Bordeaux gekommen, entschlossen, sich in London dem Komitee zur Befreiung Frankreichs anzuschließen. Die Nachricht über de Gaulles Aufruf zum Widerstand vom 18. Juni 1940 hatte sich verbreitet, und Suzanne Torrès wurde von einem Hauptmann begleitet, der abgesandt worden war, um eine mögliche Wiederaufnahme des Kampfes von Afrika aus zu untersuchen. Er erhielt von Saint-Exupéry keine Unterstützung, der den progaullistischen Offizier im Gegenteil zu überzeugen versuchte, seine Pläne für eine Fortsetzung des Kampfes fallenzulassen.

»Dem Enthusiasmus des Hauptmanns setzte Saint-Exupéry technische Argumente entgegen«, erinnerte sich Suzanne Torrès. »›Es gibt keine Flugzeuge, keine Ersatzteile, weder Werkstätten noch Treibstoff.‹ Er spricht sachlich, freundlich und beobachtet die Gesichtszüge seines Gesprächspartners genau. Ich fühle, daß es ihm leid tut, die mit so viel Überzeugung vorgetragenen Hoffnungen dämpfen zu müssen.«

Das Gespräch zeigte keine Wirkung. Der junge Hauptmann nahm an einem heroischen Kampf in Leclercs 2. Panzerdivision teil, die sich von Schwarzafrika bis nach Mitteldeutschland durchkämpfte.

Saint-Exupéry flog die überladene Farman nach Algerien, wo er Suzanne Torrès häufig in der Bar des Hôtel Aletti in Algier traf, einem Treffpunkt für junge Offiziere, die entschlossen waren, einen Weg zu finden, um sich de Gaulle anzuschließen. Viele angeregte Diskussionen fanden dort statt, denen Saint-Exupéry nach Aussage von Suzanne Torrès schweigend zuhörte.

»Einmal vertraute er mir an: ›Wozu sollte man ihnen den Enthusiasmus rauben‹«, erinnerte sie sich, »er selbst glaubte nicht daran.«

Mers el-Kebir

Saint-Exupéry wurde in Algerien am 31. Juli 1940 aus der Armee entlassen und fuhr in Gesellschaft eines Reserveoffiziers der Luftwaffe, Paul Creyssel, der im zivilen Leben Rechtsanwalt und Abgeordneter war, nach Marseille. Creyssel war in den folgenden vier Monaten

Zeuge von Saint-Exupérys Unschlüssigkeit angesichts der Folgen der Niederlage.

Sie kannten sich seit 1917 und hatten sich in Algier wiedergetroffen, wo sie beide dem Oberbefehlshaber in Nordafrika, General Charles Noguès, über die Kampfbereitschaft der Luftwaffe Bericht erstatteten. Creyssel sagte, daß die halboffiziellen Inspektionsbesuche Saint-Exupérys pessimistische Einschätzung der Moral der Truppe nur noch verstärkten. Creyssel war bedingungsloser Anhänger Pétains, unter dem er im Ersten Weltkrieg gekämpft hatte, und trug dazu bei, Saint-Exupéry von der Integrität des Marschalls zu überzeugen, zum Nachteil von Charles de Gaulle. In einer Unterhaltung mit einem amerikanischen Biographen, Curtis Cate, behauptete Creyssel, Saint-Exupérys Ernüchterung über de Gaulle beobachtet zu haben, als sie noch bei der Luftwaffe in Algier Dienst taten.

Am 3. Juni, die Verfassung der neuen Vichy-Regierung war noch in Vorbereitung, versenkten britische Kriegsschiffe bei Mers el-Kebir einen französischen Flottenverband, um zu verhindern, daß er in deutsche Hände fiel. Creyssel erzählte, Saint-Exupéry sei über die Radiodeklaration von de Gaulle empört gewesen, in der er den Briten diese Attacke verzieh, und der Behauptung des Generals keinen Glauben schenkte, Pétains Regierung wäre bereit gewesen, die Kriegsschiffe den Nazis auszuliefern.

Es gibt keinerlei schriftliche Aufzeichnungen dieser Unterhaltung, aber die Ereignisse von Mers el-Kebir müssen für Saint-Exupéry ein Schock gewesen sein. Wie die meisten anderen Franzosen glaubte er fest an die Entschlossenheit des Marschalls, den Deutschen Widerstand zu leisten, aber er fürchtete ebenfalls, gegen seine Landsleute in den Kampf ziehen zu müssen. Seine brüderliche Loyalität zu den Piloten der 2/33, die in ihrer Basis in Nordafrika bis 1943 weiterhin der Vichy-Regierung unterstanden, hätte an sich schon ausgereicht, ihn von einem Wechsel ins Lager de Gaulles abzuhalten.

Schon sehr schnell wurde der Alptraum, daß französische Soldaten einander bekämpfen würden, mit dem Angriff der Truppen de Gaulles auf Dakar Wirklichkeit, als daraufhin Kämpfe zwischen Vichy und dem Freien Frankreich in Syrien stattfanden. Die Wahrscheinlichkeit, daß in Frankreich ein gnadenloser Bürgerkrieg – ähnlich dem spanischen – ausbrechen würde, schien bedrohlich näher zu rücken.

Die Erinnerungen Creyssels vermitteln eine Vorstellung von Saint-Exupérys Einstellung wenige Stunden nach seiner Rückkehr aus Nordafrika nach Frankreich. Auch Henri Guillaumet war aus dem Kriegsdienst entlassen worden und traf wenige Stunden nach Saint-Exupéry in Marseille ein. Beide gingen zusammen mit Creyssel in eine Bar, wo Antoine versuchte, seinen Freund zu trösten, dessen Heimatdorf nun besetzt war. Saint-Exupéry sagte angeblich, daß davon gar nichts mehr übrig geblieben wäre, wenn Frankreich weitergekämpft hätte. Ganze Dörfer und Städte wären ausgelöscht worden, und dies hätte zu Verlusten geführt, von denen sich Frankreich nie wieder erholt hätte. In den folgenden Wochen änderte nichts seine Überzeugung, daß de Gaulles Unterfangen nur zu weiterem Blutvergießen und Leiden führen würde.

Saint-Exupérys persönliche Analyse der Hauptgründe für die Niederlage stimmte mit der offiziellen Position von Vichy und ihrer spirituellen Hauptstütze, der katholischen Kirche, überein. Die katholische Kirche unterstützte öffentlich Pétains Ruf nach einer »nationalen Revolution« und führte die Niederlage Frankreichs auf die moralische Dekadenz vor dem Krieg und die industrielle Revolution zurück. Priester und Politiker warben gemeinsam für eine neue puritanische Ära und eine Rückbesinnung auf traditionelle Werte.

Obwohl Saint-Exupéry wenig Interesse an der Kirche zeigte, teilte er deren Auffassung, daß Frankreich eine spirituelle Erneuerung brauchte, wenn es zu seiner alten *grandeur* zurückfinden wollte. Nach seiner Entlassung aus der Armee zog er sich auf Gabrielles Schloß in Agay zurück, wo sich auch seine Mutter aufhielt, in der Absicht, dort an *»Die Stadt in der Wüste«* zu arbeiten und somit seinen Beitrag zur Erneuerung ethischer Werte zu leisten. Trotzdem waren politische Entscheidungen unumgänglich. Es reizte ihn noch immer, eine aktive Rolle zu spielen, und er erkundigte sich regelmäßig nach Verbindungsmöglichkeiten nach England, um sich möglicherweise der Royal Air Force anzuschließen, obwohl er de Gaulles Führungsanspruch nach wie vor kritisch gegenüberstand.

Viele seiner Freunde und Verwandten hatten sich entweder Vichy angeschlossen oder waren de Gaulles Aufruf vom 18. Juni gefolgt, den Deutschen Widerstand zu leisten und den von Vichy ausgehandelten Waffenstillstand abzulehnen. Zu den Gaullisten gehörte sein

Cousin und Studienfreund Honoré d'Estienne d'Orves, jetzt Marineoffizier. Am 10. Juli 1940 verließ er in Alexandria sein Schiff, um sich de Gaulle in London anzuschließen.

D'Estienne d'Orves war von denselben sozialen und religiösen Werten geprägt worden wie sein Cousin, und nur wenige Fälle konnten die Gefährlichkeit der Entscheidung, sich 1940 einer der beiden Seiten anzuschließen, besser veranschaulichen. Während Saint-Exupéry die Rettung Frankreichs darin sah, die Amerikaner aus ihrer Neutralität zu locken, schloß sich d'Estienne d'Orves in London der Résistance an, wurde aber verraten und auf einer Spionageoperation in Frankreich am 21. Dezember 1940 verhaftet. Im Gegensatz zu Antoine, der sagte, er sei durch seinen militärischen Eid zur Loyalität zu Marschall Pétain als Heerführer verpflichtet, verteidigte sein Cousin seine Entscheidung, sich für de Gaulle entschlossen zu haben. Kurz vor seiner Hinrichtung durch die Deutschen am 29. August 1941 in Paris schrieb er an seine Familie und sagte, er habe »nach der Tradition unserer Familie« gehandelt, als er sich von Pétain abwandte.

D'Estienne d'Orves hatte sein ganzes Erwachsenenleben in der Marine verbracht, einer Waffengattung, der man blinden Gehorsam gegenüber Pétain nachsagte. Er war durch den Verlust von Offizierskollegen bei Mers el-Kebir selbst sehr betroffen gewesen. Wie Antoine war er Katholik und in einer royalistischen Atmosphäre aufgewachsen, aber er schloß sich de Gaulle ganz spontan an, der offiziell von der französischen Regierung wegen Hochverrats zum Tode verurteilt worden war.

Während d'Estienne d'Orves aus persönlichem Ehrgefühl heraus handelte, suchte Saint-Exupéry weiterhin nach Argumenten, um die Unglaubwürdigkeit de Gaulles zu beweisen. Ein Großteil der französischen Nation unterstützte damals Marschall Pétain, und dies war auch die Haltung von Saint-Exupérys Familie und Freundeskreis, die die Résistance ablehnten.

Nelly de Vogüé lebte bei Agay, und ihr Ehemann gehörte zu jenen, die Saint-Exupéry möglicherweise unbeabsichtigt halfen, einen Entschluß zu fassen. Jean de Vogüé war Hauptmann der Marine im Stab Admiral François Darlans und hatte de Gaulle in London kennengelernt. Er riet Saint-Exupéry davon ab, sich ihm anzuschließen, weil man mit dem General unmöglich auskommen könne. Diese Warnung hielt Jean de Vogüé jedoch nicht davon ab, später ein führender Untergrundkämpfer einer Bewegung namens *Ceux de la Résistance* zu werden und im Nationalrat der Résistance neben de Gaulle und den Kommunisten zu wirken.

Trotz seines Vorsatzes, sich hauptsächlich mit *»Die Stadt in der Wüste«* zu beschäftigen, gewann der Mann der Tat die Oberhand über den Literaten, und er fuhr drei- oder viermal nach Vichy, um herauszufinden, ob er dort eine Funktion übernehmen könnte. Zusammen mit Creyssel erhielt er einen Gesprächstermin bei Pétain, und vielleicht wurde er dort zu dem Glauben ermuntert, der Marschall sei ein heimlicher Widerstandskämpfer, als er ein Buch auf dessen Schreibtisch bemerkte – *»La Prusse après Jena« (»Preußen nach Jena«).* Nicht allein der Marschall erweckte den Eindruck, daß er, wie die Preußen nach ihrer Blitzniederlage gegen Napoleon im Jahre 1806, Zeit gewinnen wollten. Die Auferstehung Preußens und seine Teilnahme an der Schlacht von Waterloo dienten vielen Mitgliedern der vorwiegend deutschfeindlichen Vichy-Regierung als Vorbild. Einige wurden sehr schnell desillusioniert, als Pétain im Oktober 1940 mit Hitler zusammentraf und sie eine enge Kollaboration Frankreichs mit der Besatzungsmacht der Nazis vereinbarten. Andere unterstützten die Vichy-Regierung nur bis zur vollständigen Besetzung Frankreichs durch die Nazis im November 1942. Der Rest hielt treu zu Marschall Pétain, selbst nach seiner Verurteilung zu lebenslanger Haft wegen Hochverrats im Jahre 1945.

Saint-Exupérys Loyalität zu Pétain stand sein Mißtrauen gegen dessen Verwaltung gegenüber. Er fand in Vichy nichts, was ihn hätte überzeugen können, daß die fundamentalen militärischen und politischen Fehlentscheidungen, die die ganze Nation ins Unglück gestürzt hatten, in dem kleinen Badeort in der Auvergne berichtigt worden wären, wo brudermörderische Konspirationen die verschiedenen politischen Gruppen gegeneinander aufbrachten.

Die Tatsache, daß Pierre Laval Pétains Premierminister und möglicher »Kronprinz« war, erregte besonders großen Anstoß, weil er im großen und ganzen als opportunistischer Politiker betrachtet wurde, der Frankreichs Schmach zu seinem eigenen Fortkommen ausgenutzt hatte.

Nelly de Vogüé, die sich damals in Vichy aufhielt, erinnerte sich daran, daß Saint-Exupéry, als Laval einmal den Speisesaal des Hôtel du Parc betrat, laut ausrief: »Da kommt der Schuft, der Frankreich verkauft.«

Im Herbst 1940 hatte Saint-Exupéry mehrere ihm angebotene Posten in der neuen Regierung abgelehnt und ließ sich auch von Versuchen nicht beeindrucken, ihn für eine von Vichy aus operierende Widerstandsbewegung zu gewinnen, die von zwei Männern geführt wurde, welche glaubten, die Deutschen könnten letztlich von innen heraus besiegt werden.

Seine Überzeugung, daß nur die Amerikaner Frankreich retten konnten, verstärkte sich nach einem Besuch in Paris, bei einem nazifreundlichen Schriftsteller des Hauses Gallimard, Pierre Drieu la Rochelle. Dank Drieus Einfluß erhielt Saint-Exupéry einen Passierschein für die besetzte Zone, um Freunde wie Yvonne de Lestrange und Jean Lucas besuchen zu können.

Das besetzte Paris verstärkte sein Gefühl, daß die Nazis unbesiegbar seien. Die Deutschen behandelten ihn mit Mißtrauen, und sein Gefühl der Hilflosigkeit wuchs, als er einmal vernommen wurde. Saint-Exupéry war so verängstigt, während der Ausgangssperre im Freien angetroffen zu werden, daß er buchstäblich durch Paris rannte, um in der Wohnung eines Freundes Zuflucht zu suchen, bevor er zur Rue Michel-Ange weiterlief, um seine Notizbücher zu holen.

Nelly de Vogüé hatte ihn beobachtet und verglich seinen Laufstil mit dem eines behenden Bären und meinte, es sei unmöglich gewesen, nicht zu lachen, wenn man ihn die Avenue du Président-Wilson springend, keuchend und japsend hinaufrennen sah.

»Er hatte die Angewohnheit, bei sehr großer Nervosität alles zu dramatisieren«, schrieb sie. »Als er bei seinem Freund ankam, war seine Kleidung in Unordnung und seine Füße von Blasen übersät. Schließlich lachte er: ›Ich bin nicht dafür geschaffen, in der besetzten Zone zu leben.‹ «

Ein weiteres wichtiges Zusammentreffen bestärkte seinen Entschluß, den Kampf vom Ausland aus fortzuführen. Im Oktober 1940, nachdem er wieder in die unbesetzte Zone zurückgekehrt war, stattete er Léon Werth einen Besuch ab, der in sein Landhaus in Saint-Amour im Jura geflohen war. Vichy hatte gerade neue antisemitische Gesetze erlassen, die Werth zwingen würden, sich den Rest des Krieges zu verstecken. Werth befürwortete Saint-Exupérys Plan, in die Vereinigten Staaten zu reisen, und Antoine versuchte, ihn angesichts der Aussicht einer langen Besetzung durch die Nazis zu trösten, und sagte, daß der Einmarsch der Deutschen mit der Fahrt einer Lokomotive in einen kleinen Garten verglichen werden könnte.

»Jetzt sind die Deutschen da und wissen nicht, wie es weitergehen soll«, sagte er.

Ende Oktober 1940 war er an die Riviera zurückgekehrt, wo er unter anderen André Beucler, der das Vorwort zu *»Südkurier«* geschrieben hatte, Raymond Bernard, den Regisseur der Verfilmung, und Gaston Gallimard wiedertraf und ihnen wiederholt sagte, daß Frankreichs Rettung von der Intervention der Amerikaner abhinge. Antoine diskutierte auch alternative Lösungen, aber das Beispiel anderer Schriftsteller des Hauses Gallimard ermunterte nicht gerade zum Widerstand. Abgesehen von Drieu, der zusammen mit Robert Brasillach und Louis-Ferdinand Céline zu den Kollaborateuren übergelaufen war, waren die meisten Autoren bereit, in aller Ruhe das Ende der Besatzung abzuwarten. Einige beteiligten sich begeistert am Pétain-Kult und unterstützten sogar die antisemitischen Gesetze der Vichy-Regierung, die zur Verfolgung und Vernichtung jüdischer Autoren führte. Zu diesen zählte auch Benjamin Crémieux, der einst Antoine mit Consuelo bekannt gemacht hatte.

Zu jenen, die ihm die Unterwerfung unter die Nazi-Besatzung vorschlugen, gehörte André Gide, der in seinen Tagebüchern schrieb, daß die Unterwerfung unter den Sieger nicht feige, sondern klug sei und daß es keinen Zweck habe, gegen die Stangen des Käfigs zu schlagen.

Joseph Kessel war der einzige Schriftsteller, der sich, ohne zu zögern, der Résistance anschloß. André Malraux, dessen Kriegserlebnisse sich auf eine Panzerschlacht beschränkten, bei der die französischen Panzer gleich zu Beginn mit Pannen liegenblieben, hatte ebenfalls beschlossen, auf die Amerikaner zu warten und hatte sich an die Riviera zurückgezogen, um zu schreiben.

Angesichts widersprüchlicher Ratschläge und nur weniger Beispiele überzeugenden Heldentums folgte Saint-Exupéry schließlich seinem eigenen Gefühl. Am Ende beschloß er, kurz bevor er im Dezember 1940 seine Mutter in ihrem Haus in Cabris in den Bergen nördlich von Cannes besuchte, nach New York zu reisen. Als Abschiedsgeschenk brachte er ihr ein Radio mit. Mutter und Sohn sollten sich nie wiedersehen.

Der Tod Guillaumets

Der Tod von Familienangehörigen und Freunden war eine der Ursachen der wiederkehrenden melancholischen Krisen Saint-Exupérys. Im Jahre 1940 reichte die Liste der tragischen Verluste vom Tod seines Vaters, schon drei Jahre nach Antoines Geburt, bis zur Schlacht um Frankreich, bei der der Verlust von siebzehn der dreiundzwanzig Besatzungen seines Geschwaders zu beklagen war. Zwei Priester, die in seiner Jugend eine entscheidende Rolle gespielt hatten, starben ebenfalls in diesem Jahr. Abbé Launey, der als erster sein schriftstellerisches Talent entdeckt hatte, wurde bald nach seinem Eintritt in den Ruhestand, als er sich bei Ausbruch des Krieges in sein Heimatdorf nahe Le Mans zurückgezogen hatte, schwer krank. Der Tod von Abbé Sudour, des Priesters, der Saint-Exupéry zu seiner Anstellung bei der Aéropostale verholfen hatte, war wahrscheinlich auf den Schock durch die Niederlage Frankreichs zurückzuführen. Er brach, während er in Notre-Dame die Messe las, zusammen und starb kurz darauf in einem Krankenhaus.

Der nächste Schlag erwartete Saint-Exupéry, als er sich anschickte, von Lissabon aus in die Vereinigten Staaten zu reisen. Am 1. Dezember erhielt er die Nachricht vom Tod Henri Guillaumets. Sein Freund steuerte eine Transport-Farman, als diese von einem italienischen Jagdflieger über dem Mittelmeer, fast fünf Monate nach der französischen Kapitulation, abgeschossen wurde. Die Italiener waren damals in eine Seeschlacht mit der britischen Marine verwickelt, und das französische Flugzeug wurde fälschlicherweise für eine britische Maschine gehalten.

»Guillaumet ist tot«, schrieb Saint-Exupéry an Nelly de Vogüé. »Heute abend scheint es mir, als habe ich keine Freunde mehr. Ich beklage mich nicht: ich konnte noch nie um die Toten trauern. Aber ich habe so lange gebraucht, um sein Verschwinden zu verstehen, und diese schreckliche Nachricht lastet schwer auf mir. Das wird Monate und Monate dauern: Ich werde ihn so oft brauchen.«

Er war entsetzt, daß er der letzte Überlebende der Pioniermannschaft war, die damals die Casablanca-Dakar-Route geflogen hatte.

> »Als einziger bin ich von der Casa-Dakar-Mannschaft der guten alten Zeit noch übrig, der großen Besatzung der Bréguets 14, Collet, Reine, Lassalle, Beauregard, Mermoz, Étienne, Simon, Lécrivain, Wille, Verneilh, Riguelle, Pichodou und Guillaumet. Alle, die das miterlebt haben, sind tot, und ich habe niemanden mehr, mit dem ich meine Erinnerungen teilen kann. Da bin ich also, ein alter, zahnloser und einsamer Mann, der das alles allein mit sich herumträgt. Und von Südamerika ist auch keiner mehr übrig, keiner ...«

Der Brief endete mit einem Hilferuf, und er überlegte, ob er seinen Plan, sich in Amerika für eine Intervention stark zu machen, aufgeben sollte. »Ein ganzes Leben muß neu begonnen werden«, fügte er hinzu.

Seit er seine Mutter im Dezember verlassen hatte und nach Nordafrika zurückgereist war, um ein letztes Mal in Erfahrung zu bringen, ob die französische Armee genug Kraft und Entschlossenheit für eine Fortsetzung des Kampfes besaß, wurde Saint-Exupéry von neuen Zweifeln geplagt. Immer wieder erwog er, sich der Royal Air Force in England anzuschließen, dann überlegte er, ob er nicht nach Frankreich zurückkehren und bei seiner Familie bleiben sollte. Schließlich beschloß er, nach Amerika zu reisen, nachdem er ein Telegramm von seinen Verlegern erhalten hatte, die ihn baten, nach New York zu kommen, und für *»Wind, Sand und Sterne«* zu werben und über einen Vorschlag zu einem Buch über die Schlacht um Frankreich zu verhandeln.

Saint-Exupéry erhielt keine Genehmigung, durch das faschistische Spanien zu reisen, weil er im spanischen Bürgerkrieg von der republikanischen Seite aus berichtet hatte, und so mußte er per Schiff von Nordafrika nach Lissabon fahren. Dort schiffte er sich mit einer zusammengewürfelten Gruppe von französischen Flüchtlingen in Richtung Vereinigte Staaten ein.

Seit Dezember war es wieder leichter, Pétain zu unterstützen, da er seinen Stellvertreter Pierre Laval abgesetzt hatte, aber bei seiner Ankunft in den Vereinigten Staaten ergriff Saint-Exupéry die erstbeste Gelegenheit, seine Vorbehalte gegenüber der Analyse der neuen Regierung über die Gründe der Niederlage hervorzuheben. Als sein Schiff an Silvester 1940 in New York anlegte, sagte er zu einem Reporter der *»New York Times«*, daß das militärische Oberkommando für die französische Niederlage verantwortlich sei, eben jene höheren Offiziere, die Pétain in seiner rachsüchtigen Kampagne gegen die Vorkriegspolitiker wie Léon Blum und Édouard Daladier von jeder Schuld freisprach.

Saint-Exupéry wich Fragen über seine Einstellung zu Pétain aus, eine Regel, der er bei den meisten Interviews während des Krieges treu blieb. Die Regierenden von Vichy interpretierten dieses Schweigen in ihrem Sinne, und einen Monat nach seiner Ankunft in den Vereinigten Staaten wurde Saint-Exupéry zum Mitglied des Nationalrats der Regierung ernannt, einem beratenden Gremium, in dem viele bedeutende Persönlichkeiten tätig waren, die sich später offen gegen das Regime stellten.

Am Tag der offiziellen Bekanntgabe seiner Nominierung wies er diese in einer von der Presse veröffentlichten Erklärung zurück und sagte, er sei vorher nicht konsultiert worden. Er sei kein Politiker und beabsichtige, sich nur durch seine literarischen Werke für die Interessen Frankreichs einzusetzen. Trotz dieser Ablehnung, welche die bösen Gerüchte, er sei in geheimer Mission für die Vichy-Regierung unterwegs, nicht zerstreuen konnte, begann die offizielle Lobby der Gaullisten eine gemeine und gehässige Diffamierungskampagne, die bis zu seinem Tod fortgeführt wurde.

Von Anfang an fühlte sich Saint-Exupéry von der gaullistischen Propaganda verletzt, die zu verstehen gab, daß er entweder ein Verräter oder ein Feigling sei. Aber er beschäftigte sich im Jahre 1941 mehr mit persönlichen als mit politischen Dingen und gab seinen ursprünglichen Plan auf, sobald wie möglich nach Frankreich zurückzukehren. Man drängte ihn, sein Buch über den Flug nach Arras fertigzuschreiben, und er mußte einen Weg finden, um Consuelo aus Frankreich herauszuholen. Es dauerte beinahe ein Jahr, bis ihm beides gelungen war.

Saint-Exupérys Leben und seine Stimmungen im Jahre 1942 hat

sein Übersetzer, Lewis Galantière, in einem langen Artikel im »*Atlantic Monthly*« im Jahre 1947 treffend dargestellt. Galantière zweifelte, ob Saint-Exupéry in der Lage sein würde, in einem anderen Land als Frankreich heimisch zu werden. »Ich habe nie einen Mann getroffen, der so wenig für Neutralität, Emigration und Exil geschaffen war«, schrieb er.

Saint-Exupéry versuchte die Tatsache zu ignorieren, daß er sich in einem englischsprachigen Land befand. Seine Freunde waren entweder französische Flüchtlinge oder zumindest des Französischen mächtig. Ihre politischen Standpunkte deckten das gesamte Spektrum des damaligen französischen Denkens außerhalb der extremsten offiziellen Stellungnahmen der Pétainisten oder Gaullisten ab. Nachdem er vom Ritz-Carlton Hotel im Februar 1941 in eine Wohnung mit herrlichem Rundblick im siebenundzwanzigsten Stockwerk des Hauses Nr. 240, Central Park South, gezogen und Nachbar von Maurice Maeterlinck geworden war, führte er bald ein ähnliches Leben wie früher in Paris. Die Abende verbrachte er mit langen Diskussionen, Kartenkunststücken und Schachspielen in Restaurants oder Bars.

Auch seine frühmorgendlichen Telefonanrufe bei Freunden nahm er wieder auf, um ihnen die neuesten Passagen seines Buches vorzulesen, und es hatte wenig Sinn, ihn am Vormittag zu besuchen, weil er meist, nachdem er die Nacht hindurch gearbeitet hatte, den ganzen Tag über schlief. Da er sich weigerte, Englisch zu sprechen, rief Saint-Exupéry oft seine Freunde an, um ganz kurzfristig freiwillige Dolmetscher für einen Einkaufsbummel auf der Suche nach einem neuen Spielzeug zu finden. Die bei weitestem wichtigste Neuanschaffung tätigte er mit Hilfe von Bernard Lamotte, einem Künstler, den Saint-Exupéry an der École des Beaux-Arts kennengelernt hatte, und der später die Illustrationen für »*Flug nach Arras*« zeichnete.

Sie suchten gerade nach einer elektrischen Orgel, als Saint-Exupérys Blick auf ein Diktiergerät fiel, das auf Platten aufnahm. Während der konsternierte Verkäufer versuchte, dem Gespräch der beiden Franzosen zu folgen, zog Saint-Exupéry 700 Dollars aus seiner Tasche und bat Lamotte zu regeln, daß ihm diese Maschine in seine Wohnung geliefert würde.

Von diesem Zeitpunkt an diktierte er seine Bücher und andere Schriften während der Nacht, damit eine Sekretärin tagsüber das Manuskript tippen konnte. Die Maschine bot ihm auch Gelegenheit, seinen kindlichen Humor zu beweisen. Oft nahm er Lieder auf, wobei er seine Stimme durch Verlangsamung der Platte verzerrte. Auch Besucher wurden überredet, Stegreifaufnahmen zuzustimmen, die er dann boshafterweise anderen Leuten vorspielte.

Trotz eines hektischen Gesellschaftslebens und zahlloser Einladungen, Vorträge über seine Kriegserfahrungen zu halten, war Saint-Exupéry nach dem Urteil von Galantière in den Vereinigten Staaten nie richtig glücklich. »Er war nervös, gequält und angespannt und debattierte tage- und nächtelang über militärische und politische Kommuniqués oder studierte mit Ärzten oder Ingenieuren.«

Er war nicht nur wegen seiner Sorgen um Consuelos Sicherheit unglücklich, sondern auch weil er unter gesundheitlichen Problemen litt, die die Fertigstellung von *»Flug nach Arras«* verzögerten und damit die Hoffnungen der Verleger enttäuschten, die das Buch zum ersten Jahrestag des Waffenstillstands herausbringen wollten. Bis zum Juli 1941 hatte er sein Manuskript noch nicht eingereicht und verschreckte unter anderen seine Übersetzer, als er sich nach Hollywood absetzte, um den Regisseur Jean Renoir zu besuchen.

Die beiden Männer hatten sich auf der Überfahrt in die Vereinigten Staaten im vorigen Dezember kennengelernt, als sie eine Kabine teilten, und Renoir hatte versprochen, eine Verfilmung von *»Wind, Sand und Sterne«* ins Auge zu fassen. Saint-Exupéry nutzte seine Diktiermaschine bei seinem Bemühen, die einzelnen Handlungsstränge zu einer zusammenhängenden Erzählung zusammenzufassen und seine ursprüngliche Vorstellung des Projekts auf Platten aufzunehmen.

Galantière, der darauf wartete, mit der Übersetzung beginnen zu können, wußte nicht, daß Saint-Exupéry sich zu einem Krankenhausaufenthalt entschlossen hatte, und erst im November 1941 schrieb dieser ihm schließlich, um ihm die Gründe für die verzögerte Lieferung des Manuskripts zu erklären. Er teilte Galantière mit, daß er während der vergangenen drei Jahre wiederholt von einer unerklärlichen Krankheit befallen würde, und daß sich die Symptome seit seiner Ankunft in den Vereinigten Staaten verschlimmert hätten. Manchmal bekam er urplötzlich über 41 Grad Fieber. Ein Chirurg in Hollywood diagnostizierte, daß er unter den Folgeerscheinungen seines ersten Unfalls im Jahre 1923 in Le Bourget leide und daß sich im

Narbengewebe ein Infektionsherd gebildet habe. Saint-Exupéry sagte Galantière, daß die Heilung fast ebenso schmerzhaft sei wie die Operation und von unerträglichen Krämpfen, Blutungen und weiteren Infektionen begleitet sei. »Verzeihen Sie mir die Verspätung meines Buches«, fügte Saint-Exupéry hinzu.

Galantière war an die Ausflüchte der Schriftsteller gewöhnt, wenn es darum ging, nicht eingehaltene Termine zu entschuldigen, und schien den Brief mit Skepsis zu betrachten, denn Saint-Exupéry sandte gleich danach ein weiteres Schreiben, in dem er sich beklagte, sein Übersetzer scheine zu glauben, »daß ich an einer jener vagen Krankheiten leide, die neurotische kleine Mädchen befallen«.

In einem Artikel für den *»Atlantic Monthly«* erläuterte Galantière seine Zweifel und sagte, daß Saint-Exupéry von den Verlegern fünf oder sechs Wochen Frist eingeräumt wurden, um nach New York zu kommen. In dieser Zeit erhielt er den National Book Award für *»Wind, Sand und Sterne«* bei einem Bankett, an dem 1500 Leute teilnahmen.

»Dann brachten wir ihm taktvoll bei, daß es an der Zeit sei, sich an die Arbeit zu machen«, sagte Galantière. Als alles Taktgefühl nicht weiterhalf, wurde dem Autor mitgeteilt, daß es seine Pflicht sei, dem amerikanischen Volk die Gründe für die französische Niederlage zu erklären, in dem die Meinung vorherrscht, Frankreich habe nicht genügend Kampfgeist bewiesen. Dieser Hinweis machte Saint-Exupéry »fürchterlich wütend«, und er fand neue Ausflüchte und meinte, man würde sein Werk wie ein kommerzielles Produkt behandeln. Als sich dieser Sturm legte, kam die Krankheit dazwischen.

Im November waren die Verleger mit ihrer Geduld, ihrem Taktgefühl und ihren Überredungskünsten am Ende, und ein Hauptthema des Buches, das zu diesem Auftrag geführt hatte – der Waffenstillstand – lag schon fast achtzehn Monate zurück.

Gleichzeitig kündigte Saint-Exupéry an, daß das lang erwartete Manuskript nun veröffentlicht werden könnte.

Lewis Galantière, der auch Jean Cocteau, Paul Valéry und François Mauriac übersetzte, stellte fest, daß Saint-Exupéry immer mit Mühe schrieb und mehr strich, als er beibehielt, aber er hatte, wie Jean Renoir erfahren mußte, keinerlei Skrupel, seine Freunde mit seinen Schreibschwierigkeiten zu belasten. *»Flug nach Arras«* wäre ohne Renoirs Toleranz und Sinn für Humor möglicherweise nie fertig geworden.

Renoir, der Sohn des impressionistischen Malers, hatte unter anderem bei *»La Grande Illusion«* Regie geführt und lud Saint-Exupéry zu einem Aufenthalt in Hollywood im Juli 1941 ein, obwohl er schon zuvor unter den »Qualen des Diktiergeräts« gelitten hatte. Nachdem Saint-Exupéry dieses Gerät gekauft hatte, nutzte er es zusätzlich zu seiner schon überaus umfangreichen Korrespondenz, um sein zwanghaftes Bedürfnis nach Kommunikation zu stillen.

»Anstatt Briefe zu schreiben, schickte er Platten, auf denen er über alles sprach, von seinen Büchern bis zu seinen Alltagssorgen, und manchmal endete er mit Hinweisen auf einen Kartentrick«, erinnerte sich Renoir. »Das Problem war, daß auf die Pakete voller Platten noch am selben Abend ein Telefonanruf erfolgte, bei dem er über alles, was er auf den Platten aufgenommen hatte, sprechen wollte. Die Ankunft einer Plattensendung war immer der Auftakt von echten Qualen.«

Das Aufnahmegerät wurde eine noch größere Zumutung, als Saint-Exupéry zu Renoir zog, um an *»Flug nach Arras«* zu schreiben, ohne seinen Verlegern mitzuteilen, daß das Werk Fortschritte machte.

»Seine Taschen waren immer voller Zettel, manchmal mit ein paar Zeilen beschrieben, oder mit Zeichnungen bedeckt, die den Illustrationen in *›Der Kleine Prinz‹* ähnelten«, sagte Renoir. »Abends sortierte er die Papiere und diktierte die Texte in seine Maschine. Das dauerte die ganze Nacht über. Wir konnten ihn deutlich hören und die ganze Nacht nicht schlafen.«

Renoir fand Saint-Exupéry hinreißend und charmant, aber als Hausgast unerträglich. Sie sahen sich selten, außer beim Frühstück, in dessen Verlauf Renoir Saint-Exupéry überreden mußte, ein wenig Zeit mit seiner Sekretärin zu verbringen, die morgens kam, wenn Antoine zu Bett gegangen war, und schon fortging, bevor er am späten

Nachmittag wieder aufstand. Tagsüber fertigte sie die maschinengeschriebenen Manuskripte der auf dem Diktiergerät aufgenommenen Texte an, auch das Drehbuch für *»Wind, Sand und Sterne«*, aber manchmal brach sie in Tränen aus, weil sie Antoine nie sehen und ihn um Erläuterungen bitten konnte.

Für Jean Renoir nahmen die Unannehmlichkeiten auch kein Ende, als Saint-Exupéry ins Krankenhaus ging. Er rief ständig an, um den Regisseur oder dessen Frau zu bitten, die Diagnosen zu interpretieren oder seine Beschwerden über das Krankenhauspersonal weiterzuleiten. Einmal ging es darum, daß sie bitten sollten, man möge Karotten von seinem Speiseplan streichen, da ihn die Farbe traurig machen würde.

Während seines Aufenthaltes in Hollywood verbrachte Saint-Exupéry auch einige Zeit mit dem Besitzer des *»Paris Soir«*, Pierre Lazareff, der in die Vereinigten Staaten geflohen war und bereits vor dem Krieg sein exzentrisches Verhalten ertragen hatte.

»Jedesmal, wenn Antoine uns einen Artikel für *›Paris Soir‹* brachte, war es ein richtiges Problem, wie man den Text zur Setzerei bringen sollte«, sagte Lazareff. »Man konnte ihn nicht loswerden. Er war bis Mitternacht in der Redaktion, änderte die Satzstellung oder strich ein Komma oder ein Wort und brachte den ganzen Laden durcheinander.«

Der Portier hatte zwar Anweisung, Saint-Exupéry nicht einzulassen, wurde aber mit mehreren Flaschen Wein bestochen.

Als Saint-Exupéry im November 1941 nach New York zurückkehrte, fand er in Jean-Gerard Fleury einen neuen Verbündeten für seine Arbeit, *»Flug nach Arras«* fertigzustellen. Fleury, Journalist und Experte der Fliegerei, war Saint-Exupéry schon während seiner Zeit bei der Aéropostale vorgestellt worden. Bei ihrem Wiedersehen sprach Saint-Exupéry stundenlang über die Pionierflüge nach Afrika und Südamerika, schwärmte über die Wärme, den Mut und die Kameradschaft der Piloten und sagte, wie sehr er Guillaumet vermißte.

Während der folgenden sechs Monate teilte Fleury Saint-Exupérys chaotisches Leben und erinnerte sich an gemeinsame Abendessen mit Jean Gabin und Marlene Dietrich in Bernard Lamottes Penthouse, an viele Stunden, die er Saint-Exupérys Lieblingsplatte lauschte, Mozarts

40. Symphonie, oder wie er ihn bei seinen Experimenten mit Modellschiffen beobachtete, wenn er in seiner Badewanne neue Antriebstechniken ausprobierte.

Fleury schrieb damals selbst an einem Buch, aber ihm wurde nicht erspart, was Saint-Exupéry *la corvée du roman* nannte, nämlich sich gezwungenermaßen die neuen Passagen seines Romans anzuhören. Er erhielt viele Anrufe am frühen Morgen, aber einmal wurde er schon bald nach Mitternacht von einem Taxifahrer geweckt, der ihm mitteilte, Saint-Exupéry wolle ihn sofort sehen. Fleury mußte seinen Kommentar zu einem neuen Kapitel von *»Flug nach Arras«* geben. Obwohl Fleury es begeistert lobte, beschloß Saint-Exupéry, die Passage umzuschreiben, und sein Freund mußte dasitzen und bis 5 Uhr morgens warten, bis er die neue Version hören konnte.

Bald darauf wurde Lewis Galantière, der hauptberuflich bei einer Bank arbeitete, der Hauptempfänger von Telefonanrufen um zwei oder drei Uhr morgens, wenn Saint-Exupéry mit ihm Änderungen des fertigen Manuskripts vor der Übersetzung besprechen wollte.

»Dieser Mann, der wie ein Genie schrieb, war überzeugt, daß er nicht schreiben konnte«, stellte Galantière fest. »Er brauchte die ständige Bestärkung durch seine Freunde.«

Ein historisches Ereignis beendete Saint-Exupérys Zögern, das Manuskript einzureichen, trotz seiner Überzeugung, daß er nicht genügend Zeit gehabt habe, um seine Alchimie wirken zu lassen, wie er später seinen Freunden der 2/33 sagte. Am 7. Dezember 1941 wurde Pearl Harbour bombardiert, was der Veröffentlichung des Buches über die tatsächlichen Kampfbedingungen neue Dringlichkeit verlieh. Die Veröffentlichung seines Buches war eine stellvertretende Rückkehr an die Front, als Antoines Chancen, persönlich zum Schlachtfeld zurückzukehren, schwanden.

Im Laufe des Jahres 1942 begann Saint-Exupéry Privatstunden in Englisch zu nehmen, ein Zeichen, daß er davon ausging, für längere Zeit, bis zum Ende des Krieges, in den Vereinigten Staaten bleiben zu müssen. Sein Alter und sein weiterhin schlechter Gesundheitszustand sprachen ganz eindeutig gegen eine Rückkehr in den aktiven Dienst, und seine Weigerung, den Führungsanspruch von Charles de Gaulle anzuerkennen, schlossen den Dienst in einer Fliegereinheit der britischen Luftwaffe aus.

Die Aussicht auf ein anonymes Leben in der Truppe mußte auch gegen den Komfort, die Einkünfte und das Prestige in Amerika abgewogen werden. Er war der bekannteste und am besten bezahlte aller französischen Schriftsteller, die in den Vereinigten Staaten Zuflucht gesucht hatten, und hatte trotz seiner Abneigung, sich mit Propagandaarbeit zu beschäftigen, durch sein Werk, seine Lesungen und Interviews die Rolle des gefragten Weisen übernommen.

Mit Consuelos Ankunft per Schiff von Marseille im November 1941 sprach ein persönlicher Grund dafür, in den Vereinigten Staaten zu bleiben. Saint-Exupérys Wunsch, sich um sie zu kümmern, obwohl sie nicht zueinander paßten, war der Auftakt zu seinen Reflexionen über die Verantwortung für seine »Rose« in *»Der Kleine Prinz«*. In den nächsten Monaten schien ihre Beziehung oft die eines übermäßig besorgten Vaters und seiner launischen und widerspenstigen Tochter zu sein, obwohl Consuelo damals fast vierzig Jahre alt war.

Weder der Krieg noch die lange Trennung von Antoine hatten ihr überschäumendes Temperament gezügelt. Bevor sie in die Künstlerkolonie im Dorf Oppède in der Provence gezogen war, hatte sie den größten Teil ihrer Ersparnisse für ihren Aufenthalt im luxuriösesten Hotel von Cannes, dem Martinez, und für die Behandlung ihres Asthmas ausgegeben. Die kurze Periode der Entbehrungen in ihrer Künstlerkolonie waren schnell vergessen, als ihr Mann Geld nach Frankreich geschickt hatte, um eine neue Garderobe und die Überfahrt nach Amerika zu bezahlen. Als sie im Hafen von Hoboken im Staate New York von Bord ging, war sie von zahlreichen Gepäckstücken umgeben, und sagte, daß im Laderaum des Schiffes noch weit mehr sei.

Saint-Exupéry hatte kein Auto und hatte Jean-Gérard Fleury gebeten, ihn zum Hafen zu fahren, ohne ihm jedoch mitzuteilen, daß sie dort Consuelo abholen würden. Wie so viele Leute, die sie nicht kannten, war Fleury von ihrem unentwegten Redefluß, ihren leuchtenden Augen, ihrem südamerikanischen Akzent und ihrer ausdrucksvollen Gestik fasziniert, mit der sie ihre Berichte über ihr Leben in Oppède und die Abenteuer ihrer Kindheit in El Salvador begleitete.

Unter anderem lieferte dieser ununterbrochene Redeschwall und ihr exzentrisches Verhalten den Grund für Saint-Exupéry, daß sie weiterhin getrennt wohnen sollten. Anstatt sie in seine Wohnung zu führen, brachte er sie in ein angrenzendes Appartement, wo sie bald wieder das Bohemien-Leben von Paris und Oppède führte. Zu ihren eifrigsten Besuchern gehörten der Surrealist André Breton, mit dem sich Saint-Exupéry wegen seiner Haltung zu Pétain stritt, und die spanischen Maler Salvador Dalí und Joan Miró.

Schon bald herrschte zwischen Antoine und Consuelo wieder das gleiche angespannte Verhältnis wie damals am Place Vauban, als die gesprächige Consuelo in die Wohnung ihres Mannes gestürmt kam und Henri Jeanson an einen Wasserfall denken ließ. Antoines Freunde wunderten sich über seine Geduld, obwohl er oft genug deutlich erkennbar am Rande der Verzweiflung war. Henri Claudel, einer der Repräsentanten der Gaullisten in New York, erinnerte sich daran, wie Saint-Exupéry ihn und seine Frau Consuelo vorstellte und sie flehentlich bat: »Ich bitte dich, ärgere diese Leute nicht, ich mag sie sehr gern.«

Ein einziges Mal sah Claudel, wie Antoine Consuelo ärgerlich zurechtwies, und zwar als sie einen seiner Kartentricks aufdeckte, aber wenn Saint-Exupérys Briefe und Notizen aus jener Zeit seine wahren Gefühle zum Ausdruck brachten, war sein Verhältnis zu Consuelo von dauerhafter Zerrüttung, Enttäuschung und Frustration geprägt, was er vor allen Leuten, mit Ausnahme seiner engsten Freunde, verbarg. In seinen schriftlichen Botschaften kam Saint-Exupéry immer wieder auf seine Ängste zu sprechen, wenn Consuelo unangekündigt für längere Zeit verschwand oder Verabredungen nicht einhielt, und dies, obwohl sie nur wenige Meter von ihm entfernt wohnte. Von neuem begannen die Streitereien, die schon ihr Eheleben in Paris zur Qual gemacht hatten. Consuelo beschuldigte Antoine, sich wie ein Gefängniswärter zu verhalten, wenn er ihr in Briefen mitteilte, daß die psychische Anspannung und die schrecklichen Ängste, die er durchmachte, wenn er darauf wartete, daß sie im Morgengrauen nach Hause kam, ihn oft erschöpften, und er dann »Tage und Tage völlig leer sei und diese wie eine Ewigkeit erschienen«.

Hinzu kam, daß Consuelos Verschwendungssucht erneut zu finanziellen Engpässen führte, und Ende 1942 brachte Saint-Exupéry wieder seine Sorge zum Ausdruck, daß er trotz seiner außergewöhnlich hohen Tantiemen bald kein Geld mehr für sich ausgeben könne. Doch es ist – bis zur Veröffentlichung der gesamten Korrespondenz mit seiner Frau – unmöglich, mit Sicherheit festzustellen, ob die Vorwürfe in seinen Briefen nicht ebenso seiner launenhaften Persönlichkeit zuzuschreiben sind wie der Verärgerung über den exzentrischen Lebensstil seiner Frau. Es war für ihn unmöglich geworden, über längere Zeit zufriedener Stimmung zu sein. Die Feststellung von Léon Werth, daß Saint-Exupéry ohne Vorwarnung vom Glücklichsein in tiefe Melancholie verfiel, wurde von vielen seiner Freunde bestätigt.

Das Leben im Exil in Nordamerika trug in keiner Weise zur Minderung dieser abrupten Stimmungsschwankungen bei. Sein kanadischer Verleger, Bernard Valiquette, schrieb 1962 in Quebecs *»Nouveau Journal«*, daß Saint-Exupérys unvorhersehbare Launen bei ihm den dauerhaftesten Eindruck hinterlassen haben.

»Er wechselte von der ausgelassensten, lautesten Freude und der verrücktesten Lustigkeit in beinahe vollkommenes, hartnäckiges Schweigen. Er war außergewöhnlich beredsam. Aber er konnte sich ebensogut inmitten einer Gruppe völlig isolieren, um traurig über getötete Kinder, über Mütter, denen man die Söhne genommen hatte, und die Grauen des Krieges nachzusinnen.«

Die Grenzen des Pétainismus

Saint-Exupérys Vorahnungen von den schrecklichen Konsequenzen eines Bürgerkriegs in Frankreich waren in seinen Schriften und Unterhaltungen das vorherrschende Thema. Seine Freundschaft mit Pazifisten wie Léon Werth und Henri Jeanson und die Erfahrungen, die er während des spanischen Bürgerkriegs und durch die nationale Demütigung nach der vernichtendsten Niederlage in der Geschichte Frankreichs gemacht hatte, waren die Hauptgründe für sein Festhalten an der passiven Einstellung von Vichy, die in Philippe Pétains Politik der Kollaboration ihren Ausdruck fand.

Hinzu kam noch seine Verachtung für Parteiklüngel und öffentlich ausgetragene Streitigkeiten, die zu seiner Ablehnung der fanatischsten Gaullisten in New York führte. In einem Brief an Sylvia Hamilton beschrieb Saint-Exupéry 1943 den Gaullismus, nachdem er seine Unterstützung für de Gaulles stärksten Rivalen in Nordafrika, General Henri Giraud, zugesichert hatte, als eine »Politik des Hasses«.

De Gaulle wiederum betrachtete Saint-Exupérys Weigerung, sich ihm anzuschließen, als persönliche Kränkung. Aber es gibt zahlreiche Berichte, viele von überzeugten Gaullisten, die zeigen, daß Saint-Exupérys Festhalten an Pétain nicht auf ideologische Unterstützung der reaktionären Rechten gründete, sondern zuvorderst humanitäre Gründe hatte.

Wenn die Anhänger de Gaulles in New York Saint-Exupéry wirklich fair behandelt hätten, wäre seine Ablehnung der gaullistischen Bewegung möglicherweise weniger kategorisch ausgefallen, meinte Bernard Dupérier, ein gaullistischer Pilot der Königlich-Britischen Luftwaffe und zukünftiger Abgeordneter, der eine Schlüsselrolle bei de Gaulles Rückkehr an die Macht im Jahre 1958 spielte.

»Hätten sich einige der Pseudo-Gaullisten in Amerika die Mühe gemacht, mit Saint-Exupéry zu sprechen, anstatt ihn zu verurteilen, hätten sie ihm höchstwahrscheinlich geholfen, eine Lösung des Dilemmas zu finden, das ihn in New York festhielt«, meinte er.

Dupérier stellte 1943, als er eine Reise nach Amerika unternahm, um dort für eine bessere Stimmung gegenüber Frankreich zu werben, fest, daß die in New York lebenden Gaullisten keine Ausdrücke scheuten, um Saint-Exupérys Verhalten zu stigmatisieren. Ehrverletzende Behauptungen, daß er heimlich für Pétains Regierung arbeite, wurden von der gaullistischen *»Voix de la France«* in Umlauf gebracht, die ihn als »Freund von Vichy« bezeichnete, während die Bewegung *France Forever* sinngemäß verlauten ließ, er sei ein Feigling, weil er nach Amerika geflohen war, anstatt sich dem Komitee zur Befreiung Frankreichs anzuschließen.

Saint-Exupéry lehnte die gaullistische Bewegung mitunter deshalb ab, weil er die Versöhnung der Franzosen für unumgänglich hielt, aber in New York sah er sich vor eine unmögliche Wahl gestellt. Gleich bei seiner Ankunft war er über die Streitigkeiten der französischen Flüchtlinge untereinander entsetzt, die, so Jean-Gérard Fleury, »sich mit bloßen Zähnen zerrissen, ein Whiskyglas in der Hand«. Fleury fügte hinzu, daß Saint-Exupéry »von der Politisierung des Gaullismus und von der Tatsache angewidert gewesen sei, daß die Gaullisten ihn baten, sich ihnen nur als Schriftsteller anzuschließen und in London das brave Sprachrohr ihrer doktrinären Ansichten zu werden«.

Weil Saint-Exupéry nie mit de Gaulle persönlich gesprochen hatte, formte er seine Meinung durch die Kontakte mit seinen Anhängern, die selbst in verschiedene Gruppen gespalten waren. Diese Kontakte konnten seinen Verdacht nicht ausräumen, daß de Gaulle eine undemokratische, quasi faschistische Regierung anstrebe, obwohl Saint-Exupéry 1943 in einem Brief sagte, er hätte sich dem General angeschlossen, wenn dieser sich als Führer einer Fremdenlegion und nicht als Kopf einer alternativen Regierung bezeichnet hätte.

In Gesprächen mit Lewis Galantière äußerte Saint-Exupéry seine Einstellung gegenüber de Gaulles Vorhaben ganz deutlich. Er sagte zu dem Übersetzer, daß vor allen Dingen die nationale Einheit zähle und daß de Gaulle zu einem Kampf zwischen Brüdern aufrufe. Der General war in seinen Augen kein Soldat mehr, sondern ein politischer Führer.

»Ich wäre mit ihm gerne gegen die Deutschen gezogen, aber gegen Franzosen konnte ich ihm nicht folgen«, schrieb er.

Dennoch wandte sich Saint-Exupéry nie von Pétain ab oder kritisierte ihn öffentlich, und er sagte zu vielen Freunden, daß Kollaboration nötig sei, um Frankreich vor dem Chaos zu retten. Der Marschall sei Garant für den Zusammenhalt der französischen Nation, sagte er 1942 zu Robert Boname, einem französischen Luftfahrtexperten. »Wenn es ihn nicht gäbe, müßte man ihn erfinden.«

Im Juli 1942 notierte der schweizerische Schriftsteller Denis de Rougement eine Unterhaltung in sein Tagebuch, bei der Saint-Exupéry sagte, daß Pétain Frankreichs »Substanz« gerettet habe. Dann entwarf er seine eigene, exzentrische Theorie, die er im Verlauf der nächsten Monate ausarbeitete. Derzufolge hätten die Deutschen, wenn sich der Marschall offen gegen sie aufgelehnt hätte, die Lieferung von Achsenschmiere für die französischen Züge verhindert, was notwendigerweise zum Zusammenbruch der Lebensmittelversorgung geführt hätte.

»Was die Gaullisten hier betrifft, [sagte er] sie führen keinen Krieg gegen die Nazis, sondern gegen den Liftboy des Waldorf oder gegen den Geschäftsführer des Ritz, da diese sich weigerten, ihrer Splittergruppe anzugehören, und die deshalb wie Verräter behandelt werden«, fügte de Rougement an.

Trotz häufiger Kontakte mit vielen der toleranter eingestellten

Gaullisten wie Henri Claudel weigerte sich Saint-Exupéry, seine Meinung zu ändern. Während der langsam dahingehenden Monate des Exils fiel seine Verteidigung der Kollaboration sogar immer deutlicher aus, obwohl sich bereits im Vichy-Lager selbst Zweifel regten. Während einer Reise nach Kanada im April 1942 sagte er zu Reportern aus Montréal, daß für Frankreich die einzige Losung »Überleben« laute.

»Der Hunger nagt an der Lebensquelle der Kindheit, der Generation von morgen«, teilte er auf einer Pressekonferenz mit. »Mein Land hat im letzten Jahr schon 250000 Kinder aufgrund von Unterernährung verloren. Die Nazis wollen Frankreich auslöschen, wie sie Polen vernichtet haben.«

Neun Monate später, im Januar 1943, hatte Saint-Exupéry seine Argumente über die Lieferung von Achsenschmiere insoweit ausgearbeitet, daß er die Überzeugungen des gaullistischen Piloten bei der britischen Luftwaffe Bernard Dupérier ins Wanken brachte. Wegen ihrer schon seit vielen Jahren bestehenden Freundschaft setzte sich Dupérier in New York auf seiner Propagandareise von den offiziellen Repräsentanten des Generals ab und besuchte Saint-Exupéry heimlich in dessen Wohnung, in der Hoffnung, ihn zum Wechsel ins Lager der Gaullisten überreden zu können.

Seit Kriegsbeginn hatte sich Dupérier angewöhnt, Notizen zu machen, und somit besaß er einen der seltenen wörtlichen Berichte von Saint-Exupérys Gedanken über die Kollaboration, die scheinbar durch die vollständige Besetzung Frankreichs durch die Nazis im November 1942, als Vergeltungsmaßnahme für die Invasion der Alliierten im französischen Nordafrika, unbeeinflußt blieben.

> »Saint-Exupéry schickte sich an, zum Essen auszugehen, und während er sich umzog, sagte ich ihm, wie sehr ihn die französischen Piloten der Royal Air Force bewunderten. Im Gegenzug mußte ich mir eine außergewöhnliche Vorführung anhören, bei der Saint-Exupéry nacheinander die Rollen des Angeklagten, des Richters und des Verteidigers spielte.
>
> Ich hatte den Eindruck, daß er diese Vorführung monatelang geprobt hatte, vor allem das zentrale Thema, daß Marschall Pétain zur Kollaboration gezwungen war, um die Lieferung von Achsenschmiere für die französischen Züge zu sichern. Die Pro-

duktion sei in deutschen Händen, so sagte er, und wenn sie gestoppt würde, müßten alle verhungern.«

Saint-Exupéry entwarf ein erschreckendes Bild von hungrigen Städtern, die aufs Land strömten und dort das Elend verbreiteten, bevor er weitere Rechtfertigungen für die Kollaboration anführte, die auch eine – zwar widerwillige – Unterstützung von Pierre Laval umfaßte, den er zutiefst verachtete. Wäre dieser nicht Premierminister gewesen, hätten die Nazis einen deutschfreundlichen Franzosen in dieses Amt berufen, wie Jacques Doriot, oder gar einen Gauleiter eingesetzt, meinte Saint-Exupéry. Diese Rechtfertigung deckte sich mit Pétains eigenen Argumenten, mit welchen er seine Weigerung erklärt hatte, Frankreich zu verlassen, als die Deutschen auch die freie Zone unter ihre Kontrolle gebracht hatten.

»Saint-Ex ließ mich gar nicht zu Wort kommen«, sagte Dupérier. »Auch im Taxi, das mich zu meinem Hotel brachte, sprach er weiter. Der Redefluß brachte mich ganz durcheinander, und ich fürchtete so sehr, es könnte ihm am Ende gelingen, mich zu überzeugen, daß ich seine Einladung, am nächsten Tag mit ihm zu essen, ablehnte.«

Wie viele gemäßigte Gaullisten hegte Dupérier keinen Groll gegen Saint-Exupéry und sagte, er war sicher, daß er mit Herz und Verstand auf der Seite jener stand, die den Kampf fortsetzten.

»Aber da er sich ihnen nicht anschloß, mußte er einen Weg finden, sein eigenes Gewissen zu beruhigen und entwickelte ausgefallene Theorien wie jene mit der Achsenschmiere, die absolut lächerlich war«, erklärte Dupérier. »Angesichts dieses bedeutenden, aber aus der Bahn geworfenen Mannes, griffen die am Kampf nicht beteiligten Gaullisten in New York zu Beleidigungen. Sie schienen zu glauben, daß das ihren Patriotismus unter Beweis stellte.«

Die fortdauernde Loyalität Saint-Exupérys zu Marschall Pétain wäre durch eine Unterhaltung mit Léon Werth vielleicht erschüttert worden, der einen wilden Haß gegen den Marschall entwickelt hatte, als er als verfolgter Jude in seinem Landhaus in Saint-Amour lebte und nicht einmal Briefe schicken konnte, aus Angst, er könnte entdeckt und verhaftet werden. Während Saint-Exupéry im Exil die Vichy-Regierung nur durch ihre verzerrende Propaganda beurteilen konnte, war Werth mit der gefährlichen Realität der Kollaboration tagtäglich konfrontiert und schrieb voller Verachtung in sein Tagebuch, der Marschall verkörpere den in Tugendhaftigkeit verkleideten Verrat.

Für Werth war die großväterliche Haltung von Pétain, seine trügerisch ehrlich wirkenden blauen Augen und seine lahme nationale Revolution eine Falle für das einfache Volk. »Er ist zu alt, um hingerichtet zu werden, aber er sollte der militärischen Degradierung vor seiner Truppe nicht entgehen.«

KAPITEL XIV

»Der Kleine Prinz«

Der erzwungene achtundzwanzig Monate dauernde Aufenthalt Saint-Exupérys in den Vereinigten Staaten beraubte ihn einer der wichtigsten Quellen der Stabilität in seinem Leben, dem Kontakt mit seiner Mutter. Seit seiner Schulzeit hatte er sich immer wieder an sie gewandt, wenn er moralische und emotionale Unterstützung brauchte. Ein regelmäßiger Briefwechsel besiegelte im Lauf der Jahre ihren unerschütterlichen Zusammenhalt, der sie immer der gegenseitigen Zuneigung versicherte und Ermutigung bot.

Aus vielen seiner Briefe geht Saint-Exupérys Bedürfnis hervor, sich wieder in die verhätschelte und manchmal imaginäre Welt der Kindheit zurückzuziehen, die von einer stets verständnisvollen Mutterfigur behütet wird. Die zwei Jahre in den Vereinigten Staaten unterbrachen nicht nur den äußerlichen Kontakt. Der Postdienst war unzuverlässig, und die wenigen Briefe, die Marie erreichten, waren oft wenig mehr als kurze Notizen, die der Zensur Rechnung trugen. Als die Deutschen im November 1942 ganz Frankreich besetzten und die Vereinigten Staaten ihre Botschaft aus Vichy abberiefen, brach der so wertvolle Briefkontakt zwischen Mutter und Sohn ganz ab.

Saint-Exupérys Bücher belegten, daß er sich in kummervollen Zeiten oft in die Vergangenheit flüchtete, um dort den einstigen Trost wiederzufinden. Ein Beispiel dafür, über das er jedoch nie geschrieben hat, war die deprimierende Zeit, als er im Sommer 1941 in Los Angeles im Krankenhaus lag. Wollte man einen Zeitpunkt angeben, der zum Keim für *»Der Kleine Prinz«* führte, dann waren es diese Stunden großer Einsamkeit in einer riesigen Isolierstation. Krankheit war für ihn oft eine Zeit der Reflexion. Als er 1930 von Buenos Aires an seine Mutter geschrieben hatte, sagte er, daß er die Unermeßlichkeit des Lebens nicht durch die Milchstraße, den Himmel oder das Meer erfahren habe, sondern in dem Extrabett in ihrem Zimmer, wo er immer geschlafen hatte, wenn er krank gewesen war.

»Es war ein herrliches Glück, krank zu sein«, sagte er. »Wir alle wollten der Reihe nach krank werden. Es war ein grenzenloser Ozean, zu dem uns die Grippe Zutritt gab.«

Im Krankenhaus von Los Angeles lebte er in der Erinnerung an diesen unschuldigen Trost und behielt nur ein Buch bei sich, eine Ausgabe von Andersens Märchen. Seine Mutter hatte sie ihm in seiner Kindheit erzählt, und dies war das erste Märchenbuch, das er selbst gelesen hatte, wie er sich in einem Interview für *»Harper's Bazaar«* erinnerte.

Die französische Schauspielerin Annabella, die 1935 die Hauptrolle in seinem Film *»Anne-Marie«* gespielt hatte, lebte damals mit ihrem Mann Tyrone in Hollywood und besuchte Antoine im Krankenhaus, wo sie das Buch auf seinem Nachttisch liegen sah. In den folgenden Wochen besuchte sie ihn auch in der Zweizimmerwohnung, die er für die Dauer der medizinischen Behandlung gemietet hatte. Dort schuf er sich nach ihren Worten »eine Traumwelt«, und dies war Teil eines kreativen Prozesses, der schließlich zur Entstehung von *»Der Kleine Prinz«* führte.

In den folgenden Wochen kamen politische Auseinandersetzungen, Ehestreitigkeiten und der Druck seiner Verleger zu seinen gesundheitlichen Problemen hinzu und verstärkten sein Bedürfnis, die Welt aus kindlicher Perspektive zu betrachten. Nach seiner Rückkehr nach New York rief er Annabella an, um ihr einige Kapitel seines eigenen Märchens vorzulesen, das im Laufe des Jahres 1942 Gestalt annahm.

Die äußerlichen Charakteristika des Kleinen Prinzen existierten im Keim schon seit Saint-Exupérys Kindheit. Man findet Zeichnungen auf Hunderten von Briefen an seine Freunde, und manche dieser Illustrationen sind deutlich erkennbare Vorgänger. Die Zeichnung dieses einsamen und verwirrten kindlichen Helden, der auf dem Gipfel eines Berges steht, den Rücken dem Betrachter zugewandt, ähnelte einer Zeichnung auf einem Brief an Guillaumet nach dessen Abenteuer in den Anden im Jahre 1930. Aber der genaue Zeitpunkt, wann der Plan entstand, *»Der Kleine Prinz«* als Buch herauszugeben, ist unklar.

Curtice Hitchcock, der amerikanische Verleger Saint-Exupérys, behauptete, es in Auftrag gegeben zu haben, nachdem er gesehen hatte, wie Saint-Exupéry in einem Restaurant einen kleinen Jungen mit goldenem Haar auf das Tischtuch gezeichnet hatte.

Nach Aussage Hitchcocks handelte es sich allerdings nur darum, daß er Saint-Exupéry ermutigte, rechtzeitig für das Weihnachtsfest 1942 eine Geschichte für Kinder zu schreiben, aber der Plan scheint im Geist des Autors schon seit längerer Zeit gereift zu sein, und möglicherweise hatte er einige Elemente der Geschichte während seiner regelmäßigen Zusammentreffen mit den Kindern des Verlegers, den er oft besuchte, aufgegriffen. Sylvia Hamilton, eine Journalistin, die mit Saint-Exupéry in New York häufig Kontakt hatte, sagte, daß er ihr das Märchen erzählt habe, als sie sich Anfang 1942 zum ersten Mal trafen, bevor er irgend etwas davon zu Papier gebracht hatte. Sie schlug ihm vor, die Zeichnungen für das Buch selbst zu malen, statt einen professionellen Zeichner wie Bernard Lamotte darum zu bitten, der *»Flug nach Arras«* illustriert hatte. Saint-Exupéry dankte ihr für ihren Vorschlag, indem er ihr das Originalmanuskript schenkte, das sie später an die Morgan Library in New York verkaufte.

Noch mehrere andere Freunde waren während der Monate bis zur Fertigstellung der endgültigen Version mit den Bildern des Autors beteiligt. Dazu gehörte auch Denis de Rougemont, der für das Bild des Kleinen Prinzen posierte, wie er auf dem Bauch zwischen Blumen liegt und über die Entfremdung von seiner Rose weint. Manche Leute waren sich ihres Beitrags nicht einmal bewußt, wie der Laternenanzünder, der den Erinnerungen an Saint-Maurice-de-Rémens entsprang.

Es ist ein unlösbares Vorhaben, all die Inspirationen und Modelle für dieses Buch identifizieren zu wollen, das vor allem Saint-Exupérys visuelles Gedächtnis in Anspruch nahm, zumal eine Interpretation des Textes wegen der versteckten Hinweise auf sein Privatleben von weit größerer Bedeutung ist. Wenn man das Buch parallel zu den Notizen zu *»Die Stadt in der Wüste«* liest, das zur Zeit, als die Fabel veröffentlicht wurde, schon recht weit gediehen war, offenbart die erste Hälfte des Buches die Enttäuschungen eines Mannes auf seiner Suche nach der Wahrheit, nachdem er so viele Gewißheiten verloren hat.

»Der Kleine Prinz« ist beinahe ein Vorwurf an den Autor selbst, für sein unmögliches Vorhaben, *»Die Stadt in der Wüste«* schreiben zu wollen. In seiner Fabel stellt Saint-Exupéry fest, daß nur Kinder die Grenze zwischen Ehrlichkeit und Täuschung sehen, daß der Schlüssel für jedes Verstehen in der Unschuld liegt. Dagegen unternimmt er in seinem philosophischen Werk den umgekehrten Versuch, klare Antworten auf die wichtigsten moralischen Fragen zu geben, indem er Erfahrung und Verstand des Erwachsenen einsetzt.

Im Vergleich zur Schwerfälligkeit von *»Die Stadt in der Wüste«* könnte man *»Der Kleine Prinz«* fälschlicherweise nur für eine unterhaltsame Konversation zwischen dem Autor und seinen jugendlichen Lesern halten, die die intuitive Gabe besitzen, eine Botschaft zu verstehen, die für Erwachsene unverständlich ist. Es dauerte kaum drei Monate, bis er die Fabel fertiggestellt hatte, während er betonte, daß er für *»Die Stadt in der Wüste«* noch weitere zehn Jahre brauchen würde. Und dennoch zeigte die Sorgfalt, die Saint-Exupéry für *»Der Kleine Prinz«* verwandte, daß dies das Projekt war, das ihm 1942 am meisten am Herzen lag.

In einem Buch mit dem Titel *»Saint-Exupéry in America«* erinnerte sich Adèle Breaux, seine Englischlehrerin, daß sich auf seinem Schreibtisch immer Zeichnungen stapelten und der Papierkorb überquoll. Nachdem ihr Saint-Exupéry Bilder des Kleinen Prinzen gezeigt hatte, mit denen er nicht zufrieden war, meinte er: »Es ist ein wenig lächerlich, weil ich gar nichts vom Zeichnen oder Malen verstehe. Was ich davon weiß, geht auf meine Kindheit zurück, und ich kann Ihnen versichern, daß sich damals kein Mensch für mein zeichnerisches Talent interessierte.«

Im Jahre 1942 wurde Saint-Exupéry häufig vom Kriegsministerium in Washington um Rat gefragt, manchmal sollte er Luftaufnahmen der Aufklärer auswerten. Adèle Breaux fragte ihn deshalb, wann er überhaupt Zeit zum Schreiben finde.

> »Meistens nachts. In der Nacht schreibe ich am liebsten. Manchmal vergeht der ganze Tag mit Vorträgen, Treffen und Besuchen. Ich beginne selten vor 23 Uhr zu schreiben, und ich habe immer ein Tablett mit großen Tassen voll sehr starkem schwarzem Kaffee. Ich bin frei und kann mich stundenlang konzentrieren. Ich

kann stundenlang schreiben, ohne müde zu werden, und ich weiß nie, wann mich der Schlaf übermannt.

Ich schlafe ein, ohne es zu merken, und es ist hell, wenn ich mit dem Kopf auf meinem Arm aufwache. Nur so kann ich arbeiten. Wenn ich einmal mit dem Buch angefangen habe, bin ich wie besessen. Wenn ich schreibe, bin ich sicher, daß das, was ich mache, gut ist. Wenn ich fertig bin, bin ich überzeugt, daß es nichts wert ist.«

Die Rose und die Dornen

Es ist kein Geheimnis, wer der Held von *»Der Kleine Prinz«* ist, in dem Saint-Exupéry als der erwachsene Pilot mit dem blonden Kind spricht, das er selbst einst war, bevor er den Zaubergarten von Saint-Maurice verließ. Auch gibt es keinerlei Widersprüche zwischen den meisten Themen der Fabel und Saint-Exupérys beharrlicher Beschäftigung mit Freundschaft, Verantwortung und der Suche nach Werten, die seinen verlorengegangenen religiösen Glauben ersetzen könnten.

Was *»Der Kleine Prinz«* von seinen anderen Werken unterscheidet, ist die Tatsache, daß Saint-Exupéry hier eine Geschichte nutzte, um von seinem Kummer über seine Ehe mit Consuelo und der Bedeutungslosigkeit seiner Beziehungen zu anderen Frauen zu schreiben. Während das Buch entstand, unternahmen Antoine und Consuelo einen letzten Versuch, ein harmonisches Eheleben zu führen. Große Teile der Dialoge scheinen ihre Unterhaltungen über die Treue wiederzugeben, die sie im Sommer und Anfang Herbst 1942 führten.

Um der Sommerhitze Manhattans zu entfliehen, hatte sich Saint-Exupéry ein Ferienhaus in Westport am Long Island Sound gemietet. Consuelo zog mit ihm dorthin und folgte ihrem Mann auch bei zwei weiteren Umzügen, einem nach Northport, ebenfalls auf Long Island, und schließlich zum Beekman Place in New York, in ein vierstöckiges Haus mit Blick auf den East River, wo sie von Weihnachten 1943 bis zu Saint-Exupérys Abreise nach Nordafrika am 10. April 1943 lebten. Seit den idyllischen Tagen in Nizza im Jahre 1931, kurz vor ihrer Hochzeit, hatte das Paar selten so viel Zeit zusammen verbracht.

Einige Berichte über diese letzten gemeinsam verbrachten Monate vermitteln den Eindruck, als handelte es sich um eine relativ ereignislose Zeit, doch diesem Eindruck widersprechen Saint-Exupérys Briefe und die Interpretation mancher Passagen von *»Die Stadt in der Wüste«*.

Denis de Rougemont und der französische Romanautor André Maurois entwarfen ein Bild von Hingabe und Harmonie in ihrem natürlich gewohnt unkonventionellen Lebensstil. Rougemont verbrachte viele Wochenenden in Westport und Northport, wo Saint-Exupéry ein großes Landgut gemietet hatte, Bevin House genannt, das eine entfernte Ähnlichkeit mit dem Schloß von Saint-Maurice besaß. Der schweizerische Schriftsteller war zudem am Beekman Place ihr Nachbar und wurde regelmäßig in den frühen Morgenstunden sowohl von Antoine als auch von Consuelo angerufen, um irgendwelche literarischen Meinungsverschiedenheiten auszuräumen oder eheliche Streitereien zu schlichten.

In dieser Zeit beschäftigte sich Antoine zugleich mit wissenschaftlichen, politischen und militärischen Fragen. Er schrieb nicht nur seine Bücher und war ein brillanter Unterhalter, sondern war auch ständig damit beschäftigt, manchmal unrealisierbare Erfindungen auszutüfteln und Pläne zu schmieden, um den Krieg zu beenden. Rougemont schrieb in sein Tagebuch: »Ich habe den Eindruck, er hat ein Gehirn, das sich selbst nicht abschalten kann.«

Saint-Exupéry besaß ein unstillbares Mitteilungsbedürfnis, und Rougemont mußte oft in den frühen Morgenstunden Lesungen aus *»Die Stadt in der Wüste«* über sich ergehen lassen oder hinnehmen, daß Antoine ihn in Northport mitten in der Nacht, lange nachdem er zu Bett gegangen war, wachhielt und kettenrauchend über eine Vielzahl zusammenhangsloser Themen sprach.

André Maurois, trotz seiner jüdischen Herkunft Anhänger Pétains, verbrachte mehrere Wochen in Bevin House, wo sich meist viele Gäste aufhielten. In seinem Tagebuch vermerkte er lange Abende, an denen er mit Antoine Schach oder Karten spielte. Einmal wurde er ganz früh morgens durch Rufe »Consuelo, Consuelo!« geweckt.

Saint-Exupéry, der in seinem Arbeitszimmer geschrieben hatte, hatte seine Frau geweckt, damit sie ihm Rühreier zubereite. Das kam in der gleichen Nacht zweimal vor. Nach den zweiten Rühreiern bestand Saint-Exupéry darauf, daß Maurois ihn auf einem Spaziergang bei einer langen Unterhaltung im Garten, inmitten des riesigen bewaldeten Geländes begleite. Kaum war Maurois wieder eingeschlafen, da hörte er Saint-Exupéry erneut nach seiner Frau rufen: »Ich brauche Dich oder Maurois, um mit mir Schach zu spielen.«

Maurois' Bild von Consuelo als häusliche und pflichtbewußte Hausfrau stimmt mit früheren Darstellungen nicht überein, aber sie war nun über vierzig Jahre alt und stärker von Antoine abhängig als jemals zuvor. In einem Gebet, das er für sie geschrieben hatte, damit sie es jeden Abend aufsage, hatte er ihr seine Hingabe versichert.

> »Herr, ich möchte Dich nicht arg in Anspruch nehmen. Mach mich einfach, wie ich bin. Bei kleinen Dingen mag ich eitel wirken, aber in großen Dingen bin ich fähig, alles zu geben, selbst mein Leben. In kleinen Dingen mag ich auch oft unsittlich wirken, aber ich bin nur in der Reinheit glücklich.
>
> Herr, laß mich immer die Frau sein, als die mich mein Mann kennt.
>
> Herr, Herr, rette meinen Mann, weil er mich wirklich liebt, und ohne ihn wäre ich ein Waisenkind, aber gib, daß er vor mir stirbt, denn, obwohl er so stark scheint, ängstigt er sich so sehr, wenn er mich im Haus keinen Lärm machen hört. Herr, rette ihn vor allem vor seiner Angst. Gib, daß ich in seinem Haus immer Lärm machen kann, auch wenn ich dazu ab und zu etwas zerschlagen muß.
>
> Hilf mir, ihm treu zu sein und nicht jene zu treffen, die er verabscheut oder die ihn verachten. Das macht ihn nur unglücklich, weil er sein Leben durch mich lebt.
>
> Herr, behüte uns.
>
> Amen.
>
> Deine Consuelo«

Als das Gebet geschrieben wurde, sah Consuelo ihre Ehe weniger bedroht. Die Rivalin, die sie in Paris so sehr gefürchtet hatte, war in Frankreich geblieben, und obwohl diese Frau Antoine in New York mindestens einmal besuchte, bevor seine Gattin dort ankam, war diese Affäre schon fast zu Ende. Vielleicht hat Consuelo nicht gewußt, daß sich ihr Mann häufig mit der Journalistin Sylvia Hamilton traf, die sagte, es sei selten ein Tag vergangen, an dem er nicht vorbeischaute. Sie veröffentlichte später Briefe, in denen sich Antoine entschuldigte, daß er sie verlassen und viel Kummer und viel Leid verursacht habe.

Ob nun Consuelo über diese Freundschaft Bescheid wußte oder nicht, die Aussage von *»Der Kleine Prinz«* mit seiner Botschaft der Hingabe und seinem Liebesversprechen muß sie jedenfalls getröstet haben. Saint-Exupéry hatte sie seit *»Nachtflug«* bei seinen Büchern um Rat gefragt, und nach Aussage von Rougemont war es Consuelo gewesen, die den französischen Titel für *»Flug nach Arras«, (»Pilote de guerre«)* ausgewählt hatte. Saint-Exupérys Eingeständnis gegenüber Adèle Breaux, daß er vom Zeichnen wenig verstünde, legt die Annahme nahe, daß er Consuelo, eine hervorragende Malerin, bei den Zeichnungen für seine Kinderfabel um Rat bat, und vielleicht war sie sein Modell. Seine Englischlehrerin meinte jedenfalls, daß der hübsche Mantel und der gelbe Schal des Kleinen Prinzen sie sofort an Consuelo denken ließ, als ihr Antoine bei ihrem Besuch in Bevin House die Zeichnungen zum ersten Mal zeigte.

Als es nach dem Krieg Streit um Saint-Exupérys Autorenrechte gab und seine Familie Verärgerung über Consuelos Einfluß auf ihren Mann äußerte, wurden viele Versuche unternommen, die Tatsache abzustreiten oder zu verschleiern, daß Antoine dieses Buch für seine Frau geschrieben hatte. Sie sah sich schließlich sogar gezwungen, den Beweis zu erbringen, daß sie die Blume des Kleinen Prinzen war. Sie weigerte sich, seine Briefe zu veröffentlichen, aber sie zeigte Freunden eine Passage aus einem dieser Briefe, die zweifelsfrei belegt, daß das Buch für sie geschrieben war. Zu jenen, die diesen Beweis sahen, bevor Consuelo ihn wieder zusammen mit Hunderten weiterer Briefe in einem Schließfach in Nizza verschwinden ließ, gehörte der Luftfahrthistoriker Edmond Petit.

»Du weißt, daß Du die Rose bist«, hatte Saint-Exupéry geschrieben. »Ich habe vielleicht nicht immer verstanden, richtig für Dich zu sorgen, aber ich habe Dich immer hübsch gefunden.« In einem anderen Brief gestand Saint-Exupéry seiner Frau, daß er nun zutiefst bedauerte, *»Der Kleine Prinz«* nicht ihr gewidmet zu haben.

Unter Berücksichtigung dieser Beweise können zahllose Theorien entwickelt werden, welche tatsächliche Bedeutung Saint-Exupérys Hinweise auf die seine Blume bedrohenden Gefahren haben – die grasenden Schafe, die Raupen an ihrem Stengel, und die vier Dornen der Blume, mit welchen sie sich zu verteidigen bemüht. Das Flehen der Rose um Schutz vor den Schafen, und die Entscheidung des Kleinen Prinzen, seinen Planeten zu verlassen, lassen unweigerlich an Consuelos Einsamkeit in dem vom Krieg erschütterten Europa denken, als Saint-Exupéry in die Vereinigten Staaten geflohen war.

Aber die Frage, ob die Metaphern einen über die offenkundigste Bedeutung hinausreichenden Sinngehalt haben, ist von geringerer Wichtigkeit als Saint-Exupérys Eingeständnis seiner Liebe zu Consuelo, daß die Welt ohne sie dunkel wäre und daß er angesichts ihrer gemeinsam durchlebten Jahre immer bei ihr bleiben würde.

»Wenn einer eine Blume liebt, die es nur ein einziges Mal gibt auf allen Millionen und Millionen Sternen, dann genügt es ihm völlig, daß er zu ihr hinaufschaut, um glücklich zu sein«, sagt der Kleine Prinz. »Er sagt sich: Meine Blume ist da oben, irgendwo ... Wenn aber das Schaf die Blume frißt, so ist es für ihn, als wären plötzlich alle Sterne ausgelöscht.«

Die Unannehmlichkeiten, die die Eitelkeit der Rose verursachen, ihr Verlangen nach Aufmerksamkeit, ihre eingebildete Angst vor nicht existierenden Tigern, ihre Panik vor Zugluft und ihr Husten, wenn sie den Kleinen Prinzen von einer ihrer Notlügen ablenken möchte, können als persönliche Erfahrungen Saint-Exupérys gewertet werden. Zweifellos las Consuelo die Entwürfe und erkannte diese kaum verschleierten Vorwürfe, aber dennoch muß sie von dem impliziten Eingeständnis ihres Mannes gerührt gewesen sein, daß er ihr oft lästiges Verlangen nach Aufmerksamkeit falsch verstanden habe.

»Ich hätte sie nach ihrem Tun und nicht nach ihren Worten beurteilen sollen«, sagt der Kleine Prinz. »Sie duftete und glühte für mich. Ich hätte niemals fliehen sollen! Ich hätte hinter all den armseligen Schlichen ihre Zärtlichkeit erraten sollen. Blumen sind so widerspruchsvoll! Aber ich war zu jung, um sie lieben zu können.«

Sie gestehen sich ihr Unverständnis gegenseitig ein. Der Kleine Prinz ist sprachlos, als die Rose, kurz vor seinem Aufbruch auf die Suche nach Abenteuern auf anderen Planeten, sagt, daß es ihr leid täte, so schwierig gewesen zu sein. Er kann diese »stille Sanftmut« nicht verstehen.

»Aber ja, ich liebe dich«, sagt die Blume. »Du hast nichts davon gewußt. Das ist meine Schuld. Du warst ebenso dumm wie ich.«

Von dem Moment an, wo der Kleine Prinz seine Blume verläßt, gleichen seine Reisen dem vergeblichen Suchen Saint-Exupérys in seinem abenteuerlichen Leben nach innerem Frieden. Er verläßt Consuelo, reist in die Vereinigten Staaten und erkennt, daß die Beziehungen zu anderen Frauen meist bedeutungslos waren. Das Zusammentreffen mit dem Wüstenfuchs, dem Fenek, läßt ihn schließlich erkennen, daß er und seine Rose sich gegenseitig brauchen und daß die schwierigen Jahre mit Consuelo sie für immer miteinander verbunden hatten.

»Die Zeit, die du für deine Rose verloren hast, sie macht deine Rose so wichtig«, sagt der Fuchs zum Kleinen Prinzen. »Die Menschen haben diese Wahrheit vergessen. Aber du darfst sie nicht vergessen. Du bist zeitlebens für das verantwortlich, was du dir vertraut gemacht hast. Du bist für deine Rose verantwortlich.« Der Tod, mit der damit verbundenen Rückkehr zur Unschuld und den Wahrheiten, die die Erwachsenen vergessen haben, beendet einen der eigenartigsten Liebesbriefe, die jemals geschrieben wurden.

Die in *»Der Kleine Prinz«* zum Ausdruck gebrachten Gefühle werden durch zahlreiche zärtliche und reumütige Hinweise auf die Liebe zwischen Ehepartnern in *»Die Stadt in der Wüste«* ergänzt. Saint-Exupérys Berberfürst verläßt seine schlafende Frau, um sich auf die Suche nach einem imaginären Schatz zu machen. »Aber schlafe nur getrost in deiner Unzulänglichkeit, du meine unvollkommene Gefährtin«, überlegt er. »Du bist nicht Ziel und Belohnung oder ein Schmuckstück, das man um seiner selbst willen verehrt und das mich sofort langweilen würde: du bist Weg und Gefährt und Beförderung.«

Es wird noch immer diskutiert, ob man diese unfertigen und noch nicht überarbeiteten Notizen überhaupt als Buch hätte herausbringen sollen, aber sie enthalten erstaunlich klare Bekenntnisse. In den locker zusammengefügten, in biblischem Stil geschriebenen Parabeln gesteht der Erzähler ein, daß er den falschen Weg eingeschlagen habe, als er sich auf seiner ziellosen Reise durch eine plötzliche Anwandlung auf die Suche nach anderen Frauen gemacht hatte. Saint-Exupéry zieht Vergleiche zwischen der frenetischen Suche nach einem Schatz, der ihm »weder Ruhm, noch Reichtum, noch Liebe« einbringen wird, und dem Sammeln von Honig, von Bienenstock zu Bienenstock, statt zu erkennen, daß das wirkliche Fest woanders stattfindet.

»Ich aber möchte der Liebe Dauer verleihen. Nur dort gibt es Liebe, wo die Wahl unwiderruflich ist, denn man muß Grenzen haben, um werden zu können«, schrieb er bei seinen Reflexionen über die eheliche Treue und die Bedeutungslosigkeit vorübergehender Liebschaften. »Und die Freude am Hinterhalt und an der Jagd und an der Beute ist anderer Art als die Freude an der Liebe.«

In der Geborgenheit der Nacht und auf seinen langen und einsamen Flügen verstrickte sich Saint-Exupéry in eine Suche nach Idealen, die er in Fabeln oder Parabeln verwandelte oder in seinen Briefen wiederholte. *»Der Kleine Prinz«*, den er in Anwesenheit seiner Frau geschrieben hat, sollte den höchsten Gipfel seiner Introspektion darstellen und einem müden, nicht mehr ganz jungen Ehepaar als Rechtfertigung dienen zur Niederlegung der Waffen, die bereits so viele Wunden geschlagen hatten.

Unglücklicherweise gewährte das Buch nur einen kurzen Aufschub in der zerrütteten Beziehung, die an Weihnachten 1942 nochmals kurz vor dem Auseinanderbrechen stand, als sich das Paar wieder erbittert stritt. Kaum war *»Der Kleine Prinz«* den Verlegern übergeben worden, hatte sich das Verhältnis wieder so verschlechtert, daß Saint-Exupéry seiner Frau in einem Brief mitteilte, daß seine einzige Hoffnung, inneren Frieden zu finden, der Tod sei.

Zwei Tage vor seiner Abreise aus den Vereinigten Staaten im April 1943 zu seiner Luftwaffeneinheit in Nordafrika machte Antoine Anspielungen auf erneute Streitigkeiten und seine allmähliche Verzagtheit. Der Grund dafür waren wieder einmal Consuelos maßlose Ausgaben für Kleider. Weil das Geld so knapp war, konnte er sich keine Uniform der Luftwaffe bestellen, sondern mußte sich mit einer etwas lächerlichen dunkelblauen Uniform aus dem Fundus der Metropolitan Opera begnügen.

»Ich habe einen schrecklichen Tag hinter mir«, schrieb er an Consuelo, nach seiner hektischen Suche nach einer Uniform der Luftwaffe.

»Ich habe kein einziges ordentliches Hemd für Nordafrika – weder Socken ohne Loch, noch Schuhe, noch sonst etwas. Ich habe mich gefragt, wo ich noch ein paar *sous* auftreiben könnte. Und dann kamst

Du in Deinen neuen Kleidern zurück. Ich wollte doch nur den Preis wissen, sonst nichts. Ich bin schrecklich entmutigt.«

»Ich glaube, Du wirst ohne mich glücklicher sein, und ich denke, ich werde meinen Frieden im Tod finden. Ich erhoffe und wünsche mir nur Frieden, und nichts ist wichtig als das, was mich erwartet.«

KAPITEL XV

Der Pilger des Himmels

Am 31. Juli 1944, dreizehn Monate nachdem er die Vereinigten Staaten in einem Schiffskonvoi über den Atlantik verlassen hatte, kehrte Saint-Exupéry von einem langen Foto-Aufklärungsflug über Südfrankreich nicht zurück. Im Tagesbericht der 2/33 hieß es, daß er von Korsika aus in Richtung Savoyen gestartet war und nach vier Stunden, als sein Auftrag beendet sein sollte, nicht zur Basis zurückkehrte. Um 14.30 Uhr wurde jede Hoffnung auf seine Rückkehr aufgegeben.

> »Mit ihm verlieren wir nicht nur unseren liebsten Kameraden, sondern denjenigen, der für uns alle ein großes Vorbild war. Daß er zu uns kam, um trotz seines Alters mit uns die Gefahren zu teilen, hatte seine Ursache nicht darin, daß er eitlen Ruhm zu seiner ohnehin großartigen Karriere hinzufügen wollte, sondern weil er das innere Bedürfnis dazu verspürte. Saint-Exupéry ist einer jener Männer, die schon im Leben Größe erreichen, weil sie verstehen, sich selbst zu respektieren.«

Dieser ersten posthumen Ehrung folgte die Hoffnung, er möge seinen achten Flug in großer Höhe im schnellsten und modernsten Jagdbomber der Alliierten, einer amerikanischen P-38 Lightning, überlebt haben. In dem Bericht der Einheit wird die Möglichkeit erwogen, daß er sich mit seinem möglicherweise defekten Flugzeug in die Schweiz gerettet habe, bei den Maquis, einer französischen Widerstandsgruppe, untergetaucht sei oder gefangengenommen wurde.

Da niemand bisher sein Flugzeug fand, so wie man die Maschinen von Mermoz und Guillaumet nie entdeckte, hat man über Jahre hinweg über das Schicksal Saint-Exupérys spekuliert.

Lindbergh verbreitete die Theorie, daß die Lightning möglicherweise in großer Höhe auseinandergeborsten sei. Andere Piloten waren überzeugt, daß er in einem abgelegenen Gebiet der Alpen nördlich von Nizza abgestürzt sei. Zwar schien die Annahme nahezuliegen, daß Saint-Exupéry über Agay oder Nizza abgeschossen wurde, doch sein Kommandant René Gavoille meinte, er könne auch aufgrund eines Defekts der Sauerstoffversorgung in Ohnmacht gefallen und ins Mittelmeer gestürzt sein.

Unter jenen Freunden aber, die Saint-Exupérys Neigung zur Melancholie kannten, kursierten natürlich Gerüchte über Selbstmord, eine Vorstellung, die die Familie Saint-Exupérys sehr aufbrachte, weil es unter ihnen als völlig absurd galt, daß ein echter Katholik sich selbst das Leben nehmen könnte. Sein Nachlaßverwalter Frédéric d'Agay faßte die Gefühle der Familie folgendermaßen zusammen: »Wenn Sie nicht glauben, daß Saint-Exupéry sein Leben im Geiste der Aufopferung, nach Art der Ritter gab, dann wissen Sie gar nichts von diesem Mann.«

Seine Mutter, Marie de Saint-Exupéry, zog die Möglichkeit in Erwägung, daß er angesichts beruflicher und persönlicher Schwierigkeiten aufgegeben hatte, und sie sagte zu Freunden, daß ihr Sohn vielleicht in einem Kloster Zuflucht gesucht hatte, um seinen weltlichen Problemen zu entfliehen. Aber die vage Hoffnung, daß er lebte und an *»Die Stadt in der Wüste«* arbeitete, konnte Maries Kummer kaum mindern, und sie schrieb ein Gedicht mit dem Titel *»Ostern 45«*, in dem sie bedauerte, daß ihr Sohn nicht einmal ein Grab hatte.

Aber sein Hunger nach Licht war so groß,
Daß er wie ein Pilger der Sterne aufstieg.
Pilger des Himmels, ist er beim Leitstern Gottes
angekommen?
Ach! wenn ich dies wüßte,
Würde ich unter meinem Schleier weniger weinen.

Es gibt keine Notiz und keinen Bericht über eine Unterhaltung, in der Saint-Exupéry geäußert hätte, daß er seinem Leben ein Ende machen wollte. Andererseits gibt es zahlreiche Briefe, in denen er seine Gleichgültigkeit gegenüber dem Tod ausdrückte und diese Eventualität sogar als Erlösung betrachtete. Während seines Aufenthaltes in Nordafrika im Jahre 1943 und 1944 ließ er oft erkennen, daß er eines Daseins überdrüssig war, das ihm durch Zufall, durch sein Alter oder durch seine Verleumder gesundheitliche und geistige Probleme aufbürdete. Im Juli 1944, als er, genau zweiunddreißig Jahre nach seinem ersten Flug mit den Brüdern Wroblewski in Ambérieu, sich in seinem Flugzeug mit dem Tod konfrontiert sah, hat er vielleicht nicht mehr die Willenskraft besessen, die übermenschliche Leistung zum Überleben aufzubringen.

Er wußte, daß seine Tage als Flieger der Luftwaffe gezählt waren, weil er zu alt für Kriegseinsätze war. Sein Gesundheitszustand verschlechterte sich, und er war äußerst pessimistisch über den Ausgang des Krieges und die Zeit danach. Vielleicht hätte er die Kraft besessen, ums Überleben zu kämpfen, wenn er sich an seine Mutter hätte wenden können, um bei ihr Trost zu suchen, aber da das französische Festland noch immer besetzt war, beschränkte sich seine Korrespondenz in den letzten Monaten auf wenige Briefe, die von Mitgliedern der Résistance über das Mittelmeer geschmuggelt wurden. Und nach Nordafrika gelangten nur wenige Nachrichten, abgesehen von alarmierenden Informationen, wie beispielsweise, daß die Deutschen zur Vorbereitung ihrer Verteidigungslinie an der Riviera das Schloß von Agay zerstört hatten.

Eine unermeßliche psychologische Belastung war für Antoine die andauernde Trennung von Consuelo und die Tatsache, daß es ihr unmöglich war, ihm ein gemeinsames Altern in Frieden zuzusichern. In den zahllosen Botschaften, die er ihr zum Beekman Place in New York schickte, wo sie zuletzt gemeinsam gelebt hatten, kommt dieser sehnliche Wunsch wiederholt zum Ausdruck, und dennoch quälte ihn noch in den Tagen vor seinem Tod sein Mangel an Vertrauen in seine Frau.

Aber dies allein kann die Verwirrung und Verzweiflung nicht erklären, die seine Kameraden bei Saint-Exupéry vor seinem letzten Flug feststellten. Seine Sensibilität wurde von der revanchistischen Haltung der Gaullisten auf eine harte Probe gestellt, die selbst nach seiner Ankunft in Algier am 4. Mai 1943, nach dreiwöchiger Seereise mit einem Truppentransporter, ihre Diffamierungskampagne gegen Saint-Exupéry fortsetzten. In Artikeln und offenen Briefen hatte Saint-

Exupéry von New York aus wiederholt seine Ansicht geäußert, daß die Differenzen zwischen Vichy und den Gaullisten ausgeräumt werden mußten, wenn die nationale Einheit wiederhergestellt werden sollte. Aber er unterschätzte de Gaulles Entschlossenheit, Philippe Pétains Einfluß durch eine Kampagne zu zerstören, die Saint-Exupéry als rachsüchtige Hexenjagd auf Nicht-Gaullisten betrachtete.

Antoine selbst geriet in diesem politischen Krieg ein wenig aus der Schußlinie, und sein Leben schien nach seiner Ankunft in Algier wieder in normalen Bahnen zu verlaufen. Er wohnte bei Georges Pélissier, dem Arzt und Amateur-Literaturkritiker, den er seit fast zwanzig Jahren kannte. Keine vierundzwanzig Stunden nach seiner Ankunft hatte er auch seinen Instrukteur der Marineflugschule in Brest, Lionel-Max Chassin, wiedergetroffen und von ihm ein Flugzeug geliehen, um seine Kameraden der 2/33, die damals in Laghouat stationiert waren, wiederzusehen.

Unglücklicherweise setzte Saint-Exupérys Wunsch für eine Rückkehr in eine kämpfende Einheit die Zustimmung von General Henri Giraud voraus, dem zukünftigen Präsidenten des Komitees der Nationalen Befreiung mit Sitz in Algier. Die Tatsache, daß Giraud eine der Zentralfiguren in Präsident Franklin D. Roosevelts Plan war, das Anwachsen der Macht de Gaulles zu verhindern, erwies sich schließlich zu Saint-Exupérys Nachteil. Giraud bat General Dwight D. Eisenhower, den amerikanischen Oberbefehlshaber in Nordafrika, persönlich um seine Zustimmung für Antoines Rückkehr zur 2/33. Aber die Autorität des französischen Generals schwand bereits in den drei Wochen nach Saint-Exupérys Ankunft. De Gaulle hatte sein Hauptquartier von London nach Algier verlegt, bevor er die Kontrolle über die provisorische Regierung Frankreichs übernahm und Giraud verdrängte. In den Augen der Gaullisten war Giraud ein Freund von Vichy, und dies machte auch seine Verbündeten unglaubwürdig.

Hätte sich Saint-Exupéry auf das konzentriert, was er am besten konnte – fliegen und schreiben –, anstatt immer wieder die gaullistische Bewegung zu kritisieren, hätte er sich manche absurde und gemeine Schikane erspart, wie das Verbot von *»Flug nach Arras«* durch de Gaulles provisorische Regierung, auch wenn es absurderweise weiterhin in einer von der Résistance gedruckten Ausgabe in Frankreich heimlich in Umlauf gebracht wurde. De Gaulle ließ auch Antoines

Name in seiner Rede vom 30. Oktober 1943 aus, in der er Schriftsteller ehrte, die das Exil der Kollaboration vorgezogen hatten, und weigerte sich, Saint-Exupéry zu helfen, in eine kämpfende Einheit zurückzugelangen, und sprach angeblich von Antoine abfällig als dem »Mann, der Kartentricks beherrschte«.

Weil *»Flug nach Arras«* schon von dem nazifreundlichen Regime von Vichy verboten worden war, fand Saint-Exupéry durch das erneute Verbot möglicherweise seine schlimmsten Befürchtungen von de Gaulles autoritärem Stil bestätigt. In zwei seiner Briefe kommt seine Abscheu vor de Gaulles Plänen zum Ausdruck, der durch sein persönliches Prestige Frankreich zu seiner früheren Bedeutung als Weltmacht verhelfen wollte. Saint-Exupéry sagte seinem amerikanischen Verleger Curtice Hitchcock, der Gaullismus trage die Gefahr der Diktatur und des Nationalsozialismus in sich. Er erhob seine Überlegungen dann sogar gewissermaßen auf eine offizielle Ebene, als er an Robert Murphy, den Repräsentanten der amerikanischen Regierung in Algier, schrieb, daß die Rettung Frankreichs nicht durch eine blutige Säuberungswelle erfolgen könne, die von Fanatikern der *parti unique,* wie er die Gaullisten nannte, durchgeführt würde. Saint-Exupérys provokative Behauptungen waren auf seine Bitterkeit darüber zurückzuführen, daß ihn die Gaullisten in New York als Feigling bezeichnet hatten. Sein Bedürfnis, dieses Stigma auszumerzen, erklärt seine Entschlossenheit, einige der gefährlichsten Einsätze des Krieges zu fliegen, und dies in einer Maschine, die sogar die gesündesten und jüngsten Männer hinsichtlich ihrer Geschicklichkeit und Ausdauer aufs Äußerste strapazierte. Die einzige Möglichkeit, seine Ehre wiederzuerlangen, war, dem Tod ins Auge zu blicken.

Schon allein aus Gewissengründen hätte er sich bemüht, über seine Grenzen hinauszugehen, auch ohne die Anstachelung durch die Diffamierungskampagne der Gaullisten. In einem Brief an Sylvia Hamilton gestand er seine »schweren Gewissensbisse« ein, daß er in New York gelebt hatte, während seine Landsleute kämpften und starben. »Warum läßt man mich nicht in einem Kampfflugzeug ein reines Leben führen?« klagte er.

Nur ein offizieller Entzug der Fluglizenz von höchster Stelle oder das Kriegsende hätten Saint-Exupéry vor dem retten können, was sein unvermeidliches und selbstgewähltes Schicksal gewesen zu sein scheint. War es nicht besser, im Kampf gegen den Feind einen glorreichen Tod zu finden, als durch rachsüchtige politische Machenschaften am Fliegen gehindert zu werden?

Der Todeswunsch

Saint-Exupéry war sich durchaus des frustrierenden und nutzlosen Lebens bewußt, das ihn erwartete, wenn er keine Rolle mehr als aktiver Pilot spielen würde. Von Juli 1943 bis zum 6. Juni 1944, nach nur einer einzigen fotografischen Aufklärungsmission über Südfrankreich, hatte er nicht mehr fliegen dürfen.

Seine Hochstimmung über seine Rückkehr zur Truppe fand ein jähes Ende, und es folgte eine Phase der Mutlosigkeit.

»Die folgenden acht Monate waren zweifelsohne die schmerzlichsten seines Lebens«, schrieb Nelly de Vogüé, die ihn in Algier besuchte. Er litt unter »Anfällen von Angst und Verzweiflung«, aber nur seine engsten Freunde verstanden den wirklichen Umfang seines Leidens.

Wie vielversprechend war das Leben nach seinem ersten Flug am 21. Juli 1943 gewesen, nach einem siebenwöchigen Training mit der Lightning, die ein kompliziertes Stück Technik war und mit einer Geschwindigkeit von 650 Kilometern in der Stunde fliegen konnte! Übungsflüge sollten die Ausdauer ebenso wie die Geschicklichkeit in der Handhabung fördern, zumal Aufklärungspiloten allein Einsätze von bis zu sechs Stunden in einer Höhe von 10 000 Metern ausführen mußten, eine weitaus größere Herausforderung an die Piloten, als die Flüge mit der Bloch 174.

Die physische Belastung der Langstreckenflüge in einem kaum geheizten Cockpit, in dem nicht der normale atmosphärische Druck herrschte und man sich daher ganz auf die künstliche Sauerstoffversorgung verlassen mußte, wurde durch heftige feindliche Angriffe noch verstärkt. Damals waren Sizilien, Sardinien und Korsika noch in deutscher Hand, von wo aus die Deutsche Luftwaffe Jagdflieger-Patrouillen einsetzte, um die aus Nordafrika kommenden Flugzeuge der

Alliierten abzufangen. Selbst kerngesunde, junge Piloten kamen völlig erschöpft von ähnlichen fotografischen Aufklärungseinsätzen zurück, und Saint-Exupéry machten darüber hinaus bei großer Höhe starke Schmerzen zu schaffen, denn der geringe Luftdruck wirkte sich auf seine alten Brüche und seinen Rheumatismus verheerend aus. Und trotzdem flog er am 21. Juli nach den Worten eines seiner Kameraden, Jean Leleu, »strahlend vor Glück« zur neuen Basis seiner Einheit in La Marsa in Tunesien. »Man konnte in seinen Augen das Hochgefühl sehen, jetzt endlich seinen Platz in diesem Kampf eingenommen zu haben und nun das Ideal, das sein Leben als Schriftsteller bestimmt hatte, in die Tat umzusetzen.«

Saint-Exupéry feierte dies mit einem Essen in einem kleinen Restaurant in Algier. Unter seinen Gästen waren auch der Schauspieler Jean Gabin und Pélissier, der sich daran erinnerte, wie sehr Antoine das Hochgefühl genossen hatte, als er die Küstenlinie zwischen Toulon und Marseille überflogen hatte, obwohl er von der Luftabwehr beschossen worden war. Kaum eine Woche später beendete ein Motorschaden Saint-Exupérys zweiten Flug nach Südfrankreich, bevor er das Mittelmeer erreicht hatte, und er machte auf dem Flugplatz von La Marsa eine Bruchlandung, die zu einer Karambolage am Ende der Landebahn führte. Da ihm diese als Versagen beim Bremsmanöver angelastet wurde, untersagte man ihm weitere Flüge.

Wenn man einem Brief an General René Chambe, dem vorübergehenden Informationsminister der Regierung, der jedoch nie abgeschickt wurde, Glauben schenkt, war Saint-Exupérys Glücksgefühl über seine Rückkehr in den aktiven Dienst schon lange vor seinem Flugverbot der Ernüchterung gewichen – ein weiteres Beispiel für die Richtigkeit von Léon Werths Beobachtung, daß sein Freund niemals für längere Zeit glücklich sein konnte.

> »Ich habe soeben einige Flüge mit der P-38 gemacht. Das ist eine wunderbare Maschine. Ich wäre glücklich gewesen, ein solches Geschenk zu meinem zwanzigsten Geburtstag bekommen zu haben, aber ich bin mir heute, mit dreiundvierzig Jahren und nach 6500 Flugstunden, voll Wehmut bewußt, daß ich an diesem Spiel keine große Freude mehr habe. Das Flugzeug ist nichts weiter als

ein Instrument, um von einem Ort zum anderen zu gelangen, und, wie in diesem Fall, eine Kriegsmaschine.«

Der Brief endete mit pathetischen Äußerungen seiner Verwunderung über den wachsenden Materialismus in einer Welt, die einer selbstsüchtigen Konsumgesellschaft ausgeliefert ist. Saint-Exupéry sagte, daß er das Gefühl habe, auf die düstersten Zeiten zuzutreiben, und fügte hinzu: »Es macht mir nichts aus, im Krieg zu sterben. Was wird von dem, was ich liebe, übrigbleiben? Und ich spreche nicht nur von Mitmenschen, sondern auch von Gebräuchen, unersetzlichen Ritualen und einem gewissen geistigen Licht.«

Dieser Brief voll Traurigkeit, in dem er noch ein zweites Mal hervorhob, daß es ihm völlig gleichgültig sei, wenn er im Kampf fiele, wurde nach dem Krieg unter dem Titel *»Que faut-il dire aux hommes?« (»Was kann man der Menschheit sagen?«)* veröffentlicht. Dies ist eine melancholische Frage in einem Text voller Unbehagen angesichts der sich wandelnden Werte und der Angst vor einem Chaos nach dem Krieg.

Solche Selbstzweifel verfolgten ihn nach seinem Flugverbot. Während der folgenden Monate bemerkten seine Freunde, daß er ständig niedergeschlagen war, trotz seines äußerlich lustigen und intensiven Gesellschaftslebens. Die meiste Zeit lebte er in einem unglaublich unordentlichen Zimmer in Pélissiers Wohnung in Algier, einer Stadt, die ihn immer deprimiert hatte. Er fühlte sich in der kleinen Wohnung, die er als »Mönchszelle ohne religiöses Element« bezeichnete, eingesperrt und gezwungen, über die »völlige Leere der Zukunft« nachzudenken.

In seinen veröffentlichten Briefen brachte er wiederholt sein Unverständnis über die Weigerung seiner Landsleute zum Ausdruck, in einer Atmosphäre von Liebe und Vergebung zu leben. »Haß, alles steht unter dem Zeichen des Hasses. Armes Land.«

Ohne die Beobachtungen von Nelly de Vogüé und Georges Pélissier hätte wohl nie jemand erfahren, wie unglücklich Saint-Exupéry in diesen acht Monaten war. Algier war die provisorische Hauptstadt Frankreichs, und viele alte Freunde und Bekannte Saint-Exupérys, die ihn dort wiedertrafen, erwähnten vor allem die scheinbar fröhlichen Parties und gemeinsam verbrachten Abende, bei denen Antoine seine

Rolle als Stimmungskanone mit seinen Kartenkünsten und Geschichten spielte.

Er spielte stundenlang Schach, und einer seiner regelmäßigen Schachpartner war André Gide, der ihm Neuigkeiten von seiner Mutter und seiner Schwester aus der Provence überbracht hatte. Ihre komplizierte Freundschaft wurde von Gides Versuchen, Antoine für de Gaulle zu gewinnen, auf eine harte Probe gestellt. Aber sie trafen sich dennoch so oft wie möglich zum Schachspielen, obwohl der ältere Schriftsteller gerne mogelte. Der Schriftsteller Max-Pol Fouchet klärte Antoine über diese Schwäche seines Partners auf, nachdem er beobachtete, wie Gide die Bauern umstellte, als ihm Antoine den Rücken zuwandte.

Saint-Exupéry lenkte sich nach wie vor durch Lektüre von seiner Niedergeschlagenheit ab, aber Pélissier sagte, daß Antoine mehr aus technischem Interesse als zur Unterhaltung las. Als sein Flugverbot aufgehoben wurde und er im Juli 1944 nach Tunis flog, um als Taufpate des Kindes von René Gavoille, seines Kommandanten, an der Taufe teilzunehmen, konnten ihn seine Pilotenkollegen nicht von der Detektivgeschichte, die er las, losreißen. »Er liest im Jeep«, war im Tagesbericht der Gruppe vermerkt.

> »Er liest auf dem Flugplatz, während alle darauf warten, daß er endlich das Flugzeug besteigt. Er liest im Flugzeug, während man ihm die Kopfhörer holt, die er natürlich vergessen hat. Er weigert sich, sich das Buch vor dem Start aus der Hand nehmen zu lassen, mit der Behauptung, er habe nur noch wenige Seiten zu lesen, und er startet mit dem Buch auf den Knien. Wir sind alle überzeugt, daß er sich sofort nach dem Start wieder seiner Lektüre widmen wird und daß die Geschichte mit einem Zusammenstoß der Maschine mit etwas sehr Hartem enden wird. Wir verbringen den Abend mit Gebeten.«

Ein Festessen, an dem er teilnehmen sollte, wurde über eine Stunde hinausgeschoben, und die Gäste sahen Saint-Exupérys Flugzeug über Algier kreisen, während er die letzten Seiten las.

»Wir wissen nicht, was er las«, sagte Pélissier. »Aber man kann wohl annehmen, daß Saint-Exupéry weniger am Ausgang der Geschichte interessiert war, als an der technischen Konstruktion des Romans. Seine Phantasie glich der von Poe, und er analysierte Bücher, ihre Entwicklung oder ihre Schwächen und fand die Lösung des gestellten Rätsels.«

Saint-Exupérys schriftstellerische Arbeit konzentrierte sich auf *»Die Stadt in der Wüste«*. Am 7. September tauchte ein Hauptmann des Freien Frankreich, Léon Wencelius, aus New York kommend, in Pélissiers Wohnung mit einem Schweinslederkoffer auf, der 700 maschinengeschriebene Seiten des philosophischen Werkes enthielt, das Saint-Exupéry Consuelo anvertraut hatte. Der Koffer war ein Geschenk seiner Frau und enthielt auch mehrere Liebesbriefe.

Von da an beschäftigte sich Saint-Exupéry während der schlaflosen Nachtstunden, abgesehen von seiner Korrespondenz mit Consuelo, vorwiegend damit, an seinen Parabeln über den Berberfürsten in der Wüstenzitadelle zu feilen. Obwohl er Freunden gesagt hatte, daß er noch mindestens zehn Jahre an diesem Buch arbeiten müßte, hatte er bereits damit begonnen, seine eigene Philosophie in klarere Worte zu fassen, wobei er sich auf seine persönlichen Erfahrungen stützte, auf den konfessionellen Unterricht seiner Kindheit und die harten Lektionen, die ihm das Leben in der Sahara erteilt hatte.

Er hatte keine Sekretärin, viele der in Algier geschriebenen Seiten erwiesen sich als unleserlich und stellten Nelly de Vogüé, Wencilius und Simone de Saint-Exupéry vor große Rätsel, als sie das unvollendete Werk nach dem Krieg herausbrachten. Doch eine maschinengeschriebene Passage, die er in New York diktiert hatte, belegte, daß Saint-Exupéry sowohl in seinen Geschichten und seiner Analyse selten über seine eigenen, direkten Erfahrungen hinausging. Der Berberfürst lamentiert über Qualen, die ihm seine Rückenschmerzen bereiten, die die Ärzte nicht zu lindern verstehen.

»Jetzt bin ich wie ein Baum im Wald unter der Axt des Holzfällers, und Gott wird mich, wenn ich dran bin, wie einen alten Turm stürzen«, schrieb Saint-Exupéry. Neben dem Hinweis auf die Schmerzen der alten Verletzungen erwies sich diese Aussage als Prophezeiung. Er stürzte am 6. November eine unbeleuchtete Treppe hinunter und verletzte sich ernsthaft an der Wirbelsäule.

In den nächsten Wochen waren die Folgen dieses Sturzes Thema eines ganzen Bündels von Briefen an Pélissier, manche davon wurden unter der Tür seines Schlafzimmers hindurchgeschoben, nachdem der Arzt schon zu Bett gegangen war. In seinem Buch *»Les cinq visages de Saint-Exupéry«* (*»Die fünf Gesichter von Saint-Exupéry«*) brauchte Pélissier dreizehn Seiten, um Antoines Reaktion auf diesen Unfall zu beschreiben, als er die Diagnose des Arztes in Zweifel zog, daß das Rückgrat nicht gebrochen sei. Die Korrespondenz innerhalb der Wohnung brach erst ab, als Saint-Exupéry die ursprüngliche Diagnose des Arztes, einer starken Prellung, und Pélissiers Weigerung, ihm für längere Zeit Bettruhe zu verordnen, widerwillig akzeptierte.

Die »absurde Affäre«, wie Antoine sie nannte, ist mit dem eigenartigen Humor eines Hypochonders durchsetzt. In seinen Briefen an Pélissier sagt er, daß er gerne ernsthaft krank wäre und lieber an einer akuten, aber operablen Appendizitis leiden würde als an einfachen Bauchschmerzen.

Dieser Wunsch nach einer wirklichen Krankheit, die einen berechtigten Grund liefern würde, um aus der Luftwaffe entlassen zu werden, schien ihm vergönnt gewesen zu sein, kaum daß er akzeptiert hatte, daß seine Rückgratverletzung doch nicht so gravierend war, wie er zunächst geglaubt hatte. Er war überzeugt, Magenkrebs zu haben, und wurde zum Röntgen geschickt. Am 24. Februar wurde ihm von Pélissier mitgeteilt, daß er nur an heftigem Sodbrennen leide, verursacht durch die übermäßige Einnahme von Medikamenten und zu stark gewürzten Speisen.

Nachdem er die Hoffnung aufgegeben hatte, dank einer Krankheit einen triftigen Grund zur Beendigung seiner Militärkarriere zu haben, machte sich Saint-Exupéry wieder daran, um seine Rückkehr zur aktiven Truppe zu kämpfen. Dies gelang ihm schließlich im April 1944, nachdem er sich persönlich an den amerikanischen Kommandanten der Air Force am Mittelmeer gewandt hatte. Kaum drei Monate später kam er ums Leben.

Ende 1943 schrieb Saint-Exupéry einen rührenden Brief an Consuelo in New York, in dem er sie bat, bei seiner eventuellen Rückkehr aus dem Krieg »in voller Blüte zu stehen«. Er hatte gerade einen Brief von ihr erhalten und diesen zeigte er André Gide, der ihn »außergewöhnlich rührend« fand. Niemand kennt dessen Inhalt, aber Antoines Antwortschreiben läßt keinen Zweifel daran, daß es sich um eine erneute Bitte handelte, die früheren Auseinandersetzungen doch zu vergessen. Nachdem er diese Botschaft erhalten hatte, vertraute Antoine Gide an, daß er die Affäre mit der anderen Frau beenden wolle, die Consuelo so viel Kummer verursacht hatte, als sie noch in Paris lebten.

Auf zwölf dicht beschriebenen Seiten gestand Saint-Exupéry Consuelo, die er »mein kleines Hühnchen« nannte, wie sehr er sie als Muse brauche. Consuelo war jeweils bei ihm gewesen, als er seine erfolgreichsten fiktiven Werke geschrieben hatte, und durch eine Parabel in diesem Brief spricht er ausdrücklich über die inspirierende Wirkung ihrer Anwesenheit.

> »Liebling, ich möchte Dir einen sehr alten Traum erzählen, den ich während unserer Trennung träumte. Ich war auf einer Wiese. Die Erde war tot. Und die Bäume waren tot. Und nichts hatte Geruch oder Geschmack. Und plötzlich verwandelte sich alles, obwohl sich äußerlich nichts verändert hatte. Die Erde wurde wieder lebendig, die Bäume wurden wieder lebendig. Alles hatte wieder so viel Geruch und Geschmack, daß es zu stark war, beinahe zu stark für mich. Und ich wußte warum. Und ich sagte: ›Consuelo ist wieder auferstanden. Consuelo ist da!‹ Du warst das Salz der Erde, Du hattest meine Liebe für alles wiedererweckt, nur dadurch, daß Du wiedergekommen bist. Da habe ich verstanden, Consuelo, daß ich Dich in alle Ewigkeit lieben werde.«

In seinem Leben wie in seinem Werk transformierte Saint-Exupéry langweilige oder tragische Ereignisse in farbenfrohe und tröstliche Begebenheiten. Consuelos Brief reichte aus, ihn die Streitigkeiten der letzten Wochen in den Vereinigten Staaten vergessen zu lassen. Sie war wieder das Objekt seiner Dankbarkeit und Bewunderung geworden, und Antoine zeigte sich reumütig.

»Consuelo, aus ganzem Herzen danke ich Dir dafür, daß Du Dir solche Mühe gemacht hast, meine Gefährtin zu bleiben. Jetzt bin ich im Krieg und auf diesem riesigen Planeten völlig verloren, ich habe nur einen Trost, einen Stern, der das Haus erleuchtet. *Petit poussin,* halte Du es rein.«

Die lange Trennungszeit lastete in den folgenden Wochen schwer auf Antoine, der seiner Frau seine Liebe in einer Flut von Briefen gestand, die häufig über einen Brief pro Tag hinausging. Consuelo bewahrte all diese Botschaften liebevoll auf und zeigte anderen Leuten nur wenige – und dann meist unwichtige – Passagen und weigerte sich sogar noch im hohen Alter, Briefe zu verkaufen, um ihre Krankenhausrechnungen und Steuerschulden bezahlen zu können.

Es wäre für jeden, mit Ausnahme eines ebenso fleißigen Briefeschreibers wie Saint-Exupéry selbst, eine unerfüllbare Aufgabe gewesen, einem solch überängstlichen und oft von morbider Phantasie verfolgten Mann genügend Briefe zur Beruhigung und Bestätigung zu schreiben. Als sich Saint-Exupérys Abwesenheit in die Länge zog, antwortete Consuelo meist nur mit kurzen Botschaften auf Postkarten statt mit Briefen. Kurz vor seinem Tod entschuldigte sie sich, daß sie so eine faule Briefeschreiberin sei, und behauptete, daß ihr das Schreiben so schwerfalle, weil sie einen Finger gebrochen habe.

Wenn sie lange schwieg und er auf ihre Antworten aus New York wartete, verfiel Antoine aus Angst, sie könnte ihn verlassen haben, häufig in Niedergeschlagenheit oder überschüttete sie mit Beschuldigungen. Diese Sorgen waren in den Tagen vor seinem Tod ganz offensichtlich, und seine Fliegerkameraden bemerkten die negativen Auswirkungen der langen Trennung. Die strapaziösen Stunden allein in einem engen Cockpit, abhängig von der unzulänglichen Sauerstoffversorgung, konnten die seelischen Qualen eines Mannes nur noch verstärken, der mit solch düsteren Worten über die Zukunft sprach.

Er war viel zu alt, um Lightnings zu fliegen, die nur von Piloten bis zum Alter von dreißig Jahren geflogen werden durften, und die Erschöpfung nach acht Einsätzen in großer Höhe über Frankreich verstärkten die Sorgen seiner Vorgesetzten bezüglich seines Überlebenswillens. Besucher der korsischen Basis wunderten sich über die Belastung, die man Saint-Exupéry zumutete, der sich die Schwierigkeiten bei Einsätzen von bis zu sechs Stunden nicht eingestehen wollte. Der amerikanische Fotograf John Phillips, der die letzten Aufnahmen von Antoine in seiner Lightning machte, warnte ihn, daß moderne Kampfflugzeuge wie junge Frauen seien, und daß »weder die einen noch die anderen für alternde Männer« geschaffen seien.

Ursprünglich hatte Saint-Exupéry lediglich die Erlaubnis erhalten, fünf Einsätze zu fliegen, und hätte schon lange vor seinem letzten Flug eine Ruhepause gebraucht, aber es war schwierig, einem Mann Anweisungen zu erteilen, der Befehle ignorierte, die seinem persönlichen Streben nach Ehre entgegenstanden – einem Streben, das ihm bereits drei Auszeichnungen mit dem *Croix de Guerre* eingebracht hatte. Selbst nachdem Saint-Exupéry ein gravierender Navigationsfehler unterlief und er tief in den italienischen Luftraum eindrang, wo er dann von deutschen Kampffliegern gejagt wurde, sah René Gavoille, sein direkter Vorgesetzter, die einzige Möglichkeit des Tadels darin, nicht mit ihm zu sprechen. Auch hatte niemand den Mut, Saint-Exupéry mitzuteilen, daß er wegen seines Alters und seiner Erschöpfung bald den aktiven Dienst quittieren müßte. Schließlich beschloß man, sich einer List zu bedienen und ihn über die bevorstehende Invasion der Provence zu informieren, denn die Oberbefehlshaber der Alliierten hatten den strikten Befehl erlassen, daß alle Militärposten, die vorzeitig Kenntnisse von der August-Attacke hatten, nicht mehr fliegen durften.

Aber man hatte den Plan, Saint-Exupéry darüber in Kenntnis zu setzen, am Morgen seines Todes noch immer nicht durchgeführt, obwohl die feindlichen Fliegeraktivitäten in Erwartung der Invasion bereits deutlich zugenommen hatten. Am Vortag hatte die deutsche Luftwaffe einen amerikanischen Piloten einer Aufklärungs-Lightning fast in Sichtweite von Saint-Exupérys korsischer Basis abgeschossen. Das Flugzeug war – nur von einem kurzen, schrecklichen Notruf begleitet – ins Mittelmeer gestürzt.

Dieses Bild des gewaltsamen Todes eines Pilotenkameraden, das Saint-Exupéry mit unerträglicher Traurigkeit betrachtete, begleitete ihn bei seinen Vorbereitungen für seinen letzten langen Flug, das Rhônetal hinauf. Ein Tod im Feuer eines deutschen Jagdfliegers mußte ihm so leicht und süß vorgekommen sein, wie die Begegnung des Kleinen Prinzen mit der Giftschlange.

Vielleicht hätte nur ein Akt der Liebe, die vollkommene Hingabe, die er sein Leben lang gesucht hatte, Saint-Exupéry die Kraft gegeben, von seiner letzten Mission heil zurückzukehren. Seit seiner Abreise aus New York hatte sich seine Beziehung zu Consuelo verändert. Er war nicht länger der fürsorgliche Kleine Prinz, der versuchte, eine kapriziöse Blume zu unterhalten. Er war der verlorene und verwirrte Junge seines eigenen Werkes geworden, der durch eine feindliche Wildnis wanderte, voller Sehnsucht nach der Zuneigung, die das dünne Band zerreißen könnte, das ihn zur Verzweiflung hinzog.

Antoine brauchte einen selbstlosen Schutzengel, der ihm die Sicherheit und den Trost gab, den er einst in den Armen seiner Mutter gefunden hatte. Einmal hatte er Consuelo inständig gebeten, die Mutterrolle zu spielen, die Marie de Saint-Exupéry vierzig Jahre zuvor im Schloß von Saint-Maurice-de-Rémens übernommen hatte. »Liebste Consuelo, sei mein Schutz«, schrieb er nicht lange vor seinem Tod auf einer Tischkante in einer lauten, überfüllten Fliegerbaracke in der tunesischen Wüste. »Umhülle mich mit einem Mantel aus Deiner Liebe. Dein Ehemann Antoine.«

Niemand wird jemals wissen, was Saint-Exupéry im Angesicht des gewaltsamen Todes dachte, dem er schon so oft knapp entronnen war. Sein Funkgerät war schon lange vor dem Aufprall seines Flugzeugs auf dem Meer verstummt.

EPILOG

Die Suche

Ein halbes Jahrhundert nach Saint-Exupérys Tod sind die genauen Umstände seines Verschwindens noch immer ein Rätsel. Lange Zeit glaubte man, daß er von zwei deutschen FW-190-Jägern abgeschossen worden war, die von Orange aus zu einem bewaffneten Aufklärungseinsatz, eine Stunde bevor die Lightning die Küste erreichte, gestartet waren. Im Jahre 1972 veröffentlichte die deutsche Soldatenzeitschrift *»Der Landser«* einen scheinbar authentischen Brief eines Piloten namens Robert Heichele an einen Freund, in dem er beschrieb, wie er zusammen mit einem Piloten im Rang eines Feldwebels am 31. Juli 1944 eine Lightning P-38 verfolgte und gesehen hatte, wie das Flugzeug, nachdem es vom Geschützfeuer getroffen war, vor Agay ins Meer stürzte.

Drei Wochen später erlitt Heichele durch einen Unfall bei einer Landung schwere Verbrennungen und starb, als der Krankenwagen, in dem er lag, nahe Lyon von einer Résistancegruppe beschossen wurde. Der einundzwanzig Jahre alte deutsche Flieger wurde in Dagneux, nahe Saint-Maurice-de-Rémens, beerdigt.

Die Authentizität des Briefes wird heute von den meisten Experten angezweifelt und als Unfug abgetan, aber Einzelheiten dieses Berichtes deckten sich mit manchen Erkenntnissen der Militär- und Zivilhistoriker, so daß er durchaus auf einem echten, unveröffentlichten Bericht basieren könnte. Nach eingehender Prüfung der Akten der Luftwaffe und Befragung vieler französischer Augenzeugen wurde im Herbst 1992 beschlossen, eine Suche in der Baie des Anges vor Nizza durchzuführen. Ein Gebiet von zehn Quadratkilometern wurde von Sonargeräten und Mini-U-Booten abgesucht, aber ohne Erfolg.

Mehr als vierzig Zeugen aus der Region hatten angegeben, Beobachtungen gemacht zu haben, die die These bestärkten, daß das Flugzeug kurz nach Mittag vor Nizza abgeschossen wurde; diese Theorie vertritt auch Daniel Decot, Berater der Suchmannschaft, früherer Jagdflieger und Militärforscher, der schon seit mehr als zwanzig Jahren nach Beweisen seiner Theorie suchte.

»Die Tatsache, daß das Flugzeug in der Baie des Anges nicht gefunden wurde, besagt keineswegs, daß es nicht ins Mittelmeer gestürzt ist. Eine Maschine, die aufs Wasser aufschlägt, zerschellt in 10 000 Teile. Nach Prüfung aller uns zugänglichen Berichte und Dokumente halte ich die Theorie für die wahrscheinlichste, daß ein Kampf mit ein oder zwei deutschen Fliegern stattgefunden hat.«

Und Daniel Decot fügte hinzu: »Ich bin pessimistisch, ob die ganze Wahrheit jemals ans Licht kommt. Leider wollen die Deutschen nicht zugeben, daß sie den Autor von *›Der Kleine Prinz‹* abgeschossen haben.«

Doch die angeblich mangelnde Kooperationsbereitschaft der Deutschen kann auch durch die Tatsache erklärt werden, daß zahlreiche Archive Ende des Krieges zerstört wurden. 1993 kam neue Hoffnung auf, das Geheimnis des Todes von Saint-Exupéry mit einer zweiten Suchaktion lösen zu können, die – wie die erste – von einer Champagnerfirma finanziert wurde.

Infolge der 1992 von der Mannschaft von Jean Roux durchgeführten Untersuchungen, der das Projekt für das Ifremer Institut führte, machte ein deutscher Archivar auf die Existenz von Mikrofilmen der Dokumente der Luftwaffe über die Luftkämpfe des 31. Juli 1944 aufmerksam. Eine Durchsicht des Materials ergab, daß an diesem Tag fünf Lightnings abgeschossen wurden, daß aber keinerlei Hinweise über eine Attacke in der Zone vorlagen, die Saint-Exupéry überflogen hatte.

Das Medieninteresse an den Untersee-Suchaktionen führte dazu, daß sich neue Zeugen meldeten. So erklärte eine Frau, beobachtet zu haben, wie eine Maschine, die einer Lightning ähnelte, im Golf von Giens, östlich von Toulon und 100 Kilometer von Nizza entfernt, hart auf das Wasser aufschlug und dann im Meer versank. In einem Brief vom 31. August 1992 bestätigte ein ehemaliger deutscher Artillerist, der damals seinen Beobachtungsposten auf Cap Cépet nahe Toulon bezogen hatte, den Vorbeiflug eines zweimotorigen Flugzeugs in geringer Höhe, das sich offenbar in Schwierigkeiten befand.

Die Auswertung der Sonaraufnahmen, die 1993 vom Ifremer Institut durchgeführt wurden, erbrachte eine Silhouette, deren Form einem Flugzeug glich. Taucher entdeckten daraufhin an der angegebenen Stelle eine riesige Ablagerung, die eine Lightning bedecken könnte. Diese Nachricht brachten wieder jene Zeugnisse ins Gespräch, die 1966 von der französischen Marine im Golf von Giens aufgefunden wurden, zum Beispiel eine Ledertasche, die Teil einer Pilotenausrüstung gewesen war und unter anderem auch einen Brief enthielt, den ein Taucher unter Wasser auseinanderfaltete. Die Schrift verschwand sofort vor seinen Augen.

Diese Tatsachen unterstützen die These, daß Saint-Exupérys letzter Flug im Mittelmeer endete. Der letzte offizielle deutsche Bericht, der den Vorbeiflug einer Lightning erwähnt, machte sie in der Gegend von Castellane aus. Das Flugzeug flog kurz vor Mittag über dieses Gebiet und »ließ einen Kondensstreifen hinter sich«. Diese Information sollte Spekulationen über einen möglichen Absturz in der Provence ein Ende setzen, denn am 31. Juli wurde zwischen Castellane und der Küste weder ein Unfall noch ein aufgefundenes Wrack gemeldet.

Nach Saint-Exupérys Tod kaufte Consuelo ein altes Haus oberhalb von Grasse mit Blick auf das Meer, da ihr die Ärzte dies empfohlen hatten, weil das dortige Klima ihr Asthma lindern würde. Sie widmete sich weiter der Bildhauerei und fertigte lebensgroße Skulpturen von Antoine und dem Kleinen Prinzen an, und ihre Gemälde wurden mehrfach ausgestellt. Sie unterhielt weiterhin freundschaftliche Beziehung zu Antoines Mutter, die bis zu ihrem Tod im Jahre 1972 im Alter von siebenundneunzig Jahren im nahegelegenen Cabris lebte. 1992 wurde die Dorfschule aufgrund ihrer Freundlichkeit zu Kindern und alten Menschen offiziell nach Marie benannt.

Consuelo heiratete nicht wieder und starb 1979. Dem Wunsch ihres zweiten Ehemannes Enrique Gomez Carillo entsprechend, wurde sie in Paris neben dem Schriftsteller auf dem Friedhof Père-Lachaise beigesetzt. Seine bronzene Totenmaske auf dem Grab war von Consuelo angefertigt worden.

Die größte öffentliche Ehrung wurde Saint-Exupéry dadurch zuteil, daß eine Vielzahl von Grundschulen, Gymnasien und Straßen nach ihm benannt wurden, wie zum Beispiel auch der Boulevard de Saint-Exupéry in Grasse, wo Consuelo lebte. Die Inneneinrichtung ihres Bauernhauses, mit zahlreichen Skulpturen von Antoine und dem Kleinen Prinzen, ist seit ihrem Tod praktisch nicht verändert worden. Im Wohnzimmer hängt an exponierter Stelle ein Selbstporträt von Consuelo, in der Blüte ihrer Jahre gemalt, zur Zeit, als sie Antoine kennenlernte. Das Gemälde wurde nie vollendet und erweckt den eigenartigen Eindruck, daß Consuelo das Wesentliche »des wirren Nebelflecks«, wie sie sich gerne bezeichnete, selbst nicht festhalten konnte, der Saint-Exupéry inspiriert und zugleich gequält hatte.

Bibliographie

Werke von Saint-Exupéry:

»*Courrier Sud*«, Gallimard, 1930
(deutsch: »*Südkurier/Frühe Schriften*«, 6. Aufl., Fischer-TB, 1989)
»*Vol de Nuit*«, Gallimard, 1930
(deutsch: »*Nachtflug*«, 2. Aufl., Fischer-TB, 1989)
»*Terre des Hommes*«, Gallimard, 1939
(deutsch: »*Wind, Sand und Sterne*«, 19. Aufl., Karl Rauch, 1992)
»*Pilote de Guerre*«, Gallimard, 1942
(deutsch: »*Flug nach Arras*«, 34. Aufl., Rowohlt/rororo, 1994)
»*Le Petit Prince*«, Gallimard, 1943
(deutsch: »*Der Kleine Prinz*«, 43. Aufl., Karl Rauch, 1988)
»*Citadelle*«, Gallimard, 1948
(deutsch: »*Stadt in der Wüste*«, Karl Rauch, 1956)

Essay-Sammlungen und Briefe:

»*Ecrits de Guerre*«, Gallimard, 1953
(deutsch: »*Die innere Schwerkraft*«, S. Fischer, 1991)
»*Lettres de Jeunesse*«, Gallimard, 1955
(deutsch: »*Briefe an Rinette*«, Herder, 1992)
»*Un Sens à la vie*«, Gallimard, 1956
(deutsch: »*Dem Leben einen Sinn geben*«, Deutscher Taschenbuch Verlag/dtv, 1962)
»*Lettres à sa mère*«, Gallimard, 1955, neue Ausgabe 1984
(deutsch: »*Briefe an seine Mutter*«, Herder, 1992)

Empfohlene Werke über Saint-Exupéry:

Cate, Curtis: »*Antoine de Saint-Exupéry*«, Paragon House, 1970
Chevrier, Pierre: »*Antoine de Saint-Exupéry*«, Gallimard, 1949

Chevrier, Pierre: »*Saint-Exupéry*«, Gallimard, 1959
Delange, René: »*La Vie de Saint-Exupéry*«, Seuil, 1950
Delaunay, Henri: »*Araignée du Soir*«, France Empire, 1968
Dupérier, Bernard: »*Chasseur du Ciel*«, Perrin, 1992
Estang, Luc: »*Saint-Exupéry*«, Seuil, 1956
(deutsch: »Saint-Exupéry«, 23. Aufl., Rowohlt/rororo, 1992)
Kessel, Patrick: »*La vie de Saint-Exupéry*«, Gallimard, 1954
Migéo, Marcel: »*La vie de Saint-Exupéry*«, Flammarion, 1958
Pélissier, Georges: »*Les Cinq visages de Saint-Exupéry*«, Flammarion, 1951
Roy, Jules: »*Saint-Exupéry*«, La Manufacture, 1990
Rougemont, Denis de: »*Journal d'une époque*«, Gallimard, 1968
Tavernier, René: »*Saint-Exupéry en procès*«, Pierre Belfond, 1967
Werth, Léon: »*Saint-Exupéry, tel que je l'ai connu*«, Seuil, 1950

ANDERE WICHTIGE BÜCHER ODER PUBLIKATIONEN:

Archives Nationales, Saint-Exupéry Ausstellungskatalog, 1984
»*Confluences*« (Zeitschrift), Artikel über Saint-Exupéry, 1947
Carrera, Mario »*Microbiographia de Enrique Gomez Carrillo*«, UCA editores, El Salvador
Estienne, d', d'Orves, Rose und Philippe: »*Honoré d'Estienne d'Orves*«, France Empire, 1990
»*Icare*« (Zeitschrift) 1974–81
Lars, Claudia: »*Tierro de infancia*«, UCA editores, El Salvador
»*Nous*« (Zeitschrift, Collège de Notre-Dame-de-Saint-Croix), Mai 1971
Rémens de, Simone (Saint-Exupéry), »*Météores*«, Taupin (Hanoi), 1943
Saint-Exupéry de, Consuelo: »*Oppède*«, Gallimard, 1945

Register

Inhalt

Kapitel IV

Kapitel V

Kapitel VI

Kapitel VII

ZWEITER TEIL
1931–1939

Kapitel VIII

Kapitel IX